शरद जोशी

21 मई, 1931 को उज्जैन, मध्य प्रदेश में जन्मे शरद जोशी, होल्कर कॉलेज, इन्दौर के दिनों में ही एक लेखक के रूप में ख्याति प्राप्त कर चुके थे। इन्दौर के 'नई दुनिया' अख़बार में 'परिक्रमा' कॉलम से उनकी प्रसिद्धि और लेखक के रूप में पहचान बनी। पहली पुस्तक 'परिक्रमा' (उन्हीं लेखों का समावेश) 1958 में छपी।

उनके दो व्यंग्य नाटक 'अन्धों का हाथी' और 'एक था गधा ऊर्फ अलादाद ख़ाँ' आज भी देश-विदेश में मंचित हो रहे हैं।

अन्तिम कॉलम 'प्रतिदिन' नवभारत टाइम्स में लगातार 7 वर्षों तक छपा।

शरद जी की 21 पुस्तकें छपी हैं–'परिक्रमा'; 'किसी बहाने'; 'रहा किनारे बैठ'; 'दूसरी सतह'; 'मेरी श्रेष्ठ व्यंग्य रचनाएँ'; 'यथासम्भव'; 'यत्र-तत्र-सर्वत्र'; 'यथासमय'; 'हम भ्रष्टन के भ्रष्ट हमारे'; प्रतिदिन 3 भागों में; 'नावक के तीर'; 'मुद्रिका रहस्य'; 'झरता नीम शाश्वत थीम'; 'मैं, मैं और केवल मैं'; 'शरद जोशी एक यात्रा' (अन्य लेखकों के विचार, डॉ. शशि मिश्रा); 'जादू की सरकार'; 'पिछले दिनों'; 'दो व्यंग्य नाटक'; 'राग भोपाली'; 'नदी में खड़ा कवि'; 'घाव करे गम्भीर'।

सरकारी पुरस्कारों से बचते रहे। मात्र एक पद्मश्री 1990 में उनके खाते में। पी-एच.डी. के घोर विरोधी रहे, आज उन पर ही कई पी-एच.डी. हो गई हैं।

हिन्दी की पहली कॉमेडी Sitcom सीरियल 'यह जो है ज़िन्दगी' लिखने का श्रेय भी। 'मालगुडी डेज' (हिन्दी संवाद), 'विक्रम और वेताल', 'सिंहासन बत्तीसी', 'वाह जनाब', 'दाने अनार के', 'यह दुनिया ग़जब की' सीरियल्स भी लिखीं...और 'क्षितिज', 'गोधूलि', 'उत्सव', 'उड़ान', 'चोरनी', 'साँच को आँच नहीं', और 'दिल है कि मानता नहीं' फ़िल्मों के संवाद भी...!

निधन : 5 सितम्बर, 1991

शरद परिक्रमा

शरद जोशी

राजकमल पेपरबैक्स

राजकमल पेपरबैक्स में
पहला संस्करण : 2018

राजकमल पेपरबैक्स : उत्कृष्ट साहित्य के जनसुलभ संस्करण

प्रकाशक : राजकमल प्रकाशन प्रा. लि.
1-बी, नेताजी सुभाष मार्ग, दरियागंज
नई दिल्ली-110 002

शाखाएँ : अशोक राजपथ, साइंस कॉलेज के सामने, पटना-800 006
पहली मंजिल, दरबारी बिल्डिंग, महात्मा गांधी मार्ग, इलाहाबाद-211 001
36 ए, शेक्सपियर सरणी, कोलकाता-700 017

वेबसाइट : www.rajkamalprakashan.com
ई-मेल : info@rajkamalprakashan.com

बी.के. ऑफसेट
नवीन शाहदरा, दिल्ली-110 032
द्वारा मुद्रित

मूल्य : ₹350

SHARAD PARIKRAMA
Satire by Sharad Joshi

ISBN : 978-93-87462-56-4

राजेन्द्र माथुर को

पुरोवाक्

'शरद परिक्रमा' की भूमिका लिखते हुए मैं गर्व और आनन्द की अनुभूति, दोनों कर रहा हूँ। भारत के व्यंग्यकारों में श्री शरद जोशी का स्थान अनुपम है। यह पाँचवें दशक में 'नई दुनिया' (इन्दौर) में छपे उनके लेखों का संग्रह है। वे थे तो व्यंग्य-पुत्र लेकिन लिखते थे 'ब्रह्मपुत्र' के नाम से। इन्दौर के लोकप्रिय समाचार-पत्र 'नई दुनिया' में हर हफ्ते उनके दो-तीन लेख छपते थे। इन व्यंग्य-लेखों में एक व्यंग्यकार के विकास की बारीकियों के दर्शन होते हैं। हिन्दी का एक नौजवान व्यंग्यकार धीरे-धीरे किन ऊँचाइयों को छूता चला जाता है, इसका पता इस संग्रह से चलता है।

शरदजी थे तो हिन्दी के व्यंग्यकार लेकिन उनकी रचनाओं में हमें अंग्रेजी साहित्य, संस्कृत साहित्य, इतिहास, भूगोल, राजनीति, अन्तर्राष्ट्रीय राजनीति, समाज-सुधार, अध्यात्म, मनोविज्ञान, फिल्म, कला–किस विषय के दर्शन नहीं होते! वे कोरा दिखावटी पांडित्य नहीं हैं बल्कि वे अन्तर्दृष्टिसम्पन्न गहरे अनुभव हैं, जिन्हें शरद जोशी ने सरल शब्दों और छोटे-छोटे वाक्यों में गूँथ रखा है।

यह संग्रह नेहरूकालीन भारत का दर्पण है। यह 'शरद परिक्रमा' तो पाँचवें दशक की भारत-परिक्रमा ही है। उन दिनों का इंदौर और मालवा कैसा था, इसका प्रामाणिक चित्र इस संग्रह के लेखों में देखा जा सकता है। जिन शब्दों और मुहावरों को सुने मुझे 60 साल से भी ज्यादा हो गए, उन्हें पढ़-पढ़कर मन भाव-विभोर हो उठता है। शरदजी, राजेन्द्र माथुर, प्रभाष

जोशी और मैं–इन्दौर में जब साइकियों पर साथ-साथ घूमा करते और शरदजी के व्यंग्य-बाणों पर ठहाके लगाते, उन दिनों की याद ताजा होती है; वह ताजगी इन व्यंग्य-लेखों में आज भी विद्यमान है। मैं राजकमल प्रकाशन के श्री अशोक महेश्वरी और शरद की बेटी नेहा को बधाई देता हूँ कि वे शरदजी के इस आद्य-संग्रह को हिन्दी-जगत के लिए अब दुबारा प्रस्तुत कर रहे हैं।

–वेदप्रताप वैदिक

अनुक्रम

शरद

परिक्रमा

शरद

मत बैठो

अमेरिका में आजकल कुछ-कुछ दिमाग का दिवाला नजर आता है। अभी-अभी तेरह लखपतियों ने एक घोषणा की है कि बर्लिन कॉन्फ्रेंस न हो, उसके कारण खोजनेवाले व्यक्ति को एक हजार डॉलर दिये जाएँगे।

बर्लिन कॉन्फ्रेंस न हो, यह प्रस्ताव रखने के लिए शायद उन्हें कारण खोजे नहीं मिलते होंगे।

बात सरल-सी है।

पहली बात यह है कि ये मीटिंगें व्यर्थ हैं। 1945 से अब तक सात बैठकें हो चुकीं, पर अर्थ नहीं निकला।

यदि बैठक न हो तो युद्ध की सम्भावनाएँ नहीं रहती हैं। बैठक यदि होकर असफल हुई तो युद्ध की सम्भावनाएँ बढ़ जाती हैं!

सो बैठकें नहीं होनी चाहिए, बनते कोशिश को आगे बढ़ाना चाहिए।

दूसरा सवाल है कि जिस स्थान पर बैठक हो रही है, वह अन्तर्राष्ट्रीय कमांड में होना चाहिए। व्यक्तिगत स्थानों पर ऐसी बैठकें होने से परिणाम पर प्रभाव पड़ता है।

हम सोचते हैं, यह बैठक अल्ताई पहाड़ों पर हो क्योंकि दिमाग की गर्मी कम करने के लिए ये बातचीत हैं। वहाँ नहीं तो काशी भी श्रेष्ठ स्थान है। वह शिव के त्रिशूल पर स्थिर है, इस कारण सांस्कृतिक दृष्टि से तटस्थ है।

काशी को तीन लोक से न्यारी माना गया है। राजनीतिक उलझनों को सुलझाने का उपयुक्त वातावरण वहाँ मिलेगा।

इसके साथ एक अत्यन्त आवश्यक बात यह है कि विश्व समस्याओं को सुलझाने के समय बैठक में भाग लेनेवालों के दिमाग में अन्य परेशानियाँ नहीं होनी चाहिए।

मिस्टर ईडन की हालत सब जानते हैं। चर्चिल के पदत्याग की सम्भावनाएँ हैं, इससे ईडन की स्थिति अत्यन्त भुरभुरी व खस्ता हो रही है।

जिसको अपनी स्वयं की चिन्ता खाए जा रही है, वह विश्व की समस्या क्या सुलझाएगा!

फ्रांस के श्री बिदों (जिन्हें भारतीय पत्र बिडाल्ट या बिडाल कहते हैं) को पता नहीं कि वे कब फ्रांस वापस बुला लिये जाएँगे!

फ्रांस की कैबिनेट में गड़बड़ की सम्भावना है। अतः बिदों को भी मानसिक दृष्टि से अभी इस स्थिति में नहीं माना जा सकता कि वे ऐसी किसी बैठक के काबिल हों।

जॉन फास्टर डलेस के विषय में भी कुछ अड़चनें हैं।

वे अपने साथ स्थिति को ठीक ढंग से प्रस्तुत करने के लिए कुछ योग्य विशेषज्ञों की टोली ले गए हैं। अन्य कम्यूनिस्टों से बातचीत करने के लिए सलाहकारों का वह दल ठीक नहीं जँचा।

अन्तर्राष्ट्रीय मदारीवाद के संचालक, जिनका नाम म से ही है–अर्थात् मेकाथी, मेक्लीन्स, मेलराक्स तथा मीनूमसानी–के बिना विशेषज्ञों का दल स्थिति से अच्छी टक्करें नहीं ले सकता।

अब रहा प्रश्न रूस का।

रूस की ओर से आए मोलोटोव के विषय में भी मुझे डर है।

'मोलट' यानी रूसी भाषा में हथौड़ा होता है। मोलोटोव नाम ही अशान्ति का सूचक है।

दूसरी बात, उसने आते ही जाहिर कर दी कि बिना चीन के उसका बातचीत में मन नहीं लगता।

अतः जब तक चीन नहीं रहेगा, वे लोग काम को बिगाड़ेंगे।

सोचिए, विश्व की समस्या इस प्रकार से कहीं पर सुलझाई जाती है? ये सब कारण साफ कहते हैं कि कॉन्फ्रेंस नहीं होना चाहिए।

और होती है तो यह त्रयोदश भयाक्रांत लखपतियों की इच्छा की तरह असफल हो जाएगी।

मोटी बात तो, इस कॉन्फ्रेंस के कई वर्ष पूर्व से तुलसीदास कह गए हैं :

'निसिगृह मध्य दीप की बातन तम निवृत्त नहिं होई।'

बर्लिन जैसी जगह बैठ कहीं शान्ति से–शान्ति की–बातचीत होती है?

बीसवीं सदी

नेहरूजी ने क्या सवाल पूछा है कि हम लोग कौन-सी सदी में रहते हैं? जैसे वे स्वयं आकाश से फरिश्ता बने उतरे हों! और हमसे प्राथमिक जानकारियाँ माँग रहे हैं।

सवाल यह है कि हम कौन-सी सदी में नहीं रहते? उँगली और कैलेंडर के हिसाब से बीसवीं और हरकतों के हिसाब से चार सौ बीसवीं सदी में रहकर भी हमारे बारे में सवाल यह हो सकता है कि कौन-सी ऐसी सदी है जिसमें हम नहीं रहते?

हममें सारी सदियाँ इकट्ठी मिल जाएँगी! हर वर्ग, हर तबका एक अलग ही सदी में रहता है जिसमें कि दूसरा वर्ग नहीं रहता।

लड़ाई लड़कर अपना जीवन बितानेवाले, तीर चलानेवाले दल भी इस देश में हैं जो यह नहीं जानते कि आइंस्टीन कोई दार्शनिक है अथवा सिर-दर्द की दवा।

और वेद और भाष्य का युग भी आज है, साहित्य ही नहीं, सभी शास्त्रों में लिखा-घोका जा रहा है।

फिर वह ऐयाशी भी आज इधर-उधर है ही जो कि कभी किसी युग में सबकी आदत थी। सबकी हरकत थी। वह भी इसी बीसवीं कहलानेवाली सदी में मिल सकती है।

अन्धविश्वास तो कैबिनेट के सदस्य भी मानते हैं, साधारण जनता की तो बात ही क्या है? वहाँ तो प्रगति के कार्य भी योजना पर अन्धविश्वास होने के कारण हो जाते हैं।

बस, कहने की बात यही है कि सभी सदी हमारे यहाँ हैं और हम एक-दो नहीं, जितनी सदियाँ हैं, सबका प्रतिनिधित्व करते हैं।

मगर नेहरूजी का आशय यह था कि हम लोग गणित लगाकर कह दें कि हम बीसवीं सदी में रहते हैं, तब वे कहें कि आप विचारों में ऐसे पिछड़े हुए क्यों हैं? आपको 20वीं सदी के विचार रखने चाहिए।

बीसवीं सदी ही नहीं, हमारे यहाँ कहीं-कहीं तो इक्कीसवीं सदी के विचारक भी हैं। वहीं की समस्याएँ इतनी हैं कि हम आज के प्रश्न पर सोच नहीं पाते।

बीसवीं सदी वास्तव में आश्रित सदी है। यह एक बड़ी भारी ऐतिहासिक बात है। आप कहें कि हम बीसवीं सदी में रहते हैं तो वास्तव में हम इसी मिश्रित सदी में रहते हैं।

और आप सोचिए कि यह तो सदी की सबसे बड़ी विशेषता है। अगर एक ही बात विकसित रहती है तो वह बहुत बड़े पैमाने पर जाकर दोष हो जाएगा।

बहादुरी की अति कत्लेआम में होती है। सौन्दर्य-पूजा की अति से भी पतन ही होता है। प्रगति की अति भी हमें कहाँ जा फेंकेगी, कहा थोड़े जा सकता है?

सो अति बड़ी बुरी है। वह वास्तव में दुर्गति है।

बीसवीं सदी में हम रहते हैं। नेहरूजी बीसवीं सदी के क्रियाशील विचारक हैं और हम जनता हैं।

जनता कभी विद्वान नहीं होती। और फिर प्रजातांत्रिक भावनावाली जनता–कभी एक-से विचार सबके नहीं रहेंगे।

किसी को असन्तोष हो, चाहे सन्तोष!

बहुत-सी बातें

बात बहुत सारी हैं और समय कम। आपके पास अधिक होगा, मेरे पास भी यों अधिक हैं, पर सभ्यता इसी में है कि आप कहें कि समय कम है और मैं भी कहूँ, समय कम है।

'परिक्रमा' लिखने को बहुत बातें हैं। जनता के बड़े-बड़े ऑर्डर पड़े हैं और होली के आसपास बेवकूफी का अच्छा-खासा वातावरण बन रहा है, इतना अधिक कि कई 'परिक्रमा' लिखी जा सकें।

मौलाना आजाद ने राष्ट्रपति भवन के विषय में कुछ त्यागपूर्ण बेतुकी बातचीत कर अपना सम्मान बढ़ाया है।

सीमा पर पाकिस्तान अपनी वाली पर उतर आया है और डलेस द्वारा पिलाई शस्त्र की शराब उसके शरीर पर असर ला रही है और वह लड़खड़ा रहा है। अपनी सीमा से बाहर आने की कोशिश कर रहा है।

इधर रूस में ख्रुश्चेव नए ढक्कन खोलने में लगे हैं। अपने चाचा स्तालिन की क्रूरता की कहानी बता रहे हैं। मामला उस जासूसी कहानी की तरह हो रहा है, जिसमें वह दयालु व्यक्ति ही दुष्ट है, जिस पर पाठकों और उनकी बेटी को बड़ा विश्वास था। इतिहास का एक महापुरुष एकाएक हत्यारा हो गया। राष्ट्र का राम रावण हो गया। इस तरह ख्रुश्चेव अपनी कायरता की बात कह रहे हैं कि किस तरह उन्होंने अन्याय से हाँ-में-हाँ मिलाई थी और सही बात कहने में डरते रहे थे। अब जोश खा रहे हैं।

इधर होली आ गई है, और आदर्श होली मनाने का तय हो चुका है। आदर्श होली क्या होती है? आदर्श क्या होता है? गाली बकने की इच्छा हो और न बको, यह आदर्श? कीचड़ उछालने की इच्छा हो और न उछालो, यह आदर्श? अरमान हों और मत निकालो, यह आदर्श?

इधर मच्छरपालिका की कृपा से नगर बढ़ रहे हैं। नहीं, नगरपालिका की कृपा से मच्छर बढ़ रहे हैं! हर जगह वे अपना कॉर्पोरेशन बनाए हुए हैं। सदस्यों को शायद नगर में बिकती प्रति मच्छरदानी पर कमीशन मिलता है? मलेरिया नागरिकता की भावना की तरह जाग रहा है।

अखबार के पन्ने पलटो तो किसी नेता का आग्रह नजर आता है कि महिलाओं का सम्मान बढ़ाने के लिए अपना उपनाम माँ के नाम से लगाया जाए, बजाय पिता के नाम से लगाने के। जैसे माता शर्मा है, पिता वर्मा है तो बेटा शर्मा हो, वर्मा नहीं। इस प्रश्न ने भी मेरे दिमाग को काफी देर तक उलझाए रखा और मैं लिखने ही वाला था कि एक और बात ध्यान आई। मास्टरों ने अभी अपनी बाँह पर काली पट्टी बाँधी थी। काले ब्लैकबोर्ड पर चाक घुमानेवालों ने बताया कि हमारे पेट में कुछ नहीं है। बेचारे यह नहीं समझे कि सरकार खाली पेट की पगार नहीं बढ़ाती, व्यवस्था नहीं करती, वह खाली दिमागों की व्यवस्था करती है, उन्हें ऊँचा उठाती है! शिक्षक लोग यह बताएँ कि पेट हमारा ठीक है, दिमाग खाली है तो उनकी प्रगति के बड़े मौके हैं। मध्य प्रदेश बन रहा है।

फिर यह मार्चान्त है। सरकार को उदार होने की सूझ रही है। अभी सब अरमान लैप्स हो जानेवाले हैं। जिन्हें रुपया मिला है, वे सामान नहीं ला सकेंगे।

बताइए, इतनी सारी बातें हैं और 'परिक्रमा' एक लिखना है। किस पर लिखूँ? किस पर नहीं लिखूँ? और फिर अपनी भी व्यक्तिगत बातें हैं, अनुभव हैं जिन पर मुझे दार्शनिक हँसी आ रही है। पर क्या करें, समय कम है!

समस्या का अन्त

सीहोर में 'भोपाल राजधानी' की घोषणा के बाद से आन्तरिक भूकम्प चल रहा है। बम्बई में लाशों और गोलियों की गिनती हो रही है। अमृतसर की ठंड में कुड़कते कांग्रेसी अवाड़ी से आगे बढ़ रहे हैं और दिल्ली में दूसरी योजना का प्रारूप विज्ञापन प्रकाशित हो चुका है।

मतलब यही है कि सोचने-विचारने को कई मसले हैं। न सोचो तो आप-सा कोई ज्ञानी नहीं। श्री फजलअली को राष्ट्रपति पदक मिल गया तथा सीमा वियोग की रिपोर्ट बंडल साबित होकर फाइल हो गई।

भारत देश हमारा बड़ा प्यारा है, जिसके अन्तर में तूफान-भूकम्प चलते हैं और जिसके विदेशी मुख पर शान्ति विराजती है। जो जर्मनी के एकीकरण का प्रयत्न करता है, कोरिया में शान्ति स्थापित करता है और संयुक्त रूप से जिसके बम्बई में मराठी-गुजराती रह नहीं सकते।

बड़ा अच्छा देश है, जिसके पंजाब, सिन्धु, गुजरात, मराठा, द्राविड़, उत्कल, बंगा में एकता नहीं। यह प्रचारित है कि भारतीय संस्कृति में अनेकता में एकता की भावना है और सबूत सब इसी बात के मिलते हैं कि यहाँ एकता में अनेकता की भावना पाई जाती है।

एक तरफ चीज इतनी आगे बढ़ी हुई है कि लोग भूदान करते हैं और दूसरी तरफ अपना प्रान्त केन्द्र अधीन होने पर डरते हैं। नेहरू के चेहरे पर रौब और नाम में जादू है–बस, यही आधार है। सिर पर पाकिस्तान-कश्मीर-समस्या का सेहरा, पैर गोवा की कील से लहूलुहान, पूर्व में नागाओं के उपद्रव, पश्चिम में प्रान्तीय झगड़े और मध्य में डाकुओं के जाल और इन सब पर पड़ी समाजवादी भविष्य की कल्पना और पंचशील की पाँच पवित्र उँगलियाँ!

इन सब समस्याओं का हल क्या है? प्रलय काल में आनेवाली नाव कौन-सी है?

कई हल हो सकते हैं। हरीफाई मरनेवाले देश में हर जगह दो-तीन हल मिलते हैं–चाहे वह पुरस्कार योग्य न हों। और फिर हमें तो विश्व-समस्या का शीघ्र हल खोजने की आदत है, चाहे साधारण मुकदमे में साल भर क्यों न लग जाए?

तो मैं सोचता हूँ कि साधारण व्यक्ति न रहकर सामाजिक कार्यकर्ता बन जाऊँ। सबमें प्रेम और एकता का प्रचार करूँ।...पर यह व्यर्थ होगा। लोग सोचेंगे, अगले चुनाव की भूमिका बना रहा है।

फिर क्या करूँ? महात्मा बन जाऊँ? चीज अच्छी है। सट्टा खेलना पड़ता है। लग गई तो जमकर लगती है। पर कहते हैं, एक युग में एक ही महात्मा होता है और एक विनोबा तो है, वह प्रेम की बात करता भी है।

लेखक बना रहूँ? पर लिखने से धरती स्वर्ग बनती तो फिरदौस से ब्रह्मपुत्र तक बन ही जाती। मैं लिखे जाऊँगा...हद से हद कई संस्करणों बिकूँगा, अनुवादित होऊँगा, उद्‌धृत होऊँगा पर काम तो वही होंगे जो होना है।

यानी अब क्या किया जाए? ऐसी कोई बात कि जनता आकर्षित भी हो, प्रभावित भी हो? अपना कोई ऐसा काम जहाँ जनता परख भी नहीं करे, और मैं अपना कर्तव्य भी पूरा कर लूँ?

एक ही रास्ता है; प्रान्तीयता के खिलाफ बम्बई में जाकर कुछ फिल्में प्रोड्यूस की जाएँ। थीम यह हो कि एक मराठा गरीब युवक भालेराव एक धनी गुजराती की लड़की से प्रेम करता है और किस प्रकार वह समाज के बन्धन, घृणा के जाल आदि तोड़कर अन्त में उससे विवाह कर लेता है। पिक्चर बॉक्स ऑफिस होगा।

है कोई फाइनेंसर?

विस्मृति

शकुन्तला अपने पुत्र भरत को लेकर राजा दुष्यन्त के दरबार में गई। उसके मन में बड़ी उमंग थी कि उसका पिता उसका स्वागत करेगा। स्नेह के साथ अपना लेगा। राजा ने नहीं अपनाया; पहचाना तक नहीं! राजा भूल गया था, शकुन्तला उसकी कोई है। अकेली शकुन्तला आती तो बात भी थी। उसके साथ एक किशोर भी था। पुराणकार ने इस दुखान्त रोमांस को सुखान्त करने के लिए अँगूठी से थाम लिया। अन्यथा दुष्यन्त तो शकुन्तला को अँगूठा दिखा ही चुका था।

कहानी सही हो अथवा नहीं, विस्मृति से हम सब कभी न कभी पीड़ित होते हैं। विस्मृति हमारे जीवन के लिए आवश्यक है। मनोविश्लेषण के प्रणेता डॉक्टर सिगमंड फ्रॉइड ने अपने विचार प्रकट किए हैं विस्मृति के बारे में। जब कोई अप्रिय घटना घटती है तो हम उसे याद नहीं रखना चाहते। इसलिए कि उससे हमें पीड़ा होती है। आदमी सुख चाहता है, पीड़ा नहीं चाहता! वह अप्रिय घटना को भुला देता है। प्रिय बात भुलाई नहीं जाती। प्रयास करने पर भी नहीं भूलते। किन्तु कुछ विस्मृतियाँ केवल ढोंग होती हैं और ढोंग राजनीति का हथियार है।

भारत में अपने पैर जमाने के प्रयास मुख्यतया तीन यूरोपियन राष्ट्रों ने किए। इंग्लैंड ने फ्रांस और पुर्तगाल को मार भगाया। पुर्तगाल को पहले, फ्रांस को बाद में। ड्यूप्ले को क्लाइव ने मान न दी होती तो हिन्दुस्तान से अंग्रेजों को भगाने के बजाय फ्रांसीसी को समुद्र पार भेजने के प्रयास सेठ गोविन्ददास करते होते।

पुर्तगाल ने बहुत जल्दी घुटने टेक दिए। बरतानिया के साथ सन्धि कर ली। गिर पड़े, पर नाक ऊँची रखने के लिए। सन्धि हुई थी सन् 1642 में। सुलहनामे की शर्तों में 'पुर्तगालियों के उपनिवेशों की वर्तमान एवं भविष्य के शत्रुओं से बरतानिया रक्षा करेगा' भी शामिल है। गोवा में जन-आन्दोलन जारी है कि भारत में विलय हो जाए। पुर्तगाल इस आन्दोलन को रोकना चाहता है। पुर्तगाली प्रधानमंत्री सालाजार ने सन् 1643 की इस सन्धि का आश्रय लेने की चाह प्रकट की है।

विस्मृति का चमत्कार देखिए। सुलहनामे की अन्य शर्तें सालाजार पर लागू नहीं होतीं शायद। एक शर्त यह है कि जब भी बरतानिया के उपनिवेशों को खतरा पैदा होगा, पुर्तगाल बरतानिया की सहायता करेगा।

हिटलर मुसोलिनी-तोजो के आक्रमणों से बरतानिया के उपनिवेशों को ही नहीं, स्वयं बरतानिया की हस्ती को खतरा पैदा हो गया था। पुर्तगाल ने बरतानिया की सहायता नहीं की। फ्रैंको की छाया में बसे इस राष्ट्र ने चुपके-चुपके जितनी भी हो सकती थी, उतनी सहायता बरतानिया के शत्रुओं को दी। अगर सन्धि भंग नहीं हुई तब तो केवल विस्मृति के कारण।

विस्मृति का यह दोष यहीं तक नहीं रुका। सालाजार ने उत्तरी अटलांटिक समझौते को तीन-तीन समुद्र पार हिन्द महासागर तक पहुँचाने की धमकी दी है। सन् 1642 की बात के कुछ हिस्से भूल जाएँ तो उसमें स्वाभाविकता की बू है। लेकिन आज की जो भौगोलिक स्थिति है, उसे भुला देना विस्मृति की चरम सीमा है।

शकुन्तला के पास अँगूठी थी जिसने अन्त में सारी बिगड़ी बना दी; दुष्यन्त की विस्मृति दूर कर! सालाजार की विस्मृति का इलाज भी हो रहा है। और शीघ्र ही पूर्ण भी हो जाएगा। पर इलाज है अँगूठी से कम। रोमांटिक और अधिक कठोर!

डलेस और ताज

डलेस ने जमीन लगते ही जड़ी फेंकी कि मुझे ताजमहल बड़ा अच्छा लगता है और वह भी हवाई जहाज से। फिर कहा कि मतभेद तो स्वतंत्र राष्ट्रों के गुण हैं। तीसरी बात कही कि यदि अमेरिका के दिये शस्त्र का पाक भारत के विरोध में उपयोग करेगा तो अमेरिका भारत का साथ देगा।

मैं तो मान गया प्यारे को। नाटक हो तो ऐसा हो। इसे कहते हैं, बात की सफाई!

सबसे पहले तो मेरे यार ने हम भारतीयों के सांस्कृतिक पहलू से लगाव बताया कि ताज मुझे पसन्द है। समझा होगा कि भारतीय कहेंगे कि आप हमें पसन्द हैं।

कश्मीर के आक्रमणकारियों का सक्रिय सहयोगी, उपनिवेशवाद की कीलों को मजबूती से ठोंकनेवाला डलेस ताज से मोहब्बत दिखाए, जिसके सशस्त्र आशीर्वाद से संसार में जगह-जगह जंग उभर रहा है, मौतें हो रही हैं, आदमियत खत्म हो रही है; वह व्यक्ति अगर ताज की प्रशंसा करे, तो ताज के लिए इससे बढ़कर दुर्भाग्य और क्या हो सकता है!

ताज मोहब्बत और प्रेम का प्रतीक है। डलेस मतभेदों को स्वतन्त्रता का गुण मानता है। अब सोचिए, दोनों बातें जम कैसे सकती हैं?

फिर नेहरू से बात करके वह बोला कि हमारे मतभेद कम हुए हैं, यानी स्वतन्त्र राष्ट्रों के गुणों से हम गिर गए हैं। बात ठीक भी है। जब तक अमेरिका से हमारे मतभेद हैं, वहीं तक स्वतन्त्रता है।

जैसे ही एकता हुई, हम पाकिस्तान की तरह प्रेमसहित गुलाम राष्ट्र हो जाएँगे। सो ऐसों से दुश्मनी अधिक अच्छी है।

फिर डलेसजी कहते हैं कि अगर अमेरिकी शस्त्र को पाकिस्तान भारत के विरोध में उपयोग करेगा तो अमेरिका पाक का विरोध करेगा।

अमेरिकी शस्त्रों को पाक रूस के विरुद्ध उपयोग करे और उनके अपने राष्ट्रीय शस्त्र जो रूस से बच जाएँ, भारत के खिलाफ उपयोग करे तो लड़ाई भी हो सकती है और अमेरिका का दामन भी बच सकता है।

फिर पाकिस्तान को दे देने के बाद शस्त्र अमेरिका के नहीं, पाकिस्तान के हो जाते हैं। वह चाहे तो अमेरिका के खिलाफ ही उपयोग करे।

किसी पर वार नहीं करेंगे, इस आश्वासन से तलवार तेज करनेवाला तर्क अधिक दिनों समझदारों में नहीं चल सकता।

और आखिरी झटका जो डलेस ने भारत को देने का प्रयत्न किया, वह बहुत ही ऊँचा था।

कहने लगे जी, मुझे इन भारतीय नेताओं से मिलकर आध्यात्मिक प्रेरणा मिली है।

जहाँ तक नेहरूजी से मिलने का प्रश्न है, वहाँ से कोई आध्यात्मिक प्रेरणा भारतीयों को ही नहीं प्राप्त होती तो डलेस को क्या होगी?

नेहरू की शक्ल देखकर कर्म की भौतिक प्रेरणा अवश्य मिलती है।

पता नहीं, डलेस ने फिर ताज हवाई जहाज से देखा या नहीं देखा? पाकिस्तान के नए राज्यों की पेटियों पर 'नॉट टू बी यूस्ड अगेन्स्ट इंडिया' की सील लगी रहेगी अथवा नहीं? मतभेदों की स्वतन्त्रता की समाप्ति होगी अथवा उदय और पता नहीं कि भारत से आध्यात्मिक प्रेरणा प्राप्त करके डलेस का जीवन सुधरेगा अथवा नहीं?

पर इतना अवश्य है कि पल-पल पर बात, बात का रुख और उसमें छिपी नीति को पलटी देनेवाला डलेस यहाँ भी अपना एक सफल प्रदर्शन कर गया है।

सत्य और चुनौती

जो सत्य सिद्ध नहीं किया जा सके, वह असत्य है–यह तर्क बड़ा पुराना है। इससे सबसे बड़ा लाभ सत्य के अन्वेषकों को नहीं मिल पाया है, जितना कि एक सत्य को छुपानेवालों को।

पहाड़ में आग है, उसकी वास्तविकता उसी दिन सन्मुख आती है, जब वह ज्वालामुखी बनकर बरस जाए और विवाद करनेवाले ही उसमें राख हो जाएँ।

कई गरीब वैज्ञानिक इसी कारण अपने प्राण खो चुके हैं कि वे बाइबल में लिखे वाक्य को असत्य मानकर भी सिद्ध नहीं कर सके थे।

अतः चुनौती सदैव अच्छा शस्त्र होती है, जिससे मुँह बन्द किया जा सकता है, क्योंकि इसका क्रम बड़ा विचित्र है। पहले तो असत्य को स्वीकृत करते रहने के हमारे संस्कार, उसके प्रति मोह, फिर उसमें से पाए जानेवाले सत्य की झलकियों को भ्रम समझ लेना, उन झलकियों से वास्तविकता का रूप पहचानने की इतनी तीव्र कल्पना और फिर उसका उद्घाटन करने का साहस तथा उद्घाटन हो जाने पर उसके लिए सामाजिक अथवा समूह विशेष की स्वीकृति प्राप्त करू लेना बड़ा कठिन है।

सत्य को यदि आप अस्वीकार कर दें तो कोई रास्ता नहीं है। दो-दो चार होते हैं–पर उसी के लिए, जो गिनती जानता है–सचाई स्वीकार कर सकता है। जो नहीं जानता, उसके लिए सिद्ध करना क्या मतलब रखता है!

अतः सत्य को सिद्ध करने से भी अधिक महत्त्व की बात है कि वह सामनेवाला स्वीकार कर ले। चुनौती मंजूर की जा सकती है, बशर्ते वह किसी ईमानदार ने प्रेषित की हो। जो सत्य से इनकार करने की सोच बैठा हो, उसे क्या सिद्ध करें?

एक बार एक जाट अपने घर के बाहर बैठकर चिल्ला-चिल्लाकर कहने लगा, 'जो कोई भी बीस और पाँच पच्चीस साबित कर दे, उसे सौ रुपए दूँगा!'

पीछे से पत्नी ने कहा, 'अजीब हो! बीस और पाँच पच्चीस ही होते हैं, सौ रुपए से हाथ धो बैठोगे!''

जाट ने कहा, 'वह तो मैं भी जानता हूँ, मगर मंजूर करूँ तब न! लोग कहेंगे और मैं मानूँगा ही नहीं।'

अतः सत्य कभी सड़क पर सिद्ध नहीं किया जा सकता। उसे सिद्ध करने के लिए लेबोरेटरी चाहिए और आसपास ईमानदार वैज्ञानिकों का वातावरण।

यदि आप अकेले हैं, तो चाहे मर जाएँ, मगर दुहराते हैं कि सत्य यही है, सत्य यही, और जमाना आएगा तो लोग आपकी बात मान लेंगे।

और ऐसा ही असत्य के बारे में है कि कहते हैं, उसे बार-बार दुहराते रहें तो वह सत्य हो जाता है।

सच बोलने के लिए भी समझदारों को एक वातावरण की आवश्यकता होती है, जहाँ उसे पागल नहीं कहा जा सके।

अमेरिका के हिसाब से यह सत्य है कि अपन रूस के ही पूरी तौर से हैं और वह हमारे इस सत्य को पागलपन भी मान लेगा कि पाकिस्तान उसका मित्र नहीं, सैनिक विषयों में गुलाम भी है।

अतः जहाँ आर्थिक सहायता प्राप्त होती हो, वहाँ आध्यात्मिक सहानुभूति से भी इनकार कर दिया जाएगा।

धर्मशाला की ईंटों में पाप की कमाई है, यह अगर साबित हो जाता तो पूँजीवाद कभी का उठ गया होता।

खून करके आदमी कोर्ट को चुनौती देता है कि सिद्ध करो। सबूतों को वह इनकार करता है और न्याय उस पर थोपना पड़ता है—वह फाँसी लेता नहीं, उसे दी जाती है।

ऐसे में चुनौती से चुप रहकर भला आदमी समय की प्रतीक्षा करता है—और जब तक समय नहीं आए, आपको अपनी छाती पर पाप ढोना ही पड़ेगा।

चीन जत्रा के बाद

नेहरूजी चीन जाने के पहले बोल गए थे कि मैं अपने पद से इस्तीफा दे दूँगा। वे थकान महसूस कर रहे थे और देश के सामने 'नेहरू के बाद कौन' वाली चुनौती रखना चाहते थे।

वे चीन से लौटकर आए तो कहने लगे कि मैं इस्तीफा नहीं दूँगा। भाग जानेवालों में से मैं नहीं हूँ।

इस जाने और आने के बीच न जाने कौन-सी ऐसी परिस्थितियाँ हैं कि पंडित नेहरू ने अपने विचार बदल दिये?

शायद है कि माओत्से-तुंग या चाउ-एन-लाई ने आपको समझाया हो और उदाहरण दिये हों कि स्टालिन आखिर तक काम करता रहा; हम लोग कर रहे हैं और भारत के शान्ति सेनानी तुम हो, जंग के खतरे हैं, मत जाओ।

यह बात शायद हो सकती है।

और नहीं तो मैं दूसरी वजह समझता हूँ।

चीन में जाकर नेहरू ने देखा कि वहाँ तेजी से काम हो रहा है। हर व्यक्ति मेहनत करता है। सबको शिक्षा की कोशिश की जा रही है। सबको नया रास्ता मिल रहा है। वे शान्ति इस कारण चाहते हैं कि वे अपने उद्योगों की उन्नति कर सकें।

नेहरूजी ने सोचा कि वे भारत जाएँगे तो अपने देश को यही बात कहेंगे क्योंकि हमारा देश भी उन्नति कर रहा है। अपने पद से हट जाने की बात उनके दिमाग में थी ही।

यहाँ के लोग आँखें फाड़-फाड़ नेहरू को जाते-आते और भाषण देकर चीन की प्रगति की तारीफ करते सुनते रहे।

और नेहरू जब चीन से लौटे तो उन्हें पता लगा कि उसके प्यारे देशवासी प्रगति के जरा भी पक्ष में नहीं हैं।

जिस जगह पर उन्हें छोड़कर नेहरू ने चीन की यात्रा की थी, वे सब उसी जगह खड़े थे।

नेहरू ने चीन की प्रगति की कहानी कही तो उत्तर में हमने अपनी प्रगति की कहानी कही।

राजस्थान मंत्रिमंडल में झगड़े बहुत बढ़ गए हैं। मध्यभारत मंत्रिमंडल का झगड़ा भी आपका ही इन्तजार कर रहा है। आन्ध्र में नेहरूजी के प्रति अविश्वास का प्रस्ताव आ रहा है और देहली मुंसीपल चुनाव का परिणाम भी कांग्रेस के सम्मान के प्रतिकूल है। वहाँ पर भाषण देने के लिए हम किदवईजी को बीमारी में ले गए थे। आप होते तो शायद गली-गली आपका भाषण दिला जीत जाते।

नेहरूजी ने सिर पर हाथ रख लिया होगा। वाह मेरे देश! चाउ-एन-लाई जब जेनेवा गया होगा, तब चीन ने भी इतनी प्रगति नहीं की होगी, जितनी नेहरूजी की चीन यात्रा के समय हमने कर डाली है।

फिर धीरे से पंडित नेहरू से पूछा गया होगा कि आप इस्तीफा देनेवाले थे, उसका क्या तय हुआ?

नेहरूजी ने सोचा, बेकार है इस्तीफा देना। इस्तीफा देने का अर्थ है कि मेरे हटने के बाद भी काम बराबर चलता रहे। यहाँ तो मेरे चीन जाने पर जो जहाँ थे, वहीं अटेंशन खड़े हैं, कहीं भी प्रगति नहीं हुई।

सो इस्तीफा नहीं दिया गया।

सह-अस्तित्व का सिद्धान्त, दो देशों में जो अलग शासन प्रणाली के हों; लागू हो सकता है, पर एक ही प्रान्त के, एक ही पार्टी के दो मंत्रियों में नहीं होता। दो दलों में नहीं होता।

वे एक-दूसरे का रहना पसन्द नहीं करते। एक-दूसरे का सम्मान नहीं रखते। वे एक-दूसरे को हड़पना चाहते हैं। वे पाँचों सिद्धान्त जो दो विरोधी देशों से नेहरू मंजूर करवा लेता है, वह दो कांग्रेसी दलों से नहीं करवा सकता।

तो जैसे हर नींव का पत्थर नेहरू का हाथ चाहता है, जैसे हर दरवाजा नेहरू से खुलना चाहता है, वैसी हर गुत्थी नेहरू की मुहताज है और हमारी प्रगति इन्हीं गुत्थियों की गुणात्मक प्रगति है। नेहरू का सर पर साया है।

चहारदीवारी के बाहर

स्नेह सम्मेलनों की आजकल बड़ी धूमधाम रहती है। स्कूलों के स्नेह सम्मेलन होने के बजाय आजकल स्नेह सम्मेलनों के लिए स्कूल बनते हैं।

श्राद्ध के लिए कौवा और स्नेह सम्मेलन के लिए प्रमुख अतिथि की अनिवार्य आवश्यकता होती है। और अध्यक्ष से बिना बोले रहा नहीं जाता। स्वयं पर विद्वत्ता का आरोप किए बिना कार्यवाही का सह-संचालन असम्भव होता है, ऐसी मान्यता अध्यक्ष समाज में दृढ़मूल हो चली है। सो ही अध्यक्ष बोलता है।

बोलने के बारे में एक बड़ी अच्छी बात है। यदि कोई व्यक्ति अपना मुँह नहीं खोलता तो लोगों को शक होता है कि वह व्यक्ति या अध्यक्ष मूर्ख है लेकिन जहाँ वह व्यक्ति या अध्यक्ष मुँह खोलता है, यही लोगों का शक तुरन्त सही साबित होता है।

ऐसे ही एक स्कूल में स्नेह सम्मेलन के अध्यक्ष ने छात्रों को उपदेश दिया कि चहारदीवारी के बाहर भी झाँकिए।

चहारदीवारी के बाहर जो है, उसके प्रति यह मोह, यह आकर्षण उक्त अध्यक्ष के मानस में कैसे निर्माण हुआ सो ज्ञात होने का जरिया नहीं है। पता नहीं, शायद वे गॉल्सवर्दी से प्रभावित हों!

प्रेम की चर्चा करते हुए गॉल्सवर्दी ने लिखा है–अपने अहाते में फूलनेवाला गुलाब ही गुलाब है और चहारदीवारी के बाहर खिलनेवाला गुलाब क्या गुलाब नहीं होता?

पता नहीं, किस कारण चहारदीवारी के बाहर तक झाँक करने की बातें अध्यक्ष महोदय ने की?

यों चहारदीवारी के बाहर जो है, उसके प्रति कवियों को बड़ा जबर्दस्त खिंचाव महसूस होता है–लहरों में निमन्त्रण दिखाई पड़ता है, अनन्त की पुकार सुन पड़ती है।

पर केवल कवि ही नहीं, चोरों को भी यही दीवार के बाहर की बातों का दुर्निवार आकर्षण होता है। फर्क इतना है कि बेचारों को पुलिस का डर है, कवियों को किसी का नहीं सिवाय उस बुद्धिमान पाठक या आलोचक के कि जो आसानी से पहचान लेता है कि यह पंक्ति किसी की और वह किसकी।

सरकारों को भी आजकल चहारदीवारी अच्छी नहीं लगती। हर साल सैकड़ों लोगों को बाहर भेजा जाता है विदेशों से ज्ञान लाने के लिए। गोया ज्ञान कोई बोझ है जिसे हर कुली उठा सकता है!

चहारदीवारी का आविष्कार मानव ने बड़े प्रयास से किया। चहारदीवारी की दुनिया से वह तंग था। मिस्र, बेवीलोन, मोहनजोंदड़ो–जहाँ-जहाँ ईंटों से बने प्राचीन भवन मिले हैं, वे हमारे सभ्यता के पालने माने गए हैं। हमारे लिए आदर स्थान बन गए हैं।

अपनी सीमाएँ पहचान लेना ही बुद्धिमानों का लक्षण बताया गया है। अपने को जानना ज्ञान की बड़ी ऊँची सीढ़ी है।

और अब अध्यक्षजी कहते हैं, कविजी कहते हैं, यार चाहते हैं और सरकार का आदेश है–चहारदीवारी के बाहर देखो, जाओ।

यों 'ब्रह्मपुत्र' को इसमें आपत्ति जरा भी नहीं। चहारदीवारी लाँघे बगैर परिक्रमा हो ही कैसे सकती है? किन्तु ज्ञानियों की बात पर भी हमें विश्वास है। अतएव संशोधन प्रस्तुत है–पहले चहारदीवारी के भीतर क्या है, सो समझ लो, जी लो और फिर जरूरत हो तो बैठ जाओ।

नवीनता

अखबारों के विषय में अभी यह शिकायत सुनने में आई थी कि अब उनमें कुछ नयापन नहीं रहा, उनकी लिखने की शैली में कोई विशेष आकर्षण नहीं है।

यूरोप में हुई एक सम्पादकों की कॉन्फ्रेंस में यह शिकायत बड़े जोरशोर से की गई थी।

यों ही सधी-भली खबर को ज्यादा सनसनीखेज तरीके से पेश करने में ही अखबार के सम्पादक की जो कुछ मौलिक प्रतिभा होती है, वह खर्च हो जाती है। इसके सिवाय भी यह रोना अभी शेष रहा है कि अखबारों में दिलचस्पी नहीं है।

विदेश के अखबार जो अब नए नजर नहीं आते, उसकी वजह कुछ अखबार सम्पादक की फेशनेबल प्रणाली है।

हम सिनेमा इस वजह से ही प्रायः देखते हैं कि हमें विशेष अथवा अभिनेता के अभिनय और अन्दाजों से आकर्षण है, प्रेम है।

अब आकर्षण केवल यही है कि अभिनेत्री अथवा अभिनेता नए नखरे अथवा नए स्वर क्या देता है।

अखबारों के विषय में भी यही मामला है।

अखबार की स्क्रीन पर भी कुछ इने-गिने हीरो-हीरोइन होते हैं जिनके लिए जनता के मन में खिंचाव होता है। उसकी ही नई व्यथा-कथा का रोना अखबार होता है।

भेड़िया बालक रामू सरीखे जो नए नाम आते हैं, वे सब 'न्यू फाइंड' हैं, नई खोज।

अमेरिका और यूरोप के अखबार भी विशेष ढचरे की खबरें लेकर रोज छपा करते हैं।

पाँच-छह स्थानों और व्यक्तियों की खबरें आ जाने से एक अच्छा, काफी संख्या में बिक जानेवाला, अखबार विदेश में तैयार होता है।

पहली शानदार आकर्षक खबर तो सीनेटर मेकार्थी की नई किसी सनक और सूझ पर आधारित रहती है।

वह अच्छे-भले आदम को कम्यूनिस्ट कह देता और एकाध किसी विभाग के विषय में बतला देता है कि उसमें कम्यूनिस्ट घुसे हुए हैं।

उसके पक्ष और विपक्ष में दी गई अनेक खबरें बड़ी सनसनीखेज मानी जाती हैं।

फिर वह फारूख, चूँकि अब खाली दिमाग शैतान का घर वाली हालत में है सो नई कुछ बात कह देता है, उसे भी लोग मुस्कुराते हुए पढ़ लेते हैं।

उसके बाद रीटा हेवर्थ या एरोल फ्लनो की नई रोमांटिक-सी कहानी की शुरुआत कर देते हैं सो तीन महीने तक करीब लगातार वही चलती है।

सिवाय इसके, डॉक्टर किन्से नामक एक जीव और हैं जो चौबीस घंटे सेक्स वगैरह पर खोज करते हैं। अमेरिकन लड़कियों की विशेषता पर दी गई उनकी कोई भी नई रिपोर्ट पर अखबार हाथोंहाथ बिकता है।

इसके बाद नगीब आगाखाँ आदि सनसनीखेज खबरदाता हैं।

रोम में इसी सम्बन्ध में घटना हुई है।

एक अखबार के सम्पादक ने घोषणा की कि वे किसी निश्चित तारीख को बहुत सनसनीखेज अखबार निकालने जा रहे हैं और प्रत्येक व्यक्ति को उसे बराबर पढ़ना चाहिए।

उस निश्चित तारीख को जब अखबार बाजार में आया तब हजारों व्यक्ति उसकी प्रतीक्षा में खड़े थे।

अखबार बिलकुल सादा था तथा कोई बम फूटने जैसी खबर उसमें नहीं थी पर अन्त में लिखा था कि आज आपने महीनों बाद पहली बार एक ऐसा अखबार पढ़ा जिसमें मेकार्थी फारूख, रीटा तथा डॉ. किन्से वगैरह किसी की खबर नहीं है।

और जहाँ तक भारत का सवाल है, सम्पादक को चिन्ता कम करनी पड़ती है क्योंकि रोज नेहरूजी भाषण देते हैं और काफी अखबार उनके वचनों से ढक जाता है।

विलायती माल

गुमटियों में कपड़ा खरीदने जाओ तो सुनने में आता है कि देखो तो सही बाबूजी, भैनजी, ऐसा माल कहीं मिल नहीं सकेगा, देखिए तो सही, अंग्रेजी माल है बाबूजी!

बाबू लोगों की आँखों में हल्की-सी चमक आ जाती है और फिर वे अंग्रेजी माल पर ऐसे धीरे-धीरे हाथ फेरते हैं, जैसे विलायती बहनों के शरीर छूने की इच्छा पूरी कर रहे हों!

अखबारों में खबर पढ़ते हैं कि जापान से सिल्क आनेवाला है–जहाजों में भरकर–तो मन में खुशी होती है, जैसे शरीर अब उबटन लगाने जैसा चिकना हो जाएगा!

वस्त्रों के मामले में भारतवर्ष के लोग सदैव शरीर पर कहीं से क्या, कहीं से कुछ कर भानमती का कुनबा बनाए रहते हैं।

हालाँकि उन्हें पता नहीं कि यह कैसे सम्भव हुआ।

आर्यों के आने के समय तो भारत में उत्तरीय और अधोवस्त्र ही थे। आर्य आए तो पगड़ी 'उष्णीष' और साथ लाए। तब उष्णीष और द्रापी यानी बंडी का चलन चला। औरतों को भी कंचुक पहनने को मिली। उसके पूर्व तो वे वस्त्र-मुक्त जैसी थीं। ये कंचुक और बंडी भी मध्य एशिया से प्राप्त हुई हैं।

अचकन भारत में कुषाण सैनिकों के साथ आया। यह मध्य एशिया का 'चोगा' या रोमन 'टोगा' ही यहाँ अँगरखा बना जिसे नवाबों ने अचकन में बदला।

यार लोग पाजामा-कुरता और गांधी टोपी को राष्ट्रीय वस्त्र मानते हैं। मगर कुरता ग्रीक विजेताओं ने भारतीयों को पहनने को दिया और पाजामा भी कुषाणों की देन है।

और गांधी टोपी मध्यकालीन पुर्तगालियों की टोपी के अनुसार बनी है जो कभी भारत के पश्चिमी तट पर व्यापार करते थे।

फिर पैंट-बुश्शर्ट-कोट को तो कोई भी भारतीय नहीं मानता।

यह बात तो निश्चित है कि एक बार चीज हाथ में लगी कि भारतीय उसे पहनते ऐसे हैं, जैसे पैदा ही उन वस्त्रों में हुए थे!

नर्स, खानसामा, ट्रैफिक पुलिस आदि को देखिए, उन्हें जरा भी अटापटा अपने वस्त्रों में नहीं लगता। पहली बार लगता है–पहली बार राष्ट्रीय वस्त्र अटपटे लगते

हैं। 1947 से तो मैंने अभी तक राष्ट्रीय वस्त्र पहने नहीं, पर उसके पूर्व का मुझे अनुभव है। अब अगर गांधी टोपी, कुरता-पाजामा, जैकेट पहनकर निकलूँ–तो मन में ऐसी इच्छा होती है कि वापस घर लौट जाएँ।

खैर, यह तो हुई कपड़े की काट की बात, पर मैं तो भारतीय वस्त्रों की बात कर रहा था। अरे, क्या करें जी, यह अंग्रेजों ने सब घोटाला कर दिया। नहीं तो ढाका की मलमल इतनी बारीक थी, जैसे धुएँ का महीन पर्दा हो या जैसे कोई काँच पहना हो!

और तभी भारत से मसाला और वस्त्र पश्चिम में जाया करते थे।

अब फिर कुछ ऐसी हालत बन रही है और लंकाशायर-इंग्लैंड के पूँजीपति इससे घबरा उठे हैं, क्योंकि भारत का माल वहाँ पर इंग्लैंड के माल की अपेक्षा सस्ता बिकता है।

और सस्ते की तो परवाह नहीं की जाती, मगर उससे ज्यादा परवाह की जाती है अच्छे कपड़े की। और भारतीय कपड़ा लंकाशायर में ज्यादा खरीदा जाए, इसका साफ-साफ तात्पर्य यह है कि इसमें जरूर ऐसी कुछ विशेषता है जो कि गुमटी में जाकर माल खरीदते वक्त नजर नहीं आती।

उस दिन मैं गुमटियों में कपड़ा खरीदने गया तो एक सफेद शर्टिंग मुझे इतना अच्छा लगा कि क्या बताऊँ! ख़रीद नहीं पाया हालाँकि, परन्तु दिल में चुभ गया साला।

सिन्धी ने बताया कि बाबूजी, विलायती माल है।

पर सील दिखने पर पता लगा, वह माल क्वालिटी में विलायती है, पर बना भारत में ही है।

बेचारे देशी लोग विलायत के टक्कर की चीज बनाकर भी उसे विदेशी के नाम से नहीं बेच पाते, उन्हें उस पर 'इंग्लिश मेड' लिखना पड़ता है–और मध्यवर्गीय बाबू को उससे आत्मसन्तोष होता है। मन में खुशी होती है। जैसे मछली नहीं तो वेजीटेबल में आनन्द है।

कालिदास के वंशज

कई स्थानों के सम्मान की वजहें उसके ऊपरी रूप में दिखाई देती हैं तो कई स्थानों का सम्मान उनकी जड़ों में छिपा रहता है।

उज्जैन का कहना है–हमारा सम्मान इस कारण है क्योंकि कभी इस जमीन पर कालिदास रहा था।

इस कारण आज जो दो कविताएँ जेब में रख यहाँ की सड़कों पर चलता है, वह अपने को कुछ-कुछ कालिदास मानता ही है, और प्रतीक्षा करता है, जनता और अखबारों की कि वे कब आकर उसे कालिदास स्वीकार कर लेंगे।

मंत्री के मुख और अखबार से यह स्वीकृति सस्ते में मिल सकती है, पर दुर्भाग्य यह होता है कि हर अखबारवाला इतना बदतमीज है कि प्रतिभा को स्वीकार नहीं करता।

इस कारण राजा भरथरी की इस नगरी में कालिदास की परम्परा निभाना कुछ पुश्तैनी धन्धा, कुटीर उद्योग की तरह हो गया है और हर तरह हो गया है और हर तीसरे घर में कोई कारीगर आपको मिल जाएगा।

कारीगर की खासियत यह होती है कि वह बाजार देखता है और ग्राहक देखता है, वैसा माल उसे टिका देता है।

ग्राहक तो शक्ल से पहचाना जाना चाहिए, पर कई बार धोखा हो जाता है और कला के सर्राफे में कौन दिवालिया है, इसकी घोषणा हो जाती है।

इन दिनों अज्ञेयजी विलायतों में घूम रहे हैं, सो एक विशेष ढंग की कविताओं की मार्केट में बड़ी कमी है। इस कमी को पूरा करने का काम प्रतिभाशालियों पर आता है जो कि कालिदास की नगरी में ही बसते हैं।

एक उदीयमानजी ने यह काम पूरा करने का बीड़ा उठाया है और हमारे कार्यालय में इस प्रकार की रचना आई है।

कविता है–'ओ मित्र पानी! ओ मित्र, पानी बरसा! घास भरी हुलसानी, मानिक के झूमर सी, झूमी मधुमालती, झर पड़े जीते पीत अमलतास, चातकी की चेतना बिरानी। बादलों का हाथिया है आसपास, बीच कुंजों की डार, कि लिखी पाँत काली बिजली की असाढ़ की निशीनी–ओ मित्र, पानी! मेरा जिया हरसा। ओ मित्र, पानी बरसा।'

आगे शब्दों के प्रयोग देखिए :

'खड़-खड़ कर उठे पात! फड़क उठे गात! देखने को आँखें, घेरने को बाँहें?—पुरानी कहानी? ओठ को ओठ, वक्ष को वक्ष? ओ मित्र पानी, मेरा जिया हरसा! ओ मित्र, पानी बरसा!'

आज अज्ञेय से कहो तो वह यह कविता नहीं लिख सकता। पर कालिदास के वंशजों में कोई भी उदीयमान नरेन्द्रकुमार सिरोलिया इस रचना को लिखता है और हमें प्रकाशन के लिए भेजता है।

अब प्रश्न यह है और बड़ा गम्भीर प्रश्न है कि अज्ञेय ऐसी कविता क्यों नहीं लिख सकता तो उसका कारण है कि वह यह रचना पहले लिख चुका है।

अज्ञेय ने आज से कई वर्ष पूर्व लिखा था, बम्बई से प्रकाशित होनेवाला 'नया साहित्य' में वह कविता छपी थी और फिर संग्रह में भी निकली।

पर कहते हैं, इतिहास, फैशन और टेकनिक अपने को दुहराते हैं। अज्ञेय की 'पानी बरसा' उसी क्रम से दुहराकर कालिदास के वंशजों के एक सरस्वती कंठ से फूट निकला।

अब आपका और हमारा यह काम है कि हम इस रचना को मौलिक मानें और उन सबको जो अज्ञेय की रचना 'आ पिया, पानी बरसा' को 'ओ मित्र, पानी बरसा' लिखकर भेजते हैं, वे जो राजनारायण बिसारिया की रचना को अपने हिये के बोल बनाते हैं और जो थोड़ा वीरेन्द्र, थोड़ा नीरज मिलाकर अपना साइन बोर्ड पेंट करते हैं, उन्हें मौलिक कलाकार समाज से ऊँचा उठाएँ और उनकी दुम पकड़कर प्रगति करें।

शेक्सपियर ने किसी से चुराकर अपने नाम से रचनाएँ प्रकाशित की थीं, ऐसा शक अब विदेश में फैल रहा है। उज्जैन में होनेवाले साहित्यिक उत्पादन का यही क्रम रहा तो निश्चित है, एक दिन कालिदास पर भी शक होने लग जाएगा कि उसने यह सब मौलिक लिखा है अथवा चुराया है। प्रतिभा है तो क्या हुआ? अज्ञेय ने भी तो नरेन्द्रकुमार द्वारा भविष्य में लिखी जानेवाली रचना को कई वर्षों पूर्व ही अपने नाम से छपा दिया!

चुनौती

प्रधानमंत्री जवाहरलाल नेहरू अब कुछ दिनों के लिए अपना पद छोड़कर हम-आप जैसे बन जाना चाहते हैं। लोगों का और राजनीतिक लोगों का कहना है कि नेहरूजी आराम किया चाहते हैं।

जहाँ तक आराम का प्रश्न है, सामन्तवादी युग की नौकरशाही द्वारा प्रचलित यह कहावत प्रसिद्ध है कि 'आराम बड़ी चीज है, मुँह ढक के सोइए!'

पर आज का युग इसे नहीं मानता। मुँह ढक सोना स्वास्थ्य की दृष्टि से और आराम देश के निर्माण की दृष्टि से अच्छा नहीं है। अब तो वह समय आ रहा है जब अजगर को भी चाकरी करनी पड़े और पंछी को भी मेहनत करनी पड़े।

नेहरूजी आराम किया चाहते हैं, इसे तो मैं मंजूर नहीं करता। वे आराम के नाम पर कुछ और करना चाहते हैं।

मंजूर इस कारण नहीं करता कि नेहरू के 'आराम हराम है' वाले नारे से मैं परिचित हूँ।

नेहरूजी यों ऐसे व्यक्ति नहीं हैं कि पराये को उपदेश दें और खुद तिरछे जाएँ। वे ऐसों से ऊपर हैं।

तो कांग्रेस पार्टी में आजकल सनसनी मची हुई है। कुछ जो ईमानदार हैं, वे तो दिल से चाहते हैं कि नेहरू नहीं जाएँ, पद सँभाले रहें।

कुछ पदलोलुप हैं जो सीना ठोककर कह रहे हैं कि देश में योग्य व्यक्तियों की कमी नहीं है।

और कुछ इसे गम्भीरतापूर्वक सोच रहे हैं।

इधर नाम आना भी शुरू हो गए। राजनीतिक पार्टी में भी बेकारी इतनी बढ़ रही है कि कुछ न पूछो।

नेहरूजी के जाने से कई पद खाली होते हैं : प्रधानमंत्री पद, विदेशमंत्री पद, सुरक्षामंत्री पद, अध्यक्ष कमीशन; कांग्रेस अध्यक्षता आदि।

उम्मीदवारों ने अपनी योग्यता खोजी और दूसरों की अयोग्यता के मत मजबूत किए।

और इधर सुझाव आने लगते हैं कि फलाने साहब क्या बुरे हैं! और वे ही योग्य हैं और उन्हें ही चुना जाए और देश में दूसरा कोई नहीं है और ज्यादा लोग उन्हें

ही बनाना चाहते हैं और बड़े क्षेत्रों में यह चर्चा घर कर रही है और लगभग निर्णय हो चुके हैं।

बाद में एक वक्तव्य वे साहब देवेंगे कि मैं यह पद नहीं सम्हालूँगा, नेहरूजी ही सम्हालें। मेरी राय है कि इस पद पर अभी उनका होना जरूरी है।

इधर रात को सोते समय, आइने में शक्ल देखते समय वे कल्पनाओं और ऊँचे सपनों में डूबे रहते हैं।

और मजे की बात तो तब हो और जैसा कि मैं मानता भी हूँ कि नेहरू अपने पद से हटें नहीं।

नेहरूजी ने अपनी चीन-यात्रा को 'ऐतिहासिक' कहा है। इतिहासज्ञ नेहरू ठीक जानते हैं कि केवल जाना-मिलना इतिहास की बात नहीं है। इतिहास के महत्त्व की बात है–नए निर्णय करना, एशियाई देशों की मैत्री मजबूत करना और नीति पर पुनर्विचार करना। अफ्रीका और एशिया की मैत्री के कदम अभी उठे ही हैं। इन अधूरे कामों को वे नहीं छोड़ेंगे।

देश में भी बाउंड्री कमीशन की रिपोर्ट आने के बाद यदि कुछ असन्तोष रहेंगे तो उन्हें अपने प्रभाव से मिटाना है।

और ऐसी अन्तर्राष्ट्रीय हलचलों के समय नेहरूजी हट जाएँ, सहसा विश्वास नहीं होता। यह मेरा व्यक्तिगत मत है। जबकि वे सारे देश को काम पर जुटाना चाहते हैं।

अब तो अखबारों द्वारा नेहरूजी के हटने के बाद वाली चुनौती स्वीकार करना और योग्य व्यक्तियों को प्रकाशित करना व्यर्थ की बात है। सूत न कपास और चरखा चलानेवालों में...।

पर चलो, इसी बहाने अयोग्य महत्त्वाकांक्षियों का पता तो चलेगा–नेहरूजी को भी और जनता को भी!

धरती का कसूर

समय की चाल बड़ी बेंड़ी होती है। यार-दोस्त मतलब-बेमतलब के साथ छोड़े देते हैं सो तो ठीक ही है, पर कई बार सारी जनता किए अहसानों को नहीं मानती।

यह समय प्रजातन्त्र का है, तो कलियुग का भी तो है। मनुष्य के अधिकार बढ़े और उसकी नालायकी बढ़ गई।

उस नेता को यह जनता भूल जाती है जो पेशे से नेता रहा और सारा जीवन जिसने जनता में बिताया और जीवन के सभी साधन भी जनता से ही उपलब्ध किए।

हैदराबाद के एक उपमंत्री महोदय जो अभी-अभी कानून के छात्र थे और उस परीक्षा को पास कर चुके, मेरे विचार में, अन्य सभी साधारण मंत्रियों से अधिक समझदार हैं। यों हर वकील मन में मिनिस्टर बनने के अरमान बनाता है, पर यह एक ऐसा मिनिस्टर है, जो अपने भावी जीवन के लिए होशियार होकर वकीली के लिए तैयार हो गया।

सबसे ज्यादा प्रसन्नता की बात है कि इन मंत्री महोदय के दिमाग में यह है कि मुझे कुछ सीखना-समझना है अन्यथा साधारणतः मंत्री और नेता नया कुछ सीखने व समझने की सीमा व स्तर के बाहर रहते हैं।

किताबी ज्ञान को प्राप्त करने की बात छोड़ो, पर कई बार जनता की भावना को भी नहीं समझते, जिसमें कि वे रहते हैं।

इसके कारण कई बार जमीन खिसक जाती है और वे अधर में रहते जाते हैं। पर जमीन खिसकना तो जमीन की गलती है, उसमें पैर टिकानेवाले का क्या कसूर?

ईश्वर की जनता से नहीं बनती है। प्रायः देखा गया कि जीवन के सारे सुख मिलने पर भी जनता नास्तिक हो जाती है, और जब कष्ट होता है तो ईश्वर पर दोषारोपण करती है तो बेचारे नेता व मंत्री तो आदमी हैं, उनसे जनता बिगड़े तो क्या आश्चर्य?

भई, आदर्श पूरे करने के कई तरीके हैं। समझदारी के काम तो होना ही चाहिए। यों इंजेक्शन न लगाओ तो डॉक्टर जबरन लगा देता है। फिर जनता का अच्छे काम के लिए सहयोग, तो दूसरे तरीके हैं उसे पूरा करने के। अच्छा काम तो होगा ही! जबर्दस्ती आदेश पूरे किए जाएँगे।

पर लोग अहसान नहीं मानते। कानपुर में लाख कोशिश करने पर भी हड़ताल चल ही रही है। जाने क्यों सबकी अक्ल एक साथ मारी गई है!

इधर रिलवई वाले भी किए अहसानों का बदला ऐसे चुका रहे हैं कि अपने अध्यक्ष पर अविश्वास करने लगे।

यानी कई बार जमीन खिसक जाती है। जी, यह जमीन का कसूर है, खड़े रहने वाले का क्या कसूर है?

इसलिए दोस्तों का, जनता का इस कलियुगी प्रजातन्त्र में विश्वास नहीं किया जाना चाहिए। पर विश्वास न करें तो दूसरा रास्ता ही क्या है? उसी के सहारे तो अपने विरोधियों से लड़ा जाता है।

विरोधी हर हालत में विरोधी होता है। सजीव हो तो विरोधी और निर्जीव हो तो विरोधी। फिर कई विरोधी अपने ही क्षेत्र में के होते हैं। वे भी विरोधी ही हैं।

विरोधी की मार भी ऐसी ही होती जैसी कि आवश्यकता हो। प्यादा से फर्जी होने पर टेढ़े जाकर हमला करेगा। जनता की तरह प्यादा चाल तो नहीं चलेगा। पर जनता हार खाए विरोधी पर दया भाव दिखा वजीरी चाल का विरोध कर नेता को गाली बकती, पर उस बेचारे को शतरंज का विधान दूसरी चाल का मौका ही कहाँ देता है।

फिर नेता जनता को मित्र ही नहीं, स्वयं अपने को उनका रहनुमा भी मान लेते हैं। कलियुग के गुण भूल जाते हैं।

इस संसार में कोई दोस्त नहीं है। सब अपने-अपने हैं। फिर भी नेताओं का साथ कई बार जनता नहीं देती, यह जनता की गलती है।

फाइलें और बीवियाँ

हमेशा दुनिया का हर हिस्सा दो भागों में बँटकर रहा है।

एक वह, जो जनता है और दूसरे शासक।

पहले तो शासक की अपनी एक अलग जाति हुआ करती थी, जिन्हें राजपूत, क्षत्रिय आदि कहा जाता था।

आज भी राज करनेवालों की अपनी जमात है, जिसे कांग्रेस कहा जाता है।

आज शासन में कई नौकर होते हैं, जैसे पहले कई अन्य राजपूत राजा के अलावा होते थे।

उन दिनों शासन व्यवस्था खराब तो नहीं थी। चन्द्रगुप्त का शासन खराब नहीं था। अशोक का शासन भी अच्छा था। अकबर के तो क्या कहने हैं! राजा मानसिंह से भी ग्वालियर की जनता सन्तुष्ट थी।

ये सब बिना पत्नी के तो नहीं थे।

कृष्ण ने तो अपनी रानियों की बाकायदा एक कॉलोनी बना रखी थी। अकबर विवाह को राजनीतिक चाल के लिए आवश्यक समझता था। मानसिंह ने अन्य रानियों के होते भी गुजरी को अपनाया था।

अनेक पत्नियाँ परदे में बैठी रहतीं और राजा न्याय करते थे।

वे अन्याय तो नहीं करते थे।

शासन की जगह शासन। पत्नी की जगह पत्नियाँ। ढेर-सी फाइल, ढेर-सी बीवियाँ। आदमी योग्य होना चाहिए जो घबराए नहीं।

अब नया विधेयक पेश हुआ है कि सरकारी कर्मचारी दो पत्नियाँ नहीं रख सकते; बिना आज्ञा।

चीज उलटी होनी चाहिए; कि अन्य कोई दो पत्नियाँ न रखे, केवल सरकारी कर्मचारी के।

इसके कुछ अपने कारण हैं।

सरकारी कर्मचारी का एक अपना घर होता है। जहाँ-जहाँ उसके तबादले होते हैं; वहाँ अपने माता-पिता को तो श्रवणकुमार की तरह कन्धे पर उठा वह ले नहीं जाएगा, बल्कि अपनी पत्नी भी उनकी सेवा में छोड़नी होगी।

अब जिस जगह वह नौकरी कर रहा है, वहाँ बजाय उल्टे-सीधे धन्धे करने के बेहतर है दूसरी पत्नी के साथ रहे और खाने-पीने की भी सुविधा रहे। अन्यथा वह व्यक्ति नौकरी ठीक से कैसे करेगा?

दूसरी बात, हम जानते हैं कि पत्नियों के स्वभाव का सरकारी कामकाज पर गहरा असर पड़ता है। अगर पत्नी नाराज हो और ठीक से जिन्दगी न चल रही हो तो इनसान फाइलें कैसे निपटाएगा?

यदि वह दूसरी पत्नी का आश्रय लेगा तो यह निश्चित है कि वह ठीक से काम कर सकेगा।

आज्ञा लेने की बात बेकार है। यदि किसी लड़की से डायरेक्टर विवाह करना चाहता है तो वह उस क्लर्क को स्वीकृति नहीं देगा, जिसे वह लड़की चाहती है। यह अन्याय है।

सरकारी कर्मचारियों को दौरा करना पड़ता है। वहाँ प्रायः दुर्घटना हो जाया करती है; जैसे सीजर की वृद्धावस्था में उसे मिस्र की क्लियोपेट्रा मिल गई थी।

तो अपनी पहलेवाली पत्नियों को तलाक देने के बजाय; और खाली बेकार बीवियों की नई समस्या खड़ी करने की अपेक्षा उसे दो पत्नियाँ रखने दी जाएँ।

नहीं तो कल से अखबारों में ऐसे विज्ञापन दिखाई देंगे :

'सुन्दर, पढ़ी-लिखी, घर पर फाइलें निपटाने में सुदक्ष; पाँच साल तक डिप्टी डायरेक्टर की पत्नी रहने का अनुभव है; किसी भी गजेटेड ऑफिसर से विवाह करने को तैयार है; मिलें अथवा लिखें...।'

और यदि इस प्रकार का कानून बनता भी है तो वह मध्यभारत पर लागू नहीं होना चाहिए; जब तक राजधानी की समस्या का हल नहीं होता।

क्योंकि सरकारी कर्मचारी को इन्दौर और ग्वालियर के विभिन्न वातावरण को स्वीकार कर रहनेवाली दो पत्नियों की आवश्यकता है।

जेल व सभ्यता

आजादी के पहले जो चित्र हमारे मानस में खिंचा हुआ था, उसमें जेल की दीवारें नहीं थीं। हम जेलरहित इलाकों की कल्पना करते थे।

जेल न होने से, कौन से जेल न होने का अर्थ लिया जाता था, यह सोचने की बात है!

शायद वे जेल जिसमें राजनीतिक कैदी रचे जाते हैं; गुलामी समाप्त होने के बाद नहीं रहेंगे, ऐसा विश्वास हमें रहा होगा।

बाकी ऐसे जेल जिनमें चोर-डाकू, गिरहकट रहते हैं। वे भी न हों, ऐसी कल्पना उन दिमागों में थी, ऐसा हम निश्चित नहीं कह सकते।

जोश मलीहाबादी ने जो कड़ककर आजादी के वक्त कहा था कि 'सँभलो कि वो जिन्दा गूँज उठा, झपटो कि वो क़ैदी छूट गए, उट्ठो कि वो बैठी दीवारें, दौड़ो कि वो टूटी जंजीरें।'–मैं समझता हूँ, गुलामी खत्म होने से होगा।

यानी जेल व जंजीर गुलामी के प्रतीक माने गए थे। जेल न होना यानी बन्धन न होने से है।

अब प्रश्न है कि सभ्यता के युग में जेलों का अस्तित्व आवश्यक है?

जेल इसलिए आवश्यक माने गए कि जो समाज में दोषी हैं, जिनसे हमारे दैनिक जीवन को खतरा है–वे एक सीमित दायरे में बाँध दिए जाएँ, ताकि अन्य सभी रास्तों में बाधा न रहे।

जितने ज्यादा दोषी जेल में रहेंगे, उतना ही ज्यादा सामाजिक जीवन शान्तिपूर्ण और सुचारु रहेगा।

सो ऐसा लगता है कि जेलों में वृद्धि हमारे लिए शुभ समाचार है, क्योंकि सभ्यता अधिक विकसित हो सकेगी।

और जो खबर अभी आई थी कि प्रत्येक जिले में एक जेल की स्थापना की जाएगी–प्रत्येक जिले में शान्ति की खबर थी।

मैं सोचता हूँ कि हमारे मस्तिष्क में जेल के मामलों को लेकर बड़ी भारी गलतफहमी है।

समझ लीजिए, जेल बढ़ते जाएँ, तो क्या उस हद तक बढ़ेंगे जबकि बाहर और जेल में रहनेवालों का अनुपात बराबर हो जाए, व जेल में रहनेवाले ज्यादा हो जाएँ?

ऐसा तो हो नहीं सकता।

तो जैसे-जैसे सभ्यता का विकास होता जाए, जेलों की संख्या कम हो।

समाज जब अपनी पूर्णता पर पहुँचेगा तो जेल नहीं रहेंगे और न्यायालय की आवश्यकता नहीं रहेगी। इस वजह से अभी जो खबर आई है कि प्रत्येक जिले में एक जेल होगा, यह बड़ी बुरी खबर है। यह बताती है कि मनुष्य सभ्यता के रास्ते पर किस तरफ जा रहा है।

तो जेलों की संख्या बढ़ना सुन हर एक को अफसोस होगा।

ऐसी ही दो और बातों को जब मैं देखता हूँ तब भी मुझे बड़ा दुख होता है।

एक यह कि 'अमुक गाँव के सब लोगों ने थाने की माँग की है।'

और दूसरी यह कि 'आजकल बड़ी ही प्रसन्नता की बात है कि अमुक अस्पताल में मरीजों की संख्या दिन-प्रतिदिन बढ़ रही है।'

आखिर ये बातें खुशखबर कैसे हो जाती हैं?

आज हमें स्कूलों, कॉलेजों और वाचनालयों, नाट्यशालाओं की जरूरत है। हर जगह बड़े-बड़े हॉल की और मंच की, क्लब की।

रोना यह है कि हमारे यहाँ दोनों प्रकार के विभाग हैं : जेल विभाग और शिक्षा विभाग।

बदकिस्मती से प्रगति सब तरफ हो, यह हमारी इच्छा है। अतः भगवान भी प्रसन्न व शैतान भी जीवित। जेल भी बनें और कॉलेज भी बनें। कैदी भी बढ़ें, विद्यार्थी भी बढ़ें। अस्पताल भी हों और थाने भी हों। मरीज भी हों और चोर भी हों।

हिन्दी शिक्षक

जगन बाबू ने कसम ली कि चूँकि हिन्दी राष्ट्रभाषा है, इस कारण ज्यादा से ज्यादा अहिन्दीभाषी को हिन्दी सिखाने की कोशिश करेंगे।

जब-जब वे अपने हिन्दीभाषी होने के विषय में सोचते तो वे परमेश्वर को इसके लिए धन्यवाद देते कि उन्हें ऐसे घर में जन्म मिला जहाँ हिन्दी बोली जाती है। यह उनके पूर्वजन्म के किए कुछ पुण्य का ही प्रताप है कि उनको कॉलेज में जनरल हिन्दी की अतिरिक्त पढ़ाई नहीं करनी पड़ रही है। वे न सिर्फ हिन्दी फर्राटे के साथ बोल सकते हैं, पर साथ में साहित्य रत्न भी हैं और तुलसीदास की चार चौपाई उन्हें रटी हुई भी हैं।

उनकी गली के कोने में आजादी के बाद आया अतिथि सिन्धी रहता था जो हिन्दी बोलता ऐसा था जिसमें उच्चारण के दोष रहते थे और लिखना तो खैर वह जानता ही नहीं था।

जगन बाबू ने तय किया कि वे अपना हिन्दी प्रचार का काम उसी से शुरू करेंगे।

एक दिन जगन बाबू ने उसे समझाया, 'साँईं, हिन्दी सीख लो। हिन्दी के बिना काम नहीं चलेगा।'

साँईं ने कहा, 'मास्टरी शुरू कर दी क्या जगन बाबू?'

'नहीं, नहीं! हम हिन्दी प्रचार की बात कह रहे हैं। हिन्दी सीखोगे तो तुम्हारा ही फायदा है। रात-दिन काम पड़ता है।'

'हमकू नाविल का शोक नईं हे बाबूजी, क्या करना है! हिसाब-किताब सब हम अपनी दोली में लिक लेता है।'

जगन बाबू ने समझाते हुए कहा, 'अरे भई, एक भाषा से देश की एकता मजबूत होती है। हिन्दी राष्ट्रभाषा है सो उसे जानना जरूरी है। हमारी सांस्कृतिक एकता के लिए सारे देशवासियों को राष्ट्र की भाषा को जानना ही चाहिए।'

साँईं ने कहा, 'ऊँची बात तो हम नईं जानते बाबूजी, पर इतनी फुर्सत बी काँ है कि फिर से बच्चा के माफिक किताब पढ़ें।'

'फुरसत तो निकालनी ही पड़ेगी क्योंकि हिन्दी तो सागर के समान है। इसमें बड़े अनमोल रत्न भरे पड़े हैं। सूर-तुलसी-जायसी की रचनाओं का आनन्द लूटना हो

तो हिन्दी पढ़ो। जिसने साहित्य के रस को नहीं चखा, उसका जीवन तो बिना सींग-पूँछ के पशु के समान है। भरथरी का कहा जानते हो न?'

'मुझसे नहीं कहा बाबूजी उसने कुछ! कौन भरथरी?' साँईं ने जिज्ञासा की।

जगन बाबू साँईं के अज्ञान की ओर करुण दृष्टि से देखने लगे और बोले, 'साँईं, सिर्फ खाना और पहनना ही सब कुछ नहीं है, मानव जीवन में इसके सिवाय भी कुछ ऊँचाइयाँ हैं जिन्हें हमें प्राप्त करना है।'

सिन्धी भाई कुछ नहीं समझे और हिन्दी प्रचार का पवित्र हाथ सिर पर फेरने की जगन बाबू की इच्छा मन की मन में रह गई। वे जानते थे कि हिन्दी प्रचार का कार्य इतना सरल नहीं है और खासकर प्रौढ़ और अहिन्दीभाषी समाज में। उन जैसे कितने ही व्यक्ति इसमें जी-जान से जुटेंगे तब कहीं यह 'कका-किकी' गले उतर सकेगी और अहिन्दी को वाणी का साम्राज्य प्राप्त हो पाएगा।

प्रायः जगन बाबू सिन्धी भाई को हिन्दी का महत्त्व समझाते और संस्कृति, भाषा, कर्तव्य और राष्ट्रीय आवश्यकता के नाते उससे कहते कि वह हिन्दी सीखे। उसे यह भी बता दिया कि वे उसे मुफ्त में हिन्दी सिखा देंगे, एक पैसा भी नहीं लेंगे, पर बात टलती ही रही।

जगन बाबू ने कहना भी बन्द कर दिया, यद्यपि उनका मन कहता था कि एक दिन समय की आवश्यकता मजबूर करेगी व सिन्धी भाई स्वयं ही हिन्दी सीखेंगे और इतिहास के क्रम में भाषा के बढ़ते प्रभाव के सामने सिर झुका ही लेंगे।

और एक दिन वास्तव में ऐसा हुआ।

जगन बाबू दो आने का जीरा खरीदने सिन्धी के यहाँ गए तो वह बोला, 'जगन बाबू, हमें हिन्दी सिखा दो। हिन्दी के बिना काम नहीं चलता। कम-से-कम इतना सिखा दो कि लिखा अक्सर पढ़ लें, जान लें कि क्या लिखा है।'

जगन बाबू गर्व से बोले, 'हमने तो पहले ही कहा था कि हिन्दी जीवन के लिए समय की दृष्टि से आवश्यक है।'

'हाँ जी, सारे सिनेमा के एडवरटीजमेंट हिन्दी में आते हैं और पढ़ने में नहीं आता कि कौन से सिनेमा में क्या चल रहा है। हिन्दी पढ़ना आती हो तो किसी से पूछना तो नहीं पड़े कि कौन एक्टर-एक्ट्रेस काम कर रहे हैं।'

जगन बाबू सिन्धी का मुँह देखने लगे, जिस पर राष्ट्रभाषा के नए छात्र-सी जिज्ञासा और उत्साह दिखाई दे रहा था।

सिन्धी ने एक सिनेमा फॉर्म उनकी ओर बढ़ाकर पूछा, ''हाँ, इसमें क्या लिखा है—शकीला...और कौन-कौन हैं?'

भविष्य-नगर में

आओ, भविष्य-नगर के चौराहे पर, पार्कों में, घरों में घुसो और उनकी खुसफुसों, विवादों, सैद्धान्तिक प्रवचनों को सुनो।

[यह भविष्य-नगर आज की मनोवृत्तियों, हरकतों और भावनाओं पर आधारित है।]

खुसफुस हो रही है : 'हम ठहरे जात के प्रोफेसर, अपनी बेटी मास्टर; जो हमसे नीचा है, उसके बेटे को कैसे दें? इनकी पगार क्या है? जीवन-स्तर निम्न है। मनोवृत्ति खराब है। हम अपनी बेटी किसी प्रोफेसर के बेटे को ही दे सकते हैं।'

'ठीक बात है, आप सही कहते हैं।'

सिनेमा का विज्ञापन है : 'आज ही टॉकीज के पर्दे पर देखें—'तन की प्यास', जिसकी हीरोइन रोज दर्शकों के सामने जीवित आकर भी मिलेगी, अभिनय करेगी! आपके द्वारा फेंकी गई मौसंबियों पर धन्यवाद देगी।'

पास एक चित्र टँगा है, जिसे वर्तमान में 'अश्लील' कहा जाता है।

नगरसेविका का निर्णय आज के पत्रों में है : 'शाम को 5 से 8 तक पार्कों-बाजारों में घूमनेवालों को एक लाइसेंस लेना होगा। शाम को भटकनेवालों का उद्देश्य चूँकि मनोरंजन है अतः सिद्धान्ततः उस पर कर लगाना जरूरी है।'

'सामने देखिए—भीड़ कम है, कैमरे ज्यादा हैं। सड़क विभाग के उपमंत्री योजना में होनेवाले सड़क सुधरवाई के कार्यक्रम के अन्तर्गत गांधी रोड पर थोड़ा-सा सड़क इंजन चला उद्घाटन कर रहे हैं। इस साल वे 300 सड़क सुधरवाई कार्यक्रम का उद्घाटन करेंगे।'

एक क्लर्क मुस्कराकर कह रहा है : 'यह पाजामा मेरा हैंडलूम का है और कमीज मिल के कपड़े का। कुटीर उद्योग और मिल के कपड़े के उत्पादन व खपत का सन्तुलन बनाए रखने के लिए शासन ने सरकारी कर्मचारियों के लिए ऐसी पोशाक आवश्यक कर दी है।'

राष्ट्रीय विचारक ने उत्तर दिया : 'तिरंगे में लगनेवाली तीन कपड़े की पट्टी भी कुटीर उद्योग, मिल कपड़ा और पावरलूम की होनी चाहिए।'

शाम को चाय पीते समय एक क्लर्क अपनी पत्नी से कह रहा है : 'आज रास्ते में मेरे पिताजी मुझे मिले थे।'

‘कुछ बात हुई?’

‘नहीं, मैं जरा जल्दी में था।’

‘पिताजी ही थे, या कोई और?’

‘कह नहीं सकता, चेहरा मिलता-जुलता था!’

रात को एक सभा में एक वक्ता भाषण दे रहा है : ‘हमारे नगर के साथ शासन का यह सौतेला व्यवहार है। इस नगर का महत्त्व कम करने का प्रयत्न हो रहा है। अभी-अभी पास के नगर में दो नई पान की दुकानें शासन ने खुलवाने की आज्ञा दी है, जबकि हमारे नगर में पान की दुकानों की संख्या वही है।’

आत्महत्या की सनसनीखेज खबर का ब्यौरा है : ‘आत्महत्या के पूर्व लिखे पत्र में लड़की ने वजह बताई है कि सात दिनों से वह सज-धजकर बाजार से निकल रही है, पर न किसी ने उसे छेड़ा, न किसी ने निमन्त्रण दिया और न कोई मुस्कुराया ही। समाज द्वारा अपने रूप के अपमान को सहन न कर सकने के कारण उसने जहर खाकर आत्महत्या कर ली।’

‘जनता में हर्ष है कि भाषा सम्बन्धी मनमुटाव और कार्यालयों में होनेवाली सदैव की दुर्घटनाओं का हल खोजा गया और इस सम्बन्ध में शासन का फॉर्मूला दोनों भाषाओं के नेताओं ने स्वीकार कर लिया। शासन ने यह फॉर्मूला रखा था कि शासकीय विभागों में कुछ में केवल महाराष्ट्रियन कर्मचारी रखे जाएँ, कुछ में गुजराती और कुछ में सिर्फ हिन्दी कर्मचारी ही रखे जाएँ।

‘भाषा आन्दोलन के नेताओं ने यह प्रस्ताव स्वीकार किया है और अपनी-अपनी बोलियों के कर्मचारियों से अपील की है कि वे अलग-अलग रहकर राष्ट्रीय एकता बनाए रखें तथा मराठी-गुजराती कर्मचारियों में आपस में पेपरवेट फेंकने तथा रूल से सिर फोड़ने की घटनाएँ भविष्य में न हों।

‘जयहिन्द!’

पहली और पूनम

एक कवि थे। सोलह आने कवि। सिवाय कवि के कुछ भी नहीं। ऐसे कवि, जिनकी आँखें सितारे देख नाचें, जो चाँद देखकर किसी अदेखी प्रेयसी की कल्पना करने लग जाएँ, नदी की लहरें देख जिनका मन डूबने लगे, सावनी घटाएँ देख जो अज्ञेय कारणों से रुआँसे हो जाएँ।

इनका मित्र था एक क्लर्क। सिवाय क्लर्क के कुछ भी नहीं, जो दफ्तर की टेबल, राहबाट, घर और बिस्तर तक भी क्लर्क बनकर ही रहता था।

एक पूनम वाली रात की बात है। स्नो लगाई सुन्दरी की तरह लाजवाब चाँद आसमान में टिका हुआ था। कवि का मन कथकली करने लगा। वह क्लर्क के घर गया। दरवाजा खटखटाकर उसे बाहर निकाला, 'अरे बन्धु, घर में घुसकर क्या बैठे हो, जरा बाहर आओ! देखो, क्या ही प्यारा चाँद है! ऐसी स्नेहिल पूनम में घर में घुसकर रहना पाप है।'

क्लर्क ने चश्मा ठीक करते हुए चाँद की ओर देखा। बोला, 'ठीक है, पर भाई, इस आनन्द में तुम्हारे साथ मैं बँटवारा नहीं कर सकूँगा। तुम जाओ, जहाँ जी आवे, घूमो।' फिर दाँत निकालकर बोला, 'राम ने चाहा तो तुम्हें कोई कोमल साथी मिलेगा। मैं तो मजबूर हूँ।'

कवि अर्धनाराज और अर्धप्रसन्न अवस्था में होंठ पर कविता नचाते, छड़ी हिलाते आगे बढ़ गए।

दिन बीत गए, रातें बीत गईं। काफी दिनों बाद फिर पूनम आई। चाँद नहा-धोकर साफ कपड़े पहन नीले आसमान में खड़ा होकर फिर से चाँदी के इशारे करने लगा। कवि का अँधियारी रात से चोट खाया हृदय फिर से चेतन हुआ और मणिपुरी ठुमके लेने लगा।

कवि फिर घूमने निकला और अपने मित्र क्लर्क के घर गया और उससे बोला, 'यह चटक चाँदनी देख रहे हो, क्या तुम्हारी इच्छा इसमें सैर करने की नहीं होती?'

कवि के इस भावुक आग्रह का उत्तर क्लर्क ने फिर उदास अस्वीकृति से दिया। वह बोला, 'भाई, तुम जाओ। मुझे कुछ फाइलें पूरी करनी हैं। अगर घूमता रहा तो यह चाँदनी साहब की मेज पर बड़ी भारी पड़ेगी। तुम जाओ, घूमो।'

कवि फिर आश्चर्य में डूब गया और अपने चमकीले रास्ते पर रवाना हो गया। वैसे ही गुनगुनाता, कविता चूसता-चबाता।

कुछ दिन और बीते। एक दिन कवि अपने घर में बैठा था। बाहर के नीम के पास चाँद अपनी अपेक्षाकृत अधिक विकसित अवस्था में खड़ा था। उसकी एक किरण कवि के तकिए तक आ भी रही थी। कवि इससे बेखबर हो कुछ लिख डालने में उलझा हुआ था। छन्दों की सृष्टि कर रहा था।

एकाएक क्लर्क आया। बोला, 'क्या बन्धु, घर में घुसे हुए हो! बाहर पूरा चाँद किरणों का बोनस बाँट रहा है। तुम अन्दर हो, यह क्या घर घुसपना! बाहर चलो, घूमें।'

कवि ने चाँद को देखा, क्लर्क को देखा और कहा, 'आज पूरा चाँद नहीं है, फिर भी मैं तुम्हारा प्रस्ताव मानता हूँ। पर ओ मेरे प्यारे क्लर्कराज, आज तुम्हें यह चाँद का नशा कैसे चढ़ा? आज की रात कैसे पूनम हो गई? क्या तुम क्लर्क नहीं रह, कवि हो गए?'

क्लर्क ने कहा, 'आज पहली तारीख है। पहली तारीख की रात पूनम की रात होती है। उस दिन हर क्लर्क कवि हो जाता है। टाइपिस्टें खिल जाती हैं। आज का चाँद पहली तारीख का चाँद है, अतः सबसे प्यारा चाँद है।'

तीन आदर्श भूलें

एक वृद्ध दार्शनिक के तीन पुत्र थे। तीनों बड़े शैतान, बड़े चंचल, हैं मस्त। दार्शनिक की गम्भीरता उन्हें निकट से भी छूकर नहीं निकली थी।

दार्शनिक को यह देखकर बड़ा क्रोध होता है कि उसके बेटे बुरी बातों में रुचि लेते हैं, बुरी बातें मुँह से करते हैं।

उसने एक दिन तीनों को बुलाया। कहा, 'तुम लोग इतने चंचल हो, जैसे बन्दर होते हैं। पर क्या ही अच्छा होता यदि तुम तीनों आदर्श बन्दरों की तरह होते और आदर्श बन जाते!'

तीनों बेटों को कुछ समझ में नहीं आया। उन्हें कभी समझ में आता ही नहीं था। पर जिज्ञासावश सबसे छोटे बेटे ने पूछा, 'ये तीन आदर्श बन्दर कौन से हैं, हमें भी बताइए?'

पिता ने वही तीन आदर्श बन्दर बताए जिसमें एक ने बुराई न देखने के लिए आँखें बन्द कर रखी हैं, दूसरे ने बुराई न सुनने के लिए कान बन्द कर रखे हैं, तीसरे ने मुँह बन्द कर रखा है कि वह किसी की बुराई न करे। पिता ने बताया कि इन बन्दरों की तरह यदि तुम रहो तो कितना अच्छा हो! मेरी आत्मा प्रसन्न रहे।

तीनों बेटे सिर झुकाए रवाना हो गए। बड़ी देर तक कोई किसी से कुछ नहीं बोला। नदी किनारे बैठ काफी देर वे लहरों में पत्थर फेंकते रहे, फिर छोटे बेटे ने कहा कि अब मेरी इच्छा है कि पिताजी की आज्ञा मानूँ और जीवन भर मुँह से कोई विचार प्रकट नहीं करूँ। चाहे सच हो, पर बुराई नहीं करूँ। दूसरे बेटे ने कहा कि मैं भी कान से किसी की बात नहीं सुनूँगा। तीसरे ने अपनी आँखें उपयोग नहीं करने का तय किया।

तीनों आदर्श बन्दर होने का तय करके नदी किनारे से उठे और पिताजी के पास खबर कहलवा दी कि आपके बेटे तीन आदर्श बन्दरों की तरह रहने का निश्चय करके नौकरी की खोज में रवाना हो गए हैं।

तीनों भाई चलते-चलते एक चौराहे पर पहुँचे। वहाँ पुनः अपनी प्रतिज्ञा को दुहराकर तीनों तीन रास्ते रवाना हो गए।

दार्शनिक पिता ने बड़े समय तक अपने बेटों की प्रतीक्षा की, पर वे नहीं आए। वह दुखी रहने लगा। पुस्तकों में उसका दिल नहीं लग पाया। एक दिन क्रोध में आकर उसने तीनों बन्दरों की मूर्ति हटा दी। इन्हीं के कारण अपने बेटों से वह बिछुड़ गया था।

फिर वह सोचने लगा कि अपने पिता के वचनों को इतनी निष्ठा से माननेवाले मेरे बेटे इतने बुरे नहीं थे, जितना कि उनका प्रचार था। यह दोष समाज का है। तब वह दार्शनिक पिता सबकी बुराई करने लगा। सबमें दोष देखने लगा। सबकी बुराइयों पर रुचि से कान देने लगा। उसने अपने एकान्त जीवन को त्याग करके इधर-उधर बुराई-भलाई में लगना शुरू किया। कुछ दिन तक तो लोगों ने उसकी बातों का सम्मान किया और बाद में सभी दार्शनिक की बुराई करने लगे।

दार्शनिक ने अनुभव किया कि इन दिनों उसका मनुष्य और समाज के सम्बन्ध में ज्ञान बढ़ रहा है। मेरे बेटों को भी ऐसा ज्ञान था। वे बुरे नहीं थे।

कुछ सालों बाद तीनों आदर्श बेटे घर आए। उनके रूप-नक्श में फर्क आ गया था। वे पहचान में नहीं आते थे। पिता की आँखों में आँसू आ गए। पिता ने पूछा, 'तुम लोग आजकल क्या कर रहे हो? कहाँ हो?'

सबसे बड़े बेटे ने कहा, 'मैंने अपनी आँखों से कोई बुराई न देखने की प्रतिज्ञा की थी, मैं उसका पालन कर रहा हूँ। मैं सरकारी प्रचारक हो गया हूँ। आँख से कुछ नहीं देखता। सिर्फ जो कान से आज्ञा सुनता हूँ, मुँह से प्रचार करता हूँ।'

दूसरे बेटे ने कहा, 'मैं नेता हो गया हूँ। कान से किसी की प्रार्थना या बुराई नहीं सुनता। देश में घूमता हूँ और मुँह से बोलता रहता हूँ।'

तीसरे छोटे बेटे ने कहा, 'तुम दोनों तो फिर भी ठीक हो। मैं मुँह से कुछ बुराई नहीं बोलने का निर्णय कर गया था। मैं अब सरकारी विभाग में क्लर्क हूँ। बुराई कानों से सुनता हूँ, आँखों से देखता हूँ, पर मुँह से कुछ नहीं बोलता।'

ताश का प्रजातन्त्र

साँझ के ठंडे झोंके क्लब की दीवार से सिर फोड़ रहे थे। सूरज डूबूँ-डूबूँ करता वास्तव में ही डूब चुका था। सितारे अभी अपनी साँवली चादर से सोकर नहीं उठे थे।

खैर, प्रकृति के इन हालों से बेपरवाह होकर चारों बादशाह क्लब की टेबल पर वह पी रहे थे जिसे पीने से गरीबों का नैतिक पतन होता है। जाने कितने उतर चुकी थी!

चिड़ी के बादशाह ने, जो ऐसे समय कुछ नीम दार्शनिक और नीम इतिहासज्ञ हो जाता है, लाल पान के गबरू बादशाह से कहा, 'डेमोक्रेसी, हाय डेमोक्रसी! तू मृत्यु है–साक्षात् मृत्यु!'

हुकुम के बादशाह ने, जो सिवाय राजनीतिज्ञ के कुछ नहीं था, इस पर गम्भीरता से कहा, 'नहीं, समस्या को दूसरे कोण से देखो तो यही प्रजातन्त्र अधिकांश के लिए फायदेमन्द साबित हुआ है। जन-समाज कुछ ऐयाश हो रहा है।'

ईंट के बादशाह ने, जो इन दिनों एक भट्ठा शुरू करने की सोच रहा था, बोला, 'खैर मनाओ, यहाँ गृहयुद्ध नहीं हुआ, नहीं तो एक बादशाह भी जीवित नहीं रहता। सब क़त्ल हो जाते।'

'बादशाह यानी बादशाही। बादशाही मर गई यानी बादशाह मर गया।' चिड़ी शहंशाह ने कहा, 'और फिर हम चारों ताश के बादशाह, जिनके पास कोई जमीन और मुल्क नहीं था, उनकी भी बेइज्जती हुई। हम बिना मुआवजे के अपने सम्मान से जा रहे हैं। ओह, डेमोक्रेसी!'

'ठीक कहते हो।' हुकुम ने कहा, 'यह एक गम्भीर प्रश्न है। इस पर हमें होश में विचार करना चाहिए।'

लाल पान के बादशाह ने उससे कहा, 'भाई काले, तुम्हीं सुझाव दो। हम तुम्हारी बात मानेंगे। तुम्हारा दिमाग चलता है।'

'यह बात तो मैं बिना किताबों की मदद के कह सकता हूँ कि हममें और किसी राजनीतिक पार्टी की परिस्थिति में कोई फर्क नहीं। वह भी हमारी तरह बेजमीन का बादशाह होता है!'

'ठीक है।' ईंट का बादशाह बोला।

इस पर दार्शनिक चिड़ी के बादशाह ने कहा, 'यानी हम प्रजातांत्रिक जागृति से पूर्व के प्रजातन्त्रवादी हैं। सबसे पहले प्रजातन्त्र ताश में आया और वहीं से यह विचारधारा मनुष्य-संसार में फैली।'

'तुम्हारी बात में ऐतिहासिक सत्य है।'

'यह वक्तव्य अखबार में छपना चाहिए।'

काले पान के बादशाह ने अपनी आदतन कूटनीतिज्ञ मुस्कुराहट से कहा, 'यानी हम चारों प्रजातन्त्र सँभाल सकते हैं। उसके रहनुमा बन सकते हैं। ताश के पत्तों की मेम्बरशिप से हमारी पार्टी बन सकती है। चार पार्टियाँ!'

'वाह, वाह! आइडिया! पर राज करनेवाली पार्टी कौन-सी होगी? हम चारों में से किसकी चलेगी?'

'डेमोक्रेसी! यह डेमोक्रेसी है। जिसकी 'ट्रम्प' आ जावेगी, उसका राज होगा। बाकी तीनों विरोधी दल के नेता रहेंगे।'

'मंजूर! अच्छा हो, आज ही हम अपने ये पुराने राजाछाप कपड़े उतार नेता हो जावें।'

चारों बादशाहों ने अपने पुराने मुकुटों को निकाल फेंका और नेता रूप होकर कॉफी पीने लगे। पत्तों की मीटिंग की तारीख तय की।

'अब जोकर का क्या होगा? उसका इस प्रजातांत्रिक ढाँचे में क्या स्थान है?'

'वह कैपिटलिस्ट है सो वह जिसके साथ है, उसकी फतह होगी ही।'

चारों पुराने ताश के बादशाह क्लब से बाहर आए। चारों प्रसन्न थे–अपनी अलग पार्टी बनाने के चक्कर में!

एक संवाददाता ने उनसे पूछा, 'आप किस विषय पर चर्चा कर रहे थे?'

हुकुम के बादशाह ने अपनी कूटनीतिक मुस्कुराहट से उत्तर दिया, 'हम लोगों ने निरस्त्रीकरण के सम्बन्ध में चर्चा की।'

चकरी झूला

अखबारी और किताबी भाषा की अभिव्यक्ति में जो यथार्थ प्रस्तुत किया जाता है, वह ऐसा है कि देश से जाति-पाँति के भेद समाप्त हो गए।

अब ब्राह्मणों का महत्त्व नहीं रहा। तपस्या और खटपट करने से हरिजन को भी स्वर्ग प्राप्त हो सकता है। हर स्थान पहले उस व्यक्ति के लिए रिक्त है जिसे प्राचीन काल में गाँव के बाहर रहना होता था और अपने आने की सूचना देनी पड़ती थी।

अब सौभाग्य ऊँचे नहीं वरन् निचली सतह पर बस गया है अतः निम्न वर्ग में उत्पत्ति ऊँचे स्थान के लिए आवश्यक है।

पर मानिए कि कहीं पूर्ण दुर्भाग्य से आप ब्राह्मण के घर जन्मे हों तो प्रयत्न कीजिए कि यह कलंक धुल जाए और आप हरिजन कहलावें।

और एक सज्जन ने यह पुण्य-कार्य किया भी है कि अपने-आपको हरिजन घोषित कर दिया।

यों धर्म की वाणी ऐसी है कि जिसने हरिजन को छुआ, उसके साथ खाया-पीया, वह हरिजन हो गया। पर साधारणतः लोग हरिजन सम्पर्क में आने के बाद भी कहते अपने को ब्राह्मण शर्मा ही थे।

पर अब अपने को हरिजन घोषित कर देने की औपचारिकता निभा देने से वे वास्तव में हरिजन हो गए क्योंकि धर्म को चकमा दिया जा सकता है, पर जनता में घोषणा कर कलाबाजी खा जाने की क्षमता मंत्रियों को छोड़ साधारण जन में नहीं होती।

सो अब यह नई परम्परा का उदय हुआ है कि जैसे मुगल राज्य में ऊँचाई पाने के लिए मुसलमान बन जाना पड़ता था, वैसे ही अंग्रेजी राज में हर जयकिशन जैक्सन बन जाते थे। वैसे ही अब अगर कुछ कर पाना हो, तो जरूरी है कि एक समारोहिक भभका मारकर हरिजन हो जाएँ।

और, या अपनी सम्पूर्ण जाति को ही हरिजन घोषित करवा दिया जाए।

अभी माध्यमिक समयकाल में ऐसा बोला जाता था कि कोई भी व्यक्ति शूद्र या ब्राह्मण जन्म से नहीं परन्तु कर्म से होता है, पर वह थीसिस अब गोल हो गई। अब तो जो जन्म से शूद्र हो, उसे ही पद पर प्रथम अधिकार है। और जहाँ तक कर्म

है, शूद्र मानने के सिद्धान्त को अगर मजबूती से जाँचा जाए तो आपको अधिकांश ब्राह्मण शूद्र नजर आएँगे।

सो सभी ब्राह्मण-पद के अधिकारी पहले हैं। जो आज कर्म से शूद्र नहीं हैं, वे कल हो जाएँगे।

अब प्रश्न है कि हैं तो सभी मनुष्य। हरिजन हो अथवा ब्राह्मण। मानवता इसमें है कि इनमें भेद-भाव, ऊँच-नीच न माना जाए और न ही व्यवहार किया जाए।

पर यह जो नई हरकतों का श्रीगणेश हो रहा है कि अपने को 'हम' मान न मान, 'मैं' जाति का हरिजन सिद्ध करने पर तुल जाएँ तो क्या होगा?

तो होगा यह कि सब हरिजन हो जाएँगे। उनके हाथ में शक्ति होगी, योग्यता होगी जो इन्हीं परिस्थितियों के बने रहने पर ब्राह्मण वर्ग से लुप्त हो जाएगी।

और तब शायद नई समाज सुधार भावना जगे कि गिरे ब्राह्मणों को ऊपर उठाया जाए। उन्हें प्राथमिकता दें।

तब कोई हरिजन घोषणा करेगा कि मैं आज से ब्राह्मण हूँ, नहीं तो कम-से-कम ठाकुर तो हूँ ही।

बड़े अपरिचित

यदि आपको सब जानते हैं तो आप वास्तव में बड़े आदमी हैं। और आप यदि बहुत ही कम को जानते हैं तो आप और भी बड़े आदमी हैं।

सो बड़े बनने के लिए एक तरीका यह भी है कि आप किसी से अपने परिचित होने के तथ्य को खुलेआम अस्वीकार कर दें।

कुछ जो वास्तव में बड़े हैं, वे बड़े नहीं रहेंगे यदि अपने-आपको सबसे परिचित बताएँगे! इसी से जनतन्त्र और अपना बड़प्पन कई बार मेल नहीं खाते!

नेता के लिए दोनों में सन्तुलन बनाए रखने के लिए कहना पड़ता है कि मुझे सब जानते हैं पर मेरा यह दुर्भाग्य है कि मैं बहुत कम को जानता हूँ।

अमुक बड़े व्यक्ति को यदि हम नहीं जानते तो हम मूर्ख हैं और यदि कोई बड़ा व्यक्ति नहीं जानता तो वह बहुत बड़ा है।

जैसे यदि मैं लेखक अगर यशपाल के नाम से अपरिचित हूँ तो मैं मूर्ख हूँ, साहित्य जगत् में व्यर्थ ही एक कम्बल मात्र हूँ।

पर यदि यशपाल मुझे नहीं जानता तो वह बड़ा आदमी है।

और यदि कन्हैयालाल माणिकलाल मुंशी यशपाल को नहीं जानते तो वे भी बड़े आदमी हैं।

और क. मा. मुंशी ने यह स्पष्ट लिखकर दे दिया है कि वे यशपाल नामक किसी साहित्यिक का नाम नहीं जानते।

यशपाल लखनऊ में रहते हैं। शिवाजी मार्ग पर एक मकान है। सीढ़ी चढ़ते से ही टेबल दिखाई देती है। बाएँ हाथ का कमरा बैठक का है। टेलीफोन रखा है। पड़ोस की महिलाएँ प्रायः उपयोग करने आ जाती हैं। पर राजभवन में रहनेवाला कन्हैयालाल माणिकलाल मुंशी लखनऊ के उस मकान की सीढ़ी नहीं चढ़ा, और न ही कभी यशपाल ने गवर्नर मुंशी की सीढ़ी चढ़ी।

यशपाल उपन्यासकार, कहानीकार, क्रान्तिकारी अथवा भले आदमी जैसे कई नातों से जानने योग्य व्यक्ति हैं! पर आज भगतसिंग भी जीवित होता तो उसे कौन जानता? होगा, ऐसे कई भगतसिंह हैं जो फाँसी से बच गए।

तो राजनीतिज्ञ के नाते भी गवर्नर मुंशी यशपाल से अपरिचित हैं।

अब रहा साहित्यिक प्रश्न तो मुंशी ठहरे गुजरात के और देश के प्रसि॰ उपन्यासकार और आप हिन्दी साहित्य सम्मेलन के सभापति रह चुके हैं। कैसे उस यशपाल से परिचित हो सकते हैं जो लिखता है, खुद प्रेस डाले बैठा है और बुकसेलरों से पत्र-व्यवहार करता है?

कुछ लोगों ने इस पर बड़ा ही आश्चर्य प्रकट किया कि मुंशी यशपाल को क्यों नहीं जानते हैं।

बस, वही थीसिस है कि आप अगर अपने-आपको बड़े बताना चाहते हैं तो किसी बड़े के परिचित होने से अस्वीकार कर दीजिए। कह देने से बड़ा छोटा नहीं होता, वह बड़ा ही रहता है। मुंशीजी बड़े ही हैं।

अगर ब्रह्मपुत्र नाम कभी नहीं सुनने में आया हो तो भी तख्तमलजी बड़े ही हैं। क्योंकि हम उनमें से नहीं हैं कि 'इस क्षेत्र में देखो तो ले-देकर नजर ब्रह्मपुत्र पर ही जाती है!'

फिर कहाँ गवर्नर और कहाँ उपन्यासकार गरीब! राजा भोज और गंगू तेली सी बात हुई! इसमें दुख और आश्चर्य की जरा भी बात नहीं है।

गवर्नर साहित्यिक हो, असाहित्यिक हो या अंग्रेज–एक जैसा ही रहता है। गवर्नर यानी गवर्नर!

साड़ियाँ और रिजल्ट

परीक्षा के रिजल्ट पर दिमाग की हालत का प्रभाव तो पड़ता है, पर कपड़े के रंग और गुण का रिजल्ट पर प्रभाव पड़े, यह उदाहरण भी नजर आया है।

महात्मा गांधी की पत्नी के पुण्य नाम को समुज्ज्वल करनेवाले कन्या महाविद्यालय के रिजल्ट से पास-फेल छात्राओं के रंग का गहरा सम्बन्ध है।

बड़े दिनों से वातावरण में रंगीन और सफेद की खींचतान चल रही है और चलेगी भी, क्योंकि जानते हुए भी समझदार इस प्रश्न को सुलझा नहीं पाए हैं।

आज्ञाएँ हैं और सहज आदर्श है कि सब सफेद साड़ी पहनें और वस्त्र सबके एक रूप हों। विद्रोह है, अनुशासनहीनता और मनचली तबीयत यह है कि रंगीन पहनेंगे, कोई हमारा क्या बिगाड़ सकता है!

फलतः कन्याशाला के दो भाग हैं–एक वे, जो आज्ञानुसार सफेद पहनती हैं और दूसरी वे, जो फेल न कर दी जाएँ, इस भय से रंगीन पहन अंग्रेजी में गच्चा नहीं खाना चाहतीं, सो रंगीन कपड़े पहनकर आती हैं।

रंगीनियत की लीडर शिक्षिकाओं का दल सफेद रंग देख भड़कता है, दाँत पीसता है, अपना अपमान अनुभव कर बदला लेने की कसम खाता है–देख लूँगी, सब सफेद साड़ीवालियों को देख लूँगी!

और हर हालत में छात्रा का गला इन्हीं लोगों के हाथों में होता है, जो परीक्षा के दिनों में घोंट दिया जा सकता है।

और रिजल्ट जब निकला तो सफेद साड़ीवाली लड़कियों को आज्ञा मानने का परिणाम भुगतना पड़ा।

वे सब फेल हो गईं। जो बची हैं, वे सप्लीमेंटरी की परीक्षा में फेल हो जाएँगी। रंगीन साड़ीवाली सब योग्य साबित हुईं, पास हैं।

यह खास बात है कि रंग का प्रभाव साहित्य पर पड़ता है। जो रंगीन थीं, वे अंग्रेजी और हिन्दी विषय में पास हैं और जो सफेद थीं, वे अंग्रेजी और हिन्दी साहित्य में फेल हैं। ऐसे ही कुछ आधार पर गड़बड़ है। कुछ अपवाद भी हो सकते हैं।

बात कहने की यही है कि सारे स्कूल की अधिकांश लड़कियाँ आठवीं और नवमी में फेल हैं। रिजल्ट का रूप भी ऐसा ही है। नाइंथ 'सी' में बहुत-सी फेल इस कारण

हैं; क्योंकि वहाँ सफेद साड़ियों का बहुमत था। और नाइंथ के एक अन्य सेक्शन में रिजल्ट सुन्दर है क्योंकि वहाँ साड़ियों के रंग बड़े सुन्दर थे।

नारी जाति के साथ द्वेष और बदला लेने की बातें जुड़ी हुई हैं, इसके अनेक क्लासिक सुबूत हैं। भगवान बुद्ध भिक्षुणियों के प्रवेश पर दुखी थे कि अब हजार साल चलनेवाला मठ 500 वर्ष चलेगा। और ऐसी ही परम्परा में यह उज्ज्वल उदाहरण है कि उच्चस्तरीय रंगभेद की नीति के विरोध और लड़ाई का परिणाम भुगतना पड़ा छात्राओं को। अपना साल गँवाकर एक-दो रंगीन स्वभाव की मास्टरनियों को बदला लेने की होंस पूरी करनी पड़ी।

अच्छा है कि यह स्कूल लड़कों का नहीं है और कांग्रेसी नेता, मिनिस्टर इसके सफेद छात्र नहीं हैं अन्यथा रंगीन इच्छा पूरी न कर सकने के परिणाम से वे फेल हो जाते।

अतः अब फेल होनेवाली लड़कियाँ यह जान गई हैं कि अपनी इंग्लिश और हिन्दी ठीक करने के लिए आवश्यक है कि सफेद साड़ी रँग लें क्योंकि ऐसी बातों का हल खोजनेवाला कोई समझदार अधिकारी नहीं है। फेल होने से बेहतर है कि हेड मिस्ट्रेस की आज्ञा नहीं मानें, बल्कि सप्लीमेंटरीवाली यदि चंद रंगीन कपड़े खरीदकर भेंट कर दें तो शायद बहुरंगी सरस्वती का पत्थर-मन और मानस फिर सकता है!

एक रुपया, एक...!

कृश्न चन्दर की 'एक रुपया एक फूल' में जिन दो आकर्षणों का समन्वय है, उसमें फूल रुपए की अपेक्षा सस्ता है, पर यदि आपसे कहा जाए कि 'एक रुपया एक बीवी' तो आप बाजार भाव की साधारण जानकारी के आधार पर इस सस्ताई से अस्वीकार करेंगे और बीवी को कम-से-कम सोलह प्रचलित आनों से अधिक की ही मानेंगे।

पर आपकी अभिव्यक्ति का विश्वास जरा हलका कीजिए और मानिए कि अर्थशास्त्री अब वह समाजवादी ख्वाब साकार करने पर तुले हैं जब एक विवाह के पश्चात खर्चे का मीजान एक रुपया रहे।

यों पुराने जमाने में ऐसे सस्ते विवाह होते थे। आसुरी विवाह जिसमें हरण होता था, राक्षस विवाह जिसमें जबरन पत्नी बनाई जाती थी और गन्धर्व विवाह जिसमें व्यक्तिगत यत्नों से तन-मन पर विजय पाकर पिताओं को सूचना दी जाती थी—वास्तव में सस्ते विवाहों के ही आदर्श प्रकार थे।

पर काल-घड़ी के नए अन्तर ने ऐसे विवाह अमान्य कर दिया और खर्चीला विवाह, जो कि आशा पूरी करने के लिए जेब खाली कर दे, उसे ही स्वीकार किया।

सो विवाह करना एक बड़ी बात थी। और जैसे कि हर महँगे भाव, अधिक खर्चे पर पाई वस्तु को अधिक सम्मान से घर में रखा जाता है, सहेज-सँवारकर उपयोग किया जाता है—उसी प्रकार पत्नी भी पुरानी घड़ी की तरह वर्षों तक घर में रहती थी।

चीज की इज्जत करना सभ्यता है। अब तो लोग शीघ्र साइकल बदलने और नए मॉडल की कार खरीदकर उसके अधिकाधिक उपयोग करने पर विश्वास करते हैं सो अपनी चल-अचल अथवा चंचल मनभावनी मोहिनी सम्पत्ति के स्थायित्व पर ध्यान नहीं देते।

सस्ते विवाह प्रारम्भ हो जाने पर समाज का रूप बदल जाएगा। कम खर्चे में आई पत्नी यदि उपयोगी साबित नहीं हुई अथवा उससे मन भर गया तो अर्थज्ञ मनुष्य नया विवाह निस्संकोच कर लेगा।

आज विवाह का खर्चा जुटाने और सारा सरंजाम जमने में जो देर लगती है, उससे विवाह ज्यादा उम्र में होते हैं। ज्यादा उम्र में होने का सन्तति की संख्या पर असर पड़ता है। बच्चे कम होते हैं।

यदि विवाह सस्ते होंगे तो व्यक्ति को उम्र आते ही विवाह करने में कोई कठिनाई का सामना नहीं करना पड़ेगा। वह अपनी जेब में कमाई के दो हजार रुपए आने की प्रतीक्षा नहीं करेगा। और फलतः जनसंख्या बढ़ेगी ही।

अभी सुना कि एक आदर्श विवाह सिर्फ एक रुपए के खर्च में ही हो गया। इससे सस्ता विवाह फिलहाल कल्पना के बाहर है। यदि परिस्थिति ऐसी ही हो जाए तो आप किसी भी मित्र से एक रुपया उधार लेकर अपना गृहस्थ आश्रम प्रारम्भ कर सकते हैं।

और ऐसे अनेक विवाह रोज ही होंगे। मार्किट का रंग बदल जाएगा। पत्नी पाई तो कोई बड़ी भारी चीज तो नहीं पाई, यह भावना मर्दों में काम करेगी।

ज्ञानी थे पहले के लोग, जो महँगा विवाह रचवाकर अपने बेटे को शादी का मोल समझाते थे। घर में झाड़ू नहीं, लक्ष्मी आती थी।

पर यह सस्ते समाजवादी एडिशन के विवाह इस कार्यक्रम के सारे आकर्षणों को मार डालेंगे। और परिणाम होगा कि सन्तानों का अच्छा-खासा ढेर हो जाएगा, चूँकि विवाह सस्ते में हुआ है सो हुई उपज का भी आधिक्य हो जाएगा।

महँगे विवाह में भी कभी पत्नी को गुलाम की तरह माना गया है पर सस्ता विवाह तो उसे और भी सस्ता कर देगा। यदि वह हमारे जीवन की, घर की आवश्यकताओं के अनुरूप नहीं हुई तो उसे हम बदल देंगे।

अतः विवाह के खर्चेवाले इन सामाजिक आदर्शों और बढ़ती हुई आबादी के प्रश्न को एक साथ सोचना पड़ेगा जो इसी निर्णय पर ले जाएगा कि जितने अधिक महँगे-महँगे विवाह होंगे, उतनी कम जनसंख्या होगी।

अंडेवती मुर्गी

सप्ताह में, पन्द्रह दिनों में एक बार ऐसा होता था और उस सप्ताह भी ऐसा हुआ कि गाँव में इधर-उधर घूमते किसानों और शान्ति व सन्तोष की प्रतीक चिलम पीनेवाले गृहस्थों को खबर मिली कि एक सज्जन जो नगर से आए हैं, जानकार और अनुभवी हैं, त्यागी और आदर्शवादी हैं, कर्मठ और नेता हैं। वे आज गाँव की चौपाल पर भाषण देंगे जिसमें चर्चा इस बात पर होगी कि गाँव का गरीब किसान अपनी आमदनी किस तरह बढ़ाए। सबसे निवेदन था कि वहाँ आएँ और भाषण सुनें।

गाँव के किसान अपनी आमदनी किस प्रकार से बढ़ाएँ, यह प्रश्न सबके सामने था जो सदियों से सुलझा नहीं था सो सहज जिज्ञासा के लोभ-पाश में बँधे किसान भाई गाँव की चौपाल पर दीया-बत्ती के साथ आ इकट्ठे हुए।

भाषण देनेवाले ने कहा, 'प्यारे भाइयो, आप यदि अपना धन बढ़ाना चाहते हैं तो नए-नए कुटीर-धन्धों को फुरसत के वक्त अपनाएँ और बाजार में बेचकर पैसा लाएँ। खाली नहीं रहें। जैसे अगर आप मुर्गी ही पाल लें तो उसमें शुरू का खर्च बड़ा ही कम है, वह दाने चुगकर अपना निर्वाह भी कर लेगी, और रोज जो उससे अंडे प्राप्त होंगे, उन्हें बेच आप पैसे कमा सकते हैं।'

यह बात भीमा के दिमाग में गई और उसने यह तय किया कि वह अगले हाट ही जाएगा और मुर्गे-मुर्गी खरीद करके यह धन्धा शुरू कर देगा।

उसने पत्नी से कहा कि कुछ दिन बाद मुर्गी बेचकर बकरियाँ खरीद लेंगे, फिर बकरियाँ बेच गायें खरीदेंगे, फिर गायें बेच घोड़े खरीदेंगे, फिर घोड़े बेच हाथी खरीदेंगे और हाथियों पर बैठकर सिंहस्थ चलेंगे।

भीमा ने डाँटा, 'शेखचिल्ली जैसी बात मत कर! देखती जा, क्या-क्या होता है!'

अगली हाट भीमा मुर्गा-मुर्गी खरीदने गया और चार समझदार और एक बेवकूफ से भी सलाह कर एक अच्छा मुर्गा, एक अंडेवती मुर्गी खरीदी और घर की ओर लौटा यह सोचते-सोचते कि यह कार्य सहकारिता से चलाएँ अथवा व्यक्तिगत? अंडे शहर तक कैसे रोज पहुँचाएँ? कहीं मुर्गी रखने से धर्म तो नहीं बदलता? आदि-आदि!

ग्यारह बज रहे थे, तहसीलदार साहब दफ्तर जाने के लिए घर के दरवाज़े पर चपरासी के इन्तजार में खड़े थे जो पान लेने गया था। भीमा के हाथ में मुर्गी देख वे बोले, 'वाह भई, क्या चीज लाए हो, जरा बताना!'

भीमा ने मुर्गी बताई, उसके गुण गाए।

तहसीलदार साहब ने कहा, 'यह तो हम लेंगे, तुम्हारी यादगीरी रहेगी।'

भीमा तहसीलदार की बात को क्या 'नहीं' कहता? ऊपर से मुस्कुराता, मन में उदास, आगे बढ़ गया। अकेला मुर्गा हाथ में लेकर।

जिले के सुपरण साब एक डकैती की शिनाख्ती करने और यह सिद्ध करने कि गाँववालों का भी डाकुओं से मेल है, डेरा डाले पड़े थे और पिटाई करके सचाई कबुलवा रहे थे। यह मुर्गा भीमा के हाथ में देख बोले, 'इधर लाना रे, क्या नाम है तेरा?'

भीमा हाथ जोड़ता पास पहुँचा।

वे बोले, 'मुर्गा तो अच्छा है! लगता है, तू जरूर इस डाके के बारे में कुछ जानता होगा।'

भीमा गिड़गिड़ाया, 'नहीं हजूर, मैं कुछ नहीं जानता।'

'तो भाग जा, चल।' सुपरण साब चिल्लाए और मुर्गा पकाने के लिए हवलदार को दे दिया।

भीमा खाली हाथ बढ़ गया।

गन्दी बस्ती

सारा देश गन्दी बस्तियों का देश है। और यह गन्दी है, इसका सबसे बड़ा सबूत यही है कि कुछ साफ बस्तियाँ देखने में आती हैं।

यदि सुन्दर नगर न हो तो आप मानिए कि जो गन्दे नगर हैं, उनको देखकर लोग दुख न प्रकट करें।

खैर, तो मैंने सोचा था कल रात कि सुबह उठूँगा तो गन्दी बस्ती पर 'परिक्रमा' लिख दूँगा।

और 'परिक्रमा' का विषय यह होगा कि गन्दी बस्ती बड़ी बुरी चीज है और उन्हें घोड़ाछाप माचिस लगा देना चाहिए और आग लगाकर बुझाना नहीं चाहिए और यों भी यदि म. मा. का पम्प थोड़ी देर तो उसे जलने ही दे सकेगा।

जी, गन्दी बस्ती का जलना कोई दिल का जलना थोड़ी है कि परवाह न करें।

तो मैं यानी कल रात को यह सोचे बैठा था कि गन्दी बस्ती पर 'परिक्रमा' लिखूँगा और अमुक-अमुक बातें लिखूँगा, और इन उदाहरणों को रखूँगा, ये उपमाएँ जड़ दूँगा, वगैरह-वगैरह।

सो रात को तो सो गया और जब सुबह उठा तो सोचा कि पहले लिखूँ या पहले नाई के यहाँ कटिंग करवाऊँ?

हमारा मोहल्ला यों गन्दी बस्ती नहीं है पर घर बड़ा गन्दा रहता है और सोचा मैंने कि इसकी भी सफाई हो जाएगी सो बाद में नहाकर, पवित्र होकर इस गन्दे विषय पर लिखूँगा।

नाई के यहाँ बड़ी परेशानी का सामना करना पड़ा। पहले मुझे अध्यक्ष बनाकर एक कुर्सी पर बैठा मेरी हजामत की गई और बाद में वहाँ से उठा, दूसरे मंत्री-पद पर बिठाकर मेरी कटिंग प्रारम्भ की गई।

प्रारम्भ तो बड़ा मधुर था और कैंची की मधुर झनकार में मैं सोचे जा रहा था कि ये गन्दी बस्तियाँ क्या हैं और इनको कैसे नष्ट करना चाहिए? पहले नष्ट कर फिर नई बस्ती बनानी चाहिए अथवा पहले नई बस्ती बनाकर फिर गन्दी बस्ती तोड़नी चाहिए? और जो नई बस्ती होनी चाहिए, वह गन्दी बस्ती सी ही होनी चाहिए अथवा नए ढंग की होनी चाहिए? पुरानी गन्दी बस्ती को ही नई की जाए तो क्या हर्ज है?

यानी वह मेरे बाल काटे जा रहा था और मैं उन सब मतलब-बेमतलब के सवालों के जवाबों के हल खोज रहा था, जो मेरे दिमाग में आ रहे थे। और वह मेरे बाल काटे जा रहा था।

सो मैं आपको कसम से कहता हूँ कि वे पाइंट मेरे दिमाग में आए थे कि क्या किसी के दिमाग में आए होंगे और किसी के दिमाग में आए भी होंगे तो क्या उसने छपवाए होंगे और अगर छपवाए होंगे तो यहाँ कौन पढ़ता है?

और जनाब उसने कटिंग करने के बाद अहसान के तौर पर सिर की मालिश शुरू की।

खैर, जनाब, उसने मेरी मालिश की और ऐसा लगा कि जैसे कोई ज्योति मेरे मानस से धीरे-धीरे जा रही है और ऐसा लग रहा है कि ये सारी गन्दी बस्तियाँ धीरे-धीरे उजड़ रही हैं और सारा वातावरण हल्का हो रहा है।

जैसे मैं पनिहारिन हूँ और किसी ने सिर से घड़ा उतार दिया हो, वैसा लगा बल्कि यों कहिए कि पहाड़ उठा दिया हो!

और ज्यों ही कंघी कर, पैसे दे बाहर आया, वैसे ही वह तर्क का ज्ञान का घड़ा या पहाड़ भी सिर से उतर गया।

मालिश इतनी सुन्दर की गई थी कि सारे पाइंट दिमाग से गायब हो गए।

और इसीलिए क्षमा कीजिए, मैं अपना विषय तो कभी दोहराता नहीं, पर इस बहुमूल्य विषय पर कुछ भी नहीं लिख सका। योजना बनानेवालों को मालिश करनेवालों से किस प्रकार बचाना चाहिए, इस विषय में मेरे मत बन गए हैं।

टेलीफोन

इन पंक्तियों के सम्माननीय लेखक ने कभी उषःकाल के दर्शन नहीं किए। मेरे एक प्रोफेसर ने अवश्य बताया था कि विदेशी लेखकों ने अपनी पुस्तकों में कहा है कि भारत के ऋषियों ने वेद में लिखा है कि उषा की शोभा जो इधर दिन भर नहीं नजर आती, और बड़ी सुन्दर होती है।

उसकी वजह यही है कि 'चुभते ही तेरा अरुण बान' मुझमें कोई फर्क नहीं आता, मैं सोया रहता हूँ। प्राचीन काल में मुर्गा अलार्म का बड़ा चलन था पर अब तो रोलर घड़ी भी नींद नहीं खोल सकती।

पर बम्बई और दिल्ली में इसकी व्यवस्था हो चुकी है। आज देहली में जीरो या बम्बई में 999 पर रिंग कीजिए और टेलीफोन ऑफिस आपको सुबह उठाने की व्यवस्था कर देगा।

सभ्यता मुर्गे से चली और टेलीफोन पर आकर रुकी है।

प्रभाकर माचवे तो कहता है :

'लटका शीश, अटका तार; क्यों हो मौन, टेलीफोन?' क्योंकि टेलीफोन पर साहित्य लिखने से सन्देश काव्य की परम्परा आगे बढ़ती है।

यों चुगताई ने टेलीफोन के पास बैठकर क्या-क्या शैतानी की जा सकती है, इस पर काफी सुन्दर कहानी लिखी है; पर हर शैतानी पर दो आने का खर्च किसे सहन होता है!

टेलीफोन के विषय में पहले खबरें पढ़ी थीं कि टेलीफोन से विवाह हो चुके हैं—यों प्यार तो होता रहता ही है।

क्योंकि फोन पर तकरार, इसरार, सत्कार, उपहार, दिलदार, विस्तार, इनकार, स्वीकार, उस पार, इस पार की बातें होती हैं। प्यार व पारावार की बातें होती हैं। ऐसा माचवे जी का कथन है।

पर अब धर्म की बातें भी होने लगी हैं। अमेरिका में पादरियों ने टेलीफोन द्वारा प्रत्येक वक्ता पर धार्मिक सलाह देने की योजना बनाई है। आज उसके सदस्य बनकर जब चाहें तब फोन कर धर्मगुरुओं का मत आपकी समस्या पर जान सकते हैं।

यों पहले से 'इन्सोमनिया' के मरीजों की सेवा फोन करता ही था। रात को फोन कानों में लगा मरीज सुनते-सुनते गहरी नींद में सो जाते हैं।

इस कारण अब टेलीफोन कानों को निद्रा का द्वार बना चुका। कानों को नयनमय भी कर चुका।

अमेरिकी पैसेवाले ने अभी बड़ी शान से अखबार में कहा था कि मैं शहर में बैठकर किसान का जीवन काट सकता हूँ। क्योंकि फोन के द्वारा ही मैं अपने नौकरों से ट्रैक्टर चलवा सकता हूँ। सारी आज्ञाएँ दे सकता हूँ।

इस प्रकार दिन-पर-दिन ये संसार टेलीफोन के तारों में बँध रहा है। ग्राहमबेल जिसने पहला टेलीफोन बनाया; वे अनोखे क्षण थे :

सुन लो जब चला पवमान
नभ था धूलिमय सुनसान
तब ली एक अँगड़ाई
किसी विज्ञानवेत्ता के हृदय में एक धुन आई।

वह धुन बाद को यन्त्र बन गई। उस यन्त्र की बजी घंटियों से अब सुबह देहली और बम्बई उठेंगे यानी जिनके घर टेलीफोन है, वे उठेंगे।

इसका खर्च दो कॉल के बराबर होगा।

अब प्रभातियों का युग गया। घंटी के स्वर सुनाई नहीं देते। माँ स्वयं बीमार रहती है और पत्नी सोई रहती है। अतः अब सब कुछ यन्त्र की घंटी पर निर्भर हो गया है जो सुबह तुम्हें उठावे।

अब टेलीफोनी पीड़ा; और टेलीफोनी प्रतिज्ञा की भी वेदना सहन करनी पड़ती है। आप ट्रंक किए बैठे हैं और नाम नहीं आता। कहा—जी, अभी 'एंगेज' है। और जब आपका कॉल आता है तो आप प्रसन्न हो जाते हैं।

तुम हो नेक। करते वाणी का सदा अभिषेक।

पर यह तो कुछ लोगों की बातें हैं। अधिकांश पर स्वर का अभिषेक मिल का भोंपू ही करता है।

रेलियारा

रेलों के, पटरियों के मत्री ने डिब्बों को घर से अधिक सुन्दर बनाने की एक तस्वीर यात्रियों के सामने रखी है।

भारत में रेल एक चलता-फिरता किला है, जिसमें प्रत्येक स्टेशन पर यात्रियों की फौज को अन्दर प्रवेश न करने देने के लिए अन्दर बैठे यात्री प्रयत्न करते रहते हैं—और करीब वैसा ही नजारा दिखाई देता है, जो पहले किसी गढ़ी पर आक्रमण करते समय रहता होगा।

अब रेल में एक गलियारा बनाने की योजना चल रही है—जिससे आप रेल के एक कोने से दूसरे कोने तक आसानी से चले जाएँगे।

अर्थात् किसी 'डिब्बे-विशेष' के सामने से बार-बार निकलने की जो अन्तर इच्छा होती है—वह इच्छा चलती रेल में भी पूरी की जा सकती है।

स्टेशन पर डिब्बे में नए यात्रियों के प्रवेश की लड़ाई और फिर चलती रेल में अन्य गलियारे में खड़े तथा पास के डिब्बों के यात्रियों को प्रवेश से रोकने में सारा समय बीतेगा।

तीसरे, सन्तरेवाले, भिखारी व मीठी गोली बेचनेवाले जो अभी केवल प्लेटफार्मों पर ही चीखते हैं, चलती रेल में आपके डिब्बे के पास आवाजें लगाया करेंगे।

गलियारा बिना टिकिटवालों के लिए अत्यन्त सुविधाजनक होगा। वे आसानी से डिब्बा बदल सकते हैं।

पास के डिब्बे से चोरी करके इस डिब्बे में दूसरों का सामान भी छुपाकर रखा जा सकता है।

पतिदेव इस भ्रम में होंगे कि उनकी पत्नी गलियारे में ही कहीं घूम रही है जबकि वह किसी स्टेशन पर किसी के साथ उतर चुकी होगी।

अभी तक रेल के डिब्बे सिर्फ छोटी कहानी के बनाने में ही योग देते हैं—गलियारे के बाद उपन्यास तैयार हो जाएँगे।

प्लेटफार्मी नजारे पीछे व अधिक आगे के डिब्बेवालों को उपलब्ध नहीं होते पर गलियारे की वजह से यह भेद समाप्त हो जाएगा।

तीसरे दर्जे के आजकल दो भाग हैं–सीटवालों का और खड़े हुए लोगों का। गलियारा एक नया क्लास है।

गलियारा समाजवाद की ओर एक कदम है। रेलों की डिजाइन पर अवाड़ी प्रस्ताव का प्रभाव है।

गलियारा वर्गभेदों की तरफ सरकारी रुख का प्रतीक है। यह भेद हमारे हैं और गलियारा सरकार की नीति है।

गलियारा भारतीय परम्परा का वाहक है। अंग्रेजी साम्राज्य ने जिनको बाँटना चाहा था, वे आजादी के बाद मिल रहे हैं।

गलियारा राम के नाम और प्रभु की शक्ति की तरह है–जो हर एक की सम्पत्ति है। वह सबके लिए है। गलियारे के लिए सब समान हैं, जैसे ईश्वर के लिए हम प्राणी।

गलियारे की ध्वनियाँ ही जनमत होंगी। वही प्रजातन्त्र की आत्मा है। हमारे भविष्य के सूत्र और हमारी भावनाएँ।

क्षमा कीजिए, यह गलियारा एक मधुर कल्पना की तरह काफी स्थान खा गई है–दैनिक समाचार में अनावश्यक है। झूठ और अखबार का संयुक्त रूप आपने देखा होगा–कहीं कल्पना और अखबार यहाँ नहीं मिल जावे!

यों रेल और पटरी के मंत्री ने काफी दूसरी बातें भी कही थीं–सिनेमा आदि की–पर इस गली व गलियारे अथवा जिसे रेलियारा कहें, इसकी बात ही ऐसी है–और हम भारतीय तो 'मरना तेरी गली में, जीना तेरी गली में' मानते हैं, अतः इस संकीर्णता से आगे किसी प्लेटफार्म पर मैं नहीं आ सका।

गोष्ठियाँ

'अली कली ही सों बिंध्यो, आगे कौन हवाल' वालों को जाने किस दोहे ने बना दिया कि वे ड्राइंग रूम में आकर सांस्कृतिक ऐयाशी पर उतर आए हैं तथा कवि-गोष्ठियों की एक उच्चस्तरीय लड़ी इन्दौर के खादी वातावरण में चलने लगी है।

मर गए वे कवि जो 'सन्तन कहाँ सीकरी सौं काम' का नारा देकर हजार जनता के घाट पर ही बैठ अपने मन की बात कह दिया करते थे। अब 'कविगण कहाँ कैबिनेट सौं काम' सी बात नहीं है क्योंकि यों ही कुछ साहित्यिक व्यक्तित्व मक्खन-मय होते हैं और दूसरे, सरकारी नौकरी उन्हें त्रिशूल चुभोती है कि जाओ, अमुक मिनिस्टर ने साहित्य-गोष्ठी बुलाई है, तुम्हें जाना होगा।

इन्दौर नगर के बाहर से मिल की चिमनियाँ नजर आती हैं तो लगता है कि वह मेहनतकशों की धरती है और यहाँ की साहित्यिक परम्परा भी जनजीवन में घुली-मिली होगी, पर अखबारों के पन्ने पलटो तो 'इन्दौर में आज' नजर आएगा कि उस बड़े घर में कवियों को अपनी मधुरिमा बिखेरने बुलाया है।

राजनीति के वे पुतले जो कभी किसी समय हिन्दी साहित्य समिति या कहीं भी कोई साहित्य गोष्ठी के कोने में आकर नहीं बैठे, जिन्होंने कभी इस बात को नहीं सोचा कि 'मेरा देश' गानेवाला वीरेन्द्र कैसे घर चलाता है और मुकुट बिहारी सरोज की बेटी मुन्नी उससे कैसे बिछड़ गई, वे निमन्त्रण घुमवाते हैं कि हमारे घर पर आना, हम ढोल पीटकर कविता सुनेंगे, ताकि जमाने में यह चर्चा रहे कि उन्हें कला से भी प्रेम है।

और ऐसे संयोजकों का भी अभाव नहीं है जो अपने विकास की सीढ़ियाँ चढ़ने के यत्न में कुछ रुबाइयों का कमंडल हिलाते साहित्य-गोष्ठियाँ रचवाकर अपनी संयोजन प्रतिभा से एक के बाद एक कर सारे वातावरण को मोह लेना चाहते हैं ताकि कोई उँगली पकड़कर उन्हें ऊँची कुरसी पर बिठा दे।

प्रसिद्धि के भूखे दो पाटों में पिसते हुए बेचारे कवि छोड़ें और न छोड़ें के बीच परेशान रहते हैं और अपने मस्तक को थोड़ा नम्रता का झुकाव दे काठ के ढेर को कविता सुनाते हैं।

जिन्हें सम्मान करने की फुरसत नहीं थी, वे सरस्वती के बेटों का मीठा अपमान करने के लिए स्वागत करते हैं। वे जयसिंह की तरह मूर्ख नहीं कि एक-एक दोहे पर

अशरफी दें। वे उन्हें बिना टिकट आया मानते हैं और गीतों की वायलिन सुनने के बाद रात के तीन बजे अपनी कार का दरवाजा खोल देते हैं ताकि कवि उस स्थान पर जा सके जहाँ सोने को धरती हो, खाने को रोटी।

यह उच्चस्तरीय सांस्कृतिक ऐयाशी है। ईमानदार इसमें मजबूर होकर जाते हैं और चापलूस इसमें आगे बढ़कर व्यवस्था करते हैं। कालिदास को निमन्त्रित करने के लिए खुद का विक्रम बनना आवश्यक है, पर जरा कदम आगे तो बढ़ाओ, सिंहासन बत्तीसी की कौन-सी पुतली तुम्हें नहीं रोकती, पीछे हटने को नहीं कहती।

वे कन्धे टूट गए जो भूषण की डोली को उठाते थे, अब केवल अँगूठे शेष रहे हैं जो कार्यक्रम के बाद कलाकारों को दिखा दिये जाते हैं और वे हथेलियाँ, जो अगली गोष्ठी निमन्त्रित करती हैं और यश-वृद्धि में योग देनेवाले संयोजक की पीठ थपथपाती हैं।

वर्धा-स्पोर्ट्स

अभी एक भाई राउ से आए थे। कहने लगे—आप जमीन की बात सोचते हैं, देश की दूसरी जरूरतों पर ध्यान देते हैं, हमारे बच्चों और जवानों के खेलने के विषय में आपने क्या सोचा है?

हमने उत्तर दिया—खेलना बच्चों के लिए तो समस्या है नहीं। वे तो खेल ही लेते हैं। यह तो माता-पिता की समस्या है कि उन्हें रोकें किस तरह से।

पर फिर भी खेल की समस्या पर अभी कुछ निर्णय नहीं है। बड़ी जरूरत है कि सोचा जाए।

पहली बात तो यह है कि हम यह विचारें कि हमारा राष्ट्रीय खेल क्या है। कुछ वर्षों पूर्व वर्धा में हमने इस सम्बन्ध में चर्चा की थी पर बात आगे नहीं बढ़ सकी।

विलायत से लौटे भाई बता रहे थे कि वहाँ हर देश का अपना प्रिय खेल होता है।

इधर हमारे देश में 'किरकिट' का चलन बहुत बढ़ रहा है। पर चलन बढ़ जाने से चीज राष्ट्रीय नहीं हो जाती।

भाई, भारत तो गरीबों का देश है। यहाँ तो वही खेल राष्ट्रीय माना जाएगा जिसे गरीब-अमीर सभी खेल सकें। हमारा कृष्ण तो गुल्ली-डंडे खेलता था। हम तो गुल्ली-डंडे को हमारा खेल मानेंगे।

कुछ भाई नाराज भी होंगे कि ये सर्वोदयवाले कैसे तरीके से सोचते पर हमें तो साधारण किसान की नजर से सोचना है।

हमारे बच्चे गुल्ली-डंडा, गेंद और पतंग अपने काम में लें तो खर्चा नहीं है। उदाहरण के लिए पतंग ही लें। छोटा-सा कागज लेकर घर पर बनाई जा सकती है। किरकिट के बल्ले जैसा नहीं कि शहर का या विदेश का मुँह देखना पड़े।

अब समस्या को अच्छी तरह से सोचा जाए। हमारी नजर में खेल की समस्याएँ दो हैं :

एक तो यह कि बच्चों को उसके लिए मैदान की व्यवस्था की जाए।

दूसरी, खेल के सामान की व्यवस्था की जाए। खेल के सामान के लिए हम अमीर भाइयों से नहीं माँगने जाएँगे बल्कि गाँवों के घरों से ही उसकी व्यवस्था की जाए।

इस सम्बन्ध में हमने एक योजना बनाई है, नाम अभी फिलहाल 'वर्धा योजना' दिया है।

पहले यह बात साफ कर देना चाहते हैं कि इस योजना को दलबन्दी में नहीं डालना है। सोशलिस्ट और कम्यूनिस्ट भाई भी इसे पूरी करने में हाथ बटाएँ, पर हिंसा की मदद हम कभी नहीं लेंगे। हमारा आन्दोलन अहिंसात्मक होगा।

जहाँ तक खेल के मैदान का सवाल है, हमने यह सोचा कि विनोबाजी जो जमीन ले रहे हैं, उनसे कहा जाए कि वे ही कुछ हिस्सा खेल के मैदान के लिए दे दें।

पर इससे भूदान के आन्दोलन में नई गड़बड़ी आ जाएगी और सब विनोबाजी पर छोड़ना भी गलत नहीं है।

खेल के लिए जमीन माँगने का पहला प्रयोग हम मध्यभारत में किया चाहते हैं।

अभी गरमी की छुट्टियों में कुछ उत्साही विद्यार्थी साथ लेकर गाँवों में चला जाए और वहाँ एक अलग खेल का मैदान दान के लिए प्रार्थना करें। हमारा यकीन है कि सब भाई अपने बच्चों के लिए सोचेंगे। कोई सज्जन जमीन अवश्य देंगे।

इसके सिवाय मैदान ठीक बनाने के लिए श्रमदान करें तथा खेल का सामान भी दान करें।

हमें उसके लिए कार्यकर्ताओं की आवश्यकता है। जो भाई सहयोग देना चाहें, नाम भिजवा दें।

यात्रा पैर-पैर होगी। कृपया यह भी संकेत कर दें कि वे भोजन में क्या लेते हैं। गाँव के भाइयों को अधिक भार नहीं डालेंगे। भोजन करने की अपेक्षा इस यात्रा में फल और सूखा मेवा ही हमारे लिए पर्याप्त होगा।

अनुदान के पुत्र

डारविन जाति के लोग हमेशा ऊँची और बेतुकी बात करते हैं। अभी तक उस डारविन की बात को सुनकर कि हमारा पुरखा, हनुमानजी का पुरखा एक ही था, आज तक हमें आत्मग्लानि और असम्मान अनुभव हो रहा है। और अब उनके पोते चार्ल्स डारविन ने नया बम छोड़ा है।

कहते हैं कि आदमी की नस्ल भी गिरती जा रही है और अब दिन-प्रतिदिन जो सन्तानें अवतरित होंगी, वे दुबली और कमजोर होंगी।

मैं तो इसको एक अच्छी चीज ही समझता हूँ, क्योंकि आबादी बढ़ रही है सो बेकारी बढ़ रही है तथा खाना कम हो रहा है।

अब यदि सन्तानें कमजोर होती हैं तो मानिए कि एक काम को पूरा करने के लिए अधिक व्यक्ति की आवश्यकता होगी और अधिक लोगों को काम मिल सकेगा।

रहा खाने का सवाल तो कमजोर अगर कम खाएँगे तो भोजन भी पूरा पड़ ही जाएगा।

कहने का मतलब यही है कि आर्थिक नजरों से कमजोर सन्तान बड़ी अच्छी बात है। फिर अगर कमजोर हैं तो ज्यादा भी होना चाहिए क्योंकि कमजोर और कम—इन दोनों से बैलेंस में गड़बड़ हो जाएगी।

चार्ल्सजी डारविन भाई की योजना यानी सुझाव यह है कि स्कूल का मास्टर अपनी कक्षा में से स्वस्थ बालकों को छाँटे और उनके माता-पिता को, यदि वे आर्थिक कारणों से और बच्चे नहीं चाहते तो, अनुदान दिया जाए तथा उनसे हाथ जोड़कर अपील की जाए कि वे अपना सिलसिला बन्द नहीं करें।

इससे होगा यह कि सर्वाधिक स्वस्थ बच्चे हांगे और एक ही पीढ़ी में मनुष्य की नस्ल अच्छी हो जाएगी।

पर इसमें कई बातें विचारने की हैं। विदेशों में, जहाँ का यह सुझाव है, वही व्यक्ति प्रायः पिता नहीं होता जिसका नाम बच्चे के साथ स्कूल के रजिस्टर में दर्ज हुआ है।

फिर बच्चों का जन्म कोई खेती या फैक्टरी जैसी बात नहीं है कि सरकार अनुदान और ऋण दे। इसमें तो नारी और पुरुष दोनों का ही अपमान है।

तीसरी बात, कमजोर बच्चों का जीवन तो समाप्त हो गया। उन्हें न तो अनुदान मिलेगा और न भूमिदान। उनके माँ-बाप उससे अलग दूर रहेंगे। वह अपने माँ-बाप को श्राप देगा कि मैं दुबला हुआ।

और जब दुबला बच्चा जवान होगा तब कॉम्पटीशन में न जीतकर अविवाहित रहेगा तथा अपना वंश खत्म कर देगा।

फिर जैसे अनुदान देने के बाद भी कुएँ नहीं खुदते, ठीक इसी तरह शायद स्वस्थ बच्चा न होकर कमजोर बच्चा हो!

इसके सिवाय स्वस्थ और दुबला होना भी तो निश्चित नहीं। कौन आज का स्वस्थ कल दुबला हो जाए!

दुबले-पतले किसानों, मजदूरों और भीलों के बच्चे और जवान, स्वस्थ अमीरों के बच्चों की अपेक्षा तो अधिक स्वस्थ, फुर्तीले तथा कर्मठ होते हैं।

पैसेवालों को अनुदान देना और गरीबों को और गरीब करना यह जरा भी समाजवादी बात न होकर पूँजीवादी हरकत है।

बरसों पहले प्लेटो ने भी नस्ल सुधारने की ऐसी ही योजना बनाई थी जो कि असफल रही। क्योंकि व्यक्ति जब अपनी व्यक्तिनी खोजता है तो स्वस्थ बच्चे और अच्छी नस्ल की बात नहीं सोचकर छरहरी, तन्वंगी, बाली, मदभरी, पावडरी, पतली, छिलपी आदि सौन्दर्य के सवालों पर निर्णय करता है।

और फिर स्वस्थ उत्पादन का प्रश्न ही कहाँ रहा?

विवाह और विधान

आजकल विधानसभा में थोड़े-थोड़े समय में लोगों के चेहरे की रंगत बदलती है। कभी कोई सड़ी शक्ल बनाकर बैठ जाता है, कभी कोई क्रोध में कुछ कर गुजरने की सोचता है, कोई मन-मन में बड़ा प्रसन्न होता है, किसी के दाँत हल्के-हल्के पीले होने के बावजूद बाहर रहते हैं, किसी की आँखों में गहरी जिज्ञासा और किसी की आँखों में नई उमंगें उछलने लगती हैं।

क्योंकि विषय विवाह का है।

किसी को अपनी पत्नी का भय है तो वे तलाक पर बिगड़ खड़े होते हैं। किसी को अपनी कुँवारी बेटी का खयाल आता है और वह विवाह की उम्र पर उसके अनुसार अपनी राय जाहिर करता है। किसी को अपने विधुर जीवन की पीड़ा का खयाल आता है, और वह वृद्ध विवाह का विरोध नहीं करता।

विवाह एक ऐसा रोमांस है जिसमें हीरो की मौत तो पहले पृष्ठ पर हो जाती है।

बेकन का शायद अपने अनुभव पर ही यह कहना होगा कि विवाह के दूसरे दिन ही दूल्हे को लगता है कि वह सात साल वृद्ध हो गया है।

विवाह की समस्या तो इस संसार की एक स्थायी समस्या है। विधानसभाई विवाह कर सकते हैं, भाषण दे सकते हैं; मगर इस समस्या को नहीं सुलझा सकते।

विवाह एक ऐसा अजीब चक्कर है कि जो इसमें फँस गए, वे तो बाहर आना चाहते हैं और वे जो बाहर हैं, वे जाकर फँसना चाहते हैं।

ब्रह्मचर्य एक कल्पना है। विवाह एक गलतफहमी है। बच्चे तो हाथ के मैल हैं। पत्नी एक फूटी नैया है और पार जाना बहुत जरूरी है।

नए युग के विवाहों पर शास्त्रों, रीति-रिवाजों का इतना प्रभाव नहीं जितना सिनेमा और मासिक पत्रिकाओं का है।

प्रेम की आँखें चूँकि कमजोर होती हैं, इस कारण बदशक्ल मेंकअप की हुई अभिनेत्री सुन्दर लगती है और लड़कियों के लिए गधे भी सिकन्दर हो जाते हैं।

इस कारण विवाह के कभी विधान नहीं बन सकते। हर स्त्री और हर पुरुष अपना अलग विधान तैयार करता है।

क्योंकि विवाह एक ऐसा बिन्दु क्षेत्र है जहाँ पर प्रेम, उम्मीद, गलतियाँ, नापसन्दी, द्वेष, अक्लमन्दी, माँ-बाप, जाति, मूर्खता, उम्र, अनुभव, शक्ल, सनक, वीरूमल सफलता जन्मपत्री और बटुवा आदि की समस्या आकर मिल जाती है।

इसी कारण प्रायः दूल्हे से घोड़ा सुन्दर लगता है और दुल्हन से साड़ी अच्छी होती है।

कहते हैं, फ्रांस में प्रेम सुखान्त होता, इंग्लैंड में दुखान्त, अमेरिका में कीचड़ और भारत में प्रेम एक अप्रदर्शित डिब्बे में बन्द, सेंसर द्वारा अस्वीकृत फिल्म होती है।

सो यहाँ कई बार प्रेम होता है तो विवाह नहीं होता, विवाह होता है तो प्रेम नहीं होता और कई बार दोनों नहीं होते और बच्चा हो जाता।

इस कारण विधानसभा के प्रयत्न बेकार हैं, क्योंकि भारत में माँ-बाप सबसे बड़ा विधानसभाई; अम्मा स्पीकर और लड़के-लड़की पीड़ित जनता हैं।

माँ-बाप को हमेशा योग्य वर और वधू खोजने की सनक रहती है, जबकि बाप कभी योग्य वर नहीं रहे और माँ कभी योग्य वधू नहीं रही।

मूल गलती यह है कि विधानसभा उसे सामाजिक नजर से देखती है जबकि वह शारीरिक मामला है। लड़का-लड़की एक-दूसरे को सामाजिक नजर से नहीं देखते हैं।

कानून बनने पर विवाह नहीं होता। विवाह होने पर तो कानून बेमतलब है। शरीर अगर कानून मानते तो न मरीज बढ़ते, न बच्चे!

विधानसभाई दूसरे विवाह पर बहस करते हैं जबकि सही मायने में पहले विवाह के पूर्व लड़के-लड़की एक-एक पहला विवाह कर चुके होते हैं! और जीवन भर एक विवाह करके वे दूसरे कई कर डालते हैं।

तो कई बार विवाह के बाद पत्नी अनुभव करती है कि पति उसे अपनी माँ जैसा सम्मान करता है; या लड़की समझ सुधारता, निखारता, सँवारता और दुलारता है; या वह तो एक नर्स है और पति मरीज है।

तो विधानसभा साल भर अधिवेशन करके देख ले। असन्तुष्टों की संख्या उतनी ही होगी जितनी सन्तुष्टों की।

और सन्तोष नहीं तो कैसा प्रजातन्त्र!

हिं-चीं मैत्री

ये तीखे दिन और ये अँधियारी रातें; आइजन होवर और डलेस की छाती पर साँप लोट रहा होगा। वाशिंगटन में चर्चा के वक्त उन्हें हिचकी आती होगी कि पूरब में कोई हमारी बात कर रहा है।

चाउ-एन-लाई का भारत आना मुहम्मद अली जैसे गद्दारों की आत्मा को गहरी पीड़ा दे रहा होगा। अभी तो वह चुप हैः मगर अमेरिका के संकेत देते ही वह भी बोलना शुरू करेगा।

चाउ-नेहरू की बातचीत और मिलना नया कुछ नहीं है। ये मुलाकातें तो पहले हो जानी चाहिए थीं। काफी वक्त बाद हो रही हैं।

हिन्दुस्तान-चीन की बातचीत तो ऐसी है जैसे कि दो पड़ोसी प्रायः अपनी खिड़कियों या गैलरियों में खड़े बात किया करते हैं। ये सब एक ही मोहल्ले के घर हैं। केवल करीब ही नहीं हैं पर एक पर एक बन्धन में बँधे हुए हैं।

अभिज्ञानशाकुन्तल में 'चीमाँ शुक' शब्द एक नख के लिए आया है। इससे सिद्ध है कि पहले से हिन्द-चीन में व्यापारिक समझौते थे और सहिष्णुता थी।

नए सम्बन्ध और नई मुलाकातें सिर्फ पिछला दुहराना मजबूत करना है। विचित्र-सी चीज नहीं है।

यमुना और योंग्टिसी की लहरों में वही पागलपन है और इसी वजह से चीन की बारीक और छोटी आँखें भारत को जिज्ञासा से देखती रहीं और भारत के मृग-से नेत्र चीन पर अटके रहे।

साहिर लुधियानवी ने लिखा :

मैं तुझसे दूर सही लेकिन ए रफीक मेरे
तेरी वफा को मेरी जहद ए मुस्तकिल का सलाम।
तेरे वतन को तेरे बाविकार धरती को,
धड़कते खौलते हिन्दुस्ताँ के दिल का सलाम।

नेहरू ने आजादी के बाद जिस विश्वशान्ति की बात छेड़ी थी, वही बात माओ ने अपने चीन की आजादी पर कही। इस कारण हिन्द और चीन के मकसद एक हैं, दिल एक हैं। इतना बड़ा हिमालय जिस मकसद को नहीं मिटा सका, उसे डॉलर की ये साजिशें क्या मिटा सकेंगी?

नेहरू इस सचाई को जानता है कि अमेरिका जिन ऐबों के कारण चीन को गाली देता था, वे सब ऐब अमेरिका में पनप रहे हैं, नीति बन रहे हैं।

और जबकि चीन शान्ति की कोशिशें भारत की तरह कर रहा है। एशिया में चीन और भारत शान्ति के पर्यायवाची बन रहे हैं। भारत दार्शनिक देश है और उसे हॉलीवुड या अमेरिका नहीं बनना है।

और जाफरी ने कहा है :

चीन सबसे बड़ा गीत, सबसे हँसी नज्म है।
एक बलबला; एक उमंग और एक अज्म है।
चीन एक वली है, एक उपदेश है, एक पैगाम है,
एशिया के लिए एक इनाम है।

पाकिस्तान ने इनसानियत को खत्म करनेवाले हथियारों के लिए एक छिछली सभ्यता के देश को अपनी राजनीतिक इज्जत बेच दी और उसके खेत गुलाम हवाई अड्डे हो रहे हैं, जबकि भारत ऐसे किसी डॉलरी चक्र में नहीं आया। वह चीन की युद्ध-विरोधी दीवार की इज्जत करता है और चीन भारत के मुहब्बत के ताजमहल पर विश्वास करता है।

आज कटन के अतिथि गृह, ह'काउ के क्लब, याँग्त्सी के स्टीमर, नानकिंग का शहीद चौरा, हेंगचाउ के जूट मिल, शंघाई की पाठशालाएँ और पेकिंग के संगठन हिन्दुस्तान की इज्जत करते हैं। चीनी दीवार ताजमहल की रक्षा करना अपना फर्ज समझती है। नेहरू से मोहब्बत जाहिर करने के लिए उनके पास गीत हैं; फूल हैं।

इस वजह से चाउ-एन-लाई का आना ऐसा है, जैसे अपना व्यक्ति अपने घर आता है।

अमेरिकी प्रेस अब झूठ बोलना शुरू करेंगे, अखबार उछलेंगे, रेडियो बहकेंगे– मगर सारा हिन्दुस्तान चाउ-एन-लाई को 'अलविदा' कह रहा है और चाउ-एन-लाई 'चाइजेन नेहरू; चाइजेन भारत' कहता विदा ले रहा है।

बाने और बानी

आदमी जब जवान होता है तो बचपन को मूर्खता की, अज्ञान की अवस्था कहता है और जवानी की प्रशंसा करता है और जब वह बूढ़ा होता है तब जवानी के कामों को बेवकूफी मानता है और जब मरने आता है तब सारे जीवन को माया-मोह, धोखा या खोखा कहकर घृणा करता है।

और यदि ऐसा हो कि वह बूढ़ा यदि किसी नई शक्ति, नए जोश व नई जवानी की कृपा से वापस जवान हो जाए तो वह बुढ़ापे को फिर गाली देने लग जाए।

कई बार ऐसा होता है कि दिमाग में नए विचार आते हैं और लोग परिस्थिति को बदलने की चेष्टा करते हैं पर ऐसा अधिक होता है कि जहाँ हालत बदली, लोग अपने विचारों को बदल लेते हैं।

बाप के राज में जब राम को बनवास मिला तो पतिव्रता साथ गई पर जब पतिव्रता को बाद में बनवास हुआ तो सियावर उसके साथ जाने को तैयार नहीं हुए।

भक्ति में आकर मन्दिर बना दें जिसमें अनेक भक्त आकर दर्शन किया करें, पर यदि निर्माता अपना धर्म बदल दे तो उस मूर्ति-पूजा को गाली देने के सिवाय और कोई काम पहले नजर नहीं आ सकता।

रेल के डिब्बे में चढ़ने के पूर्व यात्री इस बात पर गाली बकता है कि घुसे हुए मुसाफिर अन्दर आने का स्थान नहीं देते और जैसे ही उसके अन्दर स्थान मिल गया कि वह इस बात पर गाली बकना शुरू कर देता है कि बाहर घूमनेवाले मुसाफिर बड़े अजीब हैं, घुसे ही चले आ रहे हैं, यहाँ बैठने को कहाँ जगह है?

यानी समय बदला और लोगों ने आँखें बदलीं व विचार बदले व जुबान बदली और अभी जो हेड के पक्ष में था, वह टेल के पक्ष में हो गया।

राजनीति में भी ऐसा होता है। समाज के सर्वेसर्वा यही करते हैं।

कल तक जिस बात की खुशी में महफिल जमती थी, आज मरसिया गाया जा रहा है। सिर्फ इसलिए कि अब उस गली से उनके रिश्ते नहीं रहे।

इतने लोग बीसीजी लगा चुके। कहा है कि 'बीसीजी...घर-घर ऐसी फैली...जैसी आधी सीसीजी' और वे ही टीके अब बेकार सिद्ध हो गए क्योंकि अब काम अपने हाथ नहीं रहकर दूसरे के हाथ आ गया।

कल तक जो डिपार्टमेंट अपने हाथों में थे, तब उनका स्तर बहुत ही ऊँचा था, पर अब यह विभाग हमारे हाथ में नहीं है तो उसका स्तर गिर रहा है, ढील आ गई है।

कल तक जो खर्च हम कर चुके थे, वह हमारी निर्माण योजना की पहचान था और आज जब हम उस पद पर नहीं हैं तो वही खर्च बेकार सिद्ध हो रहा है। वह निर्माण न होकर, खर्चा हो गया।

क्योंकि पैसे की बरबादी और पैसे का उपयोग, इसका अर्थ निकालने में एक हल्का-सा बारीक-सा अन्तर ही है। चश्मा बदलिए और सफेद नीला दिखेगा।

चाहे वे रो आपके ही शुभ नामों और शुभ कार्यों के नाम से रहे हों।

पहले चम्बल योजना निर्माण का विशाल कार्य था जिससे म.भा. की फूटी तकदीर को सोल्यूशन लगनेवाला था और घर-घर दीया बिना तले अँधेरे के जलनेवाला था, पर अब वह बात नहीं। आज उस पद पर नहीं हैं और चम्बल का बाँध एक खर्चा हो गया, मजाक का चर्चा हो गया।

थरमल योजना और प्रगति के कार्य अब जल जो बेचते थे, दबाए दिल अपनी दुकान बढ़ा चुके तो मूर्खता सिद्ध हो गई कि जब चम्बल से करंट यानी बिजली का झटका सारे म. भा. को लगनेवाला है तो थरमल योजना की क्या जरूरत?

चम्बल, थरमल का उदय व प्राचीनता, दोनों में एकता है। जिसे यह सौभाग्य प्राप्त हुआ कि चम्बल बाँधने की योजना बनी, उसी ने थरमल पर विचार किया। हाइड्रो-इलेक्ट्रिक व थरमल सब एक ही समय की देन हैं।

पर अब सब उपयोग बरबादी हो गई, फूल काँटे हो गए, क्षिप्रा कीचड़ हो गई। वह हवा अब रही नहीं।

क्योंकि जैसे ही बाना बदलते हैं, वैसे ही बानी बदलनी पड़ती है। जब रोम में रहो तो रोम जैसे रहो, जब इन्दौर में तब इन्दौर जैसे, जब दिल्ली में तो दिल्ली जैसे।

क्षौरिक-क्षमता

एशिया के जागरूक रंगमंच पर मैं नए वर्ग को उभरता हुआ देख रहा हूँ। लगता है, जैसे शीघ्र ही यह राजनीतिक, सामाजिक, सांस्कृतिक क्षेत्रों पर हावी हो जाएगा।

'मिड समर नाइट्स ड्रीम' का पात्र 'बाटम' गधे का मुँह लग जाने के बाद जिस प्रकार नाई के यहाँ जाने को तड़फ रहा था, कल वैसी तीव्र ही इच्छा मुझे हो रही थी।

बाल जाल काफी था। 'कैसे उलझा दूँ लोचन' वाली समस्या थी।

मैंने कभी राजाजी के समान क्षौर-कर्म नहीं सीखा, और न उनकी तरह कुछ लोगों की हजामतें बनाईं। मैं तो साधारण-सा लेखक हूँ, फ्रांस के अन्तिम ट्रेबेडोर कलाकार की तरह नाई नहीं हूँ। प्रगतिशील दृष्टिकोण मजबूर करता है कि बालों के सौन्दर्य की ओर ज्यादा ध्यान नहीं देना चाहिए, क्योंकि ये फैशनें बुर्जुआ संस्कृति की प्रतीक हैं और इससे सर्वहारा का आन्दोलन कमजोर होता है।

नाई के यहाँ बैठे हुए मुझे उनकी क्षमता से बड़ा आश्चर्य हुआ। उनकी बातचीत और दिल से बात उगलवा लेने की कला देख मैं दंग रह गया।

अब मुझे अन्दाज हुआ कि राजनीतिक उद्देश्य से आया निक्सन पाकिस्तान के नाइयों द्वारा दिये गए मुफ्त कटिंग के निमन्त्रण को अस्वीकार कैसे कर गया।

पाकिस्तान के नाइयों की ख्याति अमेरिका पहुँच ही गई थी। लियाकत अली ने जब अपने मित्र नाई के लिए अमेरिका से उस्तरा खरीदा था—तभी वहाँ काफी आश्चर्य प्रकट किया गया होगा।

एशिया का प्रथम बी.ए. नाई पाकिस्तान में है और अभी पाकिस्तानी नाइयों ने मनुष्य के बालों में गन्धक तथा रसायन खोज, उद्योग-धन्धों को बढ़ाने की बात कही है—वह क्षौरिक-क्षमता की परिचायक है।

यानी यह कितने आश्चर्य की बात है कि आजकल पाकिस्तान जहाँ दाढ़ी रखनेवालों की काफी संख्या है, वहाँ पर रेजर और साबुन पर ब्लैक हो रहा है। इसके पीछे वहाँ के नाइयों का ही हाथ लगता है।

बात सच यह है कि नाई सब करने में समर्थ हैं। बादशाह भी उनके आगे सिर झुकाता था।

अब बम्बई में कांग्रेस जीती कैसे? नाइयों के ही कारण। एस.के. पाटिल ने सारे नाइयों का आवाहृन किया। पाटिल समझते हैं कि हजामत बनाते समय नाई जो गले उतार सकता है, वह कुर्सी पर बैठकर एक प्रोफेसर भी नहीं कर सकता।

खैर, कांग्रेस जीत गई। नाइयों के हाथ में ही देश की चोटी है, यह सिद्ध हो गया। इन्हीं के हाथों में रही तो कोई बाल भी बाँका नहीं कर सकता!

अभी 26 जनवरी को सूरत के नाई ने मुफ्त हजामत बनाकर हमारी श्रद्धा और भी इस वर्ष के प्रति बढ़ा दी।

जनतन्त्र-दिवस की प्रसन्नता व्यक्त करने में जो गौरव तथा सन्तोष का अनुभव उसे श्रमदान कर हुआ होगा, वह न विशेषांक निकाल 'नई दुनिया' को हुआ, न झंडा खींचकर मंत्रियों को हो सकता है।

फिर भी जब सुनने में आता है कि नाइयों के विरोध में कहीं कुछ किया गया तो बड़ा बुरा लगता है।

कुछ दिन पूर्व एक मराठी के लेखक ने अपने उपन्यास में नाइयों को जरा अपमानजनक चित्रित कर इस वर्ग की गौरव-गरिमा को धक्का पहुँचाया तो बड़ा भारी आन्दोलन सिर चढ़ गया था।

वास्तव में यह गलत बात है। भर्तृहरि के श्रृंगार-शतक में भी नाई को इतना हेय बताना, कैसे सहन किया गया—आश्चर्य है।

नाई बड़े उदारमना होते हैं। हर नाई की दुकान वाचनालय होती है। दिलीपकुमार बड़े-बड़े बाल रखने लगा तो नाइयों ने कहा—भई, हम फ्री कटिंग को तैयार हैं, अगर मंजूर हो।

पर दुख है, दिलीप नहीं माना। नाई की बददुआएँ नहीं लेनी चाहिए, नहीं तो किशोरशाह, मोतीलाल-सी हालत होती है।

पर भारतीय एक्टरों पर हॉलीवुडी नशा रहता है। उन्हें ताजमहल होटल की लेडी जेक्विस ज्यादा पसन्द आती है।

इन घटनाओं में जो अभी-अभी अन्तर्राष्ट्रीय ख्याति प्राप्त कर चुकी है, एशिया के रंगमंच पर नया वर्ग उभर रहा है।

अपने पेशे के कारण जनता की समस्याओं को ज्यादा अच्छी तरह से समझते हैं। नेताओं की अपेक्षा ये लोगों के दिमाग के ज्यादा निकट हैं।

भविष्य कहा नहीं जा सकता। बाल कितने? भई, सामने आवेंगे। 'फिराक' के शब्दों में ये सब जुल्फें हल-सँवर जाएँगी।

बड़ा भारी गाँव

मेहमानों के कारण जितनी परेशानी घर में पैदा हो जाती है, उससे भी कहीं अधिक परेशानी उनके साथ नगर में बन पड़ती है।

लगता है, जैसे वे सबकी परीक्षा लेने के लिए ही रेल से उतरे हैं! हर चीज देखेंगे और उस पर निर्णय देंगे, उसमें नुक्ताचीनी निकालेंगे और कहेंगे, 'क्या शहर है जी आपका!'

चाहे खुद के शहर में हाथ-हाथ के गड्ढे सड़क पर पड़े हों, रात को सिवाय दो-तीन-चार मोटरों से एक भी मोटर नजर नहीं आ रही हो और सड़क पर चलनेवाले सब घर में दुबके रहते हों, पर यहाँ पर आकर कहेंगे–कुछ जँचा नहीं शहर।

मुझसे पूछने लगे, इस धूप में घूमते हुए, 'आपके शहर में कोई प्याऊ नजर नहीं आती?'

मैंने कहा, 'यों सिटी बस के टिकिट पर सब प्याऊ का पता सिर्फ आप जैसे प्यासों के लिए ही तो है। प्याऊ की बात छोड़िए–उससे ज्यादा तो यहाँ पेट्रोल पम्प हैं।'

शाम को कहेंगे–'आजकल कोई अच्छी पिक्चर नहीं है आपके शहर में?'

मैं क्या बताऊँ! अच्छी-बुरी तो सिनेमा में घुसने पर पता लगता है, अलावा इसके यह बात तो नहीं है कि जैसे आप यहाँ आए तो उसी वक्त एक साथ नरगिस, निम्मी, शीलारमानी आकर खड़ी हो जाएँ और जिस हॉल में आप पैर रखें, वहीं पर अपलम-चपलम, अपलम-चपलम का नृत्य हो।

गरज यह है कि शक की दवा, फतवेबाजी की दवा तो लुकमान से लेकर किसी ताकत के बादशाह के पास भी नहीं होती है।

भीड़ होगी तो कहेंगे, बड़ी भीड़ रहती है जी, दम घुटता है और यदि न रही तो कहेंगे कि बड़ा सुनसान है इस शहर में।

इस गर्मी में सिवाय पंखा, सरदार कैफे के मैं उन्हें क्या दवाई दूँ? प्राचीनकाल का पाटिलिपुत्र तो आज है नहीं यहाँ, जब घरों में सरोवर और ठंडी धारा से शीतल स्नानगृह बने हों। आज भी इन्दौर में कुछ गृहों में तालाब बनाने की परम्परा निभाई जा रही है। आपको कई घर ऐसे मिलेंगे जहाँ अन्दर छोटा-सा सरोवर बना हो। पर

उसके आसपास सुन्दरियाँ न होकर, धोबी अपने कपड़े धोता दिखेगा। कई घरों में हौद है, जहाँ नल से पानी लेकर सामूहिक कपड़े की धुलाई होती है।

तो आखिर शहर के अच्छे होने की पहचान क्या है? जहाँ की सड़कें अच्छी हों? लोग अच्छे हों? दुकानें अच्छी हों? शामें भली लगें? रातें ठंडी हों? पुलिस समझदार हो?–आखिर क्या पहचान होगी?

दुकानें तो दुनिया भर में जहाँ बस्ती है, वहाँ होंगी ही। सड़कें तो यों बॉम्बे-आगरा रोड हैं पर वह शहर तो नहीं हैं और ठंडी शाम तो जंगलों व खेतों में होती है और पुलिस समझदार हो, यह तो काफी प्रतिशत असम्भव बात है!

तो फिर शहर क्या है? और क्या है जो शहर है? और अच्छा शहर क्यों है?

तर्क-जाल के शुभ अवसर पर मुझे हुमायूँ कबीर ने जो अभी भाषण में उदाहरण दिया था, उसका विचार आ जाता है। दिल्ली का नाम आपने सुना ही होगा, भूगोल की किताब के अनुसार यह उत्तर भारत का एक प्रसिद्ध नगर तथा भारतवर्ष की राजधानी है।

यहाँ भी बड़ी-बड़ी सड़कें हैं, विशाल होटलें हैं, सिने कुटीर हैं, ट्रामें, मोटर्स, नेहरू, संसद आदि सब हैं। मैं इन्दौर पर बड़ा मुग्ध हूँ और यह बड़ी नालायकी की बात होगी पर कहना पड़ता है कि इन्दौर से देहली बड़ा भी है।

पर एक विदेशी सज्जन को सारा देहली घूमने पर पसन्द नहीं आया। यों विदेशी पसन्द और नापसन्दगी की गुलामी से हम छूट गए हैं, पर फिर भी हुमायूँ कबीर को उसकी शिकायत, जो उसने देहली के बारे में की थी, जँच गई और वह यही कि देहली बेकार-सा शहर है, न यहाँ कोई नेशनल थियेटर है, न यहाँ कोई नेशनल म्यूजियम है, न नेशनल लाइब्रेरी है, न ही नेशनल आर्ट गैलरी है।

विदेशीजी का असन्तोष समय को देखते ठीक भी था। उस समय से तो कुछ शरीर पर नेशनल बाग और दिमाग में कुछ राष्ट्रीयता है भी, पर अब तो नेशनल म्यूजियम भी खुल गया है।

और यदि देहली को जिस नजर से जाँचकर वह विदेशी, राजधानी में से भारतीय राष्ट्रीयता खोजने में जिसकी आँख लगी रही और उसी नजर से यदि कोई मध्यभारत...अरे नहीं, मेरा मतलब है, भारतीयता को खोजे तो वह कहाँ पर देखेगी? अपने देश की चारित्रिक विशेषता सिवाय वस्त्रों व चेहरों के और किधर है? किधर है? आई एम सॉरी!

निराला

मैं ऐसा नहीं मानता कि साहित्य लिखनेवाला व्यक्ति कभी बेईमान नहीं होता। साधारणतः पचहत्तर प्रतिशत लेखक या कवि रचना लिखने के समय को छोड़कर, बाकी समय भले आदमी से भी गया-बीता होता है।

इसीलिए यह मानने में आ जाता है कि पूज्य निराला की बीमारी व पागलपन को लेकर कई व्यक्तियों ने नेतागीरी, धोखेबाजी और अपनी संकीर्णता का परिचय दिया।

आज से कुछ वर्ष पूर्व महादेवी वर्मा के लेख छपे थे, जिसमें निराला की हालत और स्वयं महादेवी द्वारा की गई मेहरबानियों का उल्लेख था।

कलात्मक दृष्टि से रखी गई सारी चीजें सच नहीं होतीं।

प्रश्न यह है कि महादेवी के साहित्यकार संसद के पास जब सरकार द्वारा भेजा सारा रुपया व रॉयल्टी आती थी, तो संसद को छोड़कर निरालाजी क्यों चले आए? निश्चित है कि रुपया प्राप्त होने पर वहाँ का वातावरण निराला को ठीक नहीं लगता होगा। उसके बाद कमलाशंकर सिंह के यहाँ निराला के जाने पर रुपया नहीं दिया गया।

कमलाशंकर सिंह साहित्यिक नहीं हैं पर निराला से बहुत प्रेम रखते हैं और इलाचन्द्र जोशी ने जब यह आरोप लगाया कि जो व्यक्ति निराला की कविता का अर्थ नहीं कर सकता, वह निराला की क्या सेवा करेगा? जोशी की यह बात इनसानियत से अलग हटी हुई है।

महादेवी ने निराला के पुत्र को रुपया देकर ठीक किया था क्योंकि वे इसके साथ समझदारी बरत सकते थे। पर कमलाशंकर सिंह को टाला गया जिनके घर निराला है, महादेवी के लिए अच्छा नहीं मालूम देता।

महादेवी पर आरोप स्पष्ट है और ठीक है। पहली बात यह कि हजारों रुपया जो निराला के नाम पर मिला व महादेवी ने खर्च किया, उसका हिसाब क्यों नहीं रखा गया व प्रकाशित क्यों नहीं हुआ?

2100 रुपए का जो 'अपरा' का पुरस्कार था, जिसे स्व. नवजादिकलाल की विधवा को देना चाहिए था–वह कई वर्षों तक क्यों नहीं दिया गया?

निराला के पास आकर समय-असमय मूड देखकर गंगप्रसाद पांडे कागजों पर दस्तखत कराने का क्यों प्रयत्न करते हैं?

यह समझ नहीं पड़ता कि जब निराला की हालत ठीक नहीं है तो उनके हाथ रुपया देकर संसद कार्यालय से भेज देने का क्या अर्थ होता है, जबकि वह घर पर एक भी रुपया लेकर नहीं आए।

आज कुछ लोग निराला के सहायतार्थ निधि स्थापित कर रहे हैं। भावुकता में यह बात ठीक है, पर यदि प्रयाग में ही ईमानदारी से काम हो तो निराला ठीक हो सकते हैं।

मुझे डर है कि नए भावुक लेखक जो स्वयं अपना नहीं चला पाते; वे भेजते रहेंगे!

इसके बजाय पंत, अज्ञेय, माथुर, सुमन जैसे लेखक ही अगर थोड़ा अपने खर्च से कटौती कर लें तो काफी है।

अभी एक प्रस्ताव था कि निराला के सेट खरीदकर उन्हें सम्मान दिया जाए और इससे निराला को आर्थिक लाभ भी होगा।

पर इससे ज्यादा लाभ तो प्रकाशकों को है। केवल वे किताबें, जिनसे निराला को काफी रॉयल्टी मिलती है, खरीदी जानी चाहिए। इसमें संस्थाओं और पंचायतों के वाचनालयों को आगे बढ़ना चाहिए।

रकमें अगर भेजी जाएँ तो जहाँ निराला रहते हैं, वहीं भेजी जाएँ। सख्त जरूरत है कि निराला की स्वास्थ्य-रक्षा व देखभाल कमेटी बने, जिसमें सभी साहित्यिक न हों, एक सरकारी व्यक्ति भी हो।

समाचार-पत्रों व रेडियो द्वारा स्वास्थ्य सम्बन्धी बराबर रिपोर्ट दी जाए।

निराला के पास जाकर कागजों पर दस्तखत वगैरह न करवाया जाए। सारे कागज कमेटी के द्वारा जाएँ। भ्रामक वक्तव्य न हों।

समस्या को हमेशा भावुकता से सोचना ठीक नहीं है। निराला की सेवा से भागने का प्रयत्न भी व्यर्थ है।

यों दूसरे पर सदैव आरोप लगानेवाला साहित्यिक प्रयाग–निराला के मामले में इतना बेकार साबित हो रहा है, इसकी उम्मीद नहीं थी।

सितारों की बाढ़

पैसा यद्यपि चढ़ाया भगवान को जाता है, पर मन्दिर देखकर, पुजारी देखकर चढ़ाया जाता है।

भगवान तो सब जगह है और उसी परमानन्द रूप में विराजमान है। हृदय से दिया सब उन्हें पहुँचेगा परन्तु छोटे मन्दिर में भक्त कम समय ठहरता है; एकाध पैसा चढ़ाता है और बड़े मन्दिर में रुपया चढ़ाता है, ज्यादा देर ठहरता है।

बात साफ है, ज्यादा के लिए दुकान जरा सुन्दर होनी चाहिए। अच्छी बॉक्स ऑफिस, ज्यादा पैसे देनेवाली फिल्म के लिए जरूरी है कि अभिनेत्रियाँ सुन्दर हों, नामवर हों। फिल्मवाले इस सचाई को समझते हैं कि जितनी कमाई करोगे, उसके लिए उतने ज्यादा सितारे एकत्रित करो।

बाढ़-पीड़ितों के लिए किसके मन में दुख नहीं है? कौन सहायता नहीं करना चाहता? परन्तु बाढ़ का दुख ज्यादा महसूस होने लग जाता है जब हम सूरत के बाजार में खड़े हैं; और एक कॉलेज की छात्रा पीड़ितों की सहायता को हमें फूल बेचती है।

न केवल हम पैसे देते हैं, पर मुस्कुराते भी हैं; ज्यादा रंग मिलाना हो तो दो आँसू भी गिराते हैं जो फूलों पर शबनम की तरह चमक-चमक जाते हैं।

इधर कहीं दो दूसरे आकर खड़े हुए तो आत्मा से ही आवाज आती है–हम तो दे चुके। ले गए, हमसे एक रुपया ले गए।

चैरिटी शो होता है–सब सोचते हैं कि क्या बुरा है, लड़कियों के नृत्य देखने को मिलेंगे और दान का दान हो जाएगा।

और फिर जब बम्बई की सड़कों पर फिल्मी सितारे निकले तब की क्या बात है!

यों ही इन अभिनेताओं की व अभिनेत्रियों की वजह से हिन्दुस्तान नंगा हो रहा है। जब वे पर्दे पर आते हैं तब दस आने लेकर जाते हैं तो जब कूचे में आए हैं, दर के सामने खड़े हैं; तो रुपए का नोट लेकर ही जाएँगे।

आप सोचिए, सामने राजकपूर व नर्गिस खड़े हैं–आपको याद आता है, 'आवारा हूँ, गर्दिश में भी आसमान का तारा हूँ?' नर्गिस दिखती है; आपको फिल्म में उसके नहाने का दृश्य खयाल आता है। आप जो होता है सो दे डालते हैं।

सामने बीनाराय खड़ी हैं–इल्ले बेली ग्लाये, दिन है प्यारे-प्यारे! आपको अनारकली वाला नजारा खयाल आता है–'आ जा मेरी किस्मत के खरीदार'–और आप जो नहीं होता है, वह दे डालना चाहते हैं।

शास्त्रों में माना गया है कि दान देओ तो सुपात्र देखकर देओ। भारतवासी इसको मानते हैं। वे पहले ब्राह्मण देखते हैं, फिर दान देते हैं।

बम्बई की सड़कों पर पता चल गया कि सुपात्र कौन है। अब एक बार मोरारजी अपने सब शराब पीनेवाले भक्तों के साथ निकलकर इनसे अपनी तुलना कर लें।

आप कहेंगे कि ये सब अनैतिक लोग हैं। आप चन्दा देनेवाले न कहें, पर इनके गीतों को अश्लील और इनकी कला को गई-बीती माननेवाले तो कहते हैं।

अब विश्वामित्र के सामने नहीं, सुरैया के सामने सब हरिश्चन्द्र बनते हैं। कलियुग है।

यदि मोरारजी के सामने ऐसे पैसे नहीं जुटे तो वे यही कारण बताएँगे कि प्रचार अच्छा नहीं हो सका।

मैं सोचता हूँ, चन्दे की अपील जनता से न कर अभिनेताओं से करना चाहिए। इससे जनता नेताओं को तो कोसेगी नहीं और इन सितारों को तो क्या कहें, वे तो पैसे लेने के लिए ही हैं!

जब आजाद देश में नेता चन्दा माँगते हैं तो बड़ा बुरा लगता है। उन्हें तो जनता को देना चाहिए। पर अभिनेता जब माँगते हैं, बुरा नहीं लगता।

नेताओं के पास चन्दे का एकमात्र तरीका अपील या भाषण है; पर सितारों के पास तो कई तरीके हैं। वे गा सकते हैं, नाच सकते हैं, रो सकते हैं, ठुमक सकते हैं, खुशामद कर सकते हैं; मना सकते हैं–बाढ़ बनकर सारे शहर में घूम सकते हैं।

...के चली जाय रे!

रिलवई का सालाना बजट पत्रक प्लेटफॉर्म पर आ गया। आपकी आँखें उसकी लाइनों पर शंटिंग करेंगी तो काफी मजेदार चीजें दिखेंगी।

बजट में सारी समस्याओं के डिब्बे भरने की कोशिश की है। नए सुझावों की भीड़ काफी है। रेलवे अब प्रगति की रफ्तार पकड़ेगी, ऐसा कहना है। अपेक्षाकृत निराशा का धुआँ कम ही छूटा है।

सदन के यात्री काफी प्रसन्न हैं। स्वीकृति का टेबलेट मिल जाएगा।

पर लालबहादुर शास्त्रीजी एक जगह एक्सीडेंट कर गए। पता नहीं, भाषण देते वक्त अन्त में यह डिटेल रेट कैसे हो गया?

आपने कहा कि समाज में वर्ग-भेद अब समाप्त हो रहा है। सब व्यक्ति समानता चाहते हैं।

मुझे लालबहादुरजी द्वारा यह लाल झंडी दिखाने सरीखा लगता है। इसी सीटी से भगदड़ काफी मच जाएगी।

सारे बजट में यही एक जगह है जहाँ साम्यवाद लाइट मारता है।

आपकी सर्वसाधारण रेलवे वालों को इत्तला है कि वे यात्रियों से ठीक व्यवहार करें।

मनोवैज्ञानिक रूप से यह बात ठीक नहीं है। रेलवे के अधिकारी फतिहाबाद के गुलाबजामुन हो जाएँ, यह असम्भव है।

क्योंकि एक यात्री रेलवे अधिकारी से इसी सद्‌भावना की रसीद चाहता है कि उनसे टिकिट नहीं माँगा जाए।

अगर अधिकारी जनता के हितैषी हो गए तो डब्ल्यू.टी. की पूरी बोगी भर जाएगी।

दूसरी बात, आपने विद्यार्थियों को अच्छा रास्ता दिखाया है।

आवारागर्दी यों गुण नहीं माना जाता पर उससे ज्ञान और अनुभव अधिक बढ़ता है।

ज्ञानी और अनुभवी से बड़ा गुण कुछ नहीं होता।

दो महीनों की छुट्टियों में अगर पास हों तो अपनी खुशी जाहिर करने के लिए लम्बे सफर की व्यवस्था की गई है।

फेल हो जाएँ तो हिल-स्टेशन जाने का कंसेशन दिया गया है।

विद्यार्थी चाहें तो अपनी चंडाल चौकड़ी बनाकर पन्द्रह सौ मील के चक्रव्यूह में घूमें।

हालाँकि यह चार की बन्दिश गुरुदेव रवीन्द्रनाथ के उस आह्वान को स्वीकार करने से हमें रोकती है, जिसके अनुसार 'जदि तुमार डाक शुने केऊना आशे तो एकला चलो'–तुम्हारी पुकार सुनकर कोई नहीं आए तो अकेले ही जाओ।

अगर कहीं दिल को चोट पहुँच गई और जनाना कम्पार्टमेंट के कारण कुछ कोमल शरीर को क्षति हो गई, तो अस्पताल की बड़ी सुन्दर योजना शास्त्रीजी ने बनाई है।

और यदि स्वीकृति के सिगनल झुक गए तो कंसेशन लीजिए–मेरी जिन्दगी मस्त सफर है। चलो, कहीं दूर चलें।

यानी रिलवई बजट विद्यार्थियों के लिए काफी शानदार योजना बताता है।

मुझे कुछ विद्यार्थियों का दल मिला था तो कहने लगा, पहले हमारा विचार था कि इन दो महीनों की छुट्टियों में जाकर कम्युनिटी प्रोजेक्ट में काम करें अथवा प्रौढ़ शिक्षा आदि की योजना बनाएँ पर अब विचार बदल दिया है। सोचते हैं, दो महीने घूमेंगे। यहाँ क्या रखा है?

इससे यह हुआ है कि देश की विकास योजना से विद्यार्थी का सहयोग डिब्बा कर गया।

यदि इस प्रकार की आर्थिक सुविधा के नियम कुछ दिन पूर्व मिलते तो कुम्भ मेले के लिए सारा देश ही तीर्थयात्री बन जाता।

पर एक बात और है।

कई लोग सीट के नीचे लेट सोने का बहाना करते हैं और मौका लगने पर असबाब चुरा लेते हैं, अर्थात् यह जो भ्रष्टाचार होता है, इसके कारण कितनी हानि है, इस पर कौन ध्यान देगा?

आचार्य कृपलानी के हाथों काम आया है, वे खतरा होते ही जंजीरें खींच देंगे। और व्यर्थ में खींचेंगे तो जुर्माना।

यदि कुछ आर्थिक सुविधा बिना टिकट यात्रियों को मिल जाती तो क्या बात थी! एक छोटा-सा डिब्बा बिना टिकिट का लग जाए तो शास्त्रीजी, दरिया में खसखस को जगह मिल जाती। हमारे लिए भी लाइन क्लीयर हो जाती।

'मानसूनी साहित्य'

मुझे यह तुक समझ नहीं आती कि जब बादल हो, बरसात हो, बिजली हो यानी कीचड़ हो–तब क्यों नायक-नायिका एक-दूसरे की प्रतीक्षा करते हैं? साहिर लुधियानवी ने लिखा है, 'दूर वादी में दूधिया बादल, झुक के परवत को प्यार करते हैं, दिल में नाकाम हसरतें लेकर, हम तेरा इन्तजार करते हैं।'

यानी कीचड़-पानी के डर से खुद न जाएँगे और दूसरे से आने की अपेक्षा करेंगे। साहित्य में यह स्वार्थी प्रवृत्ति है।

इस बदरिया ने साहित्य को काफी भिगोया है। बादल और याद, फुहारें और इन्तजार पुराना थीम है। हिन्दी का गीला कथानक। गिरजाकुमार कहते हैं, 'सील भरी फुहार, डूबी चलती पुरवाई, खोये-खोये लुटे-लुटे खाली कमरे में, गूँज रही रंगीन मिलन की रातें।'

कवि किस जात का है, इसे पहचानने का सबसे ठीक तरीका यही है कि उसका बादलों पर लिखा साहित्य पढ़ लो।

भवानी मिश्र जो सहज प्रकृति को मुस्कुराकर जीनेवाला कवि है–'बरसात आ गई' कहकर झूम जाता है। उसमें किसान-सी खुशी है–'पीपे फूटे आज, प्यार के पानी बरसा री, हरियाली छा गई हमारे सावन सरसारी।'

अज्ञेय जो घरघुस प्रयोगवादी हैं, उन्हें ये 'झर झर झर झर, अप्रतिहत स्वर' सुनकर अजीब-सी कल्पना आई है। वह है कि 'उमड़ आए मेघ काले, भूमि के कम्पित उरोजों पर झुका सा, विशद श्वासाहत चिरातुर छा गया इन्द्र का नील वक्ष।'

प्रभाकर माचवे शब्दों से कविता गढ़ते हैं, बरसात पर लिखते हैं–वर्षा, जिसने कृषक को आकर्षा; विपदग्रस्त धरती को स्पर्शा, पुनः गुरिल्ला दल...वगैरा।

डॉक्टर रामविलास शर्मा, जिनके दिल में प्रेम की नदी नहीं बहती है, लिखते हैं, 'जग के दग्ध हृदय पर गह गह बादर बरसें; मेड़ बाँधता है किसान खेतों में जाकर।' और 'वर्षा की ऋतु, डोली फिर वन में, पुरवाई के साथ मृत्यु भी उमड़ी आई।'

पंत जिनकी कविताओं का स्वभाव सभी का पहचाना है, कहते हैं, 'ऐसे पागल बादल बरसें नहीं धरा पर, जल फुहार बौछारें धारें गिरतीं झर झर।'

यह निश्चित है कि बादलों पर लिखी वे ही कविताएँ सबसे ज्यादा सफल रही हैं जो हमारे देश की कृषक जनता की भावना का प्रतिनिधित्व कर सकी हैं। भवानी मिश्र ने इसी कारण 'आषाढस्य प्रथम दिवसे' में कालिदास से क्षमा माँग किसान को याद किया है।

हिन्दी के नए कवि को बरसाती साहित्य की रचना करते समय अपनी खिड़की, बाँहें फड़कीं, पी को झिड़की की बात न करके हमारी फसलें, हमारी मिट्टी और हमारी मेहनत की बात करनी चाहिए।

यह निश्चित है कि अगर छत से पानी नहीं चू रहा तो लिखने के लिए बरसात से प्यारा वक्त कोई भी नहीं होता।

रवीन्द्रनाथ की कहानियाँ बरसात में ही ज्यादातर लिखी लगती हैं। घंटों बादल देखने से मन में कुछ घुमड़ने लगता है।

मगर पिछले जमाने के कवियों ने 'मेघदूत' लिखकर भारत की एकता और सांस्कृतिक गठन को पहचाना था और बाद के कवियों ने बरसात में पढ़ने को जनता के लिए आल्हा-ऊदल सरीखी किताब दी थी।

अगर आज के कवि बादलों से उरोजों की तुलना करते रहे और अपनी प्रतिभा को चोली-दामन से आगे नहीं आने दिया तो वे भविष्य में साहित्य के घूरे पर कुकुरमुत्ते से ज्यादा अस्तित्व नहीं रख सकते।

वक्त बदलता है तो बादल और बरसात के अर्थ भी बदलते हैं। साहिर ने लिखा है–कल भी बूँदें बरसी थीं; कल भी बादल छाए थे और कवि ने सोचा था–बादल, ये आकाश के सपने में 'इन जुल्फों के साये हैं।' 'दोशे हवा पर मैखाने ही मैखाने घिर आए हैं' पर आज कवि सोचता है।

इसलिए 'नीरज' की तरह 'नई बरसात' लिखने की जरूरत है। निराला का 'बादल राग' फिर से छेड़ना होगा।

'बरसात में, तुमसे मिले हम सजन, हमसे मिले तुम।' कहने से काम नहीं चलेगा।

पैसा और सेंट

यह बात सोलह आने सच है कि यह रुपए में सोलह आने और चौंसठ पैसेवाली प्रथा बड़ी बेतुकी है।

यों हर बेतुकी चीज जिससे हमारा लगाव हो गया हो, बरसों बीत जाने पर हमारी जिन्दगी का इतना कीमती टुकड़ा हो जाती है कि छूटना मुश्किल हो जाता है। छः बच्चों की माँ तो कानून पास होने के बाद भी पति को तलाक नहीं दे सकती।

इसी प्रकार से ये सितारों जैसी प्यारी इकन्नियों और ताँबे के पैसे, जिन्हें जेब में रखकर हम पैसेवाले कहलाते हैं, अब सुना है कि जमाने के बदलते तेवरों के साथ बदल जाएँगे और उसकी जगह वह चीज आएगी जिससे अभी तक हम इत्र का ही मतलब लेते थे।

पैसे की जगह सेंट चलेंगे। यह खबर ब्रिल्ल सेंट पर सेंट ठीक है।

पैसे का चलन खत्म हो रहा है और वह जमाना तो बीत चुका जब लोग कौड़ियों का, पाइयों का इस्तेमाल करते थे। अब तो मुर्दा ले जाते समय भी कोई कौड़ी नहीं फेंकता, वहाँ भी पैसे फेंकते हैं।

धेले कभी नजर आ जाते हैं तो मन को ऐसा लगता है, जैसे पुराने मुलाकाती से मिले हों!

पाइयाँ तो सिर्फ लिखने के काम आती हैं। छः पाई लिखनेवाला कभी छे पाई छू भी नहीं पाता।

और यों अब पैसे की भी क्या इज्जत रह गई है। आजकल जो नई जात के भिखारी आए हैं, वे पैसा नहीं माँगते। उससे माँगनेवाले की इज्जत गिरती है और देनेवाले की भी। वह एक आना माँगता है।

पान की दुकान से मद्रासी पान और कुछ अखबारों का सिलसिला यदि नहीं रहे तो अधन्ना चलना ही बन्द हो जाए। अधन्ना बड़ी छोटी चीज है। लोग सहज ही फेंक देते हैं, जैसे पान खाकर थूका हो—अच्छा नहीं बना।

अब मामला इकन्नी पर है। पॉलिशवाला, सीटी बसवाला इकन्नी माँगता है। अभी तक पैसे, आने, चवन्नी की बात थी, पर अब दूसरी बात बन रही है।

समाज भी बदल रहा है। पहले चौंसठ मजदूरों पर चार अफसर, दो सेक्रेटरी, एक राजा होता था। तब चौंसठ पैसे, चार चवन्नी, दो अठन्नी और एक रुपया ठीक था–मगर अब सामुदायिक योजना का युग है। सौ मजदूर, चार अफसर व एक मिनिस्टर। सौ सेंट का एक रुपया होगा।

'सेंट' शब्द भी अजीब है। अभी तक लोग सेंट कपड़ों पर लगाकर घूमते थे। गांधीजी को भी सेंट कहा गया है। नाइंटी परसेंट सम्भावना रहती थी। अब सेंट एक सिक्का बनेगा। अब सेंट यों गैरहाजिरी हुआ करती है। सेंट नगर का भी नाम है।

'सेंट' शब्द बहुअर्थक है। जैसे हिन्दी में सारंग या हरी। सारंग के कई मतलब होते हैं। साकार सारंग रेडियो पत्रिका निकाल नया अर्थ बना दिया है। हरी बोला, हरी से सुना, हरी गए, हरी के पास गए। ये हरी तो हरी में गए, वे हरी भए उदास।

और सेंट भी ठीक वैसा है। मैं छोटा था तब अपने क्लास के लड़कों से पूछा करता था कि बताओ, एक अमेरिकन सेंट, एसेंट, टु ए सेंट, विथ ए सेंट, फुल ऑफ सेंट का क्या अर्थ हुआ? वे मुझसे इन सेंटों की स्पेलिंग पूछते। मगर मुँह से कोई स्पेलिंग बोलता है? मुँह से यदि स्पेलिंग निकलते तो कई विद्वान मूर्ख सिद्ध हो जाएँ। अंग्रेजी की यह माया है। प्रोनांसिएशन के ऐब लिखने में छिपते हैं, स्पेलिंग के बोलने में। आपने कभी पाया कि कोई वक्ता बोलने में स्पेलिंग की गलती करता हो?

पर यह भाषा का चक्कर है और सुनीतिकुमार चाटुर्ज्या और डॉ. धीरेन्द्र वर्मा ने इसमें कुछ लिखने की मुझे मनाही कर दी है। यों सेंट तथा पैसे पर भी मेरा विवेचन इतना सुन्दर है कि अब देशमुख कहेंगे कि आप इस पर न लिखा करें।

मगर फिर भी वह सेंट केवल आर्थिक जीवन में आत्मा की तरह अदृश्य रहेगा। एक रुपए की चिल्लर के सौ सेंट कौन जेब में रखेगा और एक-दो सेंट में मिलेगा भी क्या? यों रीसेंट ये सेंट की योजना डीसेंट है।

अज्ञान-स्तर

मूर्खों के सींग नहीं होते तो ज्ञानियों को भी सुरखाब के पंख नहीं रहते। दोनों में जो फर्क है, वह यही कि ज्ञानी गरीब 'परिक्रमा' किया करता है और दूसरा विधानसभा में चला जाता है।

कुछ लोगों को यह भ्रम है कि छात्रों को सदैव ही अक्ल के काम करना चाहिए और ठीक उत्तर देने चाहिए।

इसी कारण मैसूर का एक छात्र जब कहता है कि विनोबा भावे देहली की एक बिल्डिंग का नाम है जिसमें नेहरूजी पैदा हुए, तो बताइए, उसका मानसिक स्तर वैसा ही नहीं है, जो अपने सीमा-क्षेत्र की गलत जानकारी दिया करते हैं?

खैर, ऐसे उत्तर पुराने हो चुके हैं, बल्कि सार्वलौकिक हैं, चिरन्तन हैं। इसमें उत्तरों के साथ कुछ प्रश्नों का भी दोष है, वे ही भ्रमजनक होते हैं।

जैसे बीसीजी विरोधी तत्त्व के आधिक्य के कारण कोई साधारण व्यक्ति श्री राजगोपालचारी को मद्रासी वैद्य मान ले, तो क्या गलती है?

पंचशिला किसी अशोककालीन शिला का नाम लगता है, जो अभी खुदाई में निकली है। कमला नेहरू एक अस्पताल का ही नाम है।

और ऐसा लगता है कि नेहरू किसी देहली से प्रकाशित होनेवाला दैनिक पत्र है तथा देशमुख पूना के पास किसी महादेव को कहते हैं।

अज्ञान के बाद भ्रम का एक चेतन स्तर होता है। वह भी देश के विकास में प्यारा योग देते हैं।

जैसे कृष्ण मेनन नेहरूजी को मक्खन लगाकर इतने ऊँचे पद पर पहुँचे हैं। पुनर्गठन आयोग के कारण यू.पी. के दो टुकड़े होंगे जिसमें एक उत्तरी म.भा. को मिलेगा तथा 'परिक्रमा' पाँच जने मिलकर लिखते हैं।

और फिर मैसूर के उस छात्र का क्या कसूर जो विनोबा भावे को एक बिल्डिंग मानता है? दूसरा कोई उन्हें गाँव-गाँव गुड़कती ठेलागाड़ी मान सकता है। आखिर उस छात्र बेचारे के पास जमीन-खेत तो हैं नहीं, जो विनोबा को भय के कारण याद रखे।

साधारण जानकारी न होने और असाधारण जानकारी होने की यह बीमारी भारतीय छात्रों में ही नहीं, सभी स्थानों के छात्रों में है।

एक विदेशी छात्रों का दल जो अभी भारत आया था, उसे यह पता नहीं था कि गोवा भारत के नक्शे में ही है। और इससे अधिक आश्चर्य यह कि एक ब्रिटेन के छात्र को यह पता नहीं था कि कभी अमेरिका पर ब्रिटेन का अधिकार था। उसे जब यह बताया गया तो वह आश्चर्य से कहने लगा, 'अच्छा, तो एक बार हम अमेरिका पर भी विजयी हो चुके थे!'

यह छात्र उस टूरिस्ट दल का था जिसका जनरल नॉलेज अच्छा होना चाहिए ही था।

हर व्यक्ति किसी एक स्तर पर मूर्ख था, मूर्ख है, या मूर्ख हो जाएगा। मूर्खता मनुष्य की छाया है जो सदैव साथ चलती है।

मैंने भी जब एक सज्जन को यह कहा कि कन्हैयालाल माणिकलाल मुंशी बड़े अच्छे लेखक हैं, तो वे हँसे और कहने लगे, 'जी नहीं, वे तो गवर्नर हैं।' मैंने कहा, 'गवर्नर तो हैं, मगर वे लेखक भी हैं।' वे बोले, 'होंगे, सभी बड़े आदमी कुछ न कुछ लिखते हैं। वे क्या जी, उनके सेक्रेटरी लिखते हैं, उनका नाम होता है।'

मैं चुप हो गया।

अतः मैसूर के उस छात्र को सिर्फ एक नमूना भर माना जाना चाहिए। उसका भविष्य भी भारत के भविष्य के साथ जुड़ा हुआ है।

यदि हम इस घटना को नहीं भूलें और याद रखें, फिर आज से आठ साल बाद मैसूर में जाकर उस छात्र का पता लगाएँ कि वह क्या कर रहा है तो सम्भवतः ज्ञात होगा कि वह लड़का वहाँ के एक स्कूल में मास्टर हो गया है और करीब सौ लड़कों को ज्ञान-दान कर रहा है।

न्याय और कानून

दिल्ली में 16 व 17 को न्यायाधीश इकट्ठे हो रहे हैं। नए नियम बनेंगे ताकि खर्चा कम हो और रोज के कष्ट हल्के पड़ें।

सरकार भी न्याय व्यवस्था को कम खर्चीला, कम विलम्बात्मक, कम कष्टदायक बनाना चाहती है।

वकील सस्ते हो जाएँगे। जमानतों का धन कम हो सकेगा और कोर्ट की दीवारों से गरीबों को डर नहीं लगेगा।

चीन में कहावत है कि कानून की शरण जाना बिल्ली के पीछे गैया खोना है।

न्यायालयों में जाने पर क्या होगा, कुछ भी निश्चित नहीं; पर खर्चा अधिक होगा, यह बिलकुल निश्चित है। फ्रेंकलिन ने लिखा था कि एक ग्रामीण का दो वकीलों के बीच फँसना एक मछली का दो बिल्लियों के बीच में होने की तरह है। यह एक चूहेदानी है जिसमें से शरणागत वापस नहीं आता।

कानून क्या है? पंडे और पादरी कहते हैं कि कानून वह है, जो महत्त्वपूर्ण पुस्तकों में लिखा है।

और पुस्तकें महत्त्वपूर्ण क्यों हैं? क्योंकि उनमें कानून लिखा है।

एक वक्ता ने भाषण देते हुए कानून को समझाया—सज्जनो, कानून क्या होता है, आप सब समझते ही हैं। कानून पर पहले भी कहा जा चुका है। पर मैं एक बार और दोहरा दूँ कि कानून, कानून है। वाल्टर स्कॉट ने लिखा था कि कानून का कारण कानून ही है।

नियम और कानून वे मकड़ी जाले हैं जिसे मनुष्य जाति आदिकाल से आज तक खुद के लिए बनाती आ रही है।

कानूनों का आधिक्य हमारे देश की कमजोरी की पहचान है और न्यायालयों पर बढ़ती हुई भीड़ इस बात की सूचक है कि मनुष्य का मनुष्य पर से विश्वास उठ गया है।

न्याय पहली और आखिरी माँग है। कानून जिन्दगी की तरह है जो हमारी आँखों को रोशनी देता है। वह मौत की तरह है जो सबके साथ बँधा है और किसी को नहीं छोड़ता।

सब साइकलों पर नम्बर जरूरी है—चाहे वह राजवाड़े की हो, चाहे झोंपड़ों की। यह बन्धन सभी के साथ है।

वकील और डॉक्टर से सब बचने की इच्छा करते हैं। कोई नहीं चाहता कि उसे कोर्ट और अस्पताल जाने का काम पड़े।

मगर जब बेटा जवान होता है तब हर बाप सोचता है कि इसे डॉक्टर बनाएँ या वकील?

किसी के समझ नहीं आता कि मुकदमों की वजह से वकील हैं या वकीलों की वजह से मुकदमा है।

यह भी नहीं पता कि संसार में सबसे पहले किस मुकदमे के कारण कुछ व्यक्ति वकील बने या कुछ लोग वकील हो गए थे सो मुकदमे प्रारम्भ हो गए।

मुवक्किल को अपने पर विश्वास नहीं होता पर वकील पर अवश्य होता है।

मुसाहिक ही केवल एक ऐसा व्यक्ति है जिसे अपने पर विश्वास है कि वह कानून से प्रधानमंत्री है पर उसे अपने वकील पर विश्वास नहीं है। वह वकील को गद्दार कहता है और उसके नाम पर रोता है।

केवल मुसाहिक का ही नहीं—संसार में कई ऐसे मुकदमे होते हैं जिन्हें वकील नहीं मिलता।

और कई ऐसे वकील हैं जिन्हें मुकदमा नहीं मिलता।

गांधीजी भी एक ऐसे ही वकील थे जिन्हें प्रारम्भ में मुकदमा नहीं मिला पर बाद में इतना बड़ा मुकदमा मिला कि जिसके लिए उन्हें जीवन के अन्त तक जिरह करनी पड़ी, लड़ना पड़ा।

भारतवर्ष में अधिक मुकदमे रुपयों के झगड़े में ही होते हैं। अमेरिका में तलाक की कहानियाँ हैं। अति-सभ्य देशों में पति-पत्नी के बीच मुकदमा रहता है। मुकदमा प्रेम की तरह है जो किया नहीं जाता, हो जाता है।

अब जब फीस कम हो जाएगी, न्याय के तरीके और नियम बदलेंगे तब पता नहीं, आगे लोगों को मुकदमा लड़ने में मजा आएगा, उत्साह बढ़ेगा या वे कोर्ट के नाम से मुसद्दिक की तरह भागेंगे।

उम्र की सीमाएँ

उपेन्द्रनाथ 'अश्क' की लिखी एक कहानी है–'अड्डी चक भूतना।' भूतना एक हेड मास्टर है जिसने अपनी शिक्षा-प्रणाली में दो आवश्यक तत्त्व माने हैं : एक गाली व दूसरी पिटाई। सब लड़के उसके नाम से काँपते हैं।

पर जब वह वृद्ध होता है, उसके चेहरे की हल्की-हल्की झुर्रियाँ उसके मन को पवित्र करती हैं। जब वह लड़कों का शत्रु रहने के बजाय उन्हें प्यार करने लग जाता है तब उसे शिक्षा विभाग अलग कर देता है।

सदैव से यही होता रहा है कि जब ठोकर लगने के बाद आदमी सीखता-समझता है तो उसे रास्ता चलने से इनकार कर दिया जाता है। जप-तप कर कंचन बनता है तो कोई आभूषण नहीं बनाता।

सो, बीवी के साथ किस तरह व्यवहार करना चाहिए, ताकि दम्पती का जीवन दुखी न हो, यह अक्ल आने पर यानी चालीस साल के बाद उसे विवाह करने से रोक दिया जा रहा है। है न यह अपने ज्ञान का बुढ़ापा!

विवाह केवल विवाह के लिए ही हो अथवा कोई दूसरे उद्देश्य के लिए किया जाए, इसमें प्रत्येक के विचारों में फर्क हो सकता है। इसी फर्क पर विवाह करना निहित है।

यदि विवाह का आधार कोई प्रेम कहानी है तो मैं प्रेम को ऐसा बम मानता हूँ जो किसी भी घड़ी फूट सकता है। चालीस वर्ष बाद का बम बीस वर्ष पूर्व पर गिर सकता है।

प्रेमियों में सींग नहीं होते, उम्र नहीं होती, शरीर नहीं होता, बन्धन नहीं होते, लज्जा नहीं होती। काका साहिब गाडगिल, देशमुख, अम्बेडकर, कृपलानी व बालकृष्ण शर्मा 'नवीन' आजाद प्राणी हैं।

और आप जानते हैं कि जीवन का उद्देश्य तो केवल विवाह नहीं होता, दूसरे बड़े उद्देश्य होते हैं। पर विवाह नहीं टाला जाता। कई बार दूसरे उद्देश्यों में विवाह बाधा बन जाते हैं।

आज देश के सामने कई समस्याएँ हैं, और नौजवानों को तो उसमें लग जाना है। ऐसे समय यदि 'अली कली ही ते लग्यो तो आगे कौन हवाल!' सो अभी घर के मायामोह त्यागने होंगे।

यदि यह विश्वास हो जाए कि प्रौढ़ावस्था में जिस प्रकार प्रारम्भिक शिक्षा मिल जाएगी, ठीक वैसे यदि जीवन का प्रारम्भिक प्यार उपलब्ध हो जाए तो फिर क्या बात है!

पर पार्लियामेंट की बहसों के कारण अब तो 'काल करे सो आज कर' की नीति अपनानी पड़ रही है। देखा आपने, अपने इन्दौर ही इन्दौर में दो दिन में 2328 शादियाँ हो गईं। और होंगी।

क्योंकि कहके नहीं आता, कानून क्या बन जाए! क्या पता, लोग जिस उम्र में जिस उम्र से विवाह कर रहे हैं, वही हाथ से चली जाए! दूल्हा क्षेत्र में अनेक को घबराहट हो रही है।

इन सबको छोड़ अब यदि भारतीय संस्कृति की ओर ध्यान दिया जाए तो लगता है कि हमारे सारे विवाहों का आधार जन्मपत्री है। उम्र के मिलान नहीं किए जाते, गृह के मिलान किए जाते हैं।

अब आप सोचिए कि यदि लड़की को मंगल है और युवकों में कोई मंगल लड़का है नहीं तो और यदि चालीस से बड़ी उम्र का कोई जवान मंगल के कारण अविवाहित है तो विवाह क्यों नहीं किया जाए?

इस कारण चालीस के बादवालों को पूरे हक मिलना चाहिए। आज जो उनके मन में विश्वास है, अपने-आप पर उसे मिटाया नहीं जाए। नहीं तो हर चालीस का व्यक्ति अपने को वृद्ध मान पीड़ित होगा।

'ब्रह्मपुत्र' की यह बात पढ़ शायद सब चालीस के ऊपर वाले वृद्ध आशीर्वाद दे रहे होंगे। और सब बीस से कम की देवियाँ गाली दे रही होंगी क्योंकि मैं वृद्धों का वकील बन गया।

नहीं; मेरी क्या अक्ल मारी गई है जो मैं डूबती नैया का मझधार बनूँ और नौजवान लहरों को इनकार करूँ? मेरी खुद की उम्मीदें भी तो बीस साल पूर्व से ही बँधी हैं। चालीस का क्या पक्ष लूँ!

पर इन देवियों के कारण लेना पड़ रहा है। क्योंकि ये प्यार का मामला ऐसा है कि कौन लड़की किसके लिए निश्चय कर ले, कहा नहीं जाता।

मैं यह वकीली इस कारण कर रहा हूँ, ताकि नवयुवतियों के प्रेम का क्षेत्र व्यापक रहे। आँखों के प्रयोग सब उम्र पर हो सकें क्योंकि वृद्ध अपील और नियमों को मान सकते हैं–नवयुवतियों का ठिकाना नहीं।

प्रेम-प्रतीक

जो दर्द प्रचलित हो जाते हैं, उनकी पीड़ा कम होने लगती है। पीड़ा नए दर्द की होती है। पुराने दर्द और दुख आदत में शुमार हो जाते हैं।

इंजेक्शन का प्रचलन जब हुआ होगा तब वास्तव में यह नया दुख बहुत कष्ट देता होगा पर बाद को दर्द महसूस नहीं होता है।

इधर आप यह भी जानते होंगे कि दर्द का हद से गुजर जाना दवा हो जाना होता है।

विरह एक ऐसा ही दर्द है। जब बहुत ज्यादा बढ़ जाता है तो दवा बनने लग जाता है यानी विरही या विरहिणी अपना विवाह दूसरे से कर डालते हैं।

इंग्लैंड में अमरीकी पायलटों की कहानियाँ कुछ इसी प्रकार की हैं।

जब हजारों फीट ऊपर आसमान में उड़ते हवाई जहाज से वे थूक की तरह एकाएक नीचे गिरते हैं, तो शून्य में गुजरनेवाला वक्त उनकी पीड़ा को बढ़ा देता होगा। उस वक्त वे याद और कल्पना में उतरते रहते होंगे और धरती पर पैर लगने पर पहला निश्चय यही करते होंगे कि उस अमरीकी पत्नी को तो भाड़ में जाने दो और क्यों नहीं इस इंग्लैंड को अपने प्यार का टापू बना लें!

उसके बाद पिकेडेली सरकस के आसपास घूमते वक्त किसी मेरी, एलिजा, अमेलिया या रीटा से उनकी मुलाकात होती है। अमेरिकी सिपाही लड़की देखता है और लड़की उसके डॉलर देखती है–और झटपट प्यार हो जाता है।

इस प्रकार केवल अमरीकी पायलटों के इंग्लिश लड़कियों से विवाह का औसत 200 प्रतिमाह है।

साम्यवादी क्षेत्रों में ऐसा माना जाता है कि अब पारस्परिक व औपनिवेशिक स्वार्थों के कारण इंग्लैंड व अमरीका के सम्बन्ध बिगड़ेंगे और धीरे-धीरे ऐसी हालत हो जाएगी कि ये ही देश आपस में लड़ेंगे।

मैं साम्यवादी खेमे की इस बात पर विश्वास नहीं करता। इसकी वजह हैं यही प्रेम कहानियाँ जिसमें अमरीकी सिपाही हीरो का पार्ट अदा कर रहे हैं।

आखिर आप सोचिए न, कभी आखिर इन सबका प्रेम भी तो जोर मारेगा! क्या आपस में विरोध हो सकता है?

इंग्लैंड के अस्पतालों में आंग्ल-अमरीकी प्रेम के प्रतीक रोज काफी संख्या में पैदा हो रहे हैं। और आशा है कि भविष्य में एक ऐसा राष्ट्र निर्मित होगा जो इंग्लैंड को अपनी मातृभूमि मानेगा और अमेरिका को पितृभूमि।

अमेरिकी राष्ट्रीय चरित्र का यह बड़ा भारी गुण है कि वे दूसरे देश से जब मैत्री करते हैं तो धन और तन दोनों न्योछावर करते हैं।

उस वक्त वे अपनी देशी पत्नी की भी चिन्ता नहीं करते जो सरकार से प्रार्थना करती है कि उनके पतियों को वापस अमरीका भेज दो।

और फिर जब विरह दर्द ज्यादा बढ़ जाता है तो दवा बन जाता है। वे दूसरे किसी से विवाह कर लेती हैं।

इससे यह कल्पना नहीं करनी चाहिए कि अब अमेरिका में जनसंख्या बढ़ जाएगी। विशेषकर स्त्रियाँ अधिक हो जाएँगी।

प्रत्येक ईमानदार अमरीकी सिपाही अपने जब देश लौटता है तो केवल उसका टिकिट खरीदता है। इंग्लैंड के टापू का प्यार समुद्र के पार नहीं ले जाता। यद्यपि स्कॉटलैंड यार्ड उसे सर्टीफिकेट लिखकर दे सकता है कि यह लड़की कम्यूनिस्ट नहीं है।

उसके बाद ज़ो प्रेम पिकेडेली सरकस से शुरू होता है, वह कोर्ट पर जाकर खत्म हो जाता है।

इंग्लैंड की गोद में अमेरिका के हजारों प्रेम-प्रतीक खेल रहे हैं। उनकी माताएँ जाकर अपने हक के लिए कोर्ट में प्रार्थना करती हैं।

पर इंग्लैंड के कोर्ट का अमेरिका पर अधिकार नहीं है। इसी कारण जज उदास होकर गरदन घुमाकर कह देता है–लड़कियो, अमेरिकनों से सोच-समझकर प्रेम किया करो।

पर आप जानते हैं, प्रेम के मार्ग में वन-वे ट्रैफिक होता है। जो जाते हैं, वे लौटने वालों से नहीं मिल पाते। सो प्रति माह 200 की डॉलरी रफ्तार जो पहले थी, वह अब भी है।

51-सूत्री भविष्य

इन्दौर शहर बड़ा गन्दा है।

मेरी तो आँखें कमजोर हैं, पर इधर घोषणा-पत्र पढ़ा तो उसके 51 सूत्रों के जाल में मुझे यही दिखा। विकास की बात तब होती है जब मामला अविकसित हो। सुन्दर तभी बनती है, चीज में जब कुरूपता हो।

तो इन्दौर शहर बड़ा गन्दा है। बड़ा बेकार है।

पानी पीने को नहीं मिलता, त्राहि-त्राहि के स्वर सुने गए हैं। दूध महँगा है। मलेरिया-चेचक जैसे रोग घर-घर फैल रहे हैं। डीडीटी केवल पूँजीपतियों को ही उपलब्ध है। कुष्ठ एवं संक्रामक रोग फैल रहे हैं। कहीं डम्मर की सड़क नहीं। रास्ते में उजाला नहीं। किसी जगह पर मरक्यूरी तक नजर नहीं आती। पुराने उद्यान बेकार पड़े हैं। नए उद्यान बन नहीं रहे हैं। बच्चों और महिलाओं को बड़ी परेशानी है। कहीं खेलकूद नहीं होता। मनोरंजन नहीं है। शहर में टाउन हॉल नहीं। नाटक खेलने की जगह नहीं है। वाचनालयों का सख्त अभाव है। चन्द्रभागा का पानी गन्दा है। सिटी बसें बड़ी महँगी हैं। जनता का शोषण होता है। भूमिगत गटरें नहीं हैं। रेडियो सुनने की जगह नहीं है। गर्मी के दिनों में प्याऊ नहीं मिलती। सारे मोहल्लों के नाम गन्दे हैं, जैसे—स्नेहलतागंज, मनोरमागंज आदि। धोबी को धोने की जगह नहीं, शरणार्थी को दुकान नहीं। हे परमेश्वर! यह कैसा नगर है?

कैसी अव्यवस्था है! साइकल स्टैंड नहीं, ताँगा स्टैंड नहीं। हाट के लिए ठीक जगह नहीं। म्यूजियम नहीं। नगरपालिका में भ्रष्टाचार है।

पीपल्या पाला आदि स्थानों पर मन नहीं लगता। जाएँ तो जाएँ कहाँ! रास्ते ठीक नहीं हैं।

मैंने 51-सूत्री कार्यक्रम पढ़ा। बाप रे, हम सब कितने गन्दे शहर में रहते हैं!

आज तक हमने कैसी गलत संस्था और गलत व्यक्ति को वोट दिये कि प्रगति ही नहीं हो पाई। कांग्रेस को भविष्य में बराबर वोट देना चाहिए। ये 51 सूत्र फैल रहे हैं और एक-एक कौंसलर के हाथ में एक सूत्र रहेगा और शेष जो एक बचेगा, वह खास कठपुतली चलानेवाले के हाथ में होगा।

और फिर शहर बड़ा खूबसूरत बन जाएगा। कोई मरना पसन्द नहीं करेगा। और मरेगा तो आज जैसे श्मशान नहीं रहेंगे। इतने अच्छे बन जाएँगे कि जीवित श्मशान देख मरने की सोचेगा। आज तो मुर्दे भी जीवित के साथ दुखी हैं।

और जब-जब 51-सूत्री कार्यक्रम पूर्ण होगा–ओह, गर फिरदौस वर रूए जमीनस्त, हमीनस्तो हमीनस्तो हमीनस्त।

और फिर आपको डम्मर की सड़कें दिखेंगी; नालियाँ, बगीचे, प्याऊ, रेडियो, टाउनहॉल, अखाड़े, उजाला। मनोरंजन, सिटी बसें यानी नाटक, आनन्द ही आनन्द! यहाँ तक कि यदि आप मुन्सीपाल्टी वालों से जाकर शिकायत करेंगे कि हमें इस स्कूल में प्रवेश नहीं मिल रहा है तो वे आपको प्रवेश दिला देंगे।

और ये 51 सूत्र तो केवल आभास मात्र हैं। जो होगा, वह तो जाने क्या होगा! आश्चर्य नहीं कि हमारे नगर में जो रेलवे ओवरब्रिज का सख्त अभाव है, वह भी पूर्ण कर दिया जाए। और चन्द्रभागा तो पवित्र स्नान करने लायक जगह हो जाएगी। उज्जैन के सिंहस्थ में आनेवाले यात्री यहाँ पर भी स्नान करेंगे। इस प्रकार से एक सिंहस्थ यहाँ भी होगा।

और घोषणा-पत्र बनाना कितना कठिन है! आपको गटर से लेकर बिजासनी की टेकड़ी तक विचार करना पड़ता है। लिखते-लिखते हाथ दुखने लग जाते हैं और दिमाग में दर्द होने लगता और वह बढ़ते-बढ़ते ऐसी स्थिति तक पहुँच जाता है कि हाँ, वह बाणगंगा में क्या प्रगति होगी, यह तो लिख ही नहीं पाए!

घोषणा-पत्र बनाने के लिए एक बात ऐसी है जिसे लोग आवश्यक मानते हैं, पर जो बेकार-सी चीज है। इससे घोषणा-पत्र बन नहीं पाता। और वह यही कि साइकल पर बैठकर जरा शहर घूम लेते तो मानसिक स्फूर्ति भी आती है और हाथों को इतना कष्ट नहीं पड़ता या कुछ कहने की भी आवश्यकता नहीं पड़ती।

करहीन भविष्य

एक सुन्दर शहर बनने की तैयारी में है, और उसको बनाना भी इतना सरल है कि जैसे ताश के घर बनाना या गीली मिट्‌टी को पैर पर थोपकर धीरे से अपना पैर निकाल लेना!

पानी के नलों का प्रेशर बढ़ेगा और चन्द्रभागा पावन पवित्र गंगा बनेगी। पर पानी के नल का प्रेशर केवल भावी कौंसलर के फूँक मारने से बढ़ जाएगा और चन्द्रभागा गंगा बनेगी, यदि घर से एक-एक लोटा पानी डाल दिया जाए। आधी रात को राजा के हुकुम से जैसे दूध डालने पर दूध का सागर बना था, शायद ऐसी ही कोई योजना किसी के दिमाग में है।

क्योंकि फेफड़ों में दर्द होने के बावजूद सीना ठोंककर कहा जा रहा है कि हम कर नहीं बढ़ाएँगे।

बधाई।

यह हिम्मत तो कभी केन्द्रीय सरकार ने भी नहीं की कि बिना कर लगाए देश की प्रगति की बात कहे।

अर्थशास्त्र में एक गति यह भी है कि जो दो आने मिलेंगे, उससे अंडा लाऊँगा। अंडे से मुर्गी होगी। मुर्गी के बच्चे बेंच गैया लाऊँगा और गैया के बच्चे बेंचकर मकान बनाऊँगा, औरत लाऊँगा, बच्चे के बच्चे होंगे। मेरी आकर दाढ़ी खींचेंगे। मैं लात मारूँगा। तेरी तो! बस, घी ढुल गया।

नायक का नाम शेखचिल्ली।

तो कर लगाए बिना सुन्दर भविष्य! वह पार्टी और पैसे लेकर तो ठेकेदार भी काम करते हैं। जनता के सामने सबने अपने-अपने टेंडर प्रस्तुत किए हैं और निश्चित है कि स्वीकृत वही टेंडर होगा जिसमें बिना पैसे लिये काम कर देने की बात कही हो।

मगर ठेकेदार यह काम कैसे करेगा—बाय दि वे—दिमाग में विचार आ जाता है।

पश्चिम में जब चुनाव होते हैं तब वहाँ हर घोंघा और हर भोंगा यही कहता है कि हम कर कम कर देंगे और विकास से घर भर देंगे।

और सब मानते हैं कि यह झूठ है।

यह तो वास्तव में हर्ष की बात है कि हमारे यहाँ का प्रजातन्त्र उस ऊँचे स्तर पर पहुँच चुका, जहाँ झूठ अनिवार्य हो जाए।

गुस्ताखी माफ करें तो हम आपको एक योजना बता सकते हैं। बजाय कर के यदि हृदय परिवर्तन के द्वारा कुछ प्राप्ति की जाए तो बात भी निभ जाएगी और काम भी बन जाएगा। जनता के नोट भी नहीं जाएँगे और वोट भी सफल हो जाएगा।

वह ऐसा कि प्रत्येक मोहल्ले में मीटिंग आयोजित कर श्रद्धा के अनुसार थैली ले ली जाए। इसमें जिसकी जेब जितना साथ दे और व्यक्तिगत प्रभाव जितना पड़ जाए, उससे उतना ही लिया जाए और सामूहिक फंड को म्यु-एरिया के बाहर जो बिजासनी की टेकरी को सुन्दर बनाने की योजना है, उसमें पूर्ण किया जाए।

नहीं तो बंडुंग सम्मेलन के कुछ ही दिनों पूर्व एशियायी देशों के लिए एक विराट डॉलरी सहायता की घोषणा आइजन होवर करनेवाले हैं जिसका सारा धन उन स्थानों पर खर्च होगा जो अविकसित दशा में हैं। यदि नहर से एक नाली इधर भी बहा दी जाए तो घर बैठे गंगा आएगी, बिना दक्षिणा जनता स्नान कर लेगी।

अजी, जब तीन लाख रुपए से भी अधिक प्रतिवर्ष खर्च करनेवाली संस्था बिना कर लगाए अपना काम चला सकती है तो यदि उन्हीं अनुभवियों के हाथों इन्दौर नगर आ गया तो वे बिना कर बढ़ाए 51-सूत्री भविष्य को पूर्ण कर सकते हैं–समाजवाद ला सकते हैं।

आज जेब हल्की कीजिए, जनता में आइए। आपके मुहल्ले का नाम गन्दा है–उसे बदल आपके नाम कर देंगे।

आप जेब हल्की कीजिए, जनता में आइए। आपके मुहल्ले को उद्यान की जरूरत है। आपके नाम पर बनवा देंगे।

गली और रोड

समय चलता ही रहता है। कभी गलियों से गुजरता है, कभी मेन रोड होते हुए।

इतिहास पंडितों ने इधर ध्यान दिया, किन्तु यदि वे ध्यान दें तो उन्हें प्रतीत होगा कि इतिहास के कालखंडों का विभाजन कुलों, धर्मों अथवा खानदानों के आधार पर करने के बजाय गली युग, सड़क युग, मेन रोड युग तथा फुटपाथ युग की बुनियाद पर किया जाए तो न केवल अधिक वास्तविक होगा बल्कि याद करने में भी सुविधा होगी।

हर व्यक्ति के जीवन में ये युग आते हैं। अपनी गली में गुल्ली-डंडा खेलने का युग, फिर जरा बड़ी सड़क का युग, फिर दफ्तर जाने और शाम को रेल पुल तक घूमनेवाला मेन रोड युग और अन्त में धीमे-धीमे चलकर गोपाल मन्दिर जा दर्शन कर लौट आनेवाला फुटपाथ युग!

किन्तु इतिहासवाले न तो रसज्ञ होते हैं और न दूसरों की सुविधाओं का खयाल रखते हैं। एक लुई या एक जॉर्ज से अथवा चार्ल्स से उन्हें सन्तोष नहीं। कतार चलती है। और दुर्भाग्य हमारा कि जो हमारे पढ़े-लिखे नेता हैं, हमारे कर्णधार हैं, वे इसी असुविधाजनक इतिहास की दुहाई देते हैं। इन्हीं का अनुकरण छोटे-छोटे साथी भी करते हैं।

नगरसेविकाएँ अथवा पालिकाएँ, जैसा भी वे अपने-आपको समझें, रोडवादी हो रही हैं, यह भी इसी का परिणाम है। आज अगर गलियों के मुकाबले सड़कों को महत्त्व मिला है तो यह इसी का सबूत है।

दरअसल अगर इतिहास का अध्ययन सांस्कृतिक दृष्टिकोण से किया जाए, जैसा कि बड़े-बड़े विद्वानों के मत से होना चाहिए तो प्रतीत होगा कि सड़क संस्कृति, मेन रोड वाद भारतीय परम्पराओं के सर्वथा विपरीत है। 'ब्रह्मपुत्र' को आश्चर्य है कि विभिन्न आर्य एवं हिन्दू संस्कृति के अभिमानी क्यों चुप हैं? क्यों नहीं वे रोडवाद के विरुद्ध संघर्ष छेड़ते?

भारत की संस्कृति का जन्म एवं विकास सदा गलियों में, कुंजों में हुआ। मेन रोडों और पार्कों पर कदापि नहीं।

चाहे काशी जाओ, चाहे मथुरा-वृन्दावन, चाहे द्वारका-रामेश्वर–जो है देखने लायक, खरीदने लायक, सब गलियों में ही मिलता है, क्योंकि गली प्राकृतिक है, रोड

कृत्रिम। गली सनातन चिरन्तन है, तो रोड क्षणभंगुर। गलियाँ दशाब्दियों में नहीं बदलतीं, वही अँधेरा, वही गन्ध, वही घुमाव, भले ही नगरसेविकाओं के पार्षद बदलते रहें। हाँ, सड़कें बदलती हैं और रोड अवश्यमेव। कभी ड्रेनेज के लिए, तो कभी भूमिगत केबलों के लिए तो कभी मूर्तियों को जमाने के लिए।

सड़क दिखावट है, गली वास्तविकता। जैसे असली हिन्दुस्तान देहात में बसता है, वैसे ही असली शहर गलियों में बसते हैं, सड़कों पर नहीं।

यही नहीं, मुसीबत में आदमी गली ढूँढ़ता है, मेन रोड नहीं। उसी प्रकार रोमांस एवं काव्य भी सदा गली आश्रित रहे हैं, सड़काश्रित कभी नहीं। जीएँगे तो तेरी गली में और मरेंगे तो वहीं, यही तो टेक रही है अमर प्रेमियों की। अगर बदनाम होके निकलेंगे तो तेरे कूचे से। गली अथवा कूचे के स्थान पर सड़क या मेनरोड डालकर पढ़िए। घोरतम प्रयोगवादी भी गली ही खोजेगा।

मेन रोड आवश्यक है मोटरों-बग्गियों के लिए, बसों के लिए। पैदल के लिए मेन रोड मुसीबत है—सर्दियों में सुनसान, गर्मियों में छायाहीन और वर्षा में बेआसरा। गलियाँ सब विधि मंगलकारी हैं।

राजनीतिक दृष्टि से भी गली की बड़ी उपयोगिता है। साधारण जुलूस मेन रोड पर किसी बीड़ी या चालू खेल का विज्ञापन नजर आता है, तो गली में प्रविष्ट होते ही जय यात्रा में परिवर्तित हो जाता है।

भारतीय संस्कृति, काव्य एवं रोमांस के हर समर्थक का कर्तव्य है कि वह नगरसेविकाओं को चेतावनी दे दे—जो भी करना हो, मेन रोड के सम्बन्ध में करो, गलियों से छेड़छाड़ अच्छी नहीं।

'अक्षरों के पापी!'

इलाहाबाद के साहित्यिक से मिलने पर जो पहली प्रतिक्रिया हमारे मन में होती है, वह यही कि मालवे के कलाकारों, नए जागते लेखकों के लिए मन में सम्मान हो जाता है।

इन्दौर से जैसे कपड़े की गठान बाहर जाती है, ठीक उसी तरह इलाहाबाद किताबों के बंडल बाहर भेजता है।

और ठीक इस तरह कि एक ही रोजगार करनेवाले एक स्थान पर रहना पसन्द करते हैं मगर आपस में एक-दूसरे से जलते हैं, ठीक वैसे ही इलाहाबाद के साहित्यिक एक-दूसरे के खिलाफ उगलने और आपस में न मिलने को धन्धे की नजर से जरूरी समझते हैं।

इसलिए वे अपने पैसे और सामाजिक घेरों के कारण लेखकों से ही नहीं मगर जनता से भी दूर रहते हैं।

वाकई में जनता से दूर क्योंकि वे खूबसूरत बँगलों, बिजली के पंखों और कारों के आदी हैं। गर्मी के दिनों में वे पहाड़ चढ़ जाते हैं।

अक्षर लिखकर सोना कैसे बनाया जाता है, इसे इलाहाबाद अच्छी तरह समझता है। यहाँ पर ऐसे भी प्रोफेसर-कलाकार हैं जो मूँछें मरोड़ते हैं कि वे सिर्फ साहित्य से 50000 साल कमाते हैं।

इन इलाहाबादी साहित्यिकों को सोने की रोटी देनेवाले हम मध्यभारत के, मध्य प्रदेश के, राजस्थान के भावुक लोग हैं जो उनकी चोरी को मौलिकता और कला समझते रहे और अपने लेखकों को हमेशा नीची नजर देखते रहे।

इलाहाबाद का लेखक लाइब्रेरी में जीता है और इन्दौर का लेखक जनता में।

इसके बावजूद सबसे बड़ी बात यह है कि हमारे लेखक आपस में मोहब्बत से एक-दूसरे से मिलते हैं, बातें करते हैं, अपनी कमजोरियों को महसूस करते हैं; मंजूर करते हैं पर उधर इलाहाबाद का लेखक अपने को प्रेमचन्द समझता है, प्रेमचन्द से बढ़ के समझता है।

यह कितने आश्चर्य की बात है कि जिस निराला की बीमारी पर सारे हिन्दी संसार में चिन्ता व्यक्त की जा रही है, उसे देखने के लिए वहीं इलाहाबाद से कोई लेखक नहीं जाता।

दारागंज की तंग गली में जब निराला पंखा झलता है तो उनके हितैषी पहाड़ पर ठंडी हवा खा रहे हैं।

शायद इसलिए कि इनके साहित्यिक रोजगार को निराला की इज्जत करने से धक्का लगता है।

हाँ, कुछ अवसरवादी हैं जो यह सुनकर कि निराला के पास कहीं से पैसा आ गया है, भागकर मिलने आ जाते हैं।

इसलिए खूबसूरत किताबें लिखनेवाले अक्षरों के पापी हैं। वे आदमी कम और लेखक ज्यादा हैं।

इलाहाबाद से हटने के बाद लखनऊ में लेखकों में मोहब्बत अपेक्षाकृत ज्यादा है। आगरा में गुटबन्दियाँ नहीं-सी हैं।

इसके बावजूद मजे की बात है कि इलाहाबाद में पुस्तकों और पत्रिकाओं की बिक्री सबसे कम है। वहाँ से निकलनेवाले हिन्दी पत्र मुश्किल से अपनी पचास प्रतियाँ बेच पाते हैं।

वहाँ के लेखक लोगों की सांस्कृतिक प्यास से पैसा कमाते हैं फिर आँसू बहाते हैं कि वे भूखे हैं; मुश्किल से जीवित हैं।

इस कारण इस वातावरण में एक गहरी सांस्कृतिक घुटन है, छलावे हैं, जाल है।

वहाँ के साहित्यिक न गंगा से पवित्र और विशाल हैं, न जमुना से गहरे मगर पाखंडी हैं जो साहित्य की गंगा से, उसके पवित्र बहाव के पास आनेवाले यात्री से पैसा लूटते हैं।

रंग और समाज

'होली' शब्द बड़ा घिस गया है। मजाकमस्ती, गाली, रंग, कीचड़, प्रेम, नालायकी, मूर्खता, स्नेह आदि का प्रतीक तो है ही, पर इधर बीच में कुछ लोगों ने उसको दूसरे तरह के रंग भी देना शुरू कर दिये हैं।

होली को आध्यात्मिक रंग देनेवाले लोग आपने कई देखे होंगे। इसके साथ होली को ऐतिहासिक रंग देनेवाले लोग भी पढ़े होंगे।

बात यह कि होली का असर भी उम्र के हिसाब से होता है। जो बोधिवृक्ष के नीचे बैठे हैं, उन्हें रंग की पिचकारी छींटने से सिवाय दो अक्ल की बात सुनने के क्या मिलेगा!

फिर एक और रोना है कि कुछ लोग मजाकमस्ती भी दिखावे के लिए ही करते हैं।

बात यह है कि मुस्कुराहट के पीछे भी तो एक सामाजिक भावना है। कई बार हमें इसी कारण से हँसना पड़ता है कि सब हँस रहे हैं। अतः प्रायः रंग इसी कारण से सहन कर लेते हैं कि सभी रंग के मूड में हैं।

रंग के दिनों में लोग अपने गन्दे कपड़े बाहर निकालकर पहन लेते हैं। उसे बड़ी खुशी से बिगड़ने देते हैं। और यदि साफ कपड़ों पर छींट दिया गया तो पड़ोसी से पूछते हैं–क्योंजी, एक बार के धुलाने पर साफ तो हो जाएगा न?

गत वर्ष एक कविराज के साथ रहने का मौका पड़ा। पहले तो आपने कुछ रचनाएँ बताईं जो होली पर लिखी थीं। कहने लगे कि मैंने इसमें रंग और ध्वनि के प्रयोग किए हैं। और भी कई शब्दों के कमाल आपने बताए, पर इसी बीच घर के बच्चे रंग छींटने आए तो आपने सबको घुड़क भगा दिया।

मोहल्लेवालों ने खींचकर रंग डाला, गुलाल लगाया तो चुप सहन कर गए फिर मेरे पास आकर बोले, 'बड़ी बेवकूफी है! मुझे जरा पसन्द नहीं–क्या लोग हैं!'

मेरे ध्यान में उनकी कविताएँ, जिसमें वे पिचकारियों और बसन्त की बात कर रहे थे, खयाल आने लगीं।

यानी कहने की बातें कुछ और, मन की बातें कुछ और हुआ करती हैं।

होली के साथ मामला यह है कि पहले तो इसका सीधा सम्बन्ध खेतिहरों के जीवन से था, पर हालत बदल रही है; नौजवानों की परीक्षा के दिनों में होली आती है, अब सोचिए, कौन नोट्स पढ़ना छोड़ इन धन्धों में लगेगा!

अब स्थिति दूसरी है।

होली के दिन क्लर्क अपने साहब के घर रंग खेलने जाता है—वाह! देखने काबिल दृश्य है! साहब मुस्कुराते गुलाल लगा लेंगे, जैसे बड़ा अहसान कर रहे हों! फिर सामने ही कपड़े से पोंछ डालेंगे और जाते समय एक फाइल की बात छेड़ देंगे जो अधूरी पड़ी है।

क्लर्क को ज्यादा मस्ती चढ़ेगी तो वह साहब के छोटे भाई को खूब मुँह पर गुलाल मल देगा।

और पत्रकार लोग तो उपाधि बाँट, विशेषांक निकाल जिसमें अच्छी सुन्दर रसीली तस्वीरें हों, उपाधि वगैरह बाँट दी और बस!

और मैं सोचता हूँ कि कौन चक्कर में पड़े! ज्यादा मस्ती करेंगे तो मुन्सीपाल्टी वाले नाराज होंगे कि नागरिकता नहीं है, अतः 'परिक्रमा' लिख दी जिसके भी शत्रु कम नहीं हैं।

न्यूज मीमांसा

समाचार-पत्र को मूल रूप से ही दो भागों में विभाजित करना होगा :

समाचार सामग्री तथा विज्ञापन।

मीमांसा समाचार सामग्री की होगी, विज्ञापन की नहीं। विज्ञापन मीमांसा अन्य शाखा है।

समाचार-पत्र यथार्थ अन्य तथ्यों का उद्घाटन कर तथा अनुमान द्वारा प्रत्यक्ष ज्ञान को समीक्षा सहित प्रस्तुत की गई सामग्री का समूह है।

कारण उपलब्ध तथा अनुपलब्ध, दोनों प्रकार के होते हैं।

उपलब्ध का विश्लेषण क्षेत्र के अन्तर्गत है तथा अनुपलब्ध में राजनीति अथवा धनार्जन आदि अन्य कारण आते हैं।

उपलब्ध कारण दो प्रकार के होते हैं—समवायी कारण, जिसमें सम्बन्ध के रहने से समाचार का जन्म होता है। उदाहरणार्थ, समाचार-पत्र में व्यक्तिगत इच्छाओं के कारण दी गई सामग्री, ख्याति के सम्बन्ध में तथा दूसरा, असमवायी कारण जिसमें कार्य के साथ सम्बन्धित होने के कारण पत्र में स्थान प्राप्त होता है।

अब समाचार के उद्गम अथवा प्राप्ति के मार्ग की मीमांसा आवश्यक है।

उद्गम तीन हैं—लौकिक, श्रुति तथा आप्त।

लौकिक में निज संवाददाताओं द्वारा प्राप्त सामग्री मानी जाएगी।

श्रुति में रेडियो तथा टेलीफोन द्वारा प्राप्त सामग्री मानी जाएगी।

और आप्त वह कहलाती है, जो वस्तु को यथार्थ रूप से जानता है तथा हितोपदेष्टा होने के कारण जिसके वाक्यों को हम प्रमाण मान सकते हैं। यू.पी.आई., पी.टी.आई. एजेन्सी द्वारा प्राप्त समाचार आप्त हैं।

इन उद्गम द्वारा प्राप्त सामग्री से समाचार वस्तु का निर्माण होता है।

यह वस्तु विश्लेषण करने पर दो भागों में विभाजित होती है :

1. सिद्धार्थक वाक्य, 2. विधायक वाक्य।

किसी अधिकार अथवा सत्ता को प्रदर्शित करनेवाले वाक्य को सिद्धार्थक वाक्य मानेंगे। सरकार द्वारा प्रसारित सामग्री तथा घोषणाएँ सब सिद्धार्थक वाक्य मानी

जाएँगी तथा किसी अनुष्ठान के प्रेरक वाक्य को विधायक वाक्य मानेंगे। मंत्रियों के यत्र-तत्र दिए गए भाषण विधायक वाक्य हैं।

इस प्रकार यह सम्पूर्ण समाचार वस्तु अपौरुषेय है। सम्पादकीय, कॉलम आदि पौरुषेय है।

पौरुषेय की प्रामाणिकता तभी मानी जा सकती है जब वह आप्त पुरुष द्वारा निर्मित हो।

आप्त पुरुष यानी सम्पादक व कालमिस्ट एक वास्तववादी मीमांसक होता है। स्थान-स्थान पर जो सामग्री का पार्थक्य है, उसे अपने आलोचक-ज्ञान द्वारा प्रत्यक्ष से अनुमान तक लाता है! इस ज्ञान को एक स्वतन्त्र प्रमाण का रूप दिया जा सकता है।

समाचार वस्तु के शीर्षक वर्णनात्मक तथा स्फोटात्मक, दोनों प्रकार के होते हैं। रहस्य का उद्घाटन करनेवाले शीर्षक इस दृष्टि से स्फोटवादी हैं। पाक-अमरीकी सन्धि के समाचार स्फोटात्मक हैं तथा मुख्यमंत्री ग्वालियर पहुँच गए, वर्णनात्मक है।

वाक्य ही संकेत-माध्यम है।

संकेत-गृह के विषय में भी कुछ निर्णय आवश्यक होंगे। न्याय जाति, व्यक्ति तथा आकृति–इन तीनों पर संकेत स्वीकार होता है।

वाक्यार्थ बोध के लिए पाठकों के मन में आकांक्षा, योग्यता तथा सन्निधि का रहना नितान्त आवश्यक है।

अतः प्रूफ सम्बन्धी सभी गलती इस दृष्टि से क्षम्य हैं। अर्थ-बोध की कला पाठक को आनी चाहिए।

इसके सिवाय यह समस्त सामग्री जिनकी उपादेयता इतनी उत्कट रूप से नहीं होती अन्यथासिद्ध मानी जाएगी। विज्ञापन तथा आवश्यक समाचार के अभाव में दी गई सामग्री, जैसे–कविता या महापुरुषों के विचार, आदि सब अन्यथासिद्ध हैं।

विरह-व्यथा

मैं नहीं जानता, वह कहाँ गया।

मैं उसके लिए पुलिस में रिपोर्ट नहीं करवा सकता था। अखबारों में हुलिया सहित सूचना दे, पहुँचाने का इनाम घोषित नहीं कर सकता था।

शायद मैं कल पतंग उड़ाते वक्त कहीं खो बैठा। या जो रद्दी बिकी, उसमें चला गया। संगीत-स्कूल में रह गया हो।

पता नहीं, अगर कल जो एक बैरंग प्रेम-पत्र भेजा, उसमें चला गया।

मैंने हर जगह देख डाली–अलमारियों से लेकर सिगड़ियों तक, पर निराश हो गया।

'कॉलम' खो गया, इसमें आश्चर्य नहीं क्योंकि अभी पिछले दिनों से मैं भूलने का शौकीन हो गया हूँ। चार जनवरी को मैंने एक सिटी बस खो दी। उसके पूर्व दो बार अस्पताल भूल गया। अभी जब एक प्रेम-पत्र लिख रहा था तो उसका ही नाम याद नहीं रहा।

दुनिया में चीजें खो जाना आश्चर्य की चीज नहीं है।

न्यू साउथ वेल्स में कुछ वर्षों पूर्व रेलवे इंजिन खो गया था। उस वक्त अधिकारियों ने तहकीकात के लिए पुलिस को बुलवाया। इनाम घोषित किया।

एक सप्ताह बाद जाकर वह एक जगह खड़ा नजर आया।

एच.एम.एस. 'फालमाउथ' नामक जहाज, जो ब्रिटेन से बटाविया को रवाना हुआ था, खो गया। अधिकारी उसे भेजकर भूल गए। दस वर्ष बाद एकाएक उन्हें याद आई।

एच.एम.एस. 'डाल्फिन' उसे खोजने रवाना हुआ। बेचारा 'फालमाउथ' एक द्वीप के पास खड़ा था कि कब जाने का हुक्म मिलेगा।

मेरा कॉलम भी जाने कहाँ अटक गया! दस साल बाद मिला तो 'सम्पादक' छापेंगे नहीं।

मैं इस उम्मीद में दो-तीन घंटे बैठा रहा कि शायद कोई ले आए।

केम्परबेल के पुलिस स्टेशन पर एक सिपाही एक हाथी पकड़ लाया। पता नहीं, वह हाथी किसने खो दिया। केम्परबेल की सड़कों पर वह आवारा पकड़ा गया।

एक सरकस कम्पनी उसे भूल गई थी।

मेरा कॉलम भी राम जाने मेरे मकान की किन खोह-खड्डों और खाइयों में गया, पता नहीं लगा।

मेरी बहन ब्रह्मपुत्रा का कहना था कि जब उसका छाता खो गया तब भी इतना दुख उसे नहीं हुआ था जितना मुझे इस चार कागज के पन्नों का था। जाने दे, गया तो। पर मैं ही अपनी तकलीफ जानता था।

मेरा कॉलम कोई न्यूमेटिक डिस्पेच-कम्पनी की ट्यूब रेल तो थी नहीं जिसे एक बार रोकने के बाद जो भुलाया गया तो वर्षों बीत गए, किसी को गुमी रेल का खयाल नहीं आया।

मैं ही अपनी पीड़ा जानता था। जब कारलाइल का निबन्ध जॉन स्टुअर्ट मिल के घर से खो गया तो क्या उसे मुझ जैसी पीड़ा नहीं होगी?

वह चीज फिर से तो नहीं लिखी जा सकती है। अज्ञेय ने अपनी खोई हुई कहानी को फिर से लिखा तो क्या वैसी थोड़े बन सकी जैसे पहले थी?

मैं भदन्त कौसल्यायन-सा सन्त नहीं जो एक पांडुलिपि के वर्षों तक अलग रहने पर भी दुखी न हों। 'वैशाली की नगरवधू' जब पहली बार गुम गई तो लेखक की पीड़ा किसी ने नहीं समझी।

इस वजह से मैं दिन भर दुखी ही रहा और गुप्तजी की यह पंक्ति ही सिर्फ कहने का रह गई :

सहृदय पाठक! सुना-सुनाकर निज कथा–
तुमको देना नहीं चाहता मैं व्यथा।
बस तुम रोको मुझे न रोने से अहो।
करके इतनी कृपा सदा सुख से रहो॥

कवि-सम्मेलन

मुशायरों और कवि-सम्मेलनों के अपने-अपने रंग होते हैं। समस्या-पूर्ति का युग था तब नजारे कुछ और थे व आज नजारे कुछ और होते हैं।

छापाखाने की वजह से अब लोगों में आदत पड़ गई है कि अपने कमरे में खामोश बैठकर रचना पढ़ लें और मन में सुखी-दुखी हो जाएँ।

पर यदि वे उन्हीं रचनाओं को जाकर सम्मेलन में सुनें तो असर कुछ दूसरा होगा।

प्रायः जाने-पहचाने कविगण अपनी रचनाओं को दो भागों में बाँटते हैं : एक, प्रकाशन के योग्य; दूसरी, सुनाने के योग्य। सुनाने योग्य रचना में भी कवि-सम्मेलन की और गोष्ठियों की।

इसी कारण कई बार धोखा हो जाता है। अज्ञेय जी की रचना जो पढ़ने में कभी-कभी अच्छी लग जाती है, यदि उनके मुँह से सुनें तो आपको आश्चर्य होगा कि पाँच-छः फीट तक भी शब्दों का प्रसार नहीं हो पाता।

पहले वक्त में ऐसा था कि साहित्य-प्रेमी जानते थे कि चौपाई-दोहे कैसे पढ़े जाते थे और कवि लिख देता था और वे पढ़ लेते थे। आनन्दित हो जाया करते थे।

अब हर गीत की अपनी एक धुन होती है और उसे समझने के लिए मौका कवि-सम्मेलनों में ही मिलता है।

अतः कवि-सम्मेलन का इस जमाने की संस्कृति से बड़े करीब का सम्बन्ध है।

भवानी मिश्र की कविता कहने के लहजे में जो सरलता है, वह हिन्दी के कवियों में नहीं नजर आती। जैसे कोई आदमी बैठकर बात समझ रहा हो, ऐसा लगता है।

हल्दी घाटी वाले श्यामनारायणजी ऐसे चीखते हैं कि जंग का भान होता है, और डर लगता है, पीठ दिखाकर भाग जाने की इच्छा हो आती है।

नीरज के बोलने में वातावरण को बाँध लेने की जबर्दस्त शक्ति है। ऐसा लगता है, जैसे किसी ने भैरवी छेड़ दी हो!

वीरेन्द्र मिश्र गीत को ऐसे श्रोता के मन में उतार देते हैं, जैसे मीठे पानी घूँट पिला रहे हों, बाद में भी गुनगुनाहट बनी रहती है।

विश्व के गीतों में बीन की तरह एक मीठा प्रवाह होता है, जिसकी लय में हम मुग्ध हो जाते हैं।

और एक सफल कवि-सम्मेलन गीतकारों पर आधारित होता है।

बलवीरसिंह 'रंग' के स्वरों में बड़ी मस्ती है; वह खुद को और श्रोताओं को झुमा देता है।

अतः यदि आज के नौजवान कवियों को निमन्त्रण दिया जाए तो ही सांस्कृतिक आयोजन कसौटी पर खरा उतरता है, वृद्धों को तो जनता श्रद्धा भाव से सुनती है।

अभी कुछ वर्षों से मध्यभारत में ही सौभाग्य से इतने अच्छे कवि हैं कि पूरब और उत्तर को देखने की जरूरत नहीं है।

एक ऐसे सम्मेलन के लिए जिसे रात्रि के 9 बजे प्रारम्भ करना हो और तीन बजे समाप्त करना हो तो आवश्यक है कि उनमें सुमन, वीरेन्द्र, पांडेजी, सरोज, आनन्दराव दुबे, मानसिंह राही, उप्पल, भँवर, मोहन अम्बर, प्रदीप जोशी, मेघ, देवकी जोशी, चतुर्वेदी, त्यागी, सलिल आदि हों। एकाध नाम छूटे की क्षमा।

ये देश के किसी कोने में भी कवि-सम्मेलन सफल कर सकते हैं।

पर इन्दौर में अखिल भारतीय कवि-सम्मेलन बहुत ही कम आयोजित होते हैं पर जो कि नगर की सांस्कृतिक परम्परा और वातावरण के लिए अत्यन्त आवश्यक है। प्रत्येक अच्छा कवि-सम्मेलन स्थानीय कलाकारों में जीवन भर जाता है। और घर के लोग से आज गाँव के सिद्ध बनाने की प्रेरणा पाते हैं।

चुनाव मनोवृत्ति

चुनाव सबसे बड़ा भय है। चुनाव जीवन है। चुनाव मृत्यु है। चुनाव प्रजातन्त्र की धड़कनें हैं। चुनाव कुम्भ पर्व है, सिंहस्थ है, चुनाव प्रलय है। यह सबसे बड़ी जिज्ञासा है।

अतः राजनीतिक कार्यकर्ताओं के लिए चुनाव सर्वप्रथम है, चुनाव ही द्वितीय है और चुनाव ही अन्त है।

वह उनकी मनोवृत्ति में है। आत्मा-वोटों की बहार से उनका नन्दनवन कायम होता है। और अगर वोट-पत्ते न फूटे तो वे पतझड़ के कौवे से अधिक कुछ नहीं होते।

केसकर साहब फरमाते हैं कि कांग्रेसजन चुनाव मनोवृत्ति त्यागें और रचनात्मक कार्यक्रम में लगें। बात केवल कांग्रेस के लिए ही नहीं, समस्त पार्टियों के लिए है।

परन्तु इस संसार में रचनात्मक कार्यकर्ता तो केवल परमेश्वर है। मानवता तो केवल उसका ही निमित्त मात्र है और मानव में भी नेता तो आप जानिए कि मानव से भी ऊपर होकर रहता है।

मधुमक्खियों में रानी मक्खी सृजन में व्यस्त रहती है और शेष सब ऐसा नहीं करते। पर मनुष्यों में, केवल रानी मक्खी कोई भी सृजनात्मक प्रयत्न नहीं करती।

और फिर रचनात्मक कार्यक्रम और चुनाव के बीच कोई एक चीज चुनी जाए, वह तो असम्भव है।

क्योंकि चुनाव रचनात्मक कार्यक्रम के लिए हैं और रचनात्मक कार्यक्रम चुनाव के लिए हैं।

अधिक वृक्ष उपजाना इस कारण आवश्यक है कि अधिक वोट फलें-फूलें।

और चुनाव क्यों लड़े; इसी कारण घोषणा होती है कि रचनात्मक कार्यक्रम कर सकें।

अतः चुनाव ही सबसे बड़ा रचनात्मक कार्यक्रम है।

आपने राह चलते में कभी ऐसे कार्यकर्ता देखे होंगे, जो योग्य हैं पर चुने नहीं गए, अतः अयोग्य हैं। सड़क पर घूम रहे हैं।

और आपने मोटरों में जाते हुए ऐसे व्यक्तियों को देखा होगा, जो अयोग्य हैं पर चूँकि चुने गए हैं, इस कारण से योग्य हैं। कारों में घूम रहे हैं।

चुनाव सबसे बड़ा सर्टीफिकेट है, चुनाव सबसे बड़ी ठोकर है।

और रचनात्मक कार्यक्रम से दो बातें सधती हैं : एक तो चुनाव और दूसरी देशसेवा।

पर कई विनाशात्मक, तोड़-फोड़ प्रतिभाएँ भी देश में होती हैं, जो चुनाव के लिए ही सब कुछ कर सकें।

रचनात्मक कार्यक्रम तो अंग्रेजी राज में भी होते थे। तब भी सड़कें बनती थीं और तब रेलें चलती थीं; खेत जोते जाते थे; बहार आती थी, मशीनें धड़कती थीं।

फिर आजादी की लड़ाई क्यों लड़ी गई? चुनाव के लिए।

ये इतनी सारी पार्टियाँ, झंडे, कार्यकर्ता, अखबार, सभाएँ, चर्चाएँ, भ्रमण–आप क्या समझते हैं, रचनात्मक कार्य हैं? सांस्कृतिक कार्य हैं?

इन सबके पीछे एक चुनाव है। इन सबके सामने एक चुनाव है।

चुनाव में विजय की आशा वह फूँक है जो गुब्बारे को पहाड़ बना देती है और सागर को लोटा।

आज प्रत्येक पाँच साल में होनेवाले चक्रवर्ती यज्ञ के लिए ही ये रोज तैयारियाँ की जाती हैं।

पत्र

बीत गया वह जमाना, जब हसीनों को अपने खत भेजने के लिए चिड़ियाँ पालनी पड़ती थीं और जवाब के इन्तजार में आसमान ताकना पड़ता था।

अब मेघों ने दूत बनना बन्द कर दिया और इस जमाने की दमयंतियाँ अपने-अपने नल को राजहंस से सन्देश नहीं भेजतीं। मुगल शहजादियों के कबूतरों के पंख झड़ गए। और पैरों से घुँघरू बजाते जानेवाले हरकारे ने अब दूसरी नौकरी कर ली। मालवी 'माच' का काशी अब सेठानी का सन्देश सेठजी के पास उज्जैन से काशी नहीं ले जा सकता।

अब रजिस्ट्री के दिन हैं, बैरंग के दिन हैं।

मगर मैं अपने खत को पोस्ट करते समय हमेशा हिचकता हूँ, हाथ जोड़कर उस सर्वव्यापी परमेश्वर से यही प्रार्थना करता हूँ कि यह अपने ठिकाने लग जाए, नहीं तो पच्चीस बरस में कार्ड पहुँचने की खबरें भी अखबार में छपी हैं।

जमाना 'सिद्ध सिरी जोग लिखी मुकाम इन्दौर से ब्रह्मदेव का प्रणाम बंचना' से आज 'प्रिय ब्रह्मपुत्र, नमस्ते, आगे हाल यह है' तक आ गया और इसी बीच 'दादाजी अज मर गए हैं, रुई लीजो।' सरीखी अनेक घटनाएँ हो चुकी हैं।

'और जिस किसी को यह पत्र प्राप्त हो, वह तेरह पोस्ट कार्ड जयमहाकाली के लिख करके तेरह परिचितों के पास भिजवाएँ और प्रत्येक को और तेरह लिखने को कहें, अन्यथा उस पर भीषण व्याधि आएगी' का डर लेकर चलनेवाले पत्रों ने भी पोस्ट ऑफिस का भी काफी भला किया है।

तथा–'रानी! मैं तुम्हें यह दसवाँ पत्र भेज रहा हूँ पर क्या तुम निष्ठुर ही बनी रहोगी' ने भी कई लिफाफे बिकवा दिये हैं।

फिर 'किसी दिन, मिले न उनकी पतियाँ, धड़क जाएँ छतियाँ, कटे न दिन रतियाँ' ने भी पोस्टमैन को रोज आने के लिए मजबूर कर दिया है।

बैरंग भेजने से पत्र उसी व्यक्ति को मिलता है, क्योंकि पैसे वसूल करने के लिए उस व्यक्ति को ही पोस्टमैन खोजता है। रजिस्ट्री के पैसे बचते हैं, पर बैरंग पत्रों से पोस्ट ऑफिस को लाभ हो जाता है।

और इसी कारण डाक तार शताब्दी धूमधाम से मन रही है। पोस्ट ऑफिसों में बड़े नमकीन पत्र बिकने के लिए आए हैं। नीले रंग का अन्तर्देशीय पत्र मजबूर करता है कि इस बुढ़ापे में भी किसी को प्रेम-पत्र भेजें।

कई ऐसे भी सज्जन इस धरती पर हैं जो लिफाफे पर 'राज आनन्दपुर' लिखने के बजाय वे 'किंग ग्लेड सिटी' लिख भेजते हैं और पोस्ट मास्टरों के सामने सरदर्द बन जाते हैं।

कई ऐसे हैं जिन्हें न कोई खत भेजता है, न वे ही किसी को भेजते हैं।

किसी को किसी का खत ही सबसे बड़ी किस्मत है।

वीरेन्द्र मिश्र ने लिखा है, 'मैं हूँ नया, नए हो तुम भी, यही निकटता एक बड़े भाग की बात, मिलें यदि लिखे हाथ के लेख।'

और 'तुम्हारी शक्ल खत के साथ पुतलियों में फिर गई' की प्रेम-कथाओं में दुर्घटनाएँ होती हैं। वह लिखती है, 'अश्क मेरे टपक पड़े, खत हुआ तर, मैं क्या करूँ? भीग के कुछ बिगड़ गए हर्फ मगर मैं क्या करूँ?' तो वह लिखकर भेजे कि 'तुम्हारे आँसुओं के दाग जिस जगह पड़ें; वो खत से मेरे दिल में आके दाग बनके रह गए।'

लम्बे पत्रों में ऐसा होता रहता है। नया जमाना तो छोटे पत्रों का है। उत्सुकता कम भी होती रहती है।

यूरोप में एक सज्जन ऐसे भी हुए हैं जिन्होंने जीवन भर अपने पास आए सभी पत्र बिना पढ़े आग में जला दिये।

विक्टर ह्यूगो की बात सब जानते हैं। अपनी किताब की बिक्री के बारे में उसने प्रकाशक को छोटा-सा पत्र भेजा था जिसका मजमून था : '?' केवल! और प्रकाशक का उत्तर आया : '!'...।

सिर्फ वयस्कों के लिए!

यह जो कुछ हम लिख रहे हैं, सिर्फ वयस्कों के लिए है। कम उम्र के बच्चे इसको न पढ़ें।

बात ऐसी है कि बच्चों को हम जीवन की उन सब अश्लीलताओं से, जिससे आगे-पीछे उनका साबका पड़ने ही वाला है, हम दूर करना चाहते हैं।

कारण यही कि आज से ही यदि वे इसी तरफ सोचने लग जाएँगे तो जो सामाजिक, राष्ट्रीय और नैतिक जिम्मेदारियाँ उनके कन्धों पर पड़नेवाली हैं, उसे वे पूरी तरह नहीं निभाएँगे।

साधु-सन्त कहते हैं कि बालक ईश्वर के रूप हैं। अर्थशास्त्री कहते हैं कि बालक देश के धन हैं और नेता कहते हैं कि यही देश के भावी नागरिक (वोटर) हैं। हताशों को उनसे बड़ी-बड़ी उम्मीदें रहती हैं।

अब बताइए, ऐसे बालकों को हम कभी कोई आवश्यक अश्लील कैसे पढ़ने दे सकते हैं?

क्योंकि वे तो पौधे की तरह हैं न, आज आप जिधर उन्हें मोड़ दोगे, उधर वे मुड़ जाएँगे। जैसी खाद दोगे, वैसे फल देंगे। (और जितनी कलम काटोगे, उतनी और हरियाली होगी।)

हमारे देश में यह जो बिचली नौजवानों की पीढ़ी है, बड़ी बेकार है। (मुझ जैसा अपवाद छोड़िए।) पर वृद्धों की पीढ़ी में जो ईमानदारी थी, वह अब नहीं है और अब सिर्फ अगली पीढ़ी से ही उम्मीद है कि उनमें से कोई नेहरू, हातिमताई तथा सिंदबाद जहाजी सरीखे व्यक्ति नजर आएँगे।

सो आज बालकों को चाहिए कि वे अपने हर कदम के पीछे जिम्मेदारी की भावना समझें। अक्ल से काम लें। दुनिया को देखें और अच्छा क्या है, बुरा क्या है, समझें।

कुछ लोगों को यह भी सूझता है कि बच्चों को परियों की कहानी में उलझाना चाहिए, पर वे नहीं सोचते कि फिर वे जीवन भर परियाँ ही देखते रहेंगे–और कुछ नहीं। आगे-पीछे काम तो अखबार से पड़नेवाला है, सो क्यों नहीं उन्हें अभी से दैनिक का ग्राहक बनवा दिया जाए?

खैर, मुझे तो एक बात कहनी है कि अगर भविष्य में प्रह्लाद सरीखे बालक देखना हो जो बुआ को जलवा दें और खुद बेटा बच जाएँ तो उसके लिए अभी भी गम्भीरतापूर्वक सोचना होगा।

बालकों के सम्बन्ध में कुछ लोगों को व्यर्थ मुंसीपल आइडिया का प्रचार करते भी हमने देखा है कि उनके लिए पार्क बगीचे बनाओ। पर बच्चे क्या गधे हैं जो उन्हें हरी घास पर छोड़ दिया जाए। फिसलपट्टी बनवा करके तेनसिंह के आदर्श कैसे जग सकते हैं?

खैर, बच्चों के लिए किए गए इन मुंसीपल धन्धों से परे हमें सोचना पड़ेगा।

बेहतर यही है बच्चो, कि तुम स्वयं इस प्रश्न पर विचारो और जैसा कि जनतन्त्र में अपनी गाड़ी समूह का सहयोग लेकर चलाई जाती है–वैसा चलाओ।

आज तुम अपने कन्धे पर बस्ता डाले हो, कल सारा देश तुम्हारे कन्धे पर लटकनेवाला है–बोझ बढ़ेगा, कम नहीं होगा।

सो जो समाज के आदर्श हैं, उन्हें बच्चों को समझना है। सत्य पर अडिग रहना है, चाहे कितने ही तमाचे पड़ें और शाम का खाना नहीं मिले। देश के महापुरुषों की जीवनी पढ़ो और जो-जो गलतियाँ उन्होंने की हैं, उन्हें छोड़कर जो कुछ थोड़ी एनलार्ज्ड अच्छाइयाँ हैं उन्हें मिनिएचर करके अपने दिल में रखो।

तुम सोचते होगे कि यह सब हम बच्चों को कही जानेवाली बातें लिखनी थीं तो ऊपर 'सिर्फ वयस्कों के लिए' क्यों लिखा?

बताओ, सिर्फ वयस्कों के लिए नहीं लिखता तो तुम इसे पढ़ते?

यन्त्र सिद्धि

थोड़े दिन की बात है। पाँच समझ और आँख के अन्धे, नाम नहीं बताऊँ, मशीन देखने गए। जब वे पास पहुँचे तो छू-छूकर समझने लगे कि आखिर मशीन क्या होती है।

एक ने एक पहिया हाथ में लेकर कहा–अरे, यह तो गोल चक्कर होती है।

दूसरा पट्टा पकड़कर बोला–नहीं, यह तो लम्बी साँप-सी है।

तीसरे ने उसकी बाजू को छूकर कहा–यह दीवार की तरह है।

चौथे ने एक रॉड पकड़कर बताया–नहीं-नहीं, यह एक डंडे के जैसी है।

पाँचवें ने उसकी पेट्रोल टंकी को सहलाकर घोषणा की–तुम सब नहीं समझे, मशीन कुछ नहीं, एक पानी की टंकी होती है।

और वे पाँचों बहस करने लगे। पास खड़े विशेषज्ञ ने जब उन्हें समझाने की चेष्टा की तो वे सब बिगड़े और बहुमत से विशेषज्ञ को मूर्ख साबित करने लगे।

इस प्रकार 'फाइव मैन ऑफ हिन्दुस्तान, फुलिश बट इन्क्लांड, वेंट टू सी एन एलीफेंट, दो आल ऑफ देम वेअर ब्लाइंड' की कहानी खत्म हुई।

हमारी मिट्टी का दुर्भाग्य यही है कि चुना हुआ आदमी अपने को राजनीति के सिवाय भी सब विषय का विद्वान समझता है। उसकी आँख अहं पर अधिकार का अंजन लगाकर व्यक्ति, मशीन, समस्या, सत्य, भविष्य–सब विषय में निर्णय देती है।

पर आज के युग में समझदारी का एक प्रबल आर्थिक पक्ष होता है। एक चमक आपके मानस-तंतु को काबू में रखती है। और आपका न्याय एक सहज धूल बनकर समाज की आँखों पर छा जाती है।

और चार वर्ष बाद जब वही कीमती खरीदी मशीन नीलाम होती है, तब जनता भूल जाती है कि इसे खरीदा कब गया था। वह नहीं जानती कि यह नीलाम बोली किसी की समझ पर लगाई जा रही है।

दूर का पिया हमेशा सबको प्यारा लगता है, यह न केवल साहित्य और कविता की बात है, पर साथ ही हमने इसके स्वयं सबूत पाए हैं। यही तथ्य या भ्रम काम करता है मशीनों के क्षेत्र में भी। दूर से, दर गली, दर रस्ता ट्रक की या मालगाड़ी की पीठ पद लदी आनेवाली मशीन जिसे लिवाने चार जने गए हों, सदैव उस मशीन से अच्छी होती है जो नगर में बिकने बैठी रहती है।

चाहे उनका रूप, शक्ति व उम्र समान हो, एक ही खानदान की हों, पर स्थानीय स्थानीय है और विदेशी विदेशी है।

प्राचीन काल के सिद्ध, योगी और पीरों के समान आजकल टेक्नीशियन्स और विशेषज्ञ होते हैं, जो लिफाफा देखकर मजमून भाँपते हैं। जिनके सामने मशीन अपने रूप ढँकने का निष्फल प्रयास करती है, उनकी समझ खंडित करने के लिए आकर्षण और रजतपाश फेंकती है, पर अनुभवी ऊपर का सफेद कपड़ा देखकर बता सकता है कि आदमी प्राणवान है अथवा निष्प्राण।

हमारी योग्यता सौ और दो सौ के बीच झूलती है जबकि वे पाँच सौ से अनुभव की प्राइमर प्रारम्भ करते हैं।

पर चुनाव, राजनीति और पद की त्रिफला खाए व्यक्ति के सामने इन सिद्धों की राय तब तक कोई महत्त्व नहीं रखती, जब तक वह उनकी राय से मेल नहीं खाती हो।

राय की सराय में हर सुझाव परिस्थिति की कोठरी में पड़ा रहता है, पर सराय का मालिक उसके प्रति विशेष नम्रता दिखाता है, जिसकी ओर से आर्थिक आवक की अधिक आशा हो। सेवा के लिए टिप अनुप्राणित करती है।

सोचता हूँ, इस भारत ने नासमझ वैदिक ब्राह्मण देखे जो मंत्रबल से सिंह जिला कर मर गए। ऐसे जिद्दी जोगीड़े देखे जिन्होंने पिंगला पतिव्रता से राजा भरथरी को छुड़ाया, तो अब ऐसे उजाड़ू राजनीतिज्ञ भी देख ले जो फौलाद के हाथी खरीद श्रम की चाँदी फूँक दे।

विदेश का चस्का

आजकल एक नवीन अन्तर्राष्ट्रीय चस्का बहुत ही चल रहा है। यों तो लोग कभी अपने जीवन में यह आवश्यक नहीं समझते कि अजन्ता, ताज, संगम, चंडीगढ़ और करोड़ों गाँव देखे जाएँ, अपने देश को समझा जाए पर यह आवश्यक लगता है कि विदेश का एक राउंड मारा जाए।

विदेश जाने के भी कई कारण होते हैं। कुछ योग्य हैं, इस कारण जाते हैं और कुछ अयोग्य हैं, इस कारण जाते हैं। कुछ लोग जेब अधिक भारी होने के कारण जाते हैं और कुछ लोग ब्रह्मचर्य का प्रचार करने के लिए जाते हैं और कुछ लोग पेरिस की जाँघें और ब्रिटेन के वक्ष देखने के लिए जाते हैं।

पर साहब, गधे को विलायत भेजो तो वह लौटने पर घोड़ा नहीं हो जाता, गधा ही रहता है, इतना ही है कि विलायत-पलट गधा होने का सम्मान प्राप्त हो जाता है।

विदेश जानेवालों की अलग-अलग स्थिति होती है। साहब के साथ खानसामा बनकर जानेवाले भी हैं और राहुल सांकृत्यायन जैसे भी, जो चोरी से तिब्बत में घुस जाएँ। गरुड़े लोहार और बंजारे चलते-चलते रूस तक पहुँच चुके हैं।

हर जानेवाला मार्कोपोलो; ऑफानासी निकितन, ह्वेनसांग नहीं होता। यद्यपि जाते समय सब यही समझते हैं कि बस, अब विद्वान हो जाऊँगा, पर जिसे अपनी मिट्टी अक्ल न दे सकी, वह परायी जमीन पर ऐसा क्या हो जाएगा?

चीन-मास्को जानेवाले यात्रियों की अभी बाढ़-सी आ गई। पं. सुन्दरलाल और यशपाल को छोड़ दो तो किसी ने भी अच्छी पुस्तक नहीं लिखी।

जितने भी वर्णन हैं, उसमें उस देश की सुन्दरता, प्रशंसा के बजाय, अपने हुए सम्मान का अधिक वर्णन है : हम अमुक स्कूल गए, वहाँ बच्चों ने हमें माला पहनाई, स्टेशन पर हम यात्रियों का भारी स्वागत हुआ, आदि बातों के वर्णन हैं। पर कलात्मकता, सही दृष्टि बड़ी कम कलम में मिल सकी है।

इससे कभी हमें दूसरे देश का पता नहीं चलता। जैसे यदि कोई विदेश-यात्री इन्दौर आए, कुछ इमारतें देखकर चला जाए तो वह अपनी जनता को क्या दिखा सकेगा? इन्दौर का चित्र शीशमहल में, डेली कॉलेज की इमारत में नहीं है। देश

इमारतों, पेड़-पौधों का नहीं, जनता का होता है, और अपना स्वागत हो, इस कामना से देखनेवाला कभी जनता को नहीं समझ सकता।

पर इधर शासन ने सांस्कृतिक मंडलों के लिए काफी रुपया स्वीकार किया है। इससे संगीतज्ञों, चित्रकारों व लेखकों-पत्रकारों को, चाहे इस देश में उनकी सामाजिक व आर्थिक स्थिति कैसी भी हो, पर एक बार विदेश भ्रमण और सम्मान तो मिल ही जाएगा।

इधर गए हुए सांस्कृतिक प्रतिनिधि मंडल में नरगिस व राजकपूर का जाना बड़ा महत्त्वपूर्ण रहा, जिससे हमारे ज्ञान में वृद्धि तो नहीं हुई, पर हाँ, दृष्टिकोण अवश्य बदला है।

हमारे 'आवारा' सरीखे चित्रों को हमने सम्मान की दृष्टि से नहीं देखा, न 'आवारा हूँ' जैसे गीतों को ही गले लगाया। जनता गाती रही, पर विद्वान बिचकते रहे; समाजवाद की, सिद्धान्तों की, रूस की बातें करते रहे।

पर जब राजकपूर और नरगिस रूस गए और पता लगा कि वहाँ अभिनेताओं व अभिनेत्रियों के पीछे भागनेवाला सारा देश है, तो मुझे भारत की सड़क पर गाती और राज-नरगिस-सी शक्ल बनाती जनता के प्रति सम्मान हो आया।

राज-नरगिस ने जिस प्रकार मार्क्सवादी ब्रह्मचारियों को अपने प्रभाव में ले लिया, यदि ऐसे ही कुछ सांस्कृतिक मंडल जाएँ तो सारा संसार भारत के चित्रों को देखते हुए जीवन बिताएगा।

साहित्यिक चोरी

'आप हमारे पत्र के लिए कुछ रचना दीजिए।'

'क्या दूँ? लेख दूँ? कहानी दूँ? कविता दूँ—क्या दूँ?'

'कहानी दे दीजिए।'

'किसकी कहानी दूँ—यशपाल की दूँ, कृश्न चन्दर की या प्रेमचन्द की कहानी दूँ?'

यहाँ पर तो यह खैर है कि रचना देनेवाले स्वयं पूछ रहे हैं कि किसकी रचना को अपनी मौलिक कहूँ; परन्तु प्रायः यह होता है कि दूसरे की रचना में केवल नाम सुधार भेज दिया जाता है।

'दि डिलिनिटर' के सम्पादक टाउनी को एक उत्तर यह भेजना पड़ा था कि 'आपकी रचना मिली। वह बहुत सुन्दर है। इतनी सुन्दर कि मैं स्वयं उसे दो वर्ष पूर्व लिख चुका था।'

ये तो वो चोरी है जहाँ लेखक महोदय पूरी रचना ही अपने नाम पर रजिस्टर करवा लेते हैं और मौलिक कलाकार बनते हैं।

कई बार सम्पादक उसे पहले पढ़ा हुआ होता है।

इलाहाबाद की एक पत्रिका में 'अज्ञेय' के नाम से अनेक कहानियाँ प्रकाशित हुईं और बाद में कहीं जाकर पता लगा कि लेखक अज्ञेय न होकर कोई दूसरा व्यक्ति था।

देहली की एक निम्नकोटि की पत्रिका में हमें मजेदार चीज देखने को मिली।

एक ही प्रति में कृश्न चन्दर की तीन कहानियाँ सम्पादक ने प्रकाशित कीं। लेखक के स्थान पर कोई नाम नहीं था। कहानी के शीर्षक बदल दिये गए थे। जैसे 'आंगी' का शीर्षक 'परदेशी की याद' कर दिया गया था।

इन सब चोरियों से जनसमाज का साहित्य के प्रति प्रेम नजर आता है।

और कलाकार बेचारे क्या करें? जैसा कि कार्लो गोजी ने लिखा है कि संसार में केवल छत्तीस नाटकीय कथानक हैं। अतः पुराने को नया करना ही मौलिकता है।

वृद्धों को वह पुरानी लगे, पर बच्चों को तो नई मौलिक रचना का आनन्द आएगा।

सो उसे लेखक को पत्र लिखना पड़ता है कि खेद है कि हम इसे प्रकाशित नहीं कर सकते क्योंकि इस कविता को आज से आठ वर्ष पूर्व रामकुमार वर्मा के नाम से प्रकाशित कर चुके हैं।

साहित्यिक चोरी सभी पैमाने पर अनेक तरह की होती है।

कथानक चुराए जाते हैं। वर्णन चुराए जाते हैं। भाव, कल्पनाएँ और उपमाएँ भी चुराई जाती हैं।

आप किसी स्पेन, चाइनी या फ्रांस की कविता से उपमा लेकर हिन्दी में दे दीजिए—लोग उसे प्रयोग मान लेंगे।

कहने को यह कहा जा सकता है कि वायुमंडल में अनेक विचार हैं। सम्भव है कि ये दो श्रेष्ठ कलाकारों को एक ही विचार आया हो!

होता यह है कि जब नए लेखक दूसरे की रचना में अपनत्व अनुभव कर खुद लिख लेते हैं तो वे चोर कहलाए जाते हैं और जब महान लेखक चोरी करते हैं तो कहा जाता कि आपका अध्ययन बहुत विशाल है।

शेक्सपियर के कई कथानक पहले की लिखी रचना के ही हैं पर उससे कलाकार की महानता कम नहीं पड़ती।

यशपाल कहते हैं कि मैं जब देखता हूँ कि यह कहानी लेखक अच्छी नहीं बना सका है तो स्वयं ही लिख देता हूँ।

इसके सिवाय कुछ लेखक, थोड़ा-सा अन्तर करने में प्रतिभाशाली होते हैं। पात्रों के नाम बदल देते हैं, थोड़ा कथानक ठीक कर देते हैं, आदि।

इस प्रकार की रचनाओं को पकड़ना जरा कठिन होता है। पाठक पकड़ लें, पर प्रायः सम्पादक नहीं पकड़ पाते।

पर अभी चोरी कुछ मजेदार तरीके की नजर आई। स्वयं रचना लिखकर चूँकि वह यों प्रकाशित नहीं होगी, सो किसी प्रसिद्ध लेखक का नाम लिख दिया जाता है।

घचकुंडी

एक देवीजी, जो सुन्दरी होते-होते बाल-बाल बच गईं, तोपखाने जा रही हैं। अच्छी साड़ी है और उसके कारण थोड़ी शराफत भी आ गई है।

दिवाली की रात है।

एक साहब स्वाभाविक रूप से उनकी ओर नजरें गड़ाए चले जा रहे हैं। एकाएक कोई लड़का दोनों के फासले के बीच में एक घचकुंडी छोड़ देता है।

देवीजी चीखती हैं और एक ओर भागती हैं जिससे ताँगेवाला रास खींचता है। घोड़ा बिगड़कर पीछे पैर पटकता हुआ जाता है। अमुक सेठ की कार से टकरा जाता है। सौभाग्य से उस ताँगे में जो मोटी-सी देवीजी बैठी हैं, वे एक स्कूल मास्टर जो उसी ताँगे में बैठा है, उसके दुबले-पतले शरीर पर गिर जाती हैं, और बेचारे के पैरों में मोच आ जाती है।

अमुक सेठ की कार का ड्राइवर टकराने के बाद कार रिवर्स में लेता है और पीछे आनेवाली कारों के हॉर्न सुनाई देते हैं। फिर वह कार से बाहर आकर ताँगेवाले को गालियाँ देने लग जाता है। ताँगे वाला लगातार हंटर मारे जा रहा है और गाली बक रहा है। कार में बैठे अमुक सेठ और उनकी अमुक पत्नी अमुक बच्चों के साथ उत्सुकता से इस नजारे को देखते हैं।

वे देवीजी, जो चीखकर एक तरफ भागी थीं, उनकी घबराहट व परेशानी कम करने के लिए उनके प्रेमी पास खड़े बातचीत शुरू कर आजकल के लोगों को बुरा-भला कहने लग जाते हैं। देवीजी बातों का उत्तर देती हैं, परिचय होता है और दोनों एक-दूसरे से मिलकर ऐसे प्रसन्न होते हैं, जैसे जनम-जनम के बिछड़े मिले हों!

इधर ताँगे में मास्टर साहब जब मोटी महिला को अपने शरीर से उठाते हैं, तो वह तमाचा मार देती है कि मेरे बदन को क्यों हाथ लगाया? मास्टर साहब भविष्य में सदैव नारी के विरोध में रहने की कसम खा लेते हैं।

इस नजारे को देखने के लिए एक संवाददाता जो साइकल से जा रहा था, अपने पैर टिका देता है। उसके पीछे आनेवाले सज्जन जिनका ध्यान कहीं और था, अपनी साइकल को टकरा देते हैं। संवाददाता घूमकर देखता है झगड़ने को, तो वह व्यक्ति

उसका परिचित निकलता है। और संवाददाता मुस्कुराकर कहता है, 'हलो, मैं तुम्हारे ही यहाँ जा रहा था।'

इधर अमुक सेठ के बच्चे एक गुब्बारेवाले को देख खरीदने को उछलते हैं और गुब्बारेवाला कार के दरवाजे के पास आकर अपनी बिक्री प्रारम्भ कर देता है।

गालियाँ सुनकर ताँगेवाला एक हंटर ड्राइवर को भी दे मारता है और ड्राइवर सेठ को गालियाँ देता हुआ फुटपाथ पर बैठ जाता है कि ऐसी नौकरी नहीं करूँगा।

उधर वे सज्जन, जो महिला से परिचित हो गए, वे उसे पटाकर चाय पिलाने होटल में ले जाते हैं। इस बात को वृद्ध व्यक्ति देखता है जो कि उन सज्जन का ससुर है। वह समझ जाता है कि बेटी का भविष्य अन्धकार में है।

अमुक सेठ की पत्नी दुकान पर टँगी साड़ी देखती है व खरीदने को नीचे उतरती है। कहीं ज्यादा खर्चा न कर दे, इस डर से अमुक सेठ भी पीछे आते हैं पर दुकान पर चढ़ने के पूर्व एक बीमा एजेंट उन्हें रोक लेता है और एक्सीडेंट का बीमा करवाने की सलाह देता है।

ट्रैफिक पुलिस सीटी बजाता आता है और ताँगे का चालान करने के लिए नम्बर नोट करता है।

भीड़ बढ़ती देखकर नामर्दी की दवाई के फार्म एक व्यक्ति आकर बाँटने लग जाता है। एक पहलवान बिगड़ते हुए ताँगे का पहिया पकड़कर उसे रोक देते हैं। सामने खड़े सिनेमा मैनेजर उस पहलवान से प्रभावित हो जाते हैं, और उसे रोज सिनेमा दर्शकों की लाइन कन्ट्रोल में करने की नौकरी मिल जाती है।

ताँगेवाले पर अत्याचार देखकर एक सोशलिस्ट भाई यूनियन की सोचते हैं।

घचकुंडी वाला लड़का जाने कहाँ गया।

बताइए, एक घचकुंडी के कारण यदि दो में प्रेम बढ़ता है, कइयों के रोजगार चलते हैं, बिछड़े मिलते हैं, राजनीति शुरू होती है, प्रचार होता है, खबर बनती है, 'परिक्रमा' लिखी जा सकती है, तो घचकुंडी क्या बुरी!

पुस्तकें

सफर और किताबें, दोनों का संयोग बड़ा अच्छा माना जाता है। जब हचकोले खाती रेल जाती है तो प्रायः मासिक या दैनिक में अपनी नजरें गड़ाए व्यक्ति नजर आते हैं। उस डिब्बे में बहुमत से विद्वान कहाए जाने के अधिकारी वे ही हैं।

पर गाँव के विद्वान जैसे आठवीं करने पर बन जाते हैं, वैसे ही डिब्बे के विद्वान छः आने की पत्रिका खरीदकर बन सकते हैं।

कई व्यक्तियों का साहित्य से सम्बन्ध सिर्फ यात्रा के समय हो आता है, बाकी वाचनालय में जाकर पढ़ना दूभर होता है।

भारतवर्ष जैसे करोड़ों के देश की एक बड़ी विशेषता यह भी है कि यहाँ दो हजार पुस्तकों का संस्करण बिक जाने पर भारी प्रसन्नता व्यक्त की जाती है।

लेखक सदैव इसी भ्रम में रहता है कि वह जनता में खरीदा गया जबकि वह अधिक कमीशन देने पर, अधिक रियायतें देने पर बुकसेलर द्वारा बिकना स्वीकृत हुआ था और वाचनालयों ने उसे खरीदा था।

वाचनालय में जनता ने उसे पढ़ा या नहीं और क्या प्रतिक्रिया रही, यह उसे पता नहीं लगता।

भारतवर्ष में साहित्य के कई विभाग किए जा सकते हैं। जैसे–भेंट करने योग्य साहित्य : गांधीजी की बड़ी भारी जीवनी। वाचनालय के खरीद योग्य साहित्य, जैसे–राहुल सांकृत्यायन की पुस्तकें। कोर्स साहित्य, जैसे–कामायनी और गद्य की रूपरेखा। पूजा साहित्य, जैसे–रामायण, भागवत आदि।

साहित्य पाठ्य-सामग्री में से ऐसे सब निकाल देने के बाद जो बचता है, उसमें से कुछ उपन्यास आते हैं जिसे माँगकर पढ़ा जाता है और कुछ कहानी साहित्य है, जो खरीदकर पढ़ा जाता है।

पुस्तकों के मामले में किसी को उधार पढ़ने को देना और किसी को दान का देना एक ही अर्थ है क्योंकि परिणाम वही होता है कि गई चीज वापस नहीं आती।

गई हुई किताब, गुमे रुपए, उड़े फाउंटेन भागी बीवी की तरह की चीज है, जो गई सो गई।

मेरी काफी ऐसी पुस्तकें हैं जो मेरे खरीदने के बाद से मेरे मित्र ही पढ़ रहे हैं और मिलने की कोई सम्भावना नहीं।

इसी प्रकार मुझे अनेक प्रकार के विद्वान भी देखने में आए हैं।

जैसे कुछ, जिन्हें कभी पुराने याद हो गए चन्द कोटेशन व साहित्य सम्बन्धी बातें पता है और वे ही वह दुहराया करते हैं। वे, जो पुस्तकों के शीर्षकों और लेखकों के नाम से इतने अधिक परिचित हैं और बातचीत में इतने उल्लेख करते रहते हैं कि बड़े-बड़े अध्ययनशील हैरान हो जाएँ।

एक अंग्रेजी साहित्य के ऐसे विद्वान से भी परिचित हूँ जो अंग्रेजी खेल देखकर ही अपना काम बिना पढ़े चलाए जाते हैं। शेक्सपियर के नाटकों पर बने सभी खेलों को देख वे शेक्सपियर पर ऐसी बातचीत करते हैं, जैसे सभी नाटक पढ़ चुके हैं! ऐसा ही अध्ययन उनका बर्नार्ड शॉ और एच.जी. वेल्स पर भी है।

भारतवर्ष में सबसे अधिक लगन से पढ़नेवाले पाठकों से भी मेरा परिचय है। ये फुटपाथ की दुकानों से पतली-पतली पुस्तकें जिनकी कीमत पाँच-पाँच रुपए होती है, किराए से पढ़ने ले जाते हैं।

ये सभी अश्लील साहित्य के पाठक हैं। मैंने भी दुर्भाग्य से एक ऐसी पुस्तक देखी है जिसमें न लेखक और न प्रकाशक का पता था।

इसकी अश्लीलता जिन्दगी की वास्तविकता से अधिक बढ़कर होती है। और सरकार द्वारा स्थापित सूचना विभाग के प्रकाशन तो भाड़ में जाते हैं, जनता वही पढ़ती है।

सरकारी प्रकाशन सबसे कम सीधे रूप से पढ़े जाते हैं। यों अखबार के जरिए पढ़े जाएँ, वह बात दूसरी है।

इसी कारण अभी जब राज्य-पुनर्गठन-आयोग की रिपोर्ट प्रकाशित हुई तो प्रधानमंत्री नेहरू को रेडियो पर आकर प्रार्थना करनी पड़ी कि जनता इसे पूरी पढ़े, विचार करे, फिर राय दे।

क्योंकि उन्हें पता है कि अपने देश की जनता बिना पढ़े ही विचार व्यक्त करती है, बल्कि जोश खा जाती है।

परीक्षा

ज्ञान और परीक्षा का क्या वास्तव में बहुत करीब का सम्बन्ध है?

कुछ विद्वानों का मत है कि ज्ञान और परीक्षा दोनों अलग-अलग नहीं सोचा जा सकता। परीक्षा ज्ञान का परिचय देती है।

कुछ विद्वान जिन्हें डिग्रियाँ प्राप्त करने का अनुभव है, वे इसे अस्वीकार करते हैं। ज्ञान ज्ञान है और परीक्षा परीक्षा है।

शिक्षा के इतिहास में उदाहरण हैं कि कई मूर्खों को बड़ी डिग्रियाँ मिली हैं। जीवन के अनुभव साक्षी हैं कि ज्ञान था, पर परीक्षा में असफल रहे।

ज्ञान के साथ समय का प्रश्न आता है। किसी विशेष परिस्थिति में व्यक्ति विशेष ज्ञानी हो जाया करता है।

परीक्षा की स्थिति सदा नहीं रहती। अतः ज्ञान में सफल होने के साधनों से परीक्षा के साधनों में वैभिन्न्य है।

इम्पोर्टेंट और पर्चे आउट करने की कला का महत्त्व बहुत है। जब शिक्षक ने कक्षा से कहा कि अब आपकी परीक्षाएँ पास आ गई हैं, पेपर प्रेस में गए हैं। आपको कुछ प्रश्न पूछना हो तो पूछ लें।

कुछ देर चुप्पी रहने के बाद एक ने प्रश्न पूछा, 'पर्चे कौन-से प्रेस में गए हैं?'

पर्चे प्रयत्न करने पर आउट हो सकते हैं। केवल लगन और साहस की आवश्यकता है।

यदि वे न हो सकते हों तो परीक्षा में कागज ले जाए जाते हैं। जिस तरह पहली बार मंच पर आने पर जो घबराहट वक्ता या अभिनेता में पाई जाती है, वैसी ही घबराहट कागज ले जाने पर शुरू में होती है।

सफेद पाजामों और कमीजों पर, सफेद साड़ियों पर उत्तर लिख ले जाने के उदाहरण देखे गए हैं। इस विषय में लड़कियाँ लड़कों की अपेक्षा अधिक सफल होती हैं।

पहली बात तो लड़कियों पर शक नहीं किया जाता। इन्वेजीलेटर लड़की के पास ज्यादा देर 'उबा' नहीं रह सकता। फिर लड़कियों के पास कागज छुपाने के इतने पवित्र और सुन्दर स्थान हैं जो सदैव से आँखों की जिज्ञासा और काव्य के विषय रहे हैं।

अभी क्रीमरोल तरीके का परिचय मिला। परीक्षा भवन में साहबजादे के लिए चाय और क्रीमरोल आई। क्रीमरोल में उत्तर रखा था।

यह बड़ी भारी कला है। युद्ध के दिनों में कीमती कागज एक स्थान से दूसरे स्थान पर पहुँचाने के तरीकों का बड़ा महत्त्व रहता है। परीक्षा में जासूसी और भेदिया तरीकों का परिचय देनेवाले विद्यार्थियों को सम्मान का पात्र क्या नहीं माना जाएगा?

दस के नोट पर लिखा हुआ उत्तर मैंने भेजा है। एक परीक्षा में पड़ोसी को न बताने पर बाहर निकलने पर बुरी तरह से पीटा गया हूँ।

कभी-कभी शिक्षकों का भी सहयोग मिला है, जो मेरी विद्वत्तापूर्ण जीवन में स्मरणीय है।

यदि यह सब सम्भव न हो सके तो अन्तिम मार्ग है प्रजातन्त्र।

आखिर परीक्षा विद्यार्थियों की होती है। प्रोफेसरों की नहीं। कई बार प्रश्न-पत्र ऐसे आते हैं जो कि परीक्षक के ज्ञान के परिचायक अधिक होते हैं।

ऐसे समय सर्वश्रेष्ठ मार्ग एकता का मार्ग है। एक लकड़ी को तोड़ सकते हैं, परन्तु पूरे बंडल को नहीं तोड़ सकते हैं।

परीक्षा-भवन के बाहर आ जाइए। जहाँ आप जैसे ज्ञानियों की इज्जत खत्म हो रही है, हँसी उड़ रही है, वहाँ तनिक न ठहरें।

हेडमास्टर या प्रिंसिपल से मिलिए। नारे लगाइए। भविष्य को अपने संघर्षों से इस प्रकार ढाल दीजिए कि वे ही प्रश्न पूछे जाएँ जो आपको आते हैं। विद्यार्थियों द्वारा स्वीकृत प्रश्नपत्र ही योग्य हैं। परीक्षा तभी देनी चाहिए।

उसके बाद पता लगाइए, पर्चे कौन जाँचेगा।

असांस्कृतिक मैत्री

जब शान्ति की बात की जाती है तो दो देशों में सांस्कृतिक आदान-प्रदान की बात छिड़ जाती है।

सांस्कृतिक आदान-प्रदान से अर्थ होता है कि एका-दो किताबें अनुवाद करवा दीं। एक संगीत-नृत्य मंडली इधर की उधर हो गई और कुछ फिल्मों की पेटियाँ भेज दी गईं और किसी विद्वान ने बैठकर प्राचीन काल में जो दो देशों के सम्बन्ध थे, उन पर लेख लिख दिये।

रूस-भारत के मामले में भी खोजा यही गया है कि आफानासी निकितन कैसे भटका, और वोल्गा के तट पर भारतीय व्यापारियों की बस्ती थी। रवीन्द्रनाथ का साहित्य रूस की जनता बड़े चाव से पढ़ती है और प्रेमचन्द आदि के लिए वहाँ गहरा सम्मान है। तुलसीदास का भी रूस में अनुवाद हो चुका। और बड़ी ही सफाई से अनुवाद हुआ।

अनुवाद में प्रायः बड़ी अजीब गड़बड़ हो जाती है। उर्दू-हिन्दी सांस्कृतिक आदान-प्रदान के चक्कर में एक साहब ने रामायण उर्दू में की और उदाहरण देखिए कि जब ग्राम जंगल के वासी राम-लक्ष्मण-सीता को पैर-पैर वन जाते देखते हैं तो पूछते हैं :

'कड़ी है जमीन बड़ी, कोमल है पाँव। बताओ जरा मियाँजी, क्यों छोड़ा गाँव?'

फिर भी अनुवाद होते हैं और जनता उसे बड़े चाव से पढ़ती है।

पर जनाब जनता समझती नहीं—यानी बड़ी साधारण जनता जो निम्मी की आँखें और वैजयन्ती माला की लचक देखने के लिए हाथ में पाँच आने ले क्यू में धक्का-मुक्की करती है, और स्क्रीन पर ताँबे के पैसे फेंकती है।

वह जनता जो उत्तरी भारत की सन्त परम्परा और प्रयोगवादी कविता न पढ़ फुटपाथ पर लगी दुकान से सिंहासन बत्तीसी, किस्सा साढ़े तीन यार, लैला-मजनू और तोता-मैना खरीद बड़े चाव से रात-दिन आँखें गड़ा पढ़ती है।

इसी को जनता कहते हैं।

यदि रूस-हिन्द के एक जन-स्तर पर भावना की मैत्री आधार खोजे जाएँ तो हमें इसी वर्ग में मिलेंगे।

हिन्दुस्तान में 'आवारा' चला और रात-दिन सुराहियाँ और फटे बाँसों की आत्मा ने गाया—'आवारा हूँ...गर्दिश में'! और सबने अपनी काली पैंटों को नीचे से मोड़कर ऊपर कर लिया।

अन्तर्राष्ट्रीय संस्कृति के अन्तरावलम्बन पर विचार करते हुए विद्वानों ने इसे घृणा से देखा और ध्यान नहीं दिया। यह सब असांस्कृतिक था।

पर जब 'आवारा' रूस में गया और सारी जनता राज-नरगिस पर पागल हुई तब हमें पता लगा कि दोनों देश की जनता एक जमाने की है।

नेहरू के रूस हो आने के बाद एक और साधारण जन-स्तर के स्नेह सम्बन्धों की बात घोषित हुई है और वह यह कि 'तोता-मैना' का रूसी भाषा में अनुवाद हो रहा है।

यह भारत की फुटपाथ की दुकानों से खरीद करने वालों और रूस की ऊँची दुकानों से खरीद करनेवालों में भावना का साम्य है।

अब यह वृद्ध अनुभवी भारत रूस को कहानी सुनाएगा। मैना बोली कि हे तोता! तू ध्यान देकर सुन। मुल्क हिन्दुस्तान में एक बड़ा नामी शहर दिल्ली है। उसमें एक शाही घराने का मुसलमान रहता था। उसका एक लड़का नौजवान और सुरूपवान था जिसका नाम अहमद अली था...वगैरा-वगैरा।

रूस और भारत का यह असांस्कृतिक अन्तरावलम्बन ही सम्मान की चीज है और बाकी सब तो सरकारी काम हैं।

सर्वप्रिय पंक्ति

कई दिनों तक मैं यह नहीं समझ पाया और अभी भी काफी नासमझ इसी बात पर हूँ कि आखिर 'शाश्वत साहित्य' क्या होता है?

मैंने सोचा कि अगर यह 'शाश्वत' शब्द का अर्थ और इसकी कला ठीक से समझ आ जाए तो एकाध 'शाश्वत परिक्रमा' लिख डालूँ जो सदैव पढ़ी जाए और कोट की जाए।

मगर ऐसा हुआ नहीं।

कई बार मैंने ऐसी 'परिक्रमा' भी लिखने का प्रयत्न किया जो सबको पसन्द आ जाए। प्रत्येक प्रकार की विचारधारा तथा आचारधारा का आदमी उसे पसन्द करे और सिर पर उठा ले।

मगर काफी व्यक्तियों के पसन्द करने के बावजूद कई व्यक्ति ऐसे मिल गए जो उसे देख प्रसन्न नहीं हुए बल्कि नाक-भौं सिकोड़ने लगे।

सोचता हूँ, साहित्य में क्या एक भी चीज ऐसी है जिसे सभी व्यक्ति सब समयों में पसन्द करें?

इसी उद्देश्य से मैं काफी ऐसा साहित्य खोज चुका हूँ जिसमें मुझे ऐसी कोई पंक्ति मिले जिसे जब पढ़ूँ तब हृदय खिल जाए, आँखें चमक जाएँ। पर ऐसी कोई पंक्ति, या रचना या पुस्तक नहीं मिली।

रामायण पढ़ी, बार-बार पढ़ी पर बाद में हृदय भर गया। उसमें नवीनता नहीं लगने लगी।

फिर रामायण ऐसी चीज तो है नहीं जिसे सभी पसन्द करते हों। कई लोग उसे पसन्द नहीं करते। बल्कि कई तो रामायण पर प्रतिवर्ष—तुलसी जयन्ती पर—भाषण देनेवालों ने भी रामायण नहीं पढ़ी है।

मैंने सोचा, सिर्फ हिन्दी का क्या ठेका है, किसी भी भाषा में ऐसी पंक्ति मिल जाए।

विदेश की भी कई प्रसिद्ध किताबों को छाना पर कोई ऐसी पंक्ति भी नजर नहीं आई जिसे सदैव ही अपने कलेजे से लगा रखें, जैसे—बँदरिया अपने बच्चे को चिपकाए रखती है।

फिर अच्छी प्रिय लगनेवाली पंक्ति की भी सीमा होती है। यदि वही कई स्थानों पर दिखी तो हम उसे क्या पसन्द करेंगे?

यदि एक ही रचना की पचास या हजार प्रतियाँ हमारे पास हुईं तो हमें उन्हें देखकर कोई प्रसन्नता नहीं होगी। वही बात जो एक प्रति में लिखी है, वही सभी प्रतियों में लिखी है, अतः आप यह कभी नहीं चाहेंगे कि सभी प्रतियाँ आप अपने यहाँ रख लें और रखना पड़ा तो प्रसन्नता नहीं होगी।

ऐसी पंक्ति मुझे कोई भी नहीं मिली सिवाय...

एक दिन ऐसे ही बैठा हुआ था तो जाने कैसे अन्दाज आया कि यह सबसे बड़ी कविता, सबसे प्रिय पंक्ति, सबसे बड़ा आकर्षण जिसे जितनी प्रतियों में देखो तो मन नहीं अघाए; जिसे जितनी बार पढ़ो, अच्छा लगे; जिसे जब देखो, अपनी आँखों में चमक आ जाए—मेरे पास ही है।

साधारण-सी पंक्ति है। आपके पास भी होगी और आप सब चीजों, सारे साहित्य से उसे बड़ी भी समझते होंगे।

सोचिए, क्या है?

खैर, बता देता हूँ। वह सर्वप्रिय पंक्ति है, जिसे सदैव हम पसन्द करते हैं, सभी प्रतियों में—सबसे बड़ी कविता : 'आई प्रॉमिस टु पे दि बियरर ऑन डिमांड दि सम ऑफ—रुपीज एट एनी ऑफिस ऑफ इश्यू।'

मेहँदी

नगरसेविका के हाथों में लाली आ रही है, यों चाहे मेहँदी प्रतियोगिता में बैठनेवाले दूसरे हों, पर आप जानते हैं कि बाँटकर देनेवाले के भी हाथ लाल हो ही जाते हैं। सो इस सूझ-बूझ के लिए बधाई।

'साहिर' लुधियानवी ने बड़े जोश में कहा है कि 'हमने हर दौरे में मेहनत के सितम झेले हैं, हमने हर दौर के हाथों को हिना बख्शी है'–क्योंकि मेहँदी हमारी संस्कृति के सुन्दर बढ़कर मलनेवाले हाथों में हमेशा लगी है।

अब वह पुराना गुलामी का दौर तो गुजर गया और नया दौर आया है। मेहनत की परेशानियों के बाद अब धीरे-धीरे हमारे राष्ट्रीय त्योहारों में सांस्कृतिक पक्ष उभरेगा। रंग लाती है हिना पत्थर पर पिस जाने के बाद।

वे पुरानी मुस्कुराहटें वापस देश में आनी हैं तो केवल खूबसूरत पुल, शर्मीली सड़कें ही नहीं, पर मुस्कुराते हुए चेहरे और मेहँदी के हाथों की फिर से जरूरत है। भावमूर जलन्धरी ने 'गु जया' को नहीं, सारे देश को कहा था कि 'तुम अपनी शोखियाँ वापस बुलाओ, धुली मेहँदी को तलुओं में रचाओ।'

मालवा की हर नगरसेविका को यह त्योहार हमेशा दुहराते रहना चाहिए, क्योंकि नए दौर में इसके रंग हलके पड़ रहे हैं। वह समय जा रहा है जब एक मेहँदी की झाड़ी पर सौ सुन्दरियों की नजर गड़ी रहती थी। मालवे के गीत में बहू गाती है–'मेंदी में बोई हो राज, छोटो देवर लाइयों ऊ मेंदी को रखवाल रे।'

मेहँदी के पत्तों के साथ आस फूलती थी। गीत है कि 'ओ मेहँदी, अच्छी खुलना, मेरे साजन आनेवाले हैं।'

अब वैसी स्थिति नहीं रही कि 'मेंदी लगई पाणी चली–सामने मिल ग्या साथबा।'

पर जहाँ मेहँदी नहीं है, वहाँ महावर पैरों में लगता है–और प्रेम उसे देखकर भी उपजता है कि–'इन सात रंगों के महावर से रँगे महताब मेरी गोद में।'

पर मालवे की झोली में मेहँदी है, इससे कौन इनकार कर सकता है! बहुत समय से मालवे की सुन्दर स्त्रियाँ ब्याह कर गुजरात जाती रही हैं और सहेलियों के गीत में मेहँदी एक प्रतीक बन गई। धीरे-धीरे यह गीत उठता है कि 'मेंदी रंग लागी' और

मालवा पर व्यंग्य किया जाता है कि 'मेंदी तो वाई मालवे, तेनो रंग गयो गुजरात रे–मेंदी रंग लागी।'

इसी मेहँदी ने हमारी पद्मिनी, हमारी नूरजहाँ, हमारे देश की बेटियों को सुहाग दिया। हाथों की कोमलता और लाली रूप की पहचान बन गई–'हाथ में मेहँदी रची है, बर में चौथी का लिबास–आ रही हैं जिस्म से शादी के फूलों की शमीम।'

मेहँदी की रात को जागती आँखें जिन चाँद-तारों के सपने बुनती हैं, उसे नगरपालिका ने महसूस किया, यह कितनी अच्छी बात है!

नजाकत के युग में रोकनेवाले भी आए और कहने लगे कि 'मत हिना तलवे में मल तू ए खुदा के वास्ते, खून के नाले बहेंगे दर जमीं हो जाएगी।'

पर ऐसी बात कि बिहारी की नायिका को महावर लग रहा है और 'ऐडी मीडत जाए' केवल कहने की है–होती नहीं है। शृंगार तो बड़ा जरूरी है उनके पास जाने को और इस वजह से 'गोरे-गोरे हाथों में मेहँदी लगा के, नयनों में कजरा डाल के' वाला गाना ज्यादा ठीक व प्यारा लगता है।

मेहँदी रचना भी कविता रचने, चित्र बनाने सरीखा है और होता यह है कि मेहँदी रचने पर ही रचना लिखनी पड़ी है। फिर भी मेहँदी रचनेवाली को यह नहीं रुचता और उसे कहना पड़ता है–'मेंदी भरियो बाटको, लिख-लिख माँडू हाथ। लिखनो-पढ़नो छोड़ दो, निरखो गोरी का हाथ।'

मैं कैसे निरखूँ हाथ? ब्रह्मपुत्र हूँ। मेहँदी प्रतियोगिता का राज तो नहीं हूँ।

मक्खी मारना

उत्तर प्रदेश के समाचार हैं कि काशी-निवासी जनता के प्रतिनिधियों ने निर्णय कर लिया है, वे काशी को मक्षिकाविहीन कर देंगे। निर्णय स्वागतयोग्य है। पर कुछ निष्कर्ष निकलते हैं इस निर्णय से।

सबसे पहला निष्कर्ष है कि काशी के पार्षद में साहस का उदय हुआ है। अब तो जो काम वे करते थे और जिससे सार्वजनिक रूप से इनकार करते थे, वही अब खुलेआम हो–काशी की नगरसेविका मक्खियाँ मारेगी।

साहस स्वागतयोग्य होता, खास कर जब मक्खी मारने का प्रश्न हो। अतएव ब्रह्मपुत्र की बधाई।

पर मक्खी मारना उतना आसान नहीं। यह भी एक कला है। इस फन के उस्ताद हैं वे, जो सचिवालयों में दरवाजे के पास बैठे अर्जदार और सरकार के बीच पड़ी चिलमन की रक्षा किया करते हैं। यदि काशी नगरसेविका अपने अभियान में सफल होना चाहती है तो 'मक्खी मारो' आन्दोलन का नेतृत्व इन्हीं को सौंपना चाहिए।

मध्यभारत उत्तर प्रदेश से उपकृत है। वहाँ के कई बुजुर्गों ने मध्यभारत शासन के अनेक महत्त्वपूर्ण पदों के भार उठाए हैं। इस कृतज्ञता के फलस्वरूप, मध्यभारत शासन को चाहिए कि यदि काशी नगरसेविका के कार्यालय में अनुभवी मक्खीमारों की कमी हो तो मोतीबँगले अथवा मोतीमहल की असुविधा को नजर अन्दाज कर हमारे 'एक्सपर्टों' को 'लेंट सर्विसेज' पर भेजें।

उक्त मक्खीमार आन्दोलन ने एक और बात स्पष्ट कर दी है। मक्खी मारना बड़ा महँगा शगल है। काशी नगरसेविका इस कार्य में चालीस हजार रुपया खर्च करने वाली है। इस विशाल औद्योगिक स्तर के साथ ही केवल हाथ से मक्खी मारने के गृहोद्योग को भी योजना में सम्मिलित किया गया है अथवा नहीं, अब तक स्पष्ट नहीं किया गया है।

उक्त सर्वथा स्वागतयोग्य आन्दोलन के विरुद्ध, ज्ञात हुआ है, केवल एक ही आपत्ति उठाई गई है–आवाज उठानेवाले सम्भवतः हलवाई जमात के हैं।

इनका कथन है कि उक्त आन्दोलन का मिठाई व्यवसाय पर अनिष्ट प्रभाव पड़ेगा। पहले छटाँक भर मिठाई के साथ उतनी ही मक्खियाँ तौलकर आधा पाव

के पैसे आते थे। अब क्या होगा? सम्भवतः मिठाइयों का जायका भी उतना बढ़िया न रहेगा।

विरोधी पक्षों ने आवाज उठाई है कि उक्त आन्दोलन जनहित विरोधी है। उनकी दलील है कि कांग्रेसी लोग धीरे-धीरे जनता के विभिन्न मनोरंजनों को छीनते जा रहे हैं। किसी भी नगर को मक्खीविहीन कर देना उक्त नीति की पराकाष्ठा है।

पहले कुछ काम न होने पर नागरिक मक्खियाँ मारा करते थे। अब यह शगल भी कांग्रेसी छीन लिया चाहते हैं। कहते हैं कि मक्खियों से बीमारी फैलती है। अब बीमारी नहीं फैलेगी, लोगों की उम्र बढ़ेगी। फालतू वक्त भी अपेक्षाकृत अधिक रहा करेगा। पर काम के नाम मक्खी मारना तक न होगा। ऐसी लम्बी उम्र कौन भकुआ चाहता है!

भले ही सरकार सबको नौकरी न दे–पर मक्खी मारने से भी महरूम रखने की व्यवस्था तो सरासर अन्याय नहीं तो क्या है?

यदि यही नीति जारी रही तो अन्ततः जनता को केवल एक ही शगल बच रहेगा–मन मारना। क्योंकि झख मारना तो साहबों और सामिषभोजियों के लिए ही रिजर्व है।

संकेत

इधर 'परिक्रमा' नहीं लिखी, क्यों? किसी में उलझ गए थे? यादों में या वादों में? नहीं जी, ऐसी बात नहीं है। 'सुधि में संचित वह साँझ कि जब रतनारी प्यारी सारी में तुम प्राण मिली गुलमुहर तले' के सौभाग्य हमारे कहाँ!

मैं 'संकेत' पढ़ रहा था।

'अश्क' भी आदमी धुनी है। उसे अच्छा काम करने की धुन चढ़ती है। अब 'संकेत' प्रकाशित कर ही दिया न। 608 पृष्ठ का पोथा और सौ लेखकों-कवियों की बानगी। उपन्यास, नाटक, एकांकीज, कहानीज, कविताज, लघुकथाज आदि का संग्रह। अब आप बताइए, उसे पढ़ना छोड़ मैं 'परिक्रमा' लिखता?

नागार्जुन के उपन्यास की यथार्थ घटनाएँ, नरेश की नाटक-कला, जगदीश माथुर की पक्की लेखनी, सत्येन्द्र का आनन्द, अश्कजी का मूँछ लगाए उत्तरा का अभिनय करना, रामविलास की वैचारिकता, नामवरसिंह की समझी-सीखी चोट, सज्जाद जहीर के संस्मरण, यशपाल का प्रेरणास्रोत, शिवपूजन सहाय की स्केच-कला, कौशल्या अश्क द्वारा नरोत्तम बाबू का आँखोंदेखा हाल, राजेन्द्र यादव की कहानी 'जहाँ लक्ष्मी कैद है', फिर फणीश्वरनाथ रेणु के 'मैला आँचल' वाले नोट्स, अजित कुमार की डायरी, प्रभाकर माचवे का 'चक्कर' पर निबन्ध–आप क्या, कोई भी मुझे 'परिक्रमा' लिखने पर मजबूर नहीं कर सकता।

निराला का गीत–'छाँह न छोड़ी, तेरे पथ से उसने आस न तोड़ी', केदार के कुछ सजीव टुकड़े बड़े प्रिय लगे। गिरिजाकुमार की 'दियाधरी' जो न पढ़े, उसकी कविता की पढ़ाई बेकार है। मालवा की उत्तरी सीमा के गाँव का इतना प्राणवान कलामय चित्र, जिसमें मेरी मिट्टी की गन्ध मुझे आती है :

चोटी ऊपर दिया चमकता माथे कुन्दन बोर सा
नीली रात चँदोवे वाली पंख गिरा जो मोर का।
सोंधी मिट्टी मीठा गेहूँ, बूध ससोला ज्वार में
धूप निकलती है कपास की, हिरन कजलते क्वाँर में।

भवानी मिश्र की 'मामूली लोग' की सहज सरगम–'माघ में काम, पूस में काम, चीन में काम, रूस में काम। काम धरती पर...!'

अज्ञेय की 'सत्य तो बहुत मिले' की बात भी पढ़ी, और भी पढ़ा और पढ़ता रहा। इधर कोटलेवाला ओटलेवाला हो गया, सोमवार धीरे से आँख मूँदकर निकल गया। मेरे पास तो 'संकेत' था पन्द्रह रुपए वाला, मोटा 'संकेत' पढ़ रहा था और अपनी भाषा की गतियाँ परख रहा था।

कुछ दिनों पहले 'निकष' निकला था जिसमें धर्मवीर भारती और उसकी जमात के लोगों ने हिन्दी की प्रवृत्तियों का बड़ा संकीर्ण और छिछला खाका प्रस्तुत कर अपना झंडा गाड़ने की कोशिश की थी—सो साफ जाहिर है कि बेकार रही।

'संकेत' जरा दूसरी भाँति का है। इसमें हिन्दी के बड़े सभी पहलुओं को प्रस्तुत करने की चेष्टा की गई है, यों इसके अलावा भी कई अच्छे कलाकार बचे हैं जिनका हिन्दी का नया चित्र बनाने में बड़ा हाथ है, पर वे इसमें नहीं आए।

फिर भी यह एक ऐसी चीज है जो हिन्दी में हर बरस छः माह में अपेक्षित है। यह बड़ी माइलस्टोन सरीखी मानी जा सकती है—'यों दुनिया फानी है।'

अश्क आदमी धुनी है। कमलेश्वर के साथ प्रूफ देखना, पत्र भेजना, डिजाइन देखना, लिखना, सुधारना, सँवारना और साथ में गाना—'मिश्री दी डली, ओ डली, तूने—यह सब जिन्दगी है, व्यस्त जिन्दगी...' उधर एकेडेमियाँ, साहित्य की संस्थाएँ सब योजना बनाती रहीं और इधर नीलाभ ने 'संकेत' निकाल दिया।

कृपया न पढ़ें

सत्यप्रिय मित्र ने प्रयोग मारा है कि–

'अगर कहीं मैं तोता होता
तो क्या होता? तो क्या होता?
तोता होता।
[आह्लाद से झूमकर]
तो तो तो तो ता ता ता ता
[निश्चय के स्वर में]
होता होता होता होता!'

यदि मैं कभी तोता होता तो यह अखबार में लिखने के लिए कलम न उठाना पड़ता और आराम से 'सुखी परेवा जगत में एको तुमहीं विहंग' बनकर डोलता रहता।

जैसे मैं कुछ भी नहीं लिख सकने की हालत में हूँ! मेरी कलम और मेरा दिमाग 'परिक्रमा' खा रहा है और डर है कि कहीं मैं खुद 'परिक्रमा' खाकर न गिर पड़ूँ!

अतः मेरा यह निवेदन है कि आज आप 'परिक्रमा' न पढ़ें।

पढ़ेंगे क्या खाक, जब आज मेरे सामने कोई विषय ही नहीं है और विषय तो फिर पैदा किया जा सकता है, परन्तु आज मैं लिख तो बिलकुल ही नहीं सकता।

आप 'परिक्रमा' बराबर पढ़ते हैं और एक बार आप न पढ़ें, उसे छोड़ दें तो मैं समझता हूँ कि उसमें कोई भी हरकत नहीं हो सकती।

मैं 'परिक्रमा' बराबर लिखता हूँ और एक बार अगर मैं न लिखूँ, जबकि बेगार नहीं टाल रहा, परन्तु वाकई में लिख सकने की स्थिति में नहीं हूँ तो बताइए, आखिर ऐसा क्या नुकसान उसमें है?

आज आप बजाय 'परिक्रमा' पढ़ने के और कुछ पढ़ डालिए। देखिए, इस अपार-अपरम्पार संसार में कितना साहित्य है और आपकी समझ में फेर न हो तो कई बड़े अच्छे लेखक हैं।

अभी-अभी शरद पूनो गुजर गई। आप इन दिनों चाँद के विषय में कुछ पढ़ डालें। चाँद पर इतना लिखा गया है कि यह 'परिक्रमा' का तो विषय नहीं हो सकता, एक अलग किताब का विषय हो सकता है।

यदि आप कोई दूसरी कहानी पढ़ डालें तो भी कोई नुकसान नहीं है, बड़ा आनन्द ही आएगा।

मैं यह इसलिए कह रहा हूँ कि आज मेरे पास कुछ भी लिखने को नहीं है। आप सोचोगे, इसका दिवाला मानसिक रूप से शायद आउट हो गया है। शायद सच भी हो; पर आज न लिख पाने की वजह तो यही है।

इस कारण मैं क्षमा चाहता हूँ। कृपया आज 'परिक्रमा' न पढ़ें, क्योंकि आज मैं किसी भी विषय पर कुछ नहीं लिख सकूँगा।

यह बात नहीं है कि शरद पूनो की चाँदनी रात को मैंने श्री कुमार गन्धर्व का गीत सुन लिया, अबादास की मृदंग सुन ली और बंडू भैया की पेटी सुन ली तो मेरी कलम शरमा गई; कि अगर ऐसी साधना न कर पाएँ और लिखकर लोगों के सामने रखें, यह अच्छा नहीं है।

ऐसी बात नहीं है। मैं जरा बेशरम हूँ। मुझे जरा भी शरम नहीं है। मेरे पास लिखने को नहीं हो, न स्थिति हो, न काबिलियत हो तो भी लिख डालता हूँ।

पर आज जरा मजबूर हूँ। कृपया आप आज 'परिक्रमा' न पढ़ें।

आप पढ़ ही गए न! लेखक की तरह पाठक भी बेशरम निकला जबकि मैं शुरू में कह चुका हूँ कि कृपया आज न पढ़ें।

1954 का शान्ति-पुरस्कार

इंग्लैंड के उपनिवेश-सचिव श्री ऑलिवर लिटिलटन को सम्भवतः 1954 में शान्ति-पुरस्कार प्राप्त हो जाएगा।

युद्धहीन समय के इतिहास में आपका नाम बिच्छू की तरह डंक मारता नजर आ रहा है। विश्व-शान्ति के लिए और न्याय-व्यवस्था स्थापित करने के लिए ऑलिवरजी ने जो अभी प्रयत्न किए हैं, उससे शान्ति-पुरस्कार के लिए रह-रहकर आपका नाम ही दिखाई आता है।

शान्ति-पुरस्कार 1953 में जॉर्ज मार्शल को प्राप्त हो गया। इसी कारण ऑलिवर लिटिलटन के विषय में ब्रह्मपुत्र भविष्यवाणी कर सकता है।

जॉर्ज मार्शल अमेरिका के रक्षामंत्री थे। आपकी मार्शल योजना यूरोप को एक जाल में बाँध रूस के खिलाफ संगठित कर देगी।

और रूस के खिलाफ संगठित होना विश्व में शान्ति स्थापित करने का सबसे बड़ा प्रयत्न है। अतः शान्ति-पुरस्कार केवल उसी व्यक्ति को प्राप्त हो सकता है जिसे युद्धों का अच्छा अनुभव हो और अपने राष्ट्र या साम्राज्य की रक्षा के लिए उसने प्रयत्न किए हों।

श्री ऑलिवर लिटिलटन में भी ये योग्यताएँ हैं। निम्नलिखित गुणों के कारण आपको यह पुरस्कार प्राप्त होना चाहिए :

'आप बड़े अच्छे जेलर हैं। आपने अंग्रेज साम्राज्य की रक्षा के लिए नील नदी से लेकर केप ऑफ गुड होप तक जेलखाना बना दिया है।

नोबेल पुरस्कार-प्राप्त मार्शल की तरह आप बड़े भारी योजनाकार हैं। मलाया का परमिटागटिंगी गाँव आपके उपकारों के बोझ से दबा जा रहा है। कम्यूनिस्ट गुरिल्लाओं को पकड़ने के लिए आपने सारे गाँवों को जलवा डाला है। मलाया के खेतों पर हवाई जहाजों द्वारा सोडियम ट्राइक्लोर एसिटेट की खाद डाल सारी फसल नष्ट कर दी ताकि शान्ति के दुश्मनों को छुपने का मौका न मिले।

आप अपने राष्ट्र की शान्ति-परम्पराओं पर अडिग हैं। इसी कारण आपने अपनी दीमक लगी फाइलों से सन् 1900 की सन्धि निकाल यूगांडा के केबेका को देश से निष्कासित कर दिया है।

आप अपने राष्ट्र के उद्योगों के लिए सतत चिन्तित हैं। गायना में शकर उद्योगों को धक्का लगने की सम्भावना में ही आपने जगन की सरकार को उखाड़ दिया।

आज विश्व संक्रान्ति के युग से गुजर रहा है। आप इस स्थिति को केनिया में वर्षभर पूर्व से ही घोषित कर चुके हैं तथा उस हालत को समाप्त करने के लिए आपके हावर्ड और लिंकन हवाई जहाजों ने पाँच सौ से हजार टन के बम भी डाले हैं। संक्रान्ति-काल से विश्व को बचाने के लिए आपका यह प्रयोग बड़े पैमाने पर भी किया जा सकता है।

आपका कार्यक्षेत्र दिन-पर-दिन बढ़ रहा है। माल्टा का मामला भी अब गृह विभाग को मिल गया है। विश्व-शान्ति को स्थापित करने के लिए, आशा है, अब आप माल्टा का भी उपयोग अवश्य करेंगे।'

पूत के लक्षण पालने में नजर आते हैं। और होनहार बिरवान के चिकने-चिकने पत्ते होते हैं। लिटलटन को शान्ति-पुरस्कार निश्चय ही मिलेगा। हाथ कंगन को आरसी क्या! ब्रिटिश संसदीय डेलीगेशन केनिया अध्ययन करने गया ही है। 'नाई नाई बाल कितने, सब सामने आएँगे।' लिटलटन की उपनिवेश-नीति सफल होने की उम्मीद है। और उम्मीदों पर दुनिया कायम है।

और लिटलटन को नहीं मिलेगा तो क्या जवाहरलाल नेहरू और जनरल थिमैया को शान्ति-पुरस्कार मिलेगा?

यह बात तो इतनी ही विचित्र है, जैसे कोई कहे कि नोबेल पुरस्कार बजाय चर्चिल के, ब्रह्मपुत्र को मिलना चाहिए था।

शान्ति-पुरस्कार देनेवाले ऐसे सन्त लोग हैं कि जो काँटे बोता है, उसी को फूल देते हैं।

विरोधी वास्तविकता

पढ़ा है कि 'यह कोई अर्थ नहीं रखता कि कौन किस राज्य का है। हम सब हिमालय से कन्याकुमारी तक रहनेवाले सभी एक ही कुटुम्ब के हैं।'

फिर पढ़ा कुटुम्ब के विषय में :

'कोर्ट ने इस्माइल हेला को अपनी पत्नी व पुत्र की हत्या करने के अपराध में मृत्युदंड की सजा सुना दी।'

इधर पढ़ा कि :

'नेहरू ने कहा कि जनता को बदलती दुनिया के साथ कदम मिलाकर चलना और प्रगतिशील विचारधारा के अनुरूप विचारना है।'

एक छोटी-सी खबर थी :

'एक नेपाली दुकानदार ने अपनी पत्नी को घायल कर खुद को छुरा मारकर खत्म कर लिया।'

दूसरी योजना के विषय में पढ़ा कि :

'125 भूमिहीन परिवारों को बसाया जाएगा। ग्रामीण जीवन के सुधार की अनेक योजनाएँ हैं। उनकी आर्थिक स्थिति मजबूत की जाएगी।'

फिर पढ़ा :

'बड़नगर में गुंडागर्दी बढ़ती जा रही है। पुलिस के सिपाही भी कुछ नहीं करते। हाट के दिन अक्सर किसानों की जेब कट जाती है।'

वित्तमंत्री ने कहा कि :

'जरूरी है कि निर्यात उद्योगों को बढ़ाया जाए। अन्य साधनों से विदेशी मुद्रा बचाई जाए या कमाई जाए।'

बम्बई के समाचार थे :

'बुलियन एक्सचेंज पर छापा मारकर साढ़े 17 मन वजन के सिक्के बरामद किए, जो तिब्बत से अवैधानिक रूप से लाए गए।'

अच्छी बात है कि :

'साँवेर तहसील के 35 गाँवों में भूदान से प्राप्त 16514 एकड़ जमीन भूमिहीन परिवारों को बाँट दी गई। यही भोपाल में भी अभी हुआ।'

भोपाल की ही खबर है कि :

'पुलिस इन्स्पेक्टर ने हुल्लभ मियाँ के महल पर छापा मारा और जुआ खेलने के आरोप में गिरफ्तारियाँ कीं।'

रोज ही अखबार हाथ में लेकर इस तरह की खबरें मजे से पढ़ जाया करता हूँ।

आप सोचते होंगे कि इन खबरों को लेकर मुझे आपसे कुछ कहना होगा। जी नहीं, मुझे कुछ नहीं कहना! कहने की कोई बात ही नहीं है। बस, ये तो खबरें हैं। एक ही धरती से आई एक ही युग की खबरें हैं।

खबरों पर कभी विचार किया जाता है क्या?

बड़ी हदों में वह केवल पढ़ी जाती हैं, उन पर विचार नहीं किया जाता है।

फिर विचार भी किया जाता है तो अपने हित की खबर पर ही विचार किया जाता है, अन्य पर नहीं।

या फिर एक ही प्रकार की खबरों पर विचार किया जाता है।

जी नहीं, ऐसा न करके इन सबको एक साथ जोड़कर सोचें और फिर जरा हालत का मीजान लगा लें और आप जो कह दिया करते हैं न कि देश का रूप बदल रहा है, नया जमाना है, तो सोच-समझकर बोलें।

अपने देश की हम प्रशंसा करते हैं तो खबरें सुनकर ही करते हैं न, तो यह जो खून, चोरी और बलात्कार की बातें होती हैं, ये भी खबरें ही हैं, वास्तविकता ही हैं। तब एक तरह की वास्तविकता की पूँछ पकड़कर आप क्या स्वप्न देखते हैं?

झाड़-पौधे

झाड़-पेड़ों का महत्त्व मुझे प्रायः साँझ के समय तोपखाने में सी.आई.एफ. के पास से जाते हुए अनुभव हो जाता है।

अब तो बरसात आएगी, पेड़ तले बैठने का धरती गीली होने के कारण धरम नहीं रहा। यों भी पेड़ हिलता है तो सभी जमा बूँदें बरसा देता है और इसी कारण पेड़ के प्रति गहरा मोह अब कम हो जाएगा। यों लगेगा, जैसे हम सावन के अन्धे हों! हरा ही हरा!

वन से बड़े लाभ हैं। लाभ बीहड़ों से भी बहुत हैं। मध्यभारत में तो एक बड़ा भारी तबका वन के सहारे ही कमा-खा रहा है। जाने कहाँ लूटकर गायब हो जाएगा, पता नहीं लगता।

उत्तरी मध्यभारत में मैं समझता हूँ, वन अधिक बढ़ना चाहिए। हमारे राष्ट्र की सम्पत्ति है। न्यूजीलैंड को देखो, काश्मीर को देखो।

वन यानी जंगल होता है, जो जंगलीपन का प्रतीक है। श्रीकृष्ण जब अनार्यों के खिलाफ हुए थे तब उन्होंने खांडव दाह किया था। खांडव वन जला दिया।

वन तो बहाना था, जलाना वे किसी और को चाहते थे। पहले यों वन में आग लगने पर उन्होंने बचाया भी बहुत लोगों को था।

श्रीकृष्ण को यह चिढ़ उनके राम अवतार के समय से थी। उन्हें वनवास मिला था।

भवानी मिश्र 'सतपुरा के घने जंगल ऊँघते अनमने जंगल' के गीत गाते हुए कहते हैं, 'धँसो, इनमें डर नहीं है, मौत का यह घर नहीं है।'

मौत का यह घर नहीं होता। घर होता है यह हाथियों और बन्दरों का।

हमारे देश में हाथी और बन्दर विदेश को भेंट देने के लिए अच्छी चीज है। नेहरूजी ने कई बन्दर विदेश के बच्चों और अजायब घर के लिए भेजे हैं।

बन्दर हमारे देश के कमाऊ पूत हैं। पहले देश का धन बढ़ाने के काम यात्री-व्यापारी करते थे और आजकल बन्दर करते हैं।

भारत से निकला आदमी फ्रांस के होटलों और अमेरिका में पैसे लुटाता है, जबकि बन्दर खाने के पैसे भी देश से न माँगकर भारत को धन देता है।

अभी-अभी एक मंत्री महोदय ने जोरदार वक्तव्य दिया कि बन्दरों की निकासी इसी शर्त पर प्रारम्भ हो सकती है, जब उनके साथ मानवोचित व्यवहार किया जाए।

बन्दरों के साथ मानवोचित व्यवहार की माँग हमारी भारतीय परम्परा के अनुकूल है। राम ने यह व्यवहार सारे जंगल में अपनाया था, रीछ और बन्दर व गिलहरी भी सहयोग को तैयार हो गए थे।

यदि राम वाली नीति-योजना हम अपनाते तो मानसिंह से लड़ाई लड़ने में बन्दर उपयोगी हो सकते थे।

यों जंगल बड़ी उपयोगी चीज है। उसे गाली देने से काम नहीं चलता, अन्यथा पिकनिक की व्यवस्था कहाँ करेंगे? कल-कल झरने और शेर की बात को तो एक तरफ छोड़ो।

वन महोत्सव के साथ शहर का कहाँ सम्बन्ध बैठता है, यह मुझे कभी समझ नहीं आता।

अतः वन के साथ एक उपवन महोत्सव की भी आवश्यकता है। उपवन के अभाव में बड़ी बेचैनी हो जाती है यानी शाम के समय–बरसात में नहीं।

फिर यह बात तो मुझे कभी समझ नहीं आती कि अगर यह काम उत्सव के रूप में न होकर एक आवश्यक काम की तरह सदैव ही होता रहे तो चार-पाँच साल में देश की इतनी बड़ी जरूरत पूरी नहीं हो सकती क्या?

बड़प्पन

आजकल जब पुरानी अच्छी पीढ़ी की संख्या कम हो रही है, तो नई पीढ़ी के सामने यह सवाल आ रहा है कि किस तरह जुगत जमाकर हम यह स्थान लें और ऐसी कुछ व्यवस्था हो कि इधर मरे नहीं कि उधर आधे झंडे झुक जाएँ।

इसलिए बड़े कैसे बनें, इस प्रश्न पर काफी दिमागपच्ची दरकार है और इस सम्बन्धी सभी पुराने फॉर्मूलों को समाज के सामने दोहराना बड़ा जरूरी है।

जैसे एक यही है कि आदमी अपने प्रयत्नों से बड़ा बनता है।

यह बात वाकई में सोचने और आजमाने काबिल है कि आप ही कोशिश करके बड़े बनिए, कोई दूसरा आपको बड़ा नहीं बनाएगा।

बड़ा क्या होता है–प्रचार के आचरण में एक पवित्र आत्मा होती है। दो ही बातें हैं! एक तो अपने को अच्छा रखो; दूसरे, अच्छा-खासा प्रचार करो।

अब इन दोनों में एक तीसरी बात जोड़ता हूँ, वह है–सामाजिक मजबूरी।

हाँ, तो आत्मा पवित्र होती ही है। यदि आप थोड़ा-सा खयाल रखें तो वह मैली नहीं होगी। थोड़ी मैली हो भी गई तो एकाएक पता नहीं चलता। पता आपको चले तो उसे व्यक्त न कीजिए और दूसरों को पता चल गया तो तब आपका सहारा आपका दूसरा प्रबल सद्गुण करेगा और वह है–प्रचार।

अब प्रचार का पहलू है। यहाँ इस मुद्दे की बात पर सोचिए कि बड़प्पन की कोशिशों में अपना काम आप ही को करना है। अपना काम दूसरे के भरोसे नहीं छोड़ें।

यहाँ आप खुद अपना प्रचार कीजिए।

अखबार जब सामने आता है तो जनसाधारण को यह पता नहीं लगता कि इसमें किस व्यक्ति ने खुद अपनी प्रचार व्यवस्था की है, और किसने नहीं की और हो गया।

जनता दोनों तरह के आदमी को बड़ा मानती है।

अब यह मानिए, अपनी बातों का प्रचार नहीं करना, इस युग में सबसे बड़ा पाप है। प्रचार क्यों नहीं करेगा? आप कोई चोरी कर रहे हैं, अथवा कोई षड्यन्त्र कर रहे हैं? नहीं, आप तो अच्छा काम कर रहे हैं तो फिर छुपाकर क्यों? प्रचार कीजिए।

अब दो बात रहीं–काम करें और उसका प्रचार करें।

काम तो दुनिया में सब करते हैं पर बड़े तो बहुत कम होते हैं।

काम दो तरह के होते हैं–खुद का काम और दूसरे का काम।

ऐसा माना जाता है कि अपना काम खुद करो तो बड़े बन सकते हो। पर यह गलत है।

अगर संसार में सब अपना काम करेंगे तो स्वार्थ बढ़ जाएगा। कोई दूसरे की नहीं सोचेगा। सब अपने में लगे रहेंगे। यह बुरी बात है।

फिर दूसरी बात यह है कि अपना करो न करो, मगर दूसरों का काम प्रचार सहित करो। यह फॉर्मूला इन कुछ दिनों से घिस गया है और लोग अपना काम करने आनेवालों के उद्‌देश्य से परिचित हो भड़कने लगे हैं।

निर्माण के युग में बड़े बनने का नया फॉर्मूला यह है कि दूसरों का काम दूसरों से ही करवाओ और प्रचार अपना करो।

खुद उनका काम करना बेकार बात है। उन्हें कहो कि वे स्वयं अपना काम करें।

इस तरह से ऐसा कुछ प्रयत्न कीजिए कि निर्माण की जो ऐतिहासिक गति है, उसमें एक बड़े क्षेत्र के प्रेरणा-केन्द्र आप माने जाएँ। काम जनता करे, सेहरा खुद बँधवाइए।

सालों बाद भोली जनता मान जाएगी कि जो हुआ सो आपके कारण हुआ। बस, आप बड़े बन जाएँगे।

बड़े आदमी आसमान से नहीं उतरते। आज कोई चाहे तो प्रयत्न करके बड़ा हो सकता है।

निष्पक्षता व तर्क

बड़े दिनों के इन्तजार के बाद कहीं शहर की जिन्दगी में ऐसा वक्त आता है, जब उदास बैठे लीडरों का व्यापार शुरू होता है।

पहले जब आसार नजर आते हैं तभी से उनकी आँखें चमकने लग जाती हैं। फिर चाहे वह उनका क्षेत्र न हो, वे उस चिनगारी को अपने वक्तव्यों की फूँक मारकर मामला जनता के सामने लाते हैं।

उस वक्त उनकी भिखारी आँखें लीडरी के लिए तरसती हैं और इन्तजार करती हैं कि कोई उन्हें पूछे।

जब मामला लाठियों के सामने आता है, हाथों के बाहर हो जाता है, तो वे चिल्लाते हैं, 'यह कम्यूनिस्ट कर रहे हैं, यह सम्प्रदायवादी कर रहे हैं।'

यह सदैव से रहा है कि पेशेवर नेता यही रहेंगे, और सम्प्रदायवादी व कम्यूनिस्ट राजनीति के मानो पेशेवर अपराधी हो गए।

फिर वे चीखते हैं, 'निष्पक्ष जाँच हो।'

आखिर निष्पक्षता का क्या मतलब होता है?

जिनके मन में पूर्वग्रह हैं, वे कभी निष्पक्षता की माँग करने के काबिल नहीं हैं।

क्योंकि निष्पक्षता को सही वे तभी मानेंगे जब कि दूसरा पक्ष अपना सिद्ध हो जाए। उनके मन में तटस्थ कभी नहीं रहता।

सबकी निष्पक्षता अलग-अलग होती है—पुलिस की निष्पक्षता, सम्प्रदायवादियों की निष्पक्षता, कांग्रेस के अलग खेमों की निष्पक्षता, जनता की निष्पक्षता, सम्बन्धित व्यक्तियों की निष्पक्षता।

हर एक की नजर में निष्पक्षता वही है जो कि उनके पक्ष में है।

वे ऐसी निष्पक्षता चाहते हैं, जिसमें उनकी लीडरी बनी रहे। इस कारण घायलों और लाशों के ढेर के पास वे कमेटियाँ बनाते हैं, फतवे देते हैं।

लाठियाँ चलते समय वे अपने खेमे में बैठे योजना बनाते हैं।

मैं जब इन सब बातों को सोचता हूँ, तो मुझे घृणा-सी आ जाती है।

परसों मैं एक अखबार की सम्पादकीय पढ़ रहा था। मुझे तरस आता है कि जिनको तर्क करने का सीधा तरीका पता नहीं, वे क्यों कलम छूकर अपवित्र करते हैं?

आपने खेद प्रकट किया था कि प्रजातन्त्र में दृष्टिकोण विशाल होना चाहिए। मानस विशाल होना चाहिए। अपनी नेतागीरी छोड़कर कन्धे से कन्धा भिड़ाकर लग जाना चाहिए।

आगे आपने कम्यूनिस्टों और सम्प्रदायवादियों को कांड का जिम्मेदार बताया।

तर्क था कि कम्यूनिस्ट जो आरोप लगने के बाद चुप रहे, वे 'मौन स्वीकृति' दे रहे हैं।

और सम्प्रदायवादी जो आरोपों का उत्तर दे रहे हैं, वे 'चोर की दाढ़ी में तिनके' वाली कहावत सही सिद्ध कर रहे हैं।

तर्कशास्त्र का पहला पाठ पढ़ा व्यक्ति इसे देखकर हँस देगा।

डायलेमा है कि यदि वे चुप हैं, तो मंजूर करते हैं; अगर बोलते हैं तो चोर हैं ही।

इससे ऐसा न समझें कि जो चुप हैं, वहाँ 'चोर की दाढ़ी में तिनके' का सवाल नहीं है व जो बोलते हैं, उनकी आरोप पर स्वीकृति नहीं है।

पर इस सम्पादकीय तर्क की क्या कहूँ?

विशाल दृष्टिकोण के पीछे ये बेडौल दिमाग व संकीर्णता प्रदर्शन की चीज है।

सच बात तो यह है कि इन दिमाग की हल्की-फुल्की बातों और रोजमर्रा के झगड़ों में मैं कभी दिलचस्पी नहीं लेता; और कभी मैंने ऐसी बेकार बातों के लिए दिमाग नहीं खपाया।

कलम चलाने का हकदार बनने के पहले कीचड़ उछालना मेरा पेशा नहीं रहा, न रहेगा।

मगर जब सोचता हूँ कि पत्रकारिता के साथ ईमानदारी को जीवित रखने के लिए अगर एक जंग छेड़ना पड़े, तो क्या हर्ज है?

जिन्दगी की खूबसूरत तसवीर को धुँधली बनानेवाली इस धूल को उड़ाना ही होगा।

बीती बिसार दे!

'अब कल की बात बना ले रे जो बीती बीत गई।' 1953 जो बीता, उसे बीतने दो और नई खुशी को, नए-नए 54 को आने दो।

53 जिसमें संसार के इतिहास की कई न भूली जानेवाली बातें हो चुकीं।

53 जिसमें स्टालिन की मृत्यु हुई; जिसमें एलिजाबेथ सिंहासन पर बैठी, जिसमें तेनसिंह हिमालय पर चढ़ा, जिसमें 'नई दुनिया' ने 'परिक्रमा' शुरू की।

53 जिसमें अमेरिकी मेकार्थीवाद उभरा, जिसमें पाक-अमेरिकी सन्धि हुई, आदि-आदि।

अब 54 आ गया। उसे परमेश्वर, ज्योतिषी तथा झूठ बोलनेवाले ही बता सकते हैं कि कैसा होगा।

इसलिए जो कुछ नया आ रहा है, उसका स्वागत करो, उसके गीत गाओ, उस पर भाषण दो।

52 में जो कार्य नहीं हो सका, उसे करने का हमने 53 भर प्रयत्न किया–आओ, उसे संगठित होकर 54 में करें।

जो कुछ न हो सका, उस पर दुखी न होओ। जो कुछ कर गुजरे हो, उस पर प्रसन्नता व्यक्त करो। अतः याद करो जो पिछला किया हो।

पिछले वर्ष की रिपोर्ट लिखो, नए वर्ष की कमेटियाँ बनाओ।

हमारे देश में यों पहली जनवरी मनाने की बड़ी आकर्षक प्रथा नहीं है। जनवरी से हमारा वर्ष नहीं होता, अंग्रेजों का होता है।

पर जतन करो कि इस जनता के जमाने में जन-जन की जनवरी जन्म ले। वह निर्जनवरी, दुर्जनवरी न हो, विसर्जनवरी न हो लेकिन जन जनवरी हो, सज्जनवरी हो, गर्जनवरी हो। पानमुखजनवरी हो।

हम विलायती नहीं हैं, नहीं तो बारह बजे रात हम अपने बन्द दरवाजे खोलते, नए वर्ष को आने देते, पुराने को जाने देते।

हम भारतीय हैं–अतः सेकंड शो देश जब आधी रात आएँगे, तब हमारे साथ नया वर्ष आ जाएगा और पुराना वर्ष निकल जाएगा।

हम फिलेडेल्फिया के नहीं हैं, नहीं तो वर्ष बदलने के क्षणों में बन्दूकों और पिस्तौलों से ध्वनियाँ करते और नए वर्ष को गुँजा देते।

हम भारतीय हैं–अतः नरम-नरम स्वर में पंत को गाएँ :

'निष्प्राण विगत युग। मृत विहंग। जग नीड शब्द ओ, श्वासहीन। च्युत, अस्त-व्यस्त पंखों से तुम झर झर अनन्त में हो विलीन।'

और पिछले वर्ष को बेटी की तरह बिदाई दें। नए साल का स्कूल से लौटे बेटे जैसा स्वागत करें।

एक द्वीप में ऐसी प्रथा है कि छोटे-छोटे बच्चे एक वृद्ध व्यक्ति का पुतला बनाकर उसे नगर में घुमाते हैं और फिर समुद्र के किनारे उसे ले जाकर गाड़ देते हैं। पुतला बीते वर्ष का प्रतीक होता।

नए वर्ष के मधुर आगमन पर आओ, पिछले कैलेंडर हटा दें व राशन कार्डों की टोली जला दें। नए आजाद गेहूँ को खरीदें।

नई कसमें खाएँ। नए वायदे करें। यदि उसे निभाने की श्रद्धा न हो तो कुछ झूठी कसमें खा लें, थोड़े झूठे वायदे करें।

जिनसे कर्ज लिया हो, उन्हें जाकर कहें कि हम शीघ्र चुका देंगे। चुकाना न चुकाना अपने हाथ है, पर नीयत बराबर साफ रखें।

बधाई मौखिक दान है। जितनी दे सकें, हम अवश्य दें।

ब्रह्मपुत्र की भी सबको बधाई।

जिनके बधाई-पत्र आए हैं, उनको धन्यवाद।

नए वर्ष की भेंटों के लिए भी धन्यवाद। ईश्वर आपका नया वर्ष मंगलदायी बनाए। आपके स्वास्थ्य उत्तम रहें। भोजन में अधिकाधिक विटामिन प्राप्त हों।

टेनिसन की कविता 'रिंग आउट बाइल्ड बेल्स' की तरह हमारा मन गूँजे।

रामदरश मिश्र की कविता के शब्दों में हम नए साल के विश्वास पर बधाई दें।

नया साल जिसमें मक्का महमहाए, गेहूँ गहगहाए, बजरा हरहराये, अलसी आँख मले, जौ में ज्वार आए। सुमन के शब्दों-सा तन में आग लगे और हृदय में प्यार आए।

शहद और रेती

बधाई पाकिस्तान के सूझबूझवाले अक्लमन्दों को, राजनीतिज्ञों को, अखबारवालों को–कि भारत के खिलाफ भड़कने का नया मौका मिल गया।

'भाखरा नांगल' के बनने से अब पाकिस्तान की धरती प्यासी रहेगी, यानी खतरा है। और पाकिस्तान को खतरा है तो इस्लाम को खतरा है।

इसी वजह से भारत के खिलाफ चीखना स्वाभाविक है।

प्रचार है कि वह जमीं जो शहद और दूध में डूबी रहती थी, रातोंरात रेगिस्तान बन रही है।

शहद और दूध अमेरिकी या पाकिस्तानी, इसका कोई उल्लेख नहीं।

नहर हमेशा से झगड़े की नाली रही है।

इतिहास बनता है कि डेन्यूब; नील वगैरह सभी नदियों की नहरों को लेकर झगड़ा हो चुका है।

जातक कथा में एक घटना दी है जब दो राजा नहर पानी का झगड़ा लेकर महात्मा बुद्ध के पास गए थे। बुद्ध ने उनके झगड़े सुलझा दिए ताकि पानी के पीछे खून न बहे।

नहरों पर ताजा झगड़ा फिर उठा है।

कुछ दिन पहले पाकिस्तान ने बहावलपुर के नहरी जल के मामले को लेकर विरोधी आवाजें जगाई थीं कि भारत ने पानी का उपयोग कर बाकी का पानी दिया है।

तब तो केवल गन्ना, टेरिया व चावल की फसल ही बिगड़ी थी मगर अब तो पाकिस्तान का दूध, मक्खन सब नष्ट हो गया।

तब तो नुकसान केवल मुलतान, मांटगुमरी व लाहौर को था, पर अब तो सारा पाकिस्तान सहारा रेगिस्तान हो रहा है।

पर उस दिन जब पत्रकारों ने मोहम्मद अली से पूछा कि 'जी, हमें आँकड़े बताइए। आँकड़े हम जानना चाहते हैं कि कितना नुकसान हो रहा है?'

तो सेक्रेटरी आँकड़े लेने दौड़े, मोहम्मद अली भी गए, मगर अफसोस, खाली हाथ आ गए।

आँकड़े नहीं थे। था तो केवल एक पत्र जो हिन्दुस्तान के हाई कमिश्नर ने दिया था व संसार बैंक के पत्र थे जिसमें पाकिस्तान के आरोप निराधार माने गए थे।

सचाई यह है कि सतलज से अभी पाकिस्तान अस्सी प्रतिशत और भारत बीस प्रतिशत लाभ लेता है।

बजाय इसके कि पाकिस्तान उस अस्सी प्रतिशत का उपयोग नहरों के जरिए करता, वह भारत को रोकना चाहता है।

पाकिस्तान का ध्यान नहरें बनाने की ओर कैसे हो सकता है? उसे तो खंदक खोदना है और हवाई-अड्डे तैयार करवाना है।

वे सब तो सतलज के पार आना चाहते हैं। मगर मर गए वो सीजर, जिसने रूबिकन पार की थी। अब तो कच्चे घड़े-से अरमान बीच नदी में फूटनेवाले हैं।

इधर लाहौर में फिल्म के प्रदर्शन पर नारेबाजी हो रही है। स्वर्णलता, जेड़ अहमद वगैरह एक्टर सड़कों पर प्रदर्शन कर रहे हैं कि भारत का खेल कैसे दिखाया जाता है!

इस सबके पीछे एक जाल है–अमरीकी जाल।

जब खाने-पीने की धरती अमेरिका को हवाई-जहाजों के लिए दी जा रही है और अमेरिका पाकिस्तान को जंग का सामान दे रहा है तो यह निश्चित है कि अमेरिका पीने के लिए पानी की बोतलें भी देगा; दूध भी देगा और शहद भी देगा।

सो रोज इस तरह से 'डान', 'करांची टाइम्स' और 'मॉर्निंग' का चीखना बेकार है।

पाकिस्तान को यह जानकर अफसोस तो होगा, मगर क्या करें? सचाई है कि हमारे यहाँ और भी कई जगह पानी को बाँधा जा रहा है; नहरें, बाँध बन रहे हैं।

निर्माण का हाथी जा रहा है, आपका बाजार है–मुँह और आदतें हैं–क्या किया जा सकता है!

आलोचना का नया कोण

पुराने से लेकर नए युग तक साहित्य के क्षेत्र में आलोचना के अनेक दृष्टिकोण ईजाद हुए हैं। पहले जैसे आदमी मारने के तरीके कुछ और थे और कालान्तर में आदमी मारने के तरीकों में नवीनता आ गई। ठीक उसी तरह से लेखक पर हमला करने के लिए भी अनेक तीर-नेजे-हथगोले खोजे गए।

प्राचीन भारतीय आलोचना-पद्धति में कई रूप थे, जैसे–सूत्रमयी सैद्धान्तिक आलोचना, जिसमें काव्य की आत्मा टटोली जाती थी और कवियों को सीख दी जाती थी। दूसरी व्याख्यात्मक पद्धति थी, जिसमें भाष्य टीका-टिप्पणी आदि होती थी।

इन सबमें खंडन व मंडन होता था आलोचक। लोगों को दोनों पैंतरे याद थे–खंडन पैंतरा और मंडन पैंतरा।

जमाना बदला। कलाकार नया साहित्य सिरजने लगे तो पच्छिम वालों ने नए शस्त्र आलोचना के भेजे। आलोचना-पद्धति के इतिहास में ये शस्त्र उतना ही महत्त्व रखते हैं जितना कि महत्त्व गन पाउडर या बारूद के ईजाद का युद्ध-प्रणाली के इतिहास में है।

इन्हें ऐतिहासिक, सामाजिक, मार्क्सवादी और मनोवैज्ञानिक आलोचना की पद्धति कहते हैं।

कुछ दिनों तक ये पद्धतियों में अपनी-अपनी पसन्द और रुचि की चुनकर हिन्दी में आलोचना चलने लगी पर जल्दी ही बाद में शस्त्रों का महत्त्व नहीं रहा, गुटों का महत्त्व हो गया। जैसे बनारसी, इलाहाबादी, निराला-विरोधी, पंतपक्षीय, जयशंकर टोली, प्रेमचन्द प्रभावित, आदि-आदि। इन टोलियों ने अपनी-अपनी मासिक पत्रिका पकड़ी और आलोचना की बाजी कई बरसों तक चलती रही और आज भी चलती है।

इस तरह से आलोचना में एक नए दृष्टिकोण ने जन्म लिया और वह है–पत्रिका दृष्टिकोण। अमुक पत्रिका में प्रकाशित सदैव लिखते रहनेवाले लेखक की प्रत्येक पुस्तक को आलोचना में सर्वश्रेष्ठ साहित्यिक किताब बताया जाता है।

यह क्यों अपने वाले का खयाल सब करते हैं? अपनी माँ को कौन डाकन कहेगा? जिस तरह नौकरी में अपनी जात के, रिश्ते के आदमी की सिफारिश की जाती है, वही भाव आलोचना साहित्य में है।

इधर चार-पाँच साल से आलोचना का नया दृष्टिकोण सामने आया है। एकाएक देखने से इस दृष्टिकोण का पता नहीं लगता, पर जरा ध्यान से–गहरे पानी पैठने पर–यही नजर आता है। वह है प्रकाशकीय दृष्टिकोण।

हर एक प्रकाशन से कविता, कहानी और उपन्यास छपा करते हैं। और जैसे एक छत्ते के आसपास सैकड़ों मक्खी रहती हैं, वैसे ही एक प्रकाशक के आसपास कई लेखक होते हैं।

जो किताब उसी प्रकाशन से छपी है, जिससे कि दूसरे की भी पुस्तक प्रकाशित होती है, तो दूसरा लेखक उस किताब की तारीफ करेगा। और जो किताब किसी ऐसे प्रकाशन मन्दिर से छपी है, जिसका हमसे व्यापारिक स्वार्थ टकराता है–तो उस पुस्तक को आलोचना में खराब बताना होगा।

आलोचना का यह नया प्रकाशकीय दृष्टिकोण है। इसका प्रमुख भाव स्वामिभक्ति है। इस प्रकाशकीय दृष्टिकोण के कारण वह समस्त उपन्यास जो हमारे प्रकाशन से छपे हैं–गोदान और प्रेमचन्द की परम्परा के हैं तथा वे समस्त उपन्यास जो अन्य प्रकाशन से छपे हैं–हिन्दी की पतनशील प्रवृत्ति के द्योतक हैं।

इसी के आधार पर लेख लिखे जाते हैं। और इस प्रकाशकीय दृष्टिकोण से सोचनेवाले टुटपुँजिये लेखक नहीं हैं, बड़े भारी विद्वान लोग हैं।

ये सब टुटपुँजिये विद्वान हैं; या विद्वान टुटपुँजिये हैं।

लोग समझते हैं कि कलम चलाने के मूल में पैसा नहीं है–वह तो हृदय की भावना है; विचारों की स्वतन्त्र अभिव्यक्ति का प्रयास है, ईमानदारी है, स्वस्थ दृष्टिकोण है।

पर आज के जमाने में रुपए में जो सबसे सस्ती प्राप्त होती है, वह है–ईमानदारी, स्वतन्त्रता और आदमी।

खाकी साम्राज्य

जब शहर में हलचल रहती है, मोटर और ताँगों का सिलसिला बना रहता है, तब शहर की आत्मा में हलचल नहीं होती।

और जब शहर में कर्फ्यू हो, सड़क पर खाकी साम्राज्य हो; तब आत्मा की हलचल रहती है।

आँखें सूनी सड़कों पर घूमती हैं। खिड़कियों से गर्दन जरा से खटके से निकल आती है। जिज्ञासा! सारा शहर जिज्ञास रिपोर्टर की तरह कान-आँखें खोले खड़ा रहता है, फिर चाहे खबर गलत मिल जाए।

सन्नाती हुई पुलिस की मोटरें, जमीन पर व पीठ पर बजते डंडे, घुड़की और माफी की आवाजों में शहर बोलता है। अन्दर ही अन्दर केवल टेलीफोन के तार मिलते-जुलते रहते हैं।

उस वक्त पुलिस अपनी रौबदार ड्यूटी अदा करती है। शरीफों को गुंडा समझती है और बीच सड़क पर उनकी इज्जत कर्फ्यू के हाथ बिक जाती है।

शहर आन्दोलन के बिना जी सकता है, पर दूध के बिना नहीं, और दूधवालों के पैर काँपते हैं।

घर के बाहर आना मना है। 'चलो, अन्दर जाओ।' –मगर गली के कोने में बने नल पर पानी भरे बिना कैसे चलेगा?

मगर नल पर जाएँ कैसे? अपना नल; अपनी गली, अपना चबूतरा, अपना मन्दिर अब पराया हो गया।

इस कारण अब शहर की एक सड़क को केवल क्रॉस कर लेना ही सबसे बड़ा साहस है, 'एडवेंचर' है।

तो जब कोई बच्चा बीच सड़क पर आकर भँवरा चला देता है, तो बाप का मन काँपता है और माँ मुस्करा देती है।

मनुष्य मुर्गा नहीं है जिसे दड़बे में रहने में सन्तोष महसूस हो। वह चलनेवाला जीव है। मध्य एशिया से चला और इन्दौर तक आ गया। अब 'अपनी धरती पर बने आज अनजाने हैं।'

सारा शहर कैद है। सब गिरफ्तार हैं। ये सब मकान एक बड़े जेलखाने की कोठरियाँ हैं। बाहर सिपाही घूम रहे हैं।

प्रलय में जैसे पुण्यात्माओं को नाव मिलती है, वैसे ही किसी-किसी को पास मिलता है। पास इसलिए कि आदमी सड़क पर जाकर फेल नहीं हो जाए। बिना पास परिक्रमा नहीं कर सकते।

क्योंकि कर्फ्यू है। धरती पर कर्फ्यू है। आसमान पर कर्फ्यू है। आदमी पर कर्फ्यू और पानी की बूँदों पर कर्फ्यू है। कोई बोल नहीं सकता है। कोई गरज नहीं सकता।

किसे पता कि यह वक्त बढ़ता जाएगा, ये सड़कें अजनबी बनी रहेंगी—'उफ, यह बेदर्द स्याही, यह हवा की चीखें, किसको मालूम है इस शब की सहर हो कि न हो!'

जाने कब वापस नन्हे पैर स्कूल के रास्ते जाएँगे? जाने कब तोपखाने की शाम आबाद होगी? जाने कब जेलरोड की सड़क पर वही जिन्दगी आएगी?

'जाने कब निखरे स्याहपोश जमीं का यौवन, जाने कब जागे सितम खुर्दा बशर की तकदीर?'

सिटी बसें चलने के इन्तजार में रुकी हैं, एक्ट्रेसें परदे पर आने को बेचैन हैं, मगर बन्दूक की गोलियों और कर्फ्यू की खामोशियों में सबके अरमान डब्बों में बन्द हैं।

अब मालूम पड़ रहा है कि जिन्दगी क्या होती है! एक छोटी-सी चीज कैसे फुग्गारे-सी फूलती है! एक फुग्गारे पर कैसे डंडा पड़ता है! एक डंडे पर कैसे माचिस जलाई जाती है! एक माचिस कैसे हमारी मनुष्यता राख करती है!

अंग्रेजी की चेत!

जब मैं छोटा था तब गालियाँ देने की सहज स्वाभाविक प्रवृत्ति को रोकने के लिए हम लड़कों में चेत की प्रथा थी। इसका तात्पर्य यह कि जो भी मुँह से गाली निकालता, उसकी पीठ में घूँसा जमा दिया जाता।

आप जानते हैं, शरीर पर जो कष्ट होता है, उसका अप्रत्यक्ष या प्रत्यक्ष रूप से दिमाग पर प्रभाव पड़ता है। तो गालियाँ देने की आदत धीरे-धीरे छूट गई। छूट तो क्या गई, भाषा जरा सुधर गई। आज गाली तो यह ब्रह्मपुत्र कभी देता नहीं, उसकी आत्मा देती है।

आज हमारे सामने यह सवाल है कि हम हिन्दी राष्ट्रभाषा को पॉपुलर कैसे करें? आज जनसाधारण में भाषा के लिए हमें कांशसनेस जाग्रत् करना है कि वे भूलकर अंग्रेजी का एक वर्ड भी अपनी जुबान पर न लाएँ।

यों तो प्रायः आन्दोलन चलते हैं, स्पीचबाजी होती है पर उसमें हमारी समस्या का सॉल्यूशन नहीं है। उसके लिए हमें नया नजरिया, नया एंगल अख्तियार करना पड़ेगा।

हमारी लैंग्वेज में जो अंग्रेजी के शब्द घुसे हुए हैं, उन्हें हमें निकाल फेंकना है। पूअर हिन्दी सांस्कृतिक दृष्टि से अत्यन्त आवश्यक है। नहीं तो वह सांस्कृतिक गुलामी है।

अलावा इसके हमारी हिन्दी जुबान में कई लफ्ज उर्दू के भी घुसे हुए हैं और आज हमें उसकी भी मुखालिफत करना है यानी हमारी जंग उर्दू के भी खिलाफ होगी।

इधर प्रान्तीय बोली मालवी का घंणा सारा शब्द हिन्दी भाषा को बिगाड़ी रिया है। हमें भी उसे ठीक करना है।

अब जने तीन पहलू हैं : एक अंग्रेजी के खिलाफ, उर्दू के विरोध में और हिन्दी दुरुस्त करने के वास्ते। मंजे व्याकरण की जो भूल ही भूल हो जाया करती हैं, नहीं होनी चाहिए वह।

मालवा मेज लो, फॉर एक्जाम्पल हिन्दी बोलनेवाला मनक साथ में मराठी शब्द भी बोल जाता है। अपना ध्यान मराठी से हट के दिन पे दिन रांगड़ी की तरफ होना चइजे।

अब सवाल है कि क्या मार्ग लिया जाए जिससे सारे जमाने में हिन्दीज हिन्दी हो जाए?

सोनकच्छ के ओली बाजू भोपाल शहर में एक ग्रुप ने हिन्दी प्रचार का एक अच्छा तरीका खोजा है। जो भी उस ग्रुप का मेम्बर अंग्रेजी का एक वर्ड भी बोलेगा तो उसे एक आना फाइन हो जाएगा।

यह अटेम्प्ट दूसरे लोगों को भी करना चाहिए, इससे कमाई भी होगी और साथ में भाषा भी लोग ठीक से बोलेंगे।

पेले अंग्रेजी का कें, बाद कू उर्दू का और फिर टैम बचे तो व्याकरण भी ठीक करें। लोगबाग व्याकरण नहीं पढ़ते। बिना व्याकरण पढ़े हिन्दी लिखनाज नी चाहिए। मैं भी पढ़ने की सोच रहा हूँ।

भोपाल में जब यह फाइनवाला मार्ग अपनाया गया तो यह कितनी दुखदायी बात है कि स्वयं प्रेसीडेंट जो स्पीच देना था, उसने दो शब्द अंग्रेजी के बोले और उसे भी फाइन पे करना पड़ा। बताइए, कैसा दुख का वाकिया है! मगर फिर भी इस नोबेल प्रयत्न के लिए बधाई।

नी तो, मैं तो चेत वाला मार्ग बेहतर समझकर यही रिक्वेस्ट करता हूँ कि आप भी अंग्रेजी की चेत ले लें।

अपना-अपना दल बना के जे पेले तय कर लो कि जो भी कोई अंग्रेजी बोलेगा, उसे पीठ में एक डुक मारेंगे। घूँसा नी खाना हो तो अंग्रेजी मत बोलो।

मैं भी बनते कोशिश इंग्लिश भाषा को अवाइड करता हूँ। चेत का आइडिया घने दिन से मेरे माइंड में है; पन कई रखने का मोकाज नी मिला।

हमें नेशनल लैंग्वेज के लिए ये कुर्बानियाँ करनीज पड़ेंगी। अस्तु!

कलाकार और चेक

मालवा की जमीन पर उपजे कलाकारों के लिए कला और पैसे में कहीं एक जोड़ बिठाने की कल्पना करना ही मुश्किल है।

अभी तक का इतिहास यही है कि जिसने भी लिखा, वह या तो किसी स्कूल में मास्टर हो गया, पत्रकार हो गया, क्लर्क हो गया या बड़ी किस्मत रही तो वकील हो गया।

और जिसके दिमाग में यह आई कि कला के साथ ही, उसी आसरे रोटी, मकान और चाय की भी व्यवस्था हो सकती है, तो उसे मालवा छोड़कर जाना पड़ा।

अब वे परम्परा सब दूर रही हैं। रेडियो खुल गया है और अक्षरों के नेता, गले के माहिर, तारों को झनझनाने वालों को मालवा हाउस का रास्ता मालूम पड़ गया है।

आप द्रुत लय पर मालकोस गाइए, स्वरों के उतार-चढ़ाव के साथ अपनी भावुक अदायगी नाटक में कीजिए, किसी विषय को समझाएँ, व्याख्या सहित अपनी कविता सुनाइए–और भारी दरवाजों को हटाकर बाहर आइए, चेक लीजिए।

उस चेक को देख जिस पर हजूर खजाना लिखा रहता है और बैल जोड़े की पुरानी सील लगी है–आप सोचते हैं कि हमारी कला की परिश्रम की ही यह देन हैं।

मगर तीन दिन बाद पता लगता है कि हम जो समझे थे, वैसी बात नहीं है।

रेडियो की सफलता और चेक मिलने का हर्ष हजूर खजाने की देहरी पर जाकर चूर हो जाता है। उस समय आप कलाकार नहीं, साधारण इनसान रहते हैं; जो बेईमान न हो, इसका पूरा शक बना रहता है।

तीन घंटे तक वह व्यक्ति जो अपने पन्द्रह मिनट के पच्चीस रुपए लेता है, वहाँ खड़ा रहता है। एक बार को ऐसा भी भय होता है कि शायद अपना चेक अब नहीं भुनेगा, हमसे कोई गलती हो गई है।

हजूर खजाने पर उस कलाकार को अगर उसी दिन छुट्टी मिली तो वह तेज ताँगे या टैक्सी से ढाई मील दूर इम्पीरियल बैंक जाता है, और यहाँ अपने बारे में बने हुए रहे-सहे भ्रम भी सब समाप्त हो जाते हैं।

एक कवि मित्र जो इस नगर के नहीं थे, बैंक में यह सबूत पेश करने में असमर्थ थे कि वे वही हैं जिसका नाम चेक पर है। उसने कई बार वहाँ समझाया–जी, मुझे ही यह चेक मिला है, मैं ही कवि हूँ, पर कौन विश्वास करे?

उन्होंने अपना कविता संग्रह निकाला और बताया कि मैं ही यह कवि हूँ, पर वे नहीं माने।

उसने कविता संग्रह में छपा अपना चित्र दिखाया पर उन्हें विश्वास नहीं हुआ।

और सारी कविता, कला और मानवता तथा सभ्यता के बाने असर नहीं कर सके। 'सन्तन कहाँ चेक सौं काम' पर तो उन्हें विश्वास कैसे होता? आखिर उनके मित्र के परिचित एक चपरासी ने अपनी असीम अनुकम्पा से गवाही दी और चेक भुना।

कविता से चपरासी का महत्त्व अधिक है, यह ज्ञान उसी दिन हुआ।

इसी बीच यदि बैंक का समय खत्म हो जाए तो वह सारी रात टप्पे खाता रहता।

'नई रचना' वाले शनिवार को अपना कार्यक्रम दे, रविवार को नगर में घूमते हैं और सोमवार भर परेशान हो, मंगलवार को घर के लिए रवाना हो पाते हैं, क्योंकि उनके चेक की यह विशेषता होती है कि वह सिर्फ उन्हीं के कर-कमलों से धन का रूप पा सकता है।

कुछ जो चेक लेकर चल दिये, वे आज अपने नगर में उसे सिर्फ फ्रेम करके लगाने योग्य पा रहे हैं।

और इस प्रकार से मालवा की वह गौरवशाली परम्परा मालवा हाउस से समाप्त नहीं हो सकी। वहाँ की हरी घास से सब खिंचते हैं, पर व्यर्थ।

क्योंकि चेक जो मिलता है, वह कला का पारिश्रमिक न होकर उस मेहनत का पारिश्रमिक होता है, जो चेक भुनाने के लिए सिर झुकाकर लेखक, कवि या संगीतज्ञ को करनी पड़ती है।

निर्माण और चमक

'निर्माण' शब्द लिखने-सुनने में बड़ा प्यारा लगता है। यह शब्द विशेष समय, घड़ी की ध्वनि देता है। इस शब्द में एक विशेष दृश्य, एक विशेष शक्ति और एक विशेष चमक है।

इसके पीछे छुपा दृश्य बाँध का, ईंट का, चूने का और सीमेंट का है।

इसमें दबी शक्ति मेहनत की है। और इसमें चमक चाँदी की है। चाँदी के प्रवेश के लिए सरकार कागज के दरवाजे बनाती है।

कागज, यानी टैक्सों के नियम, कर...कर...अवश्य कर!...न कर तो बैठ घर।

निर्माण शब्द का अधिक प्रचार होता है। जुबान पर, अखबार पर यही शब्द आता है। पर अधिक निर्माण के लिए अधिक चाँदी की आवश्यकता होती है, यह ध्यान में नहीं रहता।

आजादी के पूर्व 'क्रान्ति' भी ऐसा ही मोहक शब्द था। अब उसका उपयोग कम हो गया। होता है तो अन्य अर्थों में।

क्रान्ति के पीछे भी पिस्तौल, बम, डायनामाइट जैसे शब्द दबे रहते थे। उसकी चमक अँधेरे में हलकी किरण की तरह थी। उसकी चमक-ध्वनियाँ धड़ाकों की ध्वनियाँ हैं।

तो वह शब्द भी बड़ा प्यारा था। अब निर्माण शब्द प्यारा लगता है।

कहते हैं कि हमें तो पता नहीं लगता मगर इनसान को हर कदम पर एक टैक्स देना पड़ता है। आपने पान खाया और मानिए कि अन्य रूप से एक टैक्स चुका दिया।

यदि आप पान, सिगरेट के मामले में संयम रखते हैं तो मानो आप टैक्स से बचनेवाले नागरिक हैं।

यानी कहे का अर्थ यह हुआ कि सरकार की नजर में इनसान कुछ नहीं, केवल कर चुकानेवाला जीव है।

तो कर लेना और निर्माण करना वह एक ही हरकत की दो तरफें हैं। एक ही कागज के दो पेज हैं। सिर्फ फर्क तरीकों का है।

यों कहो तो ले लेते हैं कर, हमसे मुस्कुराकर।
निर्माण करते हैं तो जाने एहसान करते हैं!!

मगर अहसान नहीं होता! दो आने देने पर चप्पल ठीक हो जाती है। कर देते रहने पर निर्माण होता रहा तो बताइए, उसमें खास बात क्या है?

निर्माण कोई भूदान तो नहीं है। आपकी अपनी धरती तो आप दया और मानवता के कारण नहीं देते।

कुछ निर्माण की बात ऐसे कहते हैं, जैसे सम्पत्तिदान की घोषणा कर रहे हों!

महानता तब होती है जब निर्माण करने की घोषणा करते हैं तो कर को ठोकर मारकर।

यह महानता देशमुखजी नहीं रखते। रखें भी कैसे? घर से लगाने को उनके पास क्या होगा? वह तो साफ जनता से कहते हैं–सौदा नगद है, इस हाथ दे, उस हाथ ले।

वे निर्माण की बात करते हैं, यानी ज्यादा कर की सोच लेते हैं। निर्माण से जनता को फायदा! फायदे से कर! कर से निर्माण–वगैरह-वगैरह! वे जब नगर निर्माण की डोरियाँ अपने हाथ में लेंगे तो कर लगानेवाली डोरी को मजबूत नहीं करेंगे।

घोषणा है कि हम कोई भी नया कर नहीं लगाएँगे–और निर्माण करेंगे। नया, अच्छा निर्माण, आज तो शहर की हालत बड़ी खराब है।

यानी इन्दौर का इतिहास अब अपने स्वर्णयुग में प्रवेश कर रहा है। ऐसा स्वर्ण युग जिसकी कल्पना इस भारत के लिए किसी भी अर्थशास्त्री ने नहीं की है।

बिना कर के, बिना चक्कर के इस शहर में चार मुंसीपल चाँद लगेंगे। सब जगह उजाला होगा।

मैं जब अकेला बैठा पहली के बाद वाली पंचवर्षीय योजना की बात सोचता हूँ जिसमें कर और निर्माण, दोनों होंगे तो सोचता हूँ कि यदि देश के भविष्य का यह पवित्र कार्य उन्हीं हाथों में छोड़ दिया जाए जो बिना कर के नगर को जगमग करने की बात करते हैं तो सारा देश न केवल सुखी-समृद्ध हो जाए, पर साथ में, सारा संसार आश्चर्य से भारत को देखे और दाँतों तले पैर की उँगली दबाए।

स्थानीय आधार छोड़कर यदि यह सारे राष्ट्र का आधार मान लें तो पाँच साल में सारे भारत में ऐसा शिविर सौन्दर्य बिखेर दें कि योजना कमीशन को फिर से पहली क्लास में भरती होना पड़े।

नीम-साहित्य

जेलरोड के मोड़ पर एक सबसे बड़ी खास बात है कि अपने दाँत खराब कराने के लिए पान की दुकानें वहाँ हैं; दाँत तुड़वाने और बिठवाने के लिए ऊपर एक डॉक्टर की दुकान है और दाँत साफ करने के लिए दातून वहीं मिलते हैं।

रोज लौटते समय नीम की दातून खरीदने की आदत पड़ गई है। कृश्न चन्दर की दातूनवाली कहानी पढ़ी थी और कुछ नीम की कड़वाहट सोचने पर यों ही मजबूर करती है।

जब हम दातून करते हैं तो नीम की काड़ी एक तो गति देती है, दूसरी चीज देती है कड़वा रस और तीसरी चीज स्वस्थता। प्रगतिशील कविता में भी यही चाहिए–गति, यथार्थ की कड़वाहट और स्वस्थ परिणाम।

इसी कारण जो शाश्वत और स्वस्थ साहित्य की बात करते हैं, उन्हें नीम अपना प्रतीक बनाना चाहिए।

वह युग गया जब खुसरो पहेली बूझने को रखता था कि 'तरुवर से एक तिरिया उतरी उसने बहुत रिझाया।' अब तो वह बात गई, तिरिया चरित्र सब जानते हैं। पहेली खुल गई है।

नए काव्य ने नीम से दातून प्रारम्भ किया और पंतजी थिरकने लगे कि 'झूम-झूम सिर नीम हिलाते सुख से विह्वल।'

पिछले काव्य ने आम का रस चूस लिया था, अब नीम की डार ही एक आसरा थी। हवा में जो साँय-साँय का स्वर माना जाता है, वह नीम के पास सुनाई दिया। झर-झर और मर्मर ध्वनि यहीं कान आई तो साहित्य ने पैर टिका दिया।

यों पेड़ों की तो क्या कमी, एक ढूँढ़ो, हजार मिलते हैं। चस्का तो युकलिप्टस और देवदार का भी लगा है। युकलिप्टस शब्द देशी लिफाफे पर चिपके विदेशी टिकिट-सा लगता है।

हाँ, तो अज्ञेय बोले कि 'झूम रही अधुदालती, गन्ध के डोरे डालती, झर-झर पड़े अकासनीम।'

'अश्क' जी ने अपने सारे किए दातूनों का अहसान चुकाया और एक पूरा खंड काव्य ही 'ओ नीम, ओ नीम' पुकारते गुजार दिया।

सो साहित्य में नीम की डालियाँ पनपीं-फूटीं। शमशेर बहादुर सिंह को नीम चाँद का जोड़ा बड़ा प्यारा लगने लगा।

आम की पत्ती के बजाय नीम की पत्ती के कटाव बड़े सुन्दर लगते हैं। केदार इसी कारण गुनगुनाए कि 'झरने लगे नीम के पत्ते, बढ़ने लगी उदासी मन की।'

नीम शुद्ध हवा देता है। उसके पत्ते झरने से जरूर दुख होगा। पहले काव्य और वैद्यक का अध्ययन साथ-साथ होता था। प्रभाव आज तक है। अब पता नहीं, सब कवि 'नीम गुण विधान' नामक पुस्तक का अध्ययन करते हैं या नहीं!

इलाहाबाद के 'मार्कंडेय' ने 'नीम की टहनी' नामक कहानी लिखी। नीम की टहनी का एक अन्ध-विश्वास है और एक मुहब्बत। कुमार, महारानी वाली नीम की टहनी तोड़ अपनी प्रेमिका के बदन पर फेरता है। वह बीमारी से उठ जाती है और कुमार मर जाता है क्योंकि उसने नीम की टहनी तोड़ी।

छोटी-सी दर्द-भरी कहानी है पर दिल को डरा देती है। लगता है, आज के कलाकार को अपने प्राणों की बाजी लगा इस नीम की टहनी तोड़कर मनुष्यता के तन पर फेरनी होगी।

तो नीम का प्रेम बड़ा जरूरी है। सर्वेश्वरदयाल सक्सेना कहते हैं, 'इस नीम ओट से उठने दो चन्दा, घर के आँगन में तनिक रोशनी आने दो।'

साहित्य के बरसों के दोस्त चाँद के लिए भी आज जरूरी है कि नीम ओट से आए। नीम और निबौलियाँ दोनों का अपना सौन्दर्य है और होल्कर कॉलेज पर लिखी कविता में इसी कारण किसी ने कहा है, 'और ये निबौलियाँ पीली एरिग सरीखी झूमती हैं।'

देवकीनन्दन जोशी की कहानी का पात्र इसी कारण जीवन की कड़वाहटों और दातून के आनन्द की बात एक साथ छेड़ता है। एक तो कहानी और फिर नीम चढ़ी—दुहरा व्यंग्य।

इसी कारण जब जेलरोड के मोड़ से आता हूँ, नीम की दातून मुझे काव्य की छड़ी दिखती है और जब नीम का पेड़ हरा-भरा देखता हूँ तो मालवी लोकगीत याद आता है, 'लींबडा लींबोली पाकी सावण महिनो आयो जी।'

अहसाना

सन्त कहते हैं कि बच्चे ईश्वर के रूप हैं, और माँ-बाप कहते हैं कि बच्चे शैतान होते हैं।

खैर, ईश्वर होते हों या शैतान, पर मैंने जब अहसाना से बातचीत की तो वह न तो मुझे ईश्वर नजर आई और न शैतान ही। बस, अच्छी-भली लड़की थी और कुछ नहीं।

नेताओं का उच्चस्तरीय अज्ञान और विचित्र-सी बातें, अखबारों की टेढ़ी-तिरछी चालें, व्यक्ति के कन्धे पर भागती राजनीति और राजनीति के कन्धे पर चढ़े शवों की यात्रा, त्याग की टेबलों पर होनेवाले रोज के ऑपरेशन और परीक्षा से अपने को थोड़ा स्वच्छ करना हो, स्नान करना हो, तो किसी बच्चे से बात करना ज्यादा अच्छा।

इसी कारण सुभाष चौक न जाकर रजनी से, राजू से मिल लेना बड़ा अच्छा है। भाषण न सुन किसी की तुतलाती मीठी बोली सुनना अधिक श्रेष्ठ है।

और शाजापुर में जब अहसाना से बातचीत की तो उसमें अक्ल और बचपना दोनों ऐसे पचास प्रतिशत के अनुपात से मिले हैं कि समझ नहीं पड़ता, इससे संजीदा रहकर बोलें या गुड्डे-गुड्डी की चर्चा करें!

मैंने पूछा, 'तुम इन्दौर सबके साथ क्यों नहीं आईं?'

तो अपने साँवले भोले चेहरे पर थोड़ी मुस्कान ला बोली, 'अगर मैं चली तो घर कौन सँभालता?'

और उसका चेहरा एकाएक ऐसा बन गया, जैसे सारे घर का भार उसके ही कन्धे पर है!

'कोई तुमने बड़ा शहर देखा है?'

'बड़ा शहर तो नहीं देखा, शाजापुर और आसपास के गाँव देखे हैं।'

मैंने कहा, 'बड़े शहर में सैकड़ों कारें, मोटरें होती हैं, बड़ी सड़कें...'

तो एकाएक टोककर कहने लगी, 'यह सब तो मुझे पता है।'

मैंने पूछा, 'तुम कभी गुड्डे-गुड्डी खेलती हो? खिलौने अच्छे लगते हैं?'

'नहीं, अब नहीं खेलते, यों कभी मिल जाते हैं तो खेल लेते हैं।'

मुझे हँसी आ गई।

उसकी आँखों से ऐसा लगता था, जैसे यदि मैंने बातचीत के सलीके में जरा गलती की तो वह भाँप लेगी, तो कुछ मुझे ऐसा हो जाना पड़ा, जैसे प्रतिष्ठा समेट रहा होऊँ!

अहसाना बड़ी छोटी-सी है फ्रॉक पहनती है और अपनी क्लास की मॉनीटर है।

बच्चों की बातों को सम्मान से कोई नहीं देखता और इसी कारण प्रायः सामने वाले को यह कहकर टाल दिया जाता है—क्या बच्चे जैसी बातें कर रहे हो? पर अहसाना ने मुहावरा उलटकर रख दिया कि अब मैं किसी बड़े से बात करते समय कह सकता हूँ—क्या तुम बच्चे जैसी भी बात करना नहीं जानते?

बच्चों का मोह बड़ा विचित्र और अपार होता है। यों सबकी कहन अलग-अलग की तरह दिमाग भी अलग-अलग चलता है।

नेहरू इन्हें देश की आशा, भावी नागरिक आदि चाचा बनकर कहते हैं, गांधी को इनके हाथों में लकड़ी दे भागना पड़ता था, पर कुछ तो बच्चों को देख ही सोचते हैं—क्या बेवकूफी है! आखिर लोग सोचते क्यों नहीं कि आबादी बढ़ती जा रही है? और किसी मोहल्ले में अपनी कार का ब्रेक रोक कहना पड़ता है—अरे क्या घर से बेकार हो, माँ-बाप नहीं हैं?

बच्चे, बच्चे हैं, बस। घरौंदे बनाकर कपड़े खराब कर सकते हैं ठीक ऐसे, जैसे किसी मेहनती फिटर के हो जाते हैं और अम्मा को अपनी पड़ोसिन से कहना पड़ता है—देखो, अभी कपड़े बदले थे और फिर नालायक गन्दे कर लाया?

और पड़ोसिन सिवाय इसके क्या जवाब दे सकती है कि 'बच्चे हैं।'

यों आप नेहरू हैं या कोई भी बड़े हैं और आपको बच्चों से प्रेम है तो वह आपका सद्‌गुण है और सदैव आपका स्वागत करने वाले बच्चों को आगे बढ़ा देंगे ताकि आप प्रसन्न हों।

पर यदि आप साधारण हैं तो बस, आप प्राइमरी स्कूल के मास्टर बन जाइए। कम पगार में अपना घर चलाइए, बच्चों को बढ़ाइए, उन्हें प्रसन्न रखिए, यदि हो सके तो।

खैर, फिर भी यह तो एक नशा है। जब सबको इस बात पर आश्चर्य हो रहा था कि अहसाना से सबको क्यों स्नेह हो जाता है तो वह एकाएक बोल पड़ी, 'अच्छे से अच्छों को मिलकर खुशी होती ही है।'

और या तो मैं अच्छा नहीं, पर अधिकांश राजनीतिक नेताओं से मिल मुझे खुशी नहीं होती।

उजड़ते अहं

आईने में स्वयं की शक्ल देखकर स्वयं पर मोहित हो जानेवालों की देश में कमी नहीं है। खुद के फोटो को देख चमत्कृत-प्रभावित हो जानेवाले पाए जाते हैं। अपने छपे नाम को बार-बार देखकर पढ़नेवाले भी बहुत हैं।

खुद के चित्र को खुद के ड्राइंग रूम में ही नहीं, पर मित्रों की टेबलों पर भी सजाने के लिए भेंट करनेवालों का परिचय आपको मिला होगा।

जापान में, कल खबर पढ़ी थी, कि एक सज्जन ने स्वयं का बुत बनाकर लगाया है और कारण व्यक्त किया–मैं स्वयं अपने बारे में ही सोचता हूँ, और इसी कारण यह बुत है–आपके लिए नहीं, मेरे और मेरे परिवार के लिए।

यही अहं का मूर्त रूप है। जो है अपनी चरमता को पाया हुआ–तो और वह मेरा है। जो पूज्य है, माननीय है, तो वह मैं हूँ।

मेरा कहा संगमरमर पर बनी लकीरें हैं, मेरा लिखा गीता है, वेद है, अभिव्यक्ति उच्चतम श्रेणी जहाँ सत्य चमकता हो।

और जो अहं के इस स्तर से छोटे हैं–थोड़े छोटे–वे 'हम' के एक घेरे में रहते हैं। हम जो हैं, वही बड़े हैं, वही सचाई के ठेकेदार हैं, जनता के अखंड स्नेह के भाजन हैं, राजन हैं, जनता गोपी के साजन हैं।

और ऐसी गलतफहमी दूर हो जाती है जब रामेश्वरम् पर पत्थरों का सेतु बँध जाता है, फौजें आकर बर्लिन घेर लेती हैं।

इधर चार-पाँच दिनों से इन्दौर कम्यूनिस्ट हो गया है। वे सभी छात्र जो यशवंत हॉल और गुजराती कॉलेज में थे, वे सभी जो गांधी-भवन में गए थे और वे हजारों जो सुभाष चौक में सुन रहे थे–कम्यूनिस्ट हो गए हैं।

क्योंकि काफी लोगों को यह भ्रम है कि कम्यूनिस्टों की तरफ मुस्कुरा देने से ही गांधीवाद का खयाली आँचल हमसे छूट जाएगा।

और कम्यूनिस्ट क्या हैं, आदमी थोड़े हैं, नेता थोड़े हो सकते हैं–वे तो बस समाज-विरोधी तत्त्व हैं। ऐसा ही सोशलिस्टों का है। देश में यही कुछ आफतें तो हैं, जिनके नाम हैं–गोपालन्, डांगे, जयप्रकाश और लोहिया।

सुनने से अगर छूत लगती है, स्वागत करने से अगर अपना चरित्र बदलता है तो नेहरू सबसे बड़ा कम्यूनिस्ट है क्योंकि वह प्रायः गोपालन् को सुनता है, कम्यूनिस्ट देशों में जाकर मिलता है, चाउ-एन-लाई का स्वागत करता है।

और मिलने, मुस्कुराने व स्वागत करने से बीमारी लगती है।

और गोपालन् आदि का स्वागत न कर, उस सम्बन्धी हुई चर्चा को मुँह-तोड़ अस्वीकृति दे, नगरपालिका ने हमारे इन्दौर नगर की रक्षा की है। हम कम्यूनिस्ट होते-होते बाल-बाल बच गए।

हम सब हैं, दूसरे नगण्य हैं—यह बड़ा ही विचित्र भ्रम है, इतिहास जिसे दूर करता जा रहा है और नेता जिसे पास खींचते जा रहे हैं।

प्रजातन्त्र की वर्ण-व्यवस्था में जिन्हें बड़ा नहीं माना जाता, जिनकी सेवा का स्वागत नहीं होता, वे सब हरिजन हैं और नगरपालिका का मन्दिर वे चढ़ नहीं सकते। ऐसे कई और भी उदाहरण हैं।

आज नहीं चढ़ सके बेचारे हरिजन क्योंकि आप सीढ़ी पर बैठे थे, पर मन्दिर आपका घर नहीं है। पुजारी बदल जाते हैं, मन्दिर नहीं मरता, उसके सारे दरवाजे समय आकर खोलेगा ही।

घर टूटे, घर बने

'घर टूटे, घर बने' एक दूसरे लेखक का दिया शीर्षक है। पर अब मैंने इसे अपना मौलिक बना लिया है, कृपया भविष्य में मेरी ही देन मानें।

सीमा की रेखाएँ सदैव अदृश्य होती हैं। कागज पर खींची जाती हैं तो धरती पर असर करती हैं। उसे पार करने में नया साहस चोरी करने जैसा आनन्द आता है।

लक्ष्मण रेखा खींची गई थी तो पार करने में भस्म हो जाने का डर था। यही सीमा का भय है। इसे पार करना सीता का काम है। आजकल सत्याग्रहियों का और स्मगलरों का।

सीमा सदैव लड़ाई उपजाती है। जहाँ सीमाएँ मिलती हैं, वहीं युद्ध के अंकुर हैं। उन्हें कुचलने के लिए भारी जूतों की आवश्यकता होती है।

हिन्द-पाक की सीमा पर लड़ाई को बार-बार ठंडी करना ही विदेशी नीति है। हिन्द-गोवा की सीमा आकर्षण बन रही है। हिन्द-बर्मा की सीमा पर आन्दोलन चला, नया राज बनाने के अमेरिकी यत्न हो रहे हैं।

अतः जहाँ सीमा है, वहीं कुछ ऐसा है जो सीमा के अन्दर नहीं है अर्थात् लड़ाई, शंकाएँ, संघर्ष वगैरह।

वह चाहे कहीं भी हो—कोरिया की 38वीं रेखा, हिन्द-चीन, कहीं भी।

भारत में भी यह अदृश्य रेखाएँ पोंछ-पोंछकर अब नई बनाई जा रही हैं। राज पुनर्गठन आयोग अपना बन्द लिफाफा खोल देनेवाला है।

मध्यभारत वालों को भी राम जाने कहीं जाना पड़े—अजमेर, जयपुर, बम्बई, जबलपुर या यहीं—पता नहीं!

यों हाल तो कई बार ऐसे रहे हैं कि अपने ही घर में हमें पराये बनकर रहना पड़ा और अब अगर पार्टीशन टूट गए व पड़ोसी से सम्बन्ध जोड़ना पड़ा तो क्या बुरा है!

प्रेम क्या है? उसकी उपज तो सहवास से होती है। दूर की लड़कियों से इनसान आँगन की लड़कियों की अधिक चिन्ता करता है।

रहते-रहते सब हो जाता है। आर्य-अनार्य कैसे मिक्सचर कम्पाउंड हो गए कि आज शुद्ध घी हाथ ही नहीं आता, तो यह तो प्रान्त है!

समझो, राजस्थान में मिले तो मालवी राजस्थानी की बड़ी जमेगी। एक से मिलेंगे। रेगिस्तान हरे-भरे का अधिक सम्मान करेगा। उनमें शौर्य अधिक है पर व्यर्थ, हमारे साथ रहकर सन्तुलन हो सकेगा?

अगर अजमेर में मिले तो 'बनाजी थे तो अजमेर का वासी' वाली पंक्ति सफल होगी। यों ही 'काकाजी अजमेर गया है तो रुई लीजो' वाली पंक्ति हमारी एकता बताती है।

और अगर बम्बई में मिले तो क्या बात है? सोने में सुहागा! सारे अभिनेता-अभिनेत्री अपने प्रान्त के हो जाएँगे, समुद्र हमें मिल जाएगा—गम्भीर क्षिप्रा सहित।

और यों ही यह इन्दौर बम्बई का बच्चा है। इतने दिनों यह बच्चा अपने बाप से दूर था, दूसरे के घर था, अब बाप के पास आ जाएगा।

सांस्कृतिक, बोली, लाभ-हानि, राजनीति की क्या बात करें! हमने तो वह हालत देखी है कि यही मालवा इन्दौर, देवास जूनियर, झाबुआ, जावरा, रतलाम, ग्वालियर रहा है। टुकड़े-टुकड़े।

सीमा की चिन्ता व्यर्थ है—'सबै भूमि गोपाल की यामें अरक कहाँ!'—बस, यह जेलरोड का रूमानी नशा कोई निषेध न करे तो बम्बई कोई बुरा नहीं। नौलक्खे की मदहोश ठंडाई कोई खा नहीं जाए तो रेगिस्तान से क्या शत्रुता?

सोचता हूँ—राज्य सीमा-निर्धारण के नाम भी क्या डाकू अभियान के लिए तीन राज्य की पुलिस अवश्य होगी?

खैर, मगर हम तो देश को देश मानते हैं, दूसरे देश में मर जाएँ पर नहीं मिलेंगे। जहाँ तक प्रान्त-रचना का सवाल है जो हो, वही ठीक है। सीमा की लड़ाई मूर्खता है।

पशुदूत

सदियों पूर्व जमाना बाहुबल का था। यूरोप की बर्बर जाति भारतीय काली मिर्च पर न्योछावर हो रही थी तब पहली बार मेसोपोटामिया के असुरों ने युद्ध के क्षेत्र में रथों के स्थान पर घोड़ों का उपयोग प्रारम्भ किया। भारत में शत्रुओं की तलवारें और संस्कृति घोड़ों पर बैठकर आईं।

टापों से धरती काँपने लगी और अश्वमेध का घोड़ा जिधर से निकलता था, वहाँ खून की नदियाँ सूखती थीं और उठे हुए सिर झुक जाते थे।

शेरशाह और अकबर के रिसालों ने दिल्ली में बैठ सिर्फ टापों की घुड़की से देश को दूर-दूर तक दाब रखा।

समय का फेर है कि उसी आक्रमणकारी धरती के लोगों ने नेहरू को शान्ति मैत्री के प्रतीक रूप में घोड़ा भेंट किया है।

विदेश के घोड़ों को दूसरे देश में सम्मान और स्नेह से देखा जाए, यह कभी नहीं हुआ, पर समय का फेर इसी को बोलते हैं, जिसमें आँखों के भाव फिर जाते हैं।

और यों जी, हिन्दुस्तान में घोड़ा बड़े अजीब से रोल प्ले करता है। पूना के रेसकोर्स में कई इसकी दुम पकड़ उठे और गिरे हैं। इसी पर बैठ जब जवान या बूढ़ा कमर पर हाथ रखता है, मुँह में दो पान खाता है, सामने बाजे बजते हैं तो उसे दुल्हन मिल जाती है।

और यों टप-टप करता छावनी मल्हारगंज एक करता है तो चाबुक मारनेवाले को सोलह आने जेब में पड़ते हैं। सभी दृश्य हैं कि भागते घोड़ों को देख जनता भागती है या बीच चौराहे में वह ताँगे में बँधा पैर पटकने लगा है।

हम भारतीय तो ताजिये के मूक घोड़ों पर रेवड़ी फेंकते रहे तो इस हिनहिनाते सोवियत घोड़े की बात सुन मन को ठीक ही लगता है।

कहने का तात्पर्य यह है कि पशुओं को देख जरा दिल को खुशी होती है, बनिस्बत किसी विदेशी इनसान के, जो हवाई जहाज से उच्चस्तरीय चर्चा करने आया हो।

भाई मेरे, यों तो अमेरिका से कई निक्सन और डिक्सन भारत आए हैं, मगर जो बात जिप्पी के भारत आकर काम कर देने में है, वह विदेशी सहायता और कूटनीतिक चर्चा करने वालों में कहाँ?

विवेकशील इनसान के मामले में सौ-सौ झगड़े हैं। कन्यादान के पूर्व और बाद भी जितनी परेशानी दाता और लेनेवाले को होती है, वह परेशानी गोदान करने में किसी को नहीं होती है।

भारत से जो कमाऊपूत बन्दरों का टोल विदेश जाता है, वह मानवता की अधिक सेवा करता है, बजाय किसी फौज के, जो पराये क्षेत्रों में लड़ने जाती है।

और भारत के हाथी विदेशों में जाकर अपनी सूँड़ हिलाने लगे हैं, जिसे देख वहाँ का बच्चा भी खुश, बच्चे के माँ-बाप भी खुश।

दोस्ती की भावना पैदा करने में यह मूक पशु अधिक काम आते हैं बजाय प्रेस प्रतिनिधियों को एकत्र करनेवालों, बोलने-बहस करनेवाले राजदूतों के।

आदमी में भामाशाह और घोड़े में चेतक, कभी दुनिया भूलेगी नहीं। बराबरी से याद रखेगी। प्रश्न यही है कि यदि घोड़े की तरह बोलें कम और काम ज्यादा करें, मोह ज्यादा जगावें तो वह इस जमाने में अधिक फायदे की बात है।

उम्मीद है, राजदूत घोड़े से सीखेंगे, अपनी जुबान को लगाम कर रखेंगे। और उसमें भी कभी राजसूय के अश्व न बनकर, चेतक बन रहने की कोशिश करेंगे।

राजनीति की कड़वी दुनियादारी की दुलत्ती से बचने का यही तरीका है।

परम मित्र चक्र

मानवीय सम्बन्ध तथा भावना का, बाजार के भावों और आर्थिक परिस्थितियों से बड़ा करीब का सम्बन्ध है।

प्रेम कितना है, इसकी जानकारी बिल कितना आया, इससे होती है।

भारत की परम्परा में आतिथ्य सत्कार, प्रेम प्रदर्शन और दान–तीनों को खर्चे की नजर से ही आँका गया है।

वही वस्तु जो आज भाव में महँगी है–भेंट देने से प्रेमी प्रसन्न हो सकता और कल वही चीज सस्ती होने पर प्रेमी उसकी भावना की कीमत नहीं करेगा।

चाय की तरह प्रेम का भी स्तर होता है–चालू, अमेरिकन, डेढ़िया, स्पेशल, ट्रे, आदि!

भारत चालू चाय का देश है और शिकायत यह है कि बल्गानिन और ख्रुश्चेव को ट्रे में चाय क्यों दी जा रही है? इतना खर्चा क्यों हो रहा है?

मेहमान घर से निकले नहीं और खर्चे पर बहस होने लगी–आतिथ्य की स्वर्णिम परम्परा वाले देश के दुर्भाग्य देखिए। रामराज्य के अथवा समाजवाद के प्रथम चरण में यह कंजूसी? हद है।

ख्रुश्चेव रूस-यात्रा के निमन्त्रण-पत्रों की गड्डी जेब में लेकर घूम रहा है और भारत के कुछ 'परम कंजूस चक्र' उनके स्वागत पर हुए खर्चे पर अफसोस कर रहे हैं।

मित्रता का मापदंड चाँदी का होता है। प्रेम की आत्मा सोने की है। खर्चे के क्षेत्र में भी पंचशील पर रहना आवश्यक है।

खर्चा सब तरफ है। युद्ध कीजिए तो खर्चा और शान्ति रखिए तो खर्चा। युद्ध में सिपाही खाते हैं और शान्ति में कलाकारों के चार्ज बढ़ जाते हैं।

रूसवालों की यात्रा शान्ति का चर्चा है–सहन किया जाना चाहिए। दोस्ती में पैसे की तरफ ध्यान देना बड़ी गलत चीज है।

भारत संसार में अब 'देखने काबिल' हो गया है। अपने यहाँ क्या अच्छाइयाँ हैं–इसका कुछ ज्ञान भारत को सदैव विदेश से ही प्राप्त हुआ है। अभिज्ञानशाकुन्तलम् से लेकर उरकमंड के सौन्दर्य तक सोचिए। राजस्थानी पगड़ी में आप और नेहरू कैसे

लगते हैं–यह आपको नहीं पता परन्तु यह बात आप जानते हैं कि बल्गानिन और ख्रुश्चेव पगड़ी में कैसे लगते हैं।

भारत में कई अतिथि एक साथ खप सकते हैं। बहुत बड़ा देश है। स्वागत की फुरसत भी जनता के पास है। रूस भी और अरब भी। लाल-किला, ताजमहल, सिन्दरी, टाटा, बम्बई वगैरह घुमाए जाइए।

इस देश में सुन्दर महिला किसी भी घर से निकले–उसके हृदय में यह विश्वास रहता है कि देखनेवाले सड़क के दोनों ओर खड़े हैं।

इनसानियत का जिप्पी देखने भी तो लोग भागते हैं।

दुनिया के अन्य कई देश ऐसे हैं जहाँ भारत की भेंट हाथी सड़क पर से निकलता है और दोनों तरफ भीड़ लग जाती है।

फिर दोस्ती की भारतीय अभिव्यक्ति भी बड़ी अच्छी है। तोता, शेर, घोड़ा, पापड़, घघरिया, बेंत, काश्मीरी काम की चीजें वगैरह। और भी खर्चा कम करना हो तो हाथी भेंट कर दीजिए।

विदेशवालों को प्रेम जाहिर करने के लिए अपने यहाँ एक कारखाना खोलना पड़ता है।

इन सबके बावजूद रूस तो भारत का दोस्त है। अपने यहाँ तो साधारण व्यक्ति ऐसी बात करते हैं–'आपसे कुछ काम है?'–'कहिए, कहिए–जान हाजिर है।'

अब प्रायः ऐसा होता है कि जान हाजिर होती है और मित्र जो वस्तु माँगता है–वह गैर-हाजिर।

पर असली प्रेम में साड़ी की कीमत सोचना अपनी परम्परा नहीं है। यही बात रूस में है। वहाँ जिन्दगी सस्ती और ऐयाशी महँगी है। आवश्यकता सस्ती है, शोभा महँगी है। इस कारण वहाँ मानवीय मधुर भावनाएँ उतनी ही ऊँची हैं, जितनी कीमती चीज भेंट करने पर यहाँ के कोमल हृदयों में जाग उठती हैं।

अतः मुझ जैसे एक भावुक अर्थशास्त्री का जो भय है कि चीजों के भाव घटने पर प्रेम प्रभावहीन हो जाएगा–वह भय लेनिन के बेटों को नहीं है।

बल्गानिन को 'परम मित्र चक्र' उस समय मिल चुका, जब वह मास्को हवाई अड्डे पर नेहरू को विदा दे रहा था, और अब जो खर्चा है–उससे बचकर क्या और देशों के सामने नाक कटानी है कि देखो, खुद के यहाँ मौका है तो पैसा नहीं छूट रहा है। भरे बाजार ढोल पिटवाओगे?

साप्ताहिक कष्ट

अब टेलीफोन ऑफिस ने निश्चय किया है कि एक सप्ताह तक नम्र रह लें, जरा सभ्यता से व्यवहार करें।

यह बात टेलीफोन विभाग के कर्मचारियों के लिए तो है ही नहीं क्योंकि वे तो इतने व्यस्त रहते हैं कि नम्रता का मक्खन लगाने का उन्हें समय ही नहीं।

यह है उन लोगों के लिए, जो दोनों सिरों पर बातचीत करते हैं।

आशा है, सप्ताह भर वे नम्रता से व्यवहार करेंगे।

सप्ताह समाप्त के पश्चात तो अनम्रता का वर्ष प्रारम्भ हो जाएगा। वही वर्ष जिसमें से मध्यभारत रोडवेज अपना शिष्टता सप्ताह मनाने के बाद गुजर रहा है।

इधर पंचवर्षीय योजना सप्ताह भी समाप्त हो गया।

सब जगह ढोल बजे, जागृति हुई, मुर्गे की बाँग पर प्रभातफेरी निकाली गई। दोपहर को कुछ खोदा-बनाया, भाषण मारे, रात को सिनेमा देखा, सुबह खबर लिखी और डाक में डाल दी, कार्यक्रम समाप्त।

वास्तव में पाँच वर्ष बराबर राष्ट्र के निर्माण-कार्य में श्रमदान करते रहना कठिन है। एक सप्ताह की अवधि बनाने से मामला सरल हो जाता है।

कार्य का लेखा-जोखा करने से तो क्या लाभ, व्यर्थ देरी लगेगी, पर यह हर्ष की बात है कि पहली पंचवर्षीय योजना समाप्त होने आ गई है और बड़ी जल्दी दूसरी भी प्रारम्भ हो जाएगी।

इस पंचवर्षीय योजना में काम कम हुआ तो उसका इतना दुख नहीं है, पर रुपया बच गया, यह बड़े हर्ष की बात है।

और दूसरी पंचवर्षीय योजना में कुछ भी करके रुपया सब समाप्त कर दिया जाए, काम तो ठीक है।

हमारी पंचवर्षीय योजना आन्दोलन की यह बड़ी भारी विशेषता है कि प्रत्येक व्यक्ति को यह मालूम है कि पाँच वर्ष में कितना कार्य करना है, पर यह नहीं पता कि इस वर्ष क्या करना है, इस महीने क्या करना है, आज क्या करना है। अतः पाँच साल तक पंचवर्षीय योजना पर भाषण तथा प्रचार चलता रहेगा और फिर दूसरी का समय आ जाएगा।

हाँ, इस योजना सप्ताह में क्या करना है, सबको पता था।

बड़े पुराने समय से जब त्योहारों की प्रथा निकली तो उसका कारण कुछ ऐसा ही था कि दुख में जिन्दगी काटनेवाला व्यक्ति साल में कुछ दिनों त्योहार आयोजित हो जाने से थोड़ा समय हँसी-खुशी में गुजार ले।

यही कारण इन सप्ताहों और दिनों के साथ है।

जो कंडक्टर अथवा ड्राइवर साल भर अशिष्टता से रहते हैं, वे सप्ताह भर शिष्टता से रहें।

सप्ताह भर नम्र रहें।

सप्ताह भर सड़कों पर ट्रैफिक नियमों पर चलें।

और जो भारतीय सदैव इन निर्माण-कार्य के प्रति पेशेवर रुचि व अरुचि दिखाते हैं, एक सप्ताह तक पंचवर्षीय योजना सप्ताह मना थोड़ा जान लें, थोड़ा श्रमदान करें।

सब विभागों को अपने सप्ताह मनाने चाहिए। वकीलों को मुकदमा सप्ताह मनाना चाहिए ताकि वे लोग जो कोर्टबाजी में अरुचि रखते हैं, ज्यादा मुकदमे लड़ें।

अपना भविष्य जानने के लिए जनता शासन द्वारा प्रचारित योजनाओं पर प्रकाशित पत्रिकाएँ नहीं पढ़ती, परन्तु राशिफल पढ़ती है, जन्मपत्रियाँ देखती है।

पर महीनों में एक बार पिकनिक आयोजित करने से जैसे मनुष्य शहर का यह गंदा वातावरण छोड़ प्रकृति के निकट आता है, ठीक उसी प्रकार ऐसा वर्ष में सप्ताह मनाने से भी भारतीय जनता अपने काम-धंधों को छोड़कर पंचवर्षीय योजना के करीब आती है।

ठंडी तकलीफें

उस दिन सुबह-सुबह जब मैं शहर से गुजर रहा था, तब मुझे आश्चर्य हुआ कि राह में चलनेवाले प्रत्येक व्यक्ति की दाढ़ी साधारण रूप से बढ़ी हुई थी।

मैं समझ नहीं पाया कि आखिर एकाएक चेहरों की चिकनाहट कहाँ चली गई? अभी-अभी कोई 'दाढ़ी बढ़ाने का आन्दोलन' भी प्रारम्भ नहीं हुआ!

जब मैंने एक दुकान से ब्लेड खरीदी तो दुकानदार ने मुझे बताया कि इन दो-तीन दिनों से ब्लेडें नहीं बिक रही हैं। कारण है—यह गहरी ठंड।

इतनी गहरी ठंड है कि लोग अपने चेहरे पर तीखी ब्लेड नहीं सहन कर सकते, इसका मुझे विश्वास नहीं था।

पर जब 'नई दुनिया' में पढ़ा कि रानीखेत और मंसूरी में बरफ गिरी है और ठंडी-ठंडी हवाएँ मध्यभारत को अपने में समेट रही हैं तो गरम कपड़े पहनने पड़े।

उस दिन मैं मन्दिर नहीं गया, एक होटल में बैठकर वापस आ गया।

दुर्भाग्य से मध्यभारत के बच्चों को गिरती बरफ का आनन्द नहीं नजर आता वरना मिस्टर लो की तरह नथुनों पर तीन इंच बरफ से ढका कोई घोड़ा हमें भी सड़क से भागता नजर आता।

और साँस छोड़ते ही मूँछों पर बर्फ जम जाती। सुबह-शाम डॉक्टर किसी हालत में अस्पताल के राउंड नहीं लगा सकते।

ठंड और कुहरा इतना बढ़ जाता कि अंडर ड्रेनेज के काम अधूरे रह जाते और राहचलतों को खजूरीबाजार के गड्ढे नजर नहीं आते।

जैसे 1292 में राइन नदी जम गई थी और अनेक को कष्ट झेलना पड़ा था, वैसे चम्बल जम जाती और बर्फ के बाँध बँध जाते।

जैसे 1067 में जर्मनी में सड़क पर गुजरनेवाले बर्फ से जम गए थे, वैसे जेलरोड पर होता।

जैसे 1691 में गहरी ठंड के कारण वियेना में भूखे भेड़िए शहर में घुस आए थे, वैसा इन्दौर के साथ होता।

तब ब्रह्मपुत्र का ब्लेड खरीदने जाना तो दूर, वह कल्पना तक नहीं कर पाता।

और फिर ठंडे पानी से नहाना...?

मैं समझता हूँ, इस गहरी ठंड में तो अभिनेत्रियाँ भी नहीं नहाती होंगी, चाहे वे विज्ञापनों में सदैव दम भरती हों कि वे अपने प्रिय साबुन से रोज नहाती हैं।

सोचिए, रानीखेत और कुमायूँ में बर्फ गिर रही है और मध्यभारत में नल बन्द हो रहे हैं।

मालवी बच्चे 'ठंड बजे ठाडो, पटेल लावे पाडो, लोग लावे लाडो' कहते हुए आग के पास सिमट रहे हैं।

मुझे 'ले हंट' का तर्क बहुत जँचता है कि मनुष्य विचारशील प्राणी है और जब बिस्तर में गरम ओढ़कर विचार कर सकता है तो फिर उठकर काम करना कहाँ की इनसानियत है?

इस दर्दीली ठंड में किसका दिल कविताओं से भरपूर नहीं हो जाता होगा! अंग्रेजी कवि तो इस वक्त गरम प्यार पर कविताएँ लिख देते।

सेनापति कहते हैं–आयो सखि पूसौ, भूलि कंत सौं न रूसो...!

कन्त के मन को ठगने का यह उपदेश देते समय आजकल जैसी ही ठंड होगी।

पर यहाँ तो ब्लेड ही मुँह पर नहीं फिर सकती। यह शक्ल ले, इस ठंड में कहाँ जाएँ?

विजयलक्ष्मी पंडित जैसी हिम्मत हममें कहाँ कि मास्को की बर्फीली सुबह में भी वे छः बजे ठंडे पानी से नहा लेती थीं।

नहीं तो 'परिक्रमा' लिखते समय ये हाथ नहीं ठिठुरते और दो चाय के प्याले नहीं खत्म होते।

रेडियो-एक्टिव-मानस

बम गिरने का प्रभाव सिर्फ मछलियों पर ही नहीं पड़ा, आदमियों पर और समझदार कहे जानेवालों पर तो विशेष रूप से पड़ा।

दिमाग कुछ घूम गया। भाषा कुछ संयत हो गई। तर्क जरा तिरछे हो गए। पुरानी तस्वीर फिर से नई और अनजानी-सी लगने लगी। अखबारों में हाइड्रोजन प्रभावित घटनाएँ फूटने लगीं।

निक्सन ने बारह वर्ष बाद की बोली बोलकर कहा कि हाइड्रोजन बम संसार के इतिहास में शान्ति की सबसे बड़ी शक्ति सिद्ध हुई है।

चर्चिल जिसके पैर पार्लियामेंट में काँप रहे हैं व जो छोड़ने के इरादे में हैं, वह भी हाइड्रोजन बम को शान्ति स्थापित करने के लिए आवश्यक मानता है।

क्योंकि चर्चिल को विश्वास था कि सन्धि के अनुसार अमेरिका-इंग्लैंड में एटम-सम्बन्धी बड़े प्यारे सम्बन्ध हैं।

परन्तु ट्रूमेन ने कहा कि अमेरिका और इंग्लैंड की सन्धियाँ केवल एटम के सम्बन्ध में हैं। हाइड्रोजन बम पर वे सब लागू नहीं होतीं।

एफ. एम. मांटगुमरी ने कहा कि यदि युद्ध के समय सबसे ज्यादा रक्षा कर सकने वाला कोई स्थान है तो वह शत्रु के सबसे निकट ही है।

यह सब हाइड्रोजन प्रभावित बड़बड़ाहट है। इसमें तर्क तिरछे थे। तस्वीरें नई नजर आने लगी हैं।

इस सप्ताह काफी आकर्षक और मजेदार खबर पढ़ने को मिली।

जैसे ब्रिटिश गायना में शासकों की अक्ल बजाय ठीक होने के गुम हो गई है। वे फिर से धड़-पकड़ प्रारम्भ कर रहे हैं। पुलिस को विशेषाधिकार दिये गए हैं।

फ्रांसीसी तिरंगे झंडे को चीरने-फाड़ने व कुचलने लगे हैं। बड़े भारी प्रजातन्त्रवादी देश की गौरवशाली परम्परा का प्रदर्शन हो रहा है।

एक विदेशी पत्र ने पुर्तगाल को बेवकूफ माना है क्योंकि भारत में बस्ती कायम रखने से कोई भी आर्थिक फायदे नहीं होते।

इधर इंडोचाइना के विषय में डलेस के वाक्यों को नेहरू ने नापसन्द किया।

अमेरिका बहुत ही अक्लमन्दी का प्रदर्शन कर रहा है। हिन्द-चीन के युद्ध में कोरिया, युद्ध के समय से अमेरिका पूरा योग दे रहा है। मगर अभी वे कह रहे हैं कि यदि चीन हिन्द-चीन के मामले में भाग लेगा, तो हमें भी कूदना पड़ेगा।

खबर पढ़कर इतना आश्चर्य होता है कि अभी तक अमेरिका जैसे दूध का धुला अलग बैठा था।

यहाँ तक तो सब ठीक था। हाइड्रोजन के बाद नेपाल सरकार का दिमाग खराब हुआ।

इसे संसार की सरकारों पर पड़नेवाली मेकार्थी की नीति का प्रभाव भी कह सकते हैं।

नेपाल की सरकार सारे कर्मचारियों की जाँच कर रही है और वे कर्मचारी, जो राष्ट्रभक्त होंगे, उन्हें छोड़ सबको अलग किया जाएगा।

राष्ट्रभक्त से मतलब एम.पी. कोइराला के प्रति भक्ति है।

मुझे आजकल के अखबारों में हाइड्रोजन बम गिरने के बाद आनेवाली खबरों से लगता है कि इन सबके दिमाग भी रेडियो-एक्टिव तत्त्व ने बेकार कर दिये हैं।

बड़ी-बड़ी अन्तर्राष्ट्रीय पैमाने की मूर्खताएँ हो रही हैं। शासक और शासित के संघर्ष मूर्खों और ज्ञानियों के संघर्ष मालूम पड़ रहे हैं।

पनामा के जंगलों में बेलजियम के भूतपूर्व बादशाह लिओपाड खो गए हैं।

पाकिस्तान में ठोकर लग जाने के बाद भी शहंशाही चल रही है।

ये सब गलतियाँ, बेवकूफियाँ क्यों होती हैं? सब हाइड्रोजन बम के धमाके के बाद?

स्वागत और पुलिस

मानवीय रूप से सोचें तो एक गृहस्थ और एक डाकू में जैसा बुद्धि और व्यवहार का अन्तर है, ठीक वैसा तो नहीं, पर उतना ही बड़ा अन्तर एक साधारण इनसान और पुलिसवाले में होता है।

हम जुलूस में अपनी भावना के कारण चलते हैं और वहीं पुलिस इन्तजाम के कारण चलती है। पुलिस में भावना नहीं होती। वह नेहरू के भाषण से बेरुखा रह भीड़ को डंडा दिखाने की सोचता रहता है।

पुलिस अन्दर-बाहर दोनों से खाकी हो जाता है। उसकी आत्मा का सजग डंडे की तरह होती है, उसकी आँखें टॉर्च की तरह हलचलें खोजती हैं।

पुराने सबूतों की परम्परा में एक और कड़ी मुझे मिल गई जब दिल्ली में रूसी नेताओं का स्वागत हो रहा था।

कनॉटप्लेस की चौड़ी सड़कों पर ये खाकी खम्भे जनता और अतिथि के बीच दीवार बनाने में व्यस्त थे।

सुबह नौ बजे से जब फुटपाथ पर औरतें स्वेटर बुनती बैठने लग गई थीं, दूर के स्थानों से इनसान सिमटकर उस ऐतिहासिक मार्ग पर घिर रहे थे, जहाँ से शान्ति के प्रतीक गुजरनेवाले थे।

लाल और तिरंगे झंडों ने सड़क पर छत-सी बनाने की कोशिश की थी और बिना मजदूरों से जबरन चन्दा किए और थैली की कामना लिये अनेक दरवाजे बन गए थे।

उन रातों वहाँ के पेड़ों पर लाखों सुर्ख लट्टुओं के जगमगाने से दिल्ली परीनगर-सी हो रही थी—और एक सुर्ख लट्टू की तरह हर-एक का दिल चमक रहा था। वे सब उस सुबह एकत्र हो रहे थे।

मैंने सुना था कि दिल्ली की इन शुभ घड़ियों में कहीं कोई खाकी कीड़ा नजर नहीं आएगा और व्यवस्था वालंटियर करेंगे। वे थे भी—नीली निकर नहीं पहने थे—सादे लिबास में थे। उन्हें दूध-चिवड़े का मोह भी नहीं था। उनकी बाँहों पर नेहरू बल्गानिन के हाथ मिलाने का चित्र था।

पर एकाएक खाकी वर्दियाँ छितराने लगीं और सड़कों से आदमी बीन फुटपाथ पर फेंकने लगी।

दोनों तरफ बारह-पन्द्रह से कम पंक्तियाँ स्वागत के लिए उमड़ी जनता की थीं और सबके आगे डंडों से पीछे हटाती खाकी बागड़ लगी थी।

एक ने कहा–सब बैठ जाइए। सब बैठ गए। दूसरा आया–सब और पीछे हटें। फिर गड़बड़ हो गई। फिर कहा–बैठ जाइए। डंडे दिखे, चुप्पी।

एकाएक कोई खाकी अफसर आया।

सब पुलिसों से बोला, 'देखो, जब फोटू होगा, तब अपने-अपने डंडे पीछे कर लेना। फ़िल्म या फोटू में डंडे नहीं आना चाहिए, समझे?'

पास एक रेडियो से पालम पर हो रहे स्वागत समारोह का वर्णन चित्र आ रहा था। जनता में कुछ ने पूछा, 'रूसी नेता कब तक आएँगे?'

पुलिस अफसर बोला, 'अजी आप सुणते नहीं क्या रेडियो–अभी 'लेक्चरबाजी' चल रही है।'

मैंने कहा, ' 'लेक्चरबाजी'? दुनिया की इतनी बड़ी बात 'लेक्चरबाजी' है? ये क्या आर्यसमाज के भाषण हैं? आपको बोलना नहीं आता।'

सब लोग उस अफसर पर हँस दिये।

फिर भीड़ का धक्का आया। फिर गड़बड़, फिर डंडे। एकाएक तीनों नेता 'बल्गानिन-ख्रुश्चेव-नेहरू' की कार नजर आई। बैठी जनता स्वागत के लिए खड़ी हो गई। बैठकर स्वागत नहीं होता है।

और पुलिस डंडे से दाबने, धकेलने लगी, 'बैठ जाओ, बैठ जाओ।' एक कार आई, उसने फोटो लिये। डंडे ही डंडे। –'पीछे हटो, बैठ जाओ।' फिर नेता आए। सबने हाथ उठाए। प्रसन्नता के स्वर गूँजे। पुलिस डंडों से धकेलती रही। कार निकल गई। शेष बची–प्रसन्नता और चोटें।

सतही सौजन्य

पाकिस्तान के एक बड़े नेता ने प्यार उमड़ने पर फरमा दिया है कि हिन्द और पाकिस्तान के झगड़े दोस्तों के झगड़े हैं। दोस्तों के झगड़े यानी जो दोस्ती से निबट सकते हैं और दोस्ती है तो झगड़े स्वाभाविक ही हैं।

बात सच है, झगड़े तो दोस्तों में ही होते हैं। अपरिचित आपस में झगड़ने ही क्यों लगें? और कभी साइकल टकरा जाने या रेल में अधिक भीड़ होने के कारण दो अपरिचित झगड़ भी पड़ें तो जल्दी ही बात आई-गई हो जाती है।

परिचितों के झगड़े ही वास्तव में झगड़े हैं और दुश्मनी की फसल दोस्ती के खेत में हो जाती है—वह चाहे क से ख की हो या हिन्द से पाकिस्तान की हो। जहाँ चार बरतन होते हैं, वहाँ थोड़ी भड़भड़ विचारगोष्ठी हो जाती है। कमोबेशी सरीखी एकता और प्रेम पति-पत्नी में हो सकता है, पर दोस्तों में नहीं।

मनोविज्ञान के जाने-समझे कहते हैं कि ज्यादा प्रेम लड़ाई करवाता है और कलह का मूल हाँसी में उतना ही सत्य है जितनी कि रोग की जड़ खाँसी है।

किसी को हँसी-मजाक का अधिकार मिलता है तो दूसरे को कुछ-कुछ बन्धन अथवा गुलामी अनुभव होती है, उसका व्यक्ति मर जाता है और वह मुक्ति के वास्ते आत्मविद्रोह पर उतरता है, जंजीरें टूटती हैं और समाज कहता है कि दोस्तों में झगड़े हो गए।

तो क से ख की या श से म की या हिन्द से पाक की जो कटाछनी तथा मन-मुटाव है, उसका कारण है—जलन। वह जलन, जो दूसरे की प्रगति व निर्माण को देखकर दिल में स्वयं उगती है।

फिर इस बात के भी कई सबूत हैं कि जब किसी दोस्त के मन में दूसरे दोस्त के लिए जलन जागी तो वह सीधा किसी बड़े के पास से सहयोग प्राप्त कर दूसरे को छोटा सिद्ध करेगा और अपने पासे फेंकेगा।

क से जलकर ख फिर ग के पास जाता है, श से जलकर म किसी प को अपनी तरफ हिलाता है और हिन्द से जलकर पाक अमेरिका का गहरा बन उससे सहायता लेता है। युद्ध की सामग्री प्राप्त करता है और भय दिखाता है।

जब क, श और हिन्द पाक पड़ोसी से नहीं डरते, न किसी बड़े के सहयोग से डरते हैं, तब गलती और मूर्खताओं का विश्लेषण करना पड़ता है कि पाक-हिन्द आदि के झगड़े तो दोस्तों के झगड़े हैं। यह ध्वनि दुश्मन के खेमों से आती है।

नैतिकता की छपी हुई किताबों का आग्रह है कि नीचता नीच कर्म में ही नहीं है, पर नीचता की भावना मन में उदय होने में है।

पाक हिन्द से अकारण नाराज है। नहर का पानी अल्लाह का दिया है, राज्य की सीमा आदमी की बनाई है, लड़ाई का भय व्यर्थ का डर है। सब झगड़े सुलझ सकते हैं पर प्रश्न यह है कि वह कीड़ा जो मन में पैठा हुआ है, वह किस ऑपरेशन से निकलेगा?

डाह का अंकुर सदैव प्रगति की होड़ाहोड़ के समय उग आता है और वहीं पर यह अंकुर उगता है जिसे कि अपनी शक्ति, बुद्धि और क्षमता का भावी चित्र धुँधला नजर आता है। वह नहीं चाहता कि उसका साथी पड़ोसी उससे आगे बढ़ा दिखे और दिखे तो उसके आशीष से दिखे।

सो हिन्द की अपनी राह है। उसका किस्मत वह खुद बनाता है। उसकी मैत्री से मोहित सब स्वयं हो जाते हैं या होने के लिए तरसते हैं। पतन के रास्ते जानेवाले सब उसका विरोध करते हैं।

और दोस्ती का हो या दुश्मनी का, झगड़ा-भाव और क्रियाएँ तो समान ही होती हैं, नुकसान भी समान होता है, तब उसे दोस्ती के झगड़े कहकर थोथे पर दे डालना मूर्खता है।

दिमाग, दिल और जुबान में फर्क रखना समझदारी का सबसे बड़ा दोष है।

त्रिशूल

धर्म ने अब वापस त्रिशूल उठाया है। ईसा मसीह के पन्थी पदाधिकारियों ने अब नए निश्चय कर लिये हैं।

उन्हें दिख रहा है कि शैतान अब तीन तरीके से आदमी को पापी बनाता है।

और धर्म के पंडे अब त्रिशूल उठानेवाले हैं।

बात यह है कि इन आर्थिक हलचलों और राजनीति के लम्बे भाषणों में बेचारे पोप और उसके पन्थी लोग अब दब से गए हैं।

वे राजनीति में लगातार टाँग फँसा रहे हैं। और चर्च की रही-सही इज्जत भी खत्म कर देने पर तुले हुए हैं।

क्योंकि अब जमाना बदल गया। प्रजातन्त्र और समाजवाद लोगों का नया धर्म बन गया है।

चर्च के प्रति बेरुखापन अमेरिका के पादरी महसूस कर रहे हैं। क्योंकि आज के व्यक्ति में आदत यह है कि वह बुराई करता है कि लौह परदों के पीछे ईश्वर का दम घोंट दिया गया है। परन्तु खुद कभी किसी चर्च में नहीं जाता।

और अमेरिका के धर्माधिकारी बिली ग्राहम ने इसी कारण यह घोषणा की है कि ईश्वर के प्रति भक्ति कम होने का कारण है समाजवाद।

इस लेख से काफी विरोध और पक्ष की बातें चल पड़ीं।

अब बिली ग्राहम का दूसरा हमला शराब पीने पर है।

पेरिस के होटलों में जब शराब पीने के लिए नल लग रहे हैं और अमेरिका में इस कल्पना की तारीफ की जा रही है, तब बिली ग्राहम धर्म के नशे में जो आँकड़े प्रस्तुत कर रहे हैं, उन्हें कोई मंजूर नहीं करता है।

अधर्म के खिलाफ जेहाद छेड़ने की कसम खाई गई है। विचार है कि तीन महीने में सब लोगों के दिमाग बदल दिये जाएँगे।

बिली ग्राहम के लेख जो 'निव यार्क जनरल अमेरिकन' में प्रकाशित हो रहे हैं, वे अमेरिका को इंग्लैंड की अपेक्षा गया-बीता मानते हैं।

क्योंकि वहाँ शराब कम पी जाती है। ईश्वर को ज्यादा पूछा जाता है और तलाक कम होते हैं।

जेहाद में त्रिशूल का एक निशाना तलाक को है। शैतान आदमी को इन तीन वजहों से बिगाड़ रहा है।

श्री बिली ग्राहम हाइड्रोजन बम के बारे में खामोश हैं। उनका चर्च शायद बमों को ही ईश्वर का फरिश्ता मानता है।

हाइड्रोजन बम धर्म प्रचार में बाधा न बनेगा क्योंकि उसका लक्ष्य उन समाजवादी देशों पर गिरना है, जहाँ ईश्वर की पूजा नहीं होती है।

आप अमेरिका की बढ़नेवाली मिलिटरी ताकत पर भी खामोश हैं।

और अमेरिका की बढ़ती हुई बेकारी में आपके हिसाब से धर्म का कोई सम्बन्ध नहीं होगा।

मैं सोचता हूँ कि लूथर और बालजाक सरीखे व्यक्ति जो पादरियों के खिलाफ बकते थे, वे वास्तव में किसी पूर्वग्रह से ग्रसित नहीं थे।

अभी इसी प्रकार के एक पादरी चरित्र पर प्रकाश डालनेवाली कहानी अखबार में आई थी।

एक जवान लड़की एक पादरी को बहुत ज्यादा चाहने लगी। उसने कई बार पादरी से निवेदन किया कि विवाह कर ले परन्तु पादरी ने कोई उत्तर नहीं दिया।

कई माह तक पादरी की ओर वह प्रेम से निहारती रही और पादरी अपने नियमों पर अटल रहा।

पर जब एकाएक उस लड़की के चाचा ने अपनी मृत्यु पर लाखों डॉलर भतीजी के नाम छोड़े तब वह पथरीला पादरी बर्फ-सा द्रवित हुआ और दोनों का विवाह हो गया।

ऐसे पादरियों की जमात का समाज पर प्रभाव नहीं रह सकता। चाहे वे रास्ते में कितने ही काँटे बोएँ, पर नए जमाने को तो 'फूल को फूल है वाको है तिरसूल'।

जलवायवी सियासत

लाचार हूँ इस शब्द के प्रयोग के लिए। किन्तु इसके अलावा कोई चारा ही नहीं। जब नए किस्म की बात सामने आती है तो पुराने शब्दों से काम नहीं चल सकता।

राजनीतिक वातावरण अथवा पोलिटिकल एटमासफेयर से सब परिचित हैं। किन्तु अब एक नई बात आई है यानी ऋतु और राजनीति का सम्बन्ध जोड़ा गया है। जैसे जाड़े में भाषण, बसन्त में आन्दोलन और ग्रीष्म में संघर्ष।

वैसे आदमी के हर काम का सम्बन्ध मौसम से होता है। खेती की फसलें होती हैं तो मौसम से। फल पकते हैं तो निश्चित ऋतुओं में। पानी भी बरसात में ही बरसता है।

वैज्ञानिकों का मत है कि मूड और जलवायु में बड़ा घनिष्ठ सम्बन्ध है। बदली हो तो गुस्सा आता है, गर्मी में नींद और जाड़े में फुर्ती। बसन्त की हम न कहेंगे। लेकिन राजनीति में हाइलेक्टिल मटीरियलिजम के साथ ही अब जलवायु भी उसी प्रकार प्रवेश किया चाहती है कि जैसे राजनीति में दबाव घुस गया है–यानी प्रेशल पॉलिटिक्स।

पहले मौसम पंडित दबाव को जलवायु का अंश मानते थे। जब राजनीति में दबाव घुस गया है तो अरबी समुद्र से मानसून आना स्वाभाविक है।

पंचशील की घोषणा कर प्रधानमंत्री नेहरू ने राजनीति की वर्तमान अमरीकी गल्फ स्ट्रीम को काफी ठंडा किया। तो अब उसके साथ ही यह भी स्पष्ट कर दिया है कि पंचशील आम के पौधा-सा ही है जो एक विशेष जलवायु में ही लग सकता है। उन्होंने संसद में घोषित किया, फिलहाल वे गरम देशों में ही पंचलीश फैलाना चाहते हैं, शीत देशों में नहीं।

वास्तव में पंचशील उसी देश की उपज है जहाँ ठंडाई का आविष्कार हुआ है। भाषाशाली शायद वे जानते हों कि 'शील' शीत का अपभ्रंश है। और शीत माने ठंडक।

पंच तो विशुद्ध भारतीय तत्त्व है जिसे लोगबाग गलती से एक अंग्रेजी अखबार मान बैठते हैं। पंच प्राण, पंच महाभूत, पंचेन्द्रिय तथा पंच पांडव हैं। किसी अन्य राष्ट्र के इतिहास, अध्यात्म अथवा लोकगीत में पंचशील भारतीय परम्परा के अखंड प्रवाह की ही एक धारा है। भारत के अध्यात्म का अन्तरराष्ट्रीय आविष्कार है।

तो जो शीत हैं, उन्हें अन्य पाँच शीतों की क्या आवश्यकता? पंचशील गरमी में ठंडक और ठंडक में गरमी देनेवाली चाय नहीं जो हर मौसम में, हर चौराहे पर या राष्ट्र में पी जाए। वास्तविकता का बड़ा अंश है प्रधानमंत्री की घोषणा में। पंचशील पहले गरम जलवायु में ही पनपेगा।

उक्त घोषणा ने पश्चिम के उन शीतों को भी सन्तोष प्रदान किया होगा कि जो अपने पर चारों ओर से न होनेवाले आक्रमणों से बचने के लिए जाने कितने परकोटे खड़े किया करते हैं, वे प्रसन्न होंगे कि फिलहाल पंचशील गरम देशों तक ही सीमित रहेगा। हालाँकि यह खुशी तब तक ही बनी रहेगी, जब तक वे समझ न सकेंगे कि भारतीय काव्यधारा में रहस्यवाद होता है। भारतीय बानी की खूबी वही समझ सकते हैं जो चलती को गाड़ी कहने का मरम समझते हैं। शीत और गरम में भी कुछ ऐसा ही है।

समाजवाद की ईंटें

समाजवाद की कई भाँत होती हैं। भारत ने भी एक सरकारी समाजवाद जिसे मुआवजा देनेवाला समाजवाद कहा जा सकता है, अपना लक्ष्य चुना है।

उत्पादन अधिक हो, खेती की जमीन अधिक हो, कपड़ा अधिक हो, अस्पताल अधिक हों, मरीज अधिक हों, अधिक काम किया जाए और अधिक सेवाहीन कर्मचारी हों। सबकी अधिक पगार, सबके लिए अधिक मकान हों।

यानी अच्छे और बुरे, सभी कामों में अधिकता हो। आप देखते हैं, सरकारी सहायता अधिक मिलती है, चोरी भी अधिक होती है। छूट बहुत मिलती है और शोषण भी अधिक होता है।

फिर यह ठहरा निर्माण का युग। जो मजे पैसेवालों को वार-टाइम पर आए थे, यह अब फिर मिलने लगे हैं। वार-टाइम पर लोहे के व्यापारियों ने कितनी चाँदी बनाई थी! रोहिताश्व शेव्या खरीदकर लोहा चाँदी बन गया। घासफूस के लिए पवन पतझर में आँधी बन गया। क्या बात है!

उन दिनों सीमेंट, पतरें, ईंटें, चूना यानी सभी क्षेत्र में परमतत्त्व सरलता से प्राप्त हो जाता था। अब यह निर्माण का युग आया। सनकी सरकार को पाँच साल में सभी के मकान बनाने की सूझी है। बिन छप्परवालों को उधार दे रही है—ले भई, मकान मालिक बन।

कितना अच्छा समाजवादी कार्यक्रम है जिसमें पूँजीवादियों की जेबें मजबूत हो रही हैं! ईंटें, लोहा, चूना—सबके भाव उन लोगों ने ऊँचे कर दिये और मकान बनानेवालों के लिए यह समाजवाद महँगा पड़ गया।

बत्तीस रुपए हजार से ईंटें पचपन रुपए पर पहुँच गईं और जनाब सरकार अपने रजिस्टर भरने में लगी है कि इस तिमाही में गृह निर्माण का कार्य कितना हुआ है ताकि मंत्रीजी एक रौबदार वक्तव्य दे सकें।

हमारे समाजवाद के हैंडल पूँजीपतियों के हाथ हैं। वह जिधर घुमाए, पहिया उधर घूम जाएगा।

अभी अनाज के गोदामों पर ताला लगा वे बैठ गए और सरकार चीखती रही, धौंस देती रही, काफी दिनों तक ऊँचा बेंचकर वे एक के दो करते रहे। लोग गेहूँ खरीद महँगे कर खाते रहे और मंत्री लोग वक्तव्य देते ही रहे।

अब जब किसान गाड़ी लेकर बाजार में जाएगा तब उसके सिर पर यह समाजवाद की स्वतन्त्रता आ पड़ेगी। फिर अनाज के भाव गिरेंगे और चीख-पुकार उठेगी कि सरकार रोके।

जब तक सरकार अपील, वक्तव्य, निर्णय से अमल करने तक पहुँचेगी, तब तक आधे किसान लुट चुके होंगे।

समाजवाद में मकानों का लक्ष्य बनाओ तो पूँजीपति को फायदा, अधिक उत्पादन करो तो पूँजीपति को फायदा यानी सरकार कुछ और नक्शा बनाएगी, रंग दूसरा जमेगा।

मगर हम सोचते हैं कि भई, यह भी एक तरह का समाजवाद है। हमें तो 'समाजवाद' शब्द से प्रेम है—वह जिस रूप में मिलेगा, हमारे लिए वही ओ.के. है।

समाजवाद

समाजवाद क्या होता है, मुझे तो पता नहीं।

कहते हैं, यह एक पौधा होता है जिसकी फसल हमेशा लगती रहती है। रूस-चीन में बोया जाता है।

पहले हमारे देश में विदेश से कुछ पौधे आए थे, और अंग्रेज सरकार ने अपने बगीचों में लगाए थे। मगर चूँकि हमारे धर्मग्रन्थों में उसके विषय में कुछ नहीं लिखा था सो हमने उसे छूआ नहीं। पर जब अंग्रेज सरकार अपना बैग उठा चली गई तो वह पौधों का बगीचा राष्ट्रीय हो गया।

राष्ट्रीय सरकार ने उसी पौधे को महत्त्व दिया और तब कुछ सिरफिरों ने माँग की थी कि बजाय इस पौधे के समाजवाद का झाड़ बोओ, तो किसी को जँचा नहीं।

नेहरू तो यह देखने की कोशिश कर रहा था कि हमारी मिट्टी में समाजवाद बोया जा सकता है कि नहीं, मगर बाकी छुटभैये तो कह रहे थे कि राम का नाम लो, क्या दम है इन बातों में! समाजवाद के झाड़-पौधे यहाँ नहीं लग सकते। और लगाए गए तो भैया लोग तार उलाँघकर उसे उखाड़ डालेंगे। और यदि मार्केट में बिकने आए न, तो थोड़े राजनीतिक हरिजनों के सिवाय उसे कोई भी नहीं खरीदेगा।

छुटभैये की बात हम थोड़ी जनता ने भी सुनी और मान ली। समाजवाद को प्याज, लहसुन, शलजम की तरह समझा कि सूँघने की भी इच्छा नहीं होएगी।

हमने तो सूँघा नहीं था, पर देश की प्रतिनिधि नाकों ने सूँघ लिया था, तो जो उनने सूँघा, वह सारे देश ने सूँघा। जैसा उन्हें लगा, वैसा सारे देश को लगा।

पर सच बात यह थी कि प्रतिनिधि नाकों में भगवान जाने कौन-सी बीमारी थी कि सौ रुपए का सेंट लाकर रख दो, उन्हें महक नहीं आए।

बड़े दिन खींचातानी चलती रही। एक देश की क्यारी में एक ही पौधा तो बोया जा सकता है।

इधर भैया समाजवाद की फसल ऐसी ताकत से बढ़ी कि च्यांगकाई शेक फारमोसा में उकड़ूँ बैठकर अमेरिका से कुर्सी माँगने लगे।

फिर समाजवाद के खिलाफ खड़े खेतों के मालिक आपस में जबरी लड़ाई लड़ने पर तुल गए। इंग्लैंड, अमेरिका और फ्रांस रातोंरात एक-दूसरे का खेत जलाने की सोचने लगे।

थोड़े लोग नेहरू की तरफ आए और पूछा–क्यों भाई, अगर हम समाजवादवाला रूसी-चीनी खेत जलाएँ तो तुम क्या करोगे? हाथ में माचिस रखोगे या पानी की बाल्टी?

नेहरू ने कहा–कोई-सा भी खेत जले, मैं तो पानी की बाल्टी लेकर दौड़ूँगा और खबरदार कोई खेत जलाने की बात करी है तो!

इधर देखने-जाननेवालों ने कहा कि समाजवाद का खेत जल सकता नहीं। हिटलर जलाने गया था तो अपना मुँह जलाकर आ गया। नेहरू ने च्यांग को कहा, 'अबे तू फारमूसा में बैठकर अंगारे मत फेंक। कुछ होना-जाना नहीं।'

क्योंकि अब तक तो नेहरू ने अपनी जमीन भाँप ली थी कि इसमें समाजवाद बड़ी अच्छी फसल देगा। और चीन में जाकर खड़े खेत देख आया था।

यहाँ अब सभी समझदारों को जँच गई कि अब तो समाजवाद ही बोएँगे। झगड़ा चल रहा है। कुछ कहते हैं, समाजवाद बैल की तरह छत पर चढ़ेगा। कुछ कहते हैं, जो बड़ का पेड़ होगा, और कुछ कहते हैं कि फूलों की क्यारी होगी। और कुछ उसे गमले में बोना चाहते हैं।

अतः कुछ कहते हैं कि इसे रूसी-पद्धति से लगाओ, कुछ चीनी पद्धति पर जोर देते हैं और कुछ कहते हैं–जी, हमें जैसा बोना आता है, बोएँगे।

अजी, पहले धान तो बोओ! देशी या जापानी पद्धति की बात फिर करना।

ज्ञानमार्गी तितलियाँ

हर नगर का एक तितली पक्ष होता है और उसके कारण एक फूल पक्ष अपने-आप बन जाता है। यों प्रकृति में तो फूल के आसपास तितली मँडराती है, पर समाज में तितली के आसपास फूल मँडराते हैं।

अतः तितली का गुण रंगीनियत पर इतरा-इतराकर, विभिन्न केन्द्रस्थलों पर मँडरा-मँडराकर, सम्मान तो क्या, पर प्रशंसा रस को थोड़ा-थोड़ा ग्रहण करने के साथ निरन्तर पलायन करना तितली पक्ष का सामाजिक आधार होता है, और फूल पक्ष का भी सामाजिक आधार होता है।

तितलियों में वैभिन्न्य होता है और हर तितली के इतराने का अर्थ उसका अपना रूप है। उसके अत्यधिक प्रदर्शन द्वारा ही वे प्रशंसा-रस को ग्रहण करती हैं। यदि तितलियों में समानता है तो फूल पक्ष का आकर्षण तो कम होता ही है, पर साथ में तितलियों का व्यक्तिगत उद्देश्य भी पूर्ण नहीं होता।

और तितली का उद्देश्य उसके तितलित्व में ही निहित है। पर जब मुर्गे के सामने प्रदर्शन का ध्येय होता है तब ही केवल मुर्गी अपने पंख-पुर्जों का बड़ा खयाल रखती है, अन्यथा जब दाने चुगना हो तो आवरण सम्बन्धी समस्या से ध्यान हट जाता है।

अतः नगर के तितली पक्ष का उद्देश्य क्या है? यदि रूप और सौन्दर्य, तितलित्व का उद्देश्य हो तो उनके उद्गम स्थान और मंजिल स्टोर, सिनेमा आदि से अधिक नहीं हो सकता।

पर यदि उद्देश्य ज्ञान-प्राप्ति है तो आवरण की समस्या व्यर्थ है। एक रंगीन श्वेतवर्णीय हो जाना ही पर्याप्त होगा। कारण, सरलता-ज्ञान विनम्रता के निकट के गुण हैं।

और यदि अन्तर् में ज्ञान और ऊपर तितलित्व का संयुक्त उद्देश्य हो तो साम्य प्राचीन गणिका से ही किया जा सकता है, जो होना ज्ञानी से तथा ऊपरी सौन्दर्य निभाना समाज के आकर्षण के लिए आवश्यक मानती हैं।

अतः ज्ञानमार्गी तितलियाँ कोई उद्देश्य है, पर गणिका की स्थिति से घृणा हो, अरुचि हो, अपमानकर हो, तो दो भाग साफ हैं—एक ज्ञानमार्गी सरला का तथा दूसरा ज्ञानमार्गी तितलियों का।

अभी जो प्रयत्न हैं, वे गणिका की स्थिति से, तितली आवरण हटाकर, ज्ञानमार्गी सरला के हैं। श्वेतवर्ण सरलता, सौम्य, त्याग, शान्ति के प्रतीक हैं और वही अब अज्ञानमार्गी सरला आवरण है।

नगर के फूल पक्ष को यह खेत-चकाचौंध असह्य है तथा उनको प्रेरित करनेवाली वे शुद्ध तितलियाँ हैं जिनके लिए ज्ञान साधन है, लक्ष्य नहीं।

अतः पेशेवर तितलियाँ तथा पक्ष के संयुक्त असन्तोष के समाचार प्राप्त हो रहे हैं और वे श्वेत को वैधव्य का प्रतीक मानकर बिसूर रहे हैं।

पर फूल पक्ष जो रंगीनियों को छोड़ श्वेत से असन्तुष्ट है, उस माज़ी को, एकरंगी किनार को लक्ष्य नहीं कर पाता जो कि सदैव बहुरंगी बाह्य सत्य पाता जो कि सदैव बहुरंगी बाह्य सत्य तथा उसके पैर की कल्पना कर आत्मरति से सन्तोष पाता था।

फूल पक्ष का बुनियादी, तितली विद्रोह का पक्ष पाती है क्योंकि उनके जीवन के सम्मुख चंडीदास का आदर्श रहा है जो बहुवस्त्र स्वामिनी धोबन की ओर खिंचते रहे हैं।

श्वेत वस्त्र वैधव्य का प्रतीक माना जाए। वह युग अब चला गया जब अभोग्या, तथा मृतक पतिका को जीवनपर्यन्त केशहीन हो, अलंकारहीन हो श्वेत धारण अनिवार्य था।

स्वयंसेविका आदर्श का श्वेत ही आवरण माना गया है तथा स्वयंप्रेमिका का विचार कर चित्रलेखा से रूप का आन्दोलन मूर्खता है।

क्योंकि श्वेत नहीं, साम्य का लक्ष्य है ताकि पैसेवाली तितली के बहुरंगी वैभिन्न्य के कारण जो हीनभाव धनहीना में जाग्रत् होता है, वह न हो।

परन्तु तितली को एकदम ऑर्डर के ब्लीचिंग द्वारा रंगहीन होने को कहना ठीक नहीं है बल्कि धीरे-धीरे हृदय-परिवर्तन के साथ दिमाग परिवर्तन किया जाए। समानता के लिए गांधी वाला धीरे-धीरे का मार्ग ही उत्तम है।

उखड़ते पेड़

दो-तीन दिन ही हुए, एक पेड़ कट गया। एक भव्य व्यक्तित्व की तरह चलते-फिरते तोपखाने को अपने हरे आशीर्वाद देनेवाला पेड़ कट गया। अनेक पखेरुओं की बस्ती नष्ट हो गई।

बरसों पहले छायामयी उमंग लेकर किसी ने बड़ी हौंस से सड़क के किनारे यह पेड़ बोया होगा और अनेक आँधी-बरसात और गोलियों के बावजूद वह खड़ा रहा, पर अभी चार घड़ी बीती हैं, मुन्सीपाल्टी की निर्मम कुल्हाड़ी ने उसे टुकड़े-टुकड़े कर दिया। उसके अंग-प्रत्यंग जमीन पर आ गिरे।

इसने अपनी आँखों से कितने को आते-जाते देखा होगा, कितनी आँखों का मिलना भाँपा होगा, कितने कहकहे सुने होंगे, कितनी उदासी अनुभव की होगी, कितना कोलाहल पीया होगा, कितना सन्नाटा से कँपा जाता होगा!

मैंने पेड़ कटा देखा तो मैं सोचता रह गया। सोचा, इस घटना से कुछ दार्शनिक सीख लूँ। बिदाई का दर्द अनुभव करूँ। पतन के बाद की परिस्थितियाँ पकड़ूँ—पर मैं कुछ नहीं पा सका, रह-रह एक ही बात ध्यान में आती थी कि पेड़ कट गया।

यों मैंने कई बार कुछ बेहूदी गुस्ताखी हरकतों के कारण इस पेड़ को गाली भी दी है, पर आज जाने क्यों इस पेड़ बिना यह बड़ा-बाजार मुझे अकेला लग रहा है, सूना लग रहा है!

अब साँझ को चिड़ियों की चहचहाहट सुनाई नहीं देगी, सिर्फ मोटरों की अहंवादी आवाजें ही सुनने में आएँगी जो मोहक नहीं लगतीं।

यों रोज पेड़ कटते हैं, रोज बोए जाते हैं, जैसे रोज आदमी मरता है, रोज पैदा होता है, बल्कि कटते ज्यादा हैं और बोए कम जाते हैं—पर आज इस पेड़ के कटने ने जाने क्यों मन उदास कर दिया! कोई राजनीतिक या धार्मिक कारण नहीं—ऐसे ही।

पेड़ उखड़ता है, पाँव उखड़ता है, दिल उखड़ता है, व्यक्तित्व उखड़ता है—रोज ऐसा होता है। उखड़ने का यह क्रम सहज चलता है। एक बार का उखड़ा फिर नहीं जमता। न धरती पर, न समाज में, न नजरों में और न दिल में—चाहे वह कितना ही पवित्र और बेकसूर क्यों नहीं हो!

पर अपना उखड़ना सिर्फ किसी प्राकृतिक या ऐतिहासिक आँधी के प्रबल आवेग पर ही अवलंबित नहीं है। उसके बिना भी उखड़ जाने की नौबत आ सकती है। सचेष्ट निर्मम कुल्हाड़ी आपके टुकड़े कर देगी, आपकी जड़ उखाड़ देगी, आपको कहीं का नहीं रखेगी।

शायद यह पेड़ अपने कटने की कल्पना भी नहीं करता होगा। सोचता होगा, मैं क्या कसूर करता हूँ जो कोई मुझे उखाड़ना चाहेगा? पर कई बार बेकसूर भी एक बाधा बनकर आ जाता है और उसे उखाड़ दिया जाता है।

अतः नगरसेविका के इस कार्य से हमें सहज ही एक दार्शनिक सीख पल्ले आ पड़ी है और वह यह कि जो भी अधिक देर तक रास्ते में अड़े रहने की गुस्ताखी करेगा, वह काट दिया जाएगा, उखाड़ दिया जाएगा।

संसार तोपखाना है। इसमें चलते-फिरते रहिए, चलाते-फिराते रहिए। कहीं अड़ जाना ही अधर्म है। यह सनातन ट्रैफिक नियम है कि कहीं स्थित रह रोड़ा न बने।

ऐसी निर्मम व समझी-सीखी कुल्हाड़ियों के सम्मुख कोई भी कहीं टिककर नहीं रह सकता—चाहे कोई प्यारा पेड़ हो या सम्माननीय व्यक्तित्व।

पेड़ की आपबीती जगबीती है। कुछ सीख लें इससे तो हमारी समझदारी है, न सीखें तो टूटकर गिरने को तैयार रहें।

म्यान में कमल

पत्थरों की दीवारों में रहनेवाले दिल नरम फूल सरीखे होते हैं, इसका ज्ञान पहले नहीं होता था क्योंकि कौन दीवारें तोड़े और साधारण सचाई जानने में जान गँवाएँ?

सो यह सदैव के लिए मान लिया गया कि जिसके आस-पास पत्थर का घेरा है, उसका मन भी पत्थर का ही होगा। समय बीतता गया और लौहदीवारों के अन्दर की तानाशाही भी नादिरशाही ही समझी गई।

पत्थर की मूरत का दिल कोमल होना बताया जाता है जैसा कि आस्कर वाइल्ड की कहानी 'सुखी राजकुमार' के नायक का था, पर कोमल शरीर में दिल सदैव बेरहम ही माना गया, उसे जालिम घोषित किया गया।

वीरेन्द्र बता रहे थे कि मैंने जो रो-रोकर आँसू की झड़ी लगाई तो उस बेवफा ने घूमकर छाता लगा लिया।

आँसू या बरसात पत्थर पर क्या असर करे, यह बात सही है। पर असली रोने वाले को झड़ी के बावजूद छाता नजर कैसे आया?

खैर, मुझे किसी के प्राइवेट से क्या करना! मैं तो प्रचलित बात कह रहा हूँ पत्थर और कमल की।

हर मकान के दो सुरक्षा द्वार होते हैं : फाटक और दरवाजा। एक कोई उनमें मजबूत होता है। रूस वालों ने बरसों तक बाहरी फाटक बड़ा मजबूत रखा और उसमें आँखें कभी आर, कभी पार नहीं जा सकीं।

पर एक दिन एक राजकुमार ने या वजीर के बच्चे ने उस बियाबान खामोश शहर में कदम रखा तो हर पलक पाँवड़े बिछाए बैठी आँख ने उससे प्रेम किया।

सबने आश्चर्य से कहा–ओह, कहीं पत्थर की दीवारों में भी स्नेह सम्भव है? गलत! रूस की नीति में बदलाव नहीं आया है, चाहे वह परदेसी के प्रति कितना ही प्रेम क्यों नहीं दिखाए।

कारण वही पूर्वग्रह कि लोहे के आवरण में प्रेम का वास कैसे हो सकता है?

मगर अब समैया बदला भैया, रमैया वस्ता भैया कि बात है कि जहाँ गलीचे बिछे हैं, जहाँ फूलों के बाग हैं, जहाँ सारे रास्ते खुले हुए हैं वहाँ पर बम बनाने का काम चल रहा है। जहरीली गैस को ढाँकने के लिए इत्र के भभके छोड़े जाते हैं।

प्रकृति का तरीका ही ऐसा है कि अखरोटी मजबूती के अन्दर नरम गिरी होती है और पतले आम के छिलकों में मजबूत गुठली। वही रूस, जिसकी दीवारें अखरोट की तरह थीं; उसके टूटने पर अन्दर से गिरी निकली है और साम्राज्यवादी स्वतन्त्रता के नरम छिलकों में से निकले हैं युद्ध के पत्थर।

हम भारतवासी क्या हैं, अखरोट या आम? दोनों नहीं। हम हैं खरबूजा। ऊपर-बाहर, दोनों स्थानों पर नरम।

यह किस्मत की बात है कि अब इस खरबूजे को देखकर सभी खरबूजे रंग पकड़ने लगे हैं और एशिया की बट्टियाँ एक रंग हो रही हैं। नासेर और टीटो की कर्नली मार्शली पोशाकें उतर रही हैं और ये मलमल पहने मखमल बिछा रहे हैं।

पत्थर की दीवारें आज भी पत्थर की ही हैं, पर अन्दर मुगल बगीचा है। मखमली म्यान में लोहे की रक्तिम तलवार नहीं, पर अब मखमली म्यान में सुर्ख कमल हैं।

चलनी में अमृत

संसार में सदा अच्छी बातें कही गईं, और बुरे काम होते रहे हैं। कुछ ऐसा लगता है कि जैसे दोनों का बड़ा निकट क़ा सम्बन्ध हो!

प्राचीन काल में ग्रंथ लिखे गए और युद्ध व लूटपाट होती रही। ऋषियों-मुनियों ने सामाजिक मर्यादा कायम की और जहाँ भी नियमों के बीच में कोई सुराख दिखा, और मित्र लोग लड़की भगा ले गए।

कभी भी अच्छे उपदेश और आदमी के कामों में मेल नहीं बैठा। बस, उपदेशों से लाभ यही हुआ कि बुरे काम, बुरे काम साबित होते गए।

फिर भी उन दिनों लोग काम जी में आए, वह करें, पर दूसरों के उपदेश सुन तो अवश्य लेते थे। इसी वजह से आज जैसे रिकॉर्ड बजवाते हैं, रेडियो सुनते हैं–उसी तरह से ग्रन्थों का पाठ सुना करते थे, और आज जैसे भाषण सुनने जाते हैं, वैसे ऋषियों के उपदेश सुनने चले जाते थे।

पर पहले गीता पढ़ी गई तो अर्जुन के गले उतर गई–औरों के भी गले उतरी। आज भी लोग बाज़ार से खरीदकर पूजा में रखते हैं।

पर अब भाषण बड़े बेअसर हो जाते हैं। या तो ऐसा हो शायद कि लोगों को ही सन्तोष न हो। पहले तो एक मुनि के उपदेश सुन लोग जीवन भर उसे सिर पर लादे घूमते और आजकल हर मुनि के उपदेश सुनते हैं, इधर से उधर जाते हैं पर कहीं सन्तोष नहीं होता।

अखबार उठाकर देखते हैं–भाषण देते हुए अनेक मुँहों की कल्पना आ जाती है, पर व्यर्थ सुर मीठे हों चांहे न हों–सूचना होती है उससे ज्यादा क्या?

पर आप अन्तर कीजिए कि पहले जो गीताबाजी, उपदेशबाजी होती थी और आज जो भाषणबाजी होती है, उसमें क्या अन्तर है?

पहले भी वही सामाजिक, आर्थिक, नैतिक समस्याओं पर उपदेश होते थे, और आज भी वे ही समस्याएँ हैं। वर्णाश्रम की बातें उस युग के हिसाब से ठीक हैं और समाजवाद की बातें इस युग के हिसाब से ठीक हैं।

फिर भी उस युग की बातें बड़े समय तक, आदमी के पूरे जीवन और आनेवाली पीढ़ियों तक जीवित रहती थीं और आज दो घंटे भी दिमाग में रह जाएँ तो मान जाऊँ।

फिर वजह क्या है?

आज अपनी बात को फैलाने के साधन पवित्र नहीं हैं।

पहले बात चाहे कैसी भी हो पर वह बड़े पवित्र वातावरण में फैलती थी।

समाज ऋषियों को वर्षों मुफ्त रोटी खिलाता तब वे बड़ी अवस्था में जाकर अपने मुख से अनमोल वचन निकालते थे, और आजकल पहले वह काफी भाषण दे चुके, उसके बाद कहीं समाज से उसे मुफ्त की रोटी मिलती है।

खैर! फिर भी परिपक्वता तो आती है। अच्छी बात बोलते रहने से यश मिले, रोटी मिले तो कौन नहीं बोलेगा? और बोलते-बोलते जब अनुभव बढ़ेगा तो पते की बात बोलेगा।

फिर भी जब बेअसर हो तो यही कारण है। यहाँ 'अन्दाजे बयाँ और' को छूट दीजिए। वह चमत्कार है, और कुछ नहीं।

यहाँ साधन अपवित्र है। जिस साधन से कीचड़ उछले, उसी साधन से आप अच्छा व्यवहार करें—तो विश्वास नहीं होता। अखबार और माइक व किताबों से भी गीता आए तो न वक्ता कृष्ण, न श्रोता अर्जुन हो सकता है।

समाज को रोज चलनी (जिसमें सौ छेद) में अमृत पीने को मिलता है।

सितारे

कहते हैं कि प्रत्येक व्यक्ति के भविष्य का रहस्य तथा उसका प्रदर्शन करनेवाला आकाश का सितारा है।

नेहरू और ब्रह्मपुत्र से लेकर शहंशाह चित्र की एक्सट्राओं तक सब किसी सितारे से बँधे हैं।

चाहे नेहरू उसे अस्वीकार करे और ब्रह्मपुत्र उसे सोच भर कर रह जाए तथा शहंशाह चित्र की एक्सट्राएँ सितारों के बजाय प्रोड्यूसर पर अधिक विश्वास करें।

पर इस ज्योतिष सत्य को अस्वीकार नहीं किया जा सकता। यहाँ तक कि ज्योतिषी भी इससे बँधे हैं।

पर अब मार्गदर्शन करनेवाला तथा भविष्य के निर्माता सितारे आसमान में नहीं रहते, धरती पर रहते हैं।

यानी फिल्म के सितारे आजकल देश-आकाश में नजर गड़ाने के बजाय इन सितारों की ओर नजरें गड़ाए हैं।

विंडस्टर होटल, बम्बई के प्रोफेसर स्वामी, जो बड़े भारी ज्योतिषी हैं, उनका विज्ञापन पढ़ा था।

विज्ञापन में बीना राय और प्रेमनाथ ने लिखा था कि प्रोफेसर स्वामी अच्छे ज्योतिषी हैं और आपकी बताई बातें सदैव ठीक निकली हैं।

प्रोफेसर स्वामी भी आसमानी सितारों पर इतना विश्वास नहीं करते जितना कि फिल्म के दोनों सितारों पर। इसी कारण उन्हें इन्हीं के प्रमाणों से अपना भविष्य बनाना पड़ रहा है।

यह स्वाभाविक है क्योंकि बम्बई तो ऐसे सितारों की आकाशगंगा है और इस आकाशगंगा के आसरे सारा देश है।

बीना राय जिसका लकी नम्बर तेरह है (क्योंकि वह तेरह को पैदा हुई, तेरह को पहला कांट्रेक्ट मिला, तेरह को शादी हुई व तेरह को बच्चा हुआ), उसने शादी के पहले और बाद भी नौजवानों के मन को ध्रुवतारे सरीखा अटल रहकर तीन तेरह कर दिया।

पहले सितारे ही आकाशवाणी करते थे। आकाशवाणी के सितारे शायद मिल रहे होंगे। आजकल जो दिन भर देहली, गोवा, बम्बई, सीलोन से आकाशवाणी होती है, उसके सितारे भिन्न हैं।

पहले उस आकाशवाणी पर विश्वास किया जाता था और अब इस आकाशवाणी पर। क्योंकि आकाशवाणी कभी झूठी नहीं होती।

राजेन्द्र प्रसाद ज्योतिषियों पर विश्वास करते हैं पर नेहरू नहीं करते।

चंडीगढ़ में नेहरू ने कहा था कि मैं अपने तरह का ज्योतिषी हूँ। आकाश के सितारों के बजाय भारत की आँखों की ओर देखता हूँ।

भारतवासियों और नेहरू में केवल इतना फर्क है कि नेहरूजी चूँकि नेता हैं, इस कारण सारे भारत की आँखें देखते हैं और साधारण जनता सिर्फ फिल्मी सितारों की आँखें देखा करती है।

करीब साल भर पहले जब संसद में नेहरू ज्योतिषियों के खिलाफ अविश्वास प्रकट कर रहे थे—तब पास की बेंच पर बैठे राजगोपालाचार्य किसी मंत्री का हाथ देखकर भविष्य बता रहे थे।

यह हमारी गलती है कि ज्योतिष पर जनता का मन अटका है तो जनतन्त्र उसे शासकीय रूप से अस्वीकार क्यों नहीं करता?

कई दिनों पूर्व मिस्र की खबर थी कि वहाँ की सेना में रमल जाननेवाले ज्योतिषियों का ट्रुप रखने की योजना बनाई गई थी।

यदि इसे शासकीय रूप से स्वीकार किया जाए तो कोर्स में ज्योतिष भी विषय आ सकता है।

भारत में भी इंग्लैंड के केनेथ की तरह ज्योतिषी होना चाहिए। सूर्यनारायण व्यास और पृथ्वीधराचार्य से सन्तोष करना अच्छा नहीं है।

मुझे तो पंचवर्षीय योजना देख बड़ा आश्चर्य हुआ कि उसमें देश का पाँच वर्ष का भी भविष्य था ही नहीं, बिना उसके पुस्तक अधूरी है।

ज्योतिष और सितारवाद हमारे देश की संस्कृति से बँधे हैं। यदि अपना भविष्य बनाने में हम अपनी संस्कृति को भूलते हैं तो क्षमा करना, आकाशवाणी तो होगी नहीं पर सितारे शायद गजब ढा दें।

सुमन जैसा कवि भी जनसमूह के बीच कहता है, 'वो चमका सितारा, पथिक का सहारा।'

बताइए, अब अविश्वास कैसे हो?

कुंजी

बड़े पुराने समय में किसी विद्वान ऋषि ने अपनी त्रिकाल नजरों की समझ को व्यक्त करते हुए कहा था–ऐ मानव! तू तर्क की कुंजी अपने हाथों में लेकर ज्ञान के ताले खोलता चला जा।

ज्ञान के तिलिस्म को पूरा धीरेन्द्र सिंह की तरह पाने के लिए तर्क ही वह कुंजी थी जो मायारानी से छीनकर भूतनाथ ने अपने पास रख ली थी।

जो भी हो, काल के प्रवाह में तर्क शब्द तो बड़े की तरह गर्क हो गया और आदम की औलादें सिर्फ इस बात को याद रख सकीं कि 'कुंजी को लेकर ज्ञान के ताले खोलता चला जा'।

सभ्यता के विकास होने से ही असभ्यों के लिए बड़े-बड़े विश्वविद्यालय तथा स्थानीय विद्यालय बने। अनेक पुस्तकें ज्ञानमार्ग की सीढ़ियों की तरह सजाकर रखी गईं, परन्तु सबकी आत्मा, सफलता का सोता वही कुंजियाँ रहीं जिसे खरीदना छात्र प्रोफेसर के भाषण से भी अधिक आवश्यक समझता है।

फलतः तालों से ज्यादा महत्त्व कुंजी का रहा। हर ताले के लिए एक कुंजी क्योंकि शिक्षा की मास्टर चाबी तो खो गई है।

पहली, दूसरी, तीसरी, चौथी, दसवीं, इंटर, बी.ए. तक–सभी पुस्तकों की कुंजियाँ आईं, जैसे बच्चे को दूध जरूरी है व वृद्ध को लाठी।

प्रकाशक अपनी पुस्तकें कोर्स में लगाने के साथ ही उसकी कुंजियाँ, सम्भावित प्रश्न व गाइडें तैयार करने में लगे रहते हैं–हर पुस्तक की विभिन्न लेखकों द्वारा लिखी कुंजियाँ।

अभी सुना है, प्रान्त की वे पुस्तकें, जो मद्रास में छप ही रही हैं, बाजार में आई नहीं हैं, उनकी कुंजियाँ बाजार में बिकने आ गई हैं। और भी कई किताबें जो तैयार नहीं हुईं, उनकी कुंजियाँ मार्केट में आ गई हैं। साल शुरू हो गया है। सब खरीदेंगे।

पूछने पर पता लगा कि लड़कों को तो आवश्यक है ही क्योंकि शिक्षक से उन्हें असन्तोष है; परन्तु शिक्षकों को पुस्तकें क्लास में पढ़ाने के लिए इनकी सख्त आवश्यकता है।

अगर कविताएँ न समझा सकें, सवाल न बता सकें, शिक्षक से अधिक विश्वास अपने पास होने के लिए छात्र को कुंजी पर हो, तो आखिर यह सब चालीस तीन सत्तर, साठ तीन नब्बे, ग्रेजुएट, जावरा देवास एल.टी. आखिर किस मर्ज की दवा हैं? सिर्फ स्कूल में लड़कों को कमजोर रख ट्यूशन खोजने के लिए नौकरी करते हैं।

हमारी डीयर सरकार शराब के प्याले फोड़ रही है। अश्लील साहित्य को बायकाटित करवा रही है तो फिर इन कुंजियों पर दया की नजरें व्यर्थ हैं।

इन कुंजियों के लेखक भी वे ही प्रोफेसर व शिक्षक होते हैं जो अपनी कक्षा में लड़कों को कुछ न बता अपनी ही कुंजी खरीदने की सलाह देते हैं।

'किताबों की कुंजी तेरे पास है, गर याद कर ले तो क्या बात है!'

हर लड़का यों भी कक्षा में बैठा अपने शिक्षक की बातों को ध्यान से सुनना बेवकूफी समझता है क्योंकि उसे पता है कि कुंजी में सब लिखा हुआ है, वह देख लेगा।

फिर यही कुंजियाँ धीरे से परीक्षा-स्थल पर चली जाती हैं और लड़का लिखता है–'यह पद्यांश भारतेन्दु हरिश्चन्द्र की 'यमुना वर्णन' नामक कविता से लिया गया है।'

एक कुंजी उसे सारी परेशानी से छुटकारा दिलाती है। उसके बाद जो आदमी बाहर आता है, जिसे भाषणों की भाषा में भारत का स्वाधीन भावी नागरिक कहा जाता है, अपनी हर समस्या के लिए कुंजी खोजता है।

इस प्रकार से शिक्षा आजकल कुंजी-युग से जा रही है। असली डोरी तो कुंजी है, शिक्षक तो केवल कठपुतली है।

परिवर्तन

आजकल के अखबार बड़े ही भयावने नजर आते हैं। हर दिन ही किसी की पतंग कटने की खबर आ रही है। हर महत्त्वाकांक्षी अपना माँजा सूत रहा है।

अभी उस दिन मेंडेस फ्रांस, जिनके दम का जहूरा सबने मान लिया था कि अड़ जाते हैं तो पूरा करते हैं और बड़े-बड़े मसलों पर विजयी हो जाते हैं—वे भी छोटी सी बात पर उखाड़ दिये गए।

और उसके बाद मेलिन्कोव ने भी जाने किस कारण से सिर झुकाकर सलाम किया और प्रजातन्त्र के दरबार में इस्तीफा पेश कर दिया।

थाणुपिल्ले के साथ जो गुजरी, वह छोड़ो भी तो मुझे लगता है कि आजकल के दिन उन लोगों के लिए बड़े खराब हैं जिनके नाम के आगे 'म' आता है। वह चाहे फ्रांस और रूस का या अपने प्रान्त का ही हो।

'म' पर जिनका नाम है, उनकी महत्ता की मौत तो हो ही रही है।

सारे संसार में, मेरे मत से, प्रमुख नेताओं को छोड़कर शेष जितने हैं, वे सब अपनी महत्त्वाकांक्षा के कारण छोटे पद पर रहकर ऊँचे चढ़ने की सोचते हैं और फिर किसी भी बुर्के में रहकर सरकार बदल डालते हैं।

दुनिया जब शुरू हुई थी तब जिसके हाथों में शस्त्र हो, वही सबका निर्णायक हुआ करता था।

पर जब थोड़ी-सी ही स्थिरता आई तो पहले यह निश्चित किया गया कि निर्णायक तलवारवाला नहीं हो, पर दिमागवाला हो।

और भारत में ब्राह्मण राज्य के पथ-प्रदर्शक बन गए। यूरोप में पादरी लोगों के इशारे पर राजाओं के कानून घूम जाने लगे तथा मौलवियों का हुक्म मानकर साम्राज्यों का आक्रमण प्रारम्भ होता था।

यानी राजनीति के बजाय सांस्कृतिक क्षेत्र को लीडरशिप प्राप्त हो जाए।

आज 'म' की हालत खराब है; मेंडेस फ्रांस, मेलिन्कोव गए और ज्यादा होगा, महम्मद अली जाएँगे और 'ब' की उन्नति हो रही है तो बग्लोनिन का नाम चमक रहा है, ब्रह्मपुत्र के साथ भी कुछ अच्छा होगा।

पर जब 'ब' के बुरे दिन थे, बेरिया के साथ बुरी बीती थी, तब ब्रह्मपुत्र बच गए, बाबा बारपुते बच गए। बस, यही काफी है।

पर थोड़े दिन बाद बजाय पंडितों के राजनीतिज्ञों के हाथ में संसार के निर्णय आ गए। क्योंकि ज्ञान केवल धर्म में ही है, यह मान्यता समाप्त हो गई थी।

फिर राजनीतिज्ञों को सिर पर उठाकर जमाना घूमता रहा। उनकी तस्वीर और पुतलों का महत्त्व भगवान की तस्वीर की तरह हो गया।

पर अब कुछ दिनों से इन राजनीतिज्ञों के कन्धे पर भी दुनिया का भविष्य डालना खतरे और गड़बड़ की बात है।

क्योंकि जाने कौन किस समय उलट जाए! जाने कौन गलत पॉलिसी चलकर देश को धोखा दे दे! अतः अब राजनीति के लीडरों की तस्वीर को सिर पर उठाना, उनके गुण गाना, उन पर भरोसा करना बड़ा मुश्किल का सौदा होगा। कब भाव गिर जाए और इज्जत में मन्दी आ जाए, कहा नहीं जाता।

नगीब, शेख अब्दुल्ला, यशीद, मुसद्दीक, मेंडेस फ्रांस, यानी हद है। इनकी इज्जत करके अपनी बेइज्जती करवाएँ, ऐसी बेवकूफी अब दुनिया वाले नहीं कर सकते।

बेहतर यह है कि किसी बाँध बनानेवाले इंजीनियर की इज्जत की जाए, किसी डॉक्टर को महान कहा जाए, किसी कलाकार से रास्ता पूछा जाए।

और इन राजनीतिज्ञों के हाथ से संसार का भविष्य छीनकर जनता सृजनशील प्रतिभाओं के कन्धे पर डाल दे ताकि अच्छी दुनिया का निर्माण हो जिसमें कलाकार, डॉक्टर, काम करनेवाले ही सबसे महान व्यक्ति हों और न राज्य उल्टे, न कृषि नीति गलत हो, न दोस्ती टूटे और न ही लड़ाई की बातचीत चले।

प्रदर्शन

प्रदर्शन एक कला है, जो या तो व्यापारियों को आती है या महिलाओं को। कुछ नहीं से बहुत-कुछ हों जाए, इसका सफल प्रयास ही प्रदर्शनी है। आदमी तो मूर्ख तथा अनभिज्ञ होता ही है, सिर्फ उसे उसकी अनभिज्ञता का अहसास कराना रह जाता है–सो प्रदर्शन का काम है।

प्रदर्शन के तरीके जमाने के दौर में बदलते जाते हैं। आज जो प्रदर्शन हैं, कल वह कुदर्शन हैं। प्रदर्शन आँखों का सन्तोष है। सरकार क्या कर सकती है, सिवाय आँकड़े और प्रदर्शनी के। मेहनत और उत्पादन तो जनता करती है। प्रदर्शनी करके और बयान देने से वह सेहरा शासन को बँध जाता है।

गाँव में मेले और नगरों में प्रदर्शनी–आँखों की प्यास साँझ को बुझाने का सबसे बड़ा साधन है। प्रदर्शनी में जाने से कइयों की प्रदर्शन मनोवृत्ति को उद्दीपन मिलता है और दो आने का टिकिट पानेवाला भार से दब जाता है।

स्थान वही है, जहाँ कोई जाता नहीं था। थान वही है, जो बाजार में बिकते हैं। ग्राहक वही हैं, जो खरीदने से सकुचाते हैं–पर प्रदर्शनी होने से ही उन रंगीन थानों का इन्द्रधनुष बन जाता है, स्थान नदी का किनारा हो जाता है और ग्राहक ऐयाश हो जाते हैं।

गोबर गिरता है तो कुछ लेकर उठता है, ग्राहक जाता है तो खरीदकर जाता है। कुछ नहीं तो एक चाकू, एक फुग्गारा और एक हसीन याद, जो रात को दो करवट बदलने पर मजबूर कर दे।

प्रदर्शनी मौत का कुआँ नहीं, उमंगों की पहाड़ी है–हाथ-हाथ में, साथ-साथ में–नमस्ते से लेकर टाटा तक उमंगों की लहर है, गुदगुदियाँ हैं।

मैं जानता हूँ, दिखावे से कोई नहीं बच सकता। त्याग भी एक दिखावे की अपेक्षा रखता है। प्रदर्शित हुए बिना गुण गुण नहीं बन पाता। यदि अच्छा है तो बताओ, क्या अच्छा है, अन्यथा वह अच्छा नहीं है। सुन्दरता स्वयं परदे फाड़ना चाहती है। रूप कैमरे की तलाश में रहता है।

परिस्थितियाँ निखर रही हैं। मनन की जगह भाषण हो रहे हैं। सकुचाया अब नर्तन कर रहा है और चोर बाजार की जगह प्रदर्शन ने ले ली है।

तुलसी कहता था—सकल पदारथ है जग माहीं, कर्महीन नर पावत नाहीं।—पावत कैसे? तब प्रदर्शनी कहाँ होती थी? अब हैं और ग्राहक नापसन्द कर रहा है।

और सब तो कौन नापसन्द करता है! मिल के कपड़े के सिर धप मारनेवाला हैंडलूम, पंजाबी चादरें, पश्चिमी बंगाल का सिलेटी सुरमई वातावरण, काश्मीर की कढ़ाइयाँ, कुरते का धारिया लगता है, पहन लेंगे तो शक्ल भी पहले से अच्छी हो जाएगी, चेहरा शेव्ड लगेगा और मसल्स अच्छे बन जाएँगे। और अखिल भारतीय मंडप का वस्त्र उद्यान, बिन शरीर की लजाती, वधुएँ रिजर्व्ड कालीन, ग्वालियर का रंगीन किला, यात्रियों की भीड़...अगर पैसे लौटते समय माँगे जाएँ तो चार आने देने पड़ें।

अन्दर जाने से ही ऐसा लगता है, जैसे दिल्ली की औद्योगिक प्रदर्शनी में आए, पर दो मिनट बाद ही इन्दौर आ जाता है।

जानकार कहते हैं, मशीनें अच्छी हैं; पत्नियाँ कहती हैं, कपड़ा अच्छा है, चीजें अच्छी हैं। मैं सोचता हूँ, इसके अलावा जो चलती-फिरती प्रदर्शनी हैं, वही सब कुछ हैं।

क्यों, मैं और आप क्या कम प्रदर्शनी हैं? सब कुछ वही है, पर हम प्रदर्शन में व्यस्त हैं या नहीं? बस, यही जीवन है, यही व्यापार है, यही दर्शन है, यही हमारा आदर्श...प्रदर्शन...सतत प्रदर्शन!

उम्र और लांछन

आपकी उम्र क्या है, यह आप जानते होंगे ही। लेकिन जो आप जानते हैं, वह सही न हो, इसकी काफी सम्भावना है। क्योंकि उम्र के साथ खिलवाड़ करने की मानवी प्रवृत्ति किसे अज्ञात है!

लड़का होशियार है, अतएव उसे आई.सी.एस. में भरती करवाने की गरज से स्कूल में दाखिल होने के समय एक-दो साल की डंडी मार देनेवाले अभिभावकों की कमी कब रही है? यह बात दूसरी है कि सुपुत्र इतने पर भी निराश ही करें। अतएव मैट्रिक के सर्टीफिकेट पर भी विश्वास करना खतरे से खाली नहीं।

उम्र के मापदंड भी एक से नहीं होते। एक रसिक साहित्यिक के अनुसार किसी पुरुष की उम्र उतनी ही होती है जितनी कि उसकी प्रेमिका की यानी चालीस-पचास वर्ष के हरे दिल यदि किसी षोडशी से प्रेम करते हैं तो उनकी उम्र सोलह साल की समझनी चाहिए।

इस व्याख्या को तर्कसंगत मानकर क्योंकि साहित्यिक तो द्रष्टा होता है, तीनों लोक एवं काल की बातें वह घर बैठे केवल कल्पना के सहारे ही जान लेता है, कई हिमश्वेत शिखाधारियों ने कामकल्प के प्रयास किए। पर परिणाम उल्टा ही निकलता।

एक दूसरे रसिक प्रवर जो ज्यादा पैनी नजर रखते थे, इसी कारण जन्नत जाने से नट गए कि वहाँ की सदा यौवन के प्रथम बसन्त में दिख पड़नेवाली परियाँ हजारों बरस बूढ़ी हैं।

मतलब यह है कि जहाँ तक स्वयं की उम्र का प्रश्न है—मैट्रिक का सर्टीफिकेट गलत और दूसरों की वयस का सम्बन्ध है, जो नजर आता है, सो भी गलत।

साहित्य की बातें छोड़कर अनुभव के बारे में सोचता हूँ तो वहाँ भी यही नजर आता है। अमूमन तरुणाई की उच्छृंखलता को, ऊटपटाँग कुछ कर बैठने को हमारे बुजुर्गों ने गदहपच्चीसी की संज्ञा दी है। हालाँकि बेचारा गदहा कभी भी लीक से नहीं हटता। काम से मुँह नहीं मोड़ता। पर पिछले दिनों से वृद्धों के जो कारनामे नजर आ रहे हैं, जिस तरह की ऊटपटाँग बातें वे करते हैं और कहते भी हैं, वह उक्त अनुभव को भी रद्द कर देता है।

कालगणना के सिलसिले में इसी प्रकार गलतियाँ होना स्वाभाविक ही है। आखिर समय क्या है, कोई नहीं जानता। परमात्मा की भाँति समय भी अनन्त है। अनादि है—है भी और नहीं भी है।

वैज्ञानिकों को अनिश्चितता नहीं सुहाती। लिहाजा उन्होंने समय को लेकर काफी खोजबीन की है। घड़ी है, पंचांग है, कैलेंडर हैं, पर शायद सारा अधकचरा है। लिहाजा उन्होंने नई खोज की है।

पहले उन्होंने यह देखा कि जो रूढ़काल गणना है, उसके हिसाब से आदमी की प्रतिभा सर्वाधिक विकसित होती है। उन्होंने पाया कि चित्रकार की प्रतिभा परिपक्व होती है तीस से छत्तीस वर्ष के बीच; उपन्यास लेखक सर्वाधिक श्रेष्ठ सृजन करता है चालीस और चौवालीस के बीच तो संगीत के लिए सबसे कारगर अरसा है तीस और चौंतीस के बीच।

राजनीतिज्ञों के लिए ऐसी निश्चित बात कहना वैज्ञानिकों के लिए कठिन हुआ है। वे केवल यह कहकर रह गए हैं कि उनकी प्रतिभा पचास वर्ष के बाद जागती है—यानी अगर कभी जगे तो। राजनीतिज्ञ अकर्मण्य क्यों होते हैं, यह गुत्थी अब सुलझ जानी चाहिए। पचास वर्ष के बाद आदमी किस लायक रहता है?

स्वाभाविक ही हम-आप जैसों की उम्र परखने का प्रश्न आज उलझा ही रह जाता है। क्योंकि न तो हम लोग साहित्यकार हैं, न चित्रकार और न संगीतज्ञ। राजनीतिज्ञ तो बिलकुल नहीं। गोया कि हम कुछ हैं ही नहीं और ठीक ही तो है—जो कुछ भी नहीं है, उसका होना और न होना बराबर ही है।

स्त्री-पुरुष समानता के युग में केवल पुरुषों की बात करना घोर अन्याय है, प्रतिक्रियावादिता है। पर किसी स्त्री की उम्र के बारे में बात करना खतरे से खाली नहीं। केवल यही ऐसी एक बात है जिसे महिलाएँ इतनी खूबी से पचा पाती हैं कि स्वयं ही नहीं जान पातीं कि पिछले कितने वर्षों से उनकी उम्र सत्रह साल की रही है।

हाँ, एक और वर्ग है—पत्रकार। उनके लिए अन्तर कुछ है तो आज है, अभी है—वर्तमान है। पत्र की भाँति पत्रकार भी बस आज का है। ब्रह्मपुत्र इसे एक बड़ा वरदान मानता है। सारा विज्ञान, सारा दर्शन, सारा अनुभव भी यही तो कहता है—गया सो गया, आनेवाला अनिश्चित है—यदि कुछ प्रत्यक्ष है, वास्तविक है तो आज है। और जो आज में मस्त है, उसे क्षण-क्षण का आनन्द मिलता है, उसकी उम्र के बारे में कोई चिन्ता नहीं करता—स्वयं भी नहीं।

योग्यता और समझदारी

संसार के अखबारों में आजकल एक वांटेड निकल रहा है और इतनी बेकारी के बावजूद उस जगह के लिए एक भी प्रार्थना-पत्र नहीं आ रहा है।

जगह साधारण नहीं है, ऊँची जगह है, सम्मान का पद है। लगता है, बेकारी का प्रश्न बेकार है। बेकारी भी यों कई तरह की होती है। एक यह कि आदमी है और जगह नहीं है। दूसरी, जगह है, आदमी है पर योग्यता नहीं है। और तीसरी कि आदमी है, जगह है, नौकरी है, योग्यता है पर उस पद पर करने को कुछ काम ही नहीं है। चौथी ऐसी होती है कि आदमी है, जगह भी है, योग्यता भी है पर आदमी उसे करना ही नहीं चाहता। निठल्ले अमीर सब इस श्रेणी के बेकार हैं। पाँचवीं बेकारी है कि आवश्यकता है, व्यक्ति है, उसमें योग्यता भी है मगर सिफारिश नहीं है अतः बेकारी है।

सॉरी! मैं कहाँ इस बेकार के धन्धे में उलझ गया। हाँ, तो एक पद रिक्त है पर वहाँ कोई व्यक्ति नहीं मिल रहा है। पद है फ्रांस के प्रधानमंत्री का।

इस पद पर 'आओ-आओ' कहने पर भी कोई नहीं आता। फ्रांस का प्रधानमंत्री पद जैसे होली के दिनों का रंग का हौद है। आदमी को पकड़कर डालो। उसे खूब उल्लू बनाओ और निकाल बाहर करो!

मेंडेस फ्रांस भी चला गया। सम्हाल तेरी घोड़ी, बंदे ने नौकरी छोड़ी।

इधर मेलिन्कोव का स्थान तो पूरा हो गया।

यों चाहे संसार के अखबार कुछ भी कहते फिरें, चाहे कैसी भी स्थिति की कल्पना करें, परन्तु एक बात सच है, जिसे सभी समझदार मंजूर करते हैं कि मेलिन्कोव का यह महान त्याग है। ऐसा बहुत कम पाया जाता है कि अपने में अयोग्यता महसूस होने पर, अपनी नीति का परिणाम समाज के लिए अच्छा न होने पर, स्वतः ही कोई अपने पद का त्याग करे।

यह उसी स्थिति में हो सकता है जब मनुष्य अपने से समाज को बड़ा माने और समाज के हितों में अपने हित का त्याग कर जो अपने से अधिक योग्य है, उसे आने दे।

यों विद्वान अयोग्य हो, चाहे मूर्ख अयोग्य हो, पर यह निश्चित है कि यदि वह अपने कारण समाज को बेवकूफ बना रहा है तो वह थोड़े दिन ही बना सकता है—अधिक दिन नहीं। बाद में समाज स्वयं ही उसे हटा देता है।

अतः 'बड़े बेइज्जत होकर तेरे कूचे से हम निकले' वाली हालत होने के पहले खुद गली छोड़ना अधिक अच्छा है ताकि भविष्य में घुस तो सकें और इज्जत तो बनी रहे!

इसी कारण मैं मेलिन्कोव के इस कदम की प्रशंसा करता हूँ, हटाए जाते तो शायद यह पद भी नहीं मिलता जो कि स्वयं हटने पर मिला है।

अब रहा मेंडेस फ्रांस का तो शायद उस खाली जगह पर पुनः शायद वही आ जाए अथवा जो दूसरा बदनसीब हो।

फ्रांस वाले भी 'खुद खेलेंगे नहीं और खेल बिगाड़ेंगे' की नीति पर विश्वास करते हैं। प्रधानमंत्री पद के लिए न केवल उन्हें मेंडेस फ्रांस के लिए अविश्वास है वरन् स्वयं अपने पर भी विश्वास नहीं।

भारत में कई ऐसे लोग हैं जो कि चाहे किसी भी पद पर न हों परन्तु अपने को प्रधानमंत्री पद के योग्य समझते हैं।

मंत्री बनने के कई ऐसे उम्मीदवार आपको प्रत्येक प्रान्त में मिलेंगे जिन्हें यही नहीं पता कि उन्हें काम क्या करना है, पर मन में उत्कृष्ट अभिलाषा होती है। और कई तो वास्तव में मंत्री बन भी गए हैं।

योग्य व्यक्ति केवल एक पद के योग्य होता है, और अयोग्य व्यक्ति सब पद के योग्य होता है। कपड़े का व्यापारी कपड़ा बेचने में ही योग्य होता है पर जो व्यापारी नहीं है वह मुम्फली, कपड़ा और यहाँ तक कि अपना घर भी बेच सकता है।

अतः कूचे से बेइज्जत होकर निकलने की गलती न हो, इस कारण हर व्यक्ति को मेलिन्कोव की तरह आत्मविश्लेषण कर, समझकर हट जाना चाहिए और समाज को भी चाहिए कि मेंडेस फ्रांसों को हटाने के पूर्व उससे योग्य व्यक्ति खोज ले।

आजकल

'मर गए सादगी पर कि लड़ते हैं और हाथ में तलवार नहीं'! लड़ाई अब शुरू होनेवाली है यानी तमंचे खत्म और वोट सामने हैं। अपनी जीत के अरमान पूरे करने का बेहतरीन तरीका। प्रजातन्त्र का सबसे खूबसूरत ईजाद।

प्रजातन्त्र परदानशीन होता है। अँधेरे में जैसे उँगलियाँ आपस में उलझ जाएँ, ठीक वैसे प्रजातन्त्र में अपने उम्मीदवार के प्रति प्रेम चुपके से छुप-छुपकर जाहिर किया जाता है।

सभ्यता का निरन्तर विकास हो रहा है। प्रेयसी, कामिनी, रानी, बानू, गुलनार से गुजरते आज हम स्वीटी, हनी, लव तक आ गए।

मनु, चाणक्य से न्यूटन, मार्क्स और आइंस्टीन तक पहुँच गए। ब्रह्मचर्य आश्रम, तपोवन से सिनेमा और पोलिंगबूथ तक पहुँच चुके। नग्नता, अधोवस्त्र, उष्णीय; अवगुंठन, चूनर, कुर्ता, पाजामा, बुर्के से फ्रॉक और टीशर्ट तक पहुँच चुके। वरदान, आशीष, बलिदान, कृपा, शोषण से वोटिंग तक आ गए।

इसको सभ्यता का मार्ग कहते हैं, जिससे अभी भी असभ्यता की धूल उड़ रही है। सचाई को जब तक चीखकर न कहो, वह सचाई नहीं होती। और कागज के फूल बिना सुगन्ध ही बगीचों को मात करते हैं।

वोटिंगवाली नागरिक सभ्यता के दिन हैं जिसमें शहर का सबसे बड़ा मूर्ख भी एक वोट है, सबसे बड़ा विद्वान भी एक वोट है। सबसे छोटी सुन्दरी भी एक वोट है। मनुष्य कुछ नहीं, केवल एक वोट है। हमारा तर्क, प्रभाव, अनुभव, उम्मीदें व कल्पनाएँ–सब केवल पेटी में डाल देने के लिए है।

पेटी–प्रजातन्त्र की जादुई पेटी, जिसमें आप अपने अनुभव डालिए और भविष्य निकलेगा, जैसे किसी स्लाट मशीन का करिश्मा हो!

शहर के जीवन में सब आता है–कर्फ्यू भी व चुनाव भी। यह माइक कभी घर में घुस जाने के लिए कहता है और कभी घर से बाहर आने के लिए।

अब यह दो दिन समाज पूरे वेग से धड़केगा। साँसें तेजी से चलेंगी। नारे आसमान छूएँगे और आँखें पैर छूएँगी। मन में क्रोध और ऊपर नरमी। मन में भय और ऊपर विश्वास। मन में कँपकँपी और ऊपर चाय।

आदमी के पास एक पर्ची है। एक ओर टिमटिमाता दीया है, दूसरी ओर काँपती मशाल, तीसरी ओर सूँड़ घुमाता हाथी है, चीखता इंजन है, बैल है, शेर है और इसी के बीच अपने व्यक्तित्व को समेटे अपनी आदतों से मजबूर, अपने खयालातों में डूबा, अपने प्रचार में भड़का हुआ वोटर।

सारे नगर की डामरी सड़कों पर ताँगे घूमते हैं। आँखों के सामने उम्मीदवारों का झुंड, कानों में प्रचार, हाथों में वोट, दिमाग में उलझन–बस, यही प्रजातन्त्र की काँपती आत्मा का स्वरूप है।

बार्डुंग खत्म हो गया, आइंस्टीन मर गया पर इन्दौर के सिर पर बहती प्रचार की हवा, चुनाव की गर्मी, परेशानी का पसीना–सब हमें नावाकिफ किए हैं।

और आप नेकी कीजिए व पेटी में डाल दीजिए, उसके बाद आप चूसे हुए आम, बोझा, फेंकने के बाद गदहे, दान कर देने के बाद हरिश्चन्द्र बने वापस आ जाइए और फिर देखिए कि खलीफा हारून रशीद के फेंके घड़े को खोलने पर क्या निकलता है!

चालू खेल

अब न सिंहलद्वीप में कोई पद्मिनी है और न रतनसेन सरीखे राजा जो जोगी बने, भसम रमाए और किलों पर घेरा डाले।

अब न हीरामन शुक किसी की सुन्दरता बखानता है और न नागमती किसी पर विलाप करती है।

प्यार के नाम पर अब वह अलौकिकता खत्म हो गई। पनघट से प्रारम्भ होकर कुंजों में खत्म होने के दिन गए। अब तो थिएटर और साड़ियों की दुकान से लेकर कहानी चलती है और तलाक-कोर्ट पर जाकर समाप्त हो जाती है।

हीरामन शुक और कबूतर के बजाय अब तो कुछ दिन पहले अलीखान ने कैलिफोर्निया हॉलिवुड में जेन रिअर्नी को रिओ-डी जेनेरियो से फोन किया।

कहने लगा–मुस्लिम तरीके से विवाह कर लो।

अर्जेन्टाइना में जब ये दोनों पहली बार मिले थे तब जेन रिअर्नी ने थिएटर जाने को साफ इनकार कर दिया था।

समझती थी कि रोमांस के हर खतरे थियेटर से ही प्रारम्भ होते हैं। पर जब दूसरी बार वे पेरिस में मिले तो भगवान जाने क्या सनक चढ़ी कि जेन रिअर्नी उसके साथ चली गई।

और अब देखिए, कहती है कि अलीखान बड़ा ही आकर्षक है। पैंतीस साल की जेन रिअर्नी शायद अब विवाह कर लेगी। पहले एक पति छोड़ चुकी है।

यानी अब स्नेह नौकरी-चाकरी-सी चीज है, जहाँ गरज पड़े, वहाँ कर लीजिए। गरीबों की उत्तराधिकारिणी बारबारा हटन को लीजिए, प्रोफिरिओ रोबिरोसा को अपना पाँचवाँ पति बना रही है।

जेन रिअर्नी कहती है कि रोबिरोसा डान जुआन बनने के मामले में अलीखान को नहीं पछाड़ सकता।

जहाँ तक प्रेम कहानी की परम्परा का प्रश्न है, आज के प्रेमी भी पहली दृष्टि में प्रेम होने की परम्परा को बड़े मजे से गिना रहे हैं।

अभिनेत्री मलिन मुनरो को लीजिए, बेसबाल के चैम्पियन 'डी मागिस' को पसन्द कर बैठी। अखबार कहते थे कि पहली नजर में सारा घोटाला हुआ।

'चट देखा पट शादी' सरीखा मामला है। दोनों टोकियो चल दिये।

इन अधकच्ची-अधपक्की प्रेम-कहानी को लेकर अखबार बड़ा रस लेते हैं। कहीं शक हुआ, नजर मिली और भविष्यवाणियाँ प्रारम्भ कर देते हैं।

सुरैया से मिलने जाकर बेचारा ग्रेगरी पेक बदनाम हो गया।

फिर आजकल के लड़के-लड़की भी मैं कहूँ कि क्या हैं! लाइन खींचनी आती नहीं, और त्रिकोण बनाने की सोचते हैं!

जारडान के बादशाह किंग हुसेन के विषय में सभी ने सुना होगा। उन्नीस साल के हैं। इस पर आनन्द यह कि अपने से तीन वर्ष बड़ी लड़की से प्रेम फरमाते हैं।

इन सबका सबसे बड़ा कारण सिनेमा है। फिल्म सिर्फ ढाई-तीन घंटे चलती है। खेल शुरू होने के पन्द्रह-बीस मिनट बाद प्रेम हो जाता है।

अब सबको यह खयाल हो गया कि प्रेम होने में सिर्फ पन्द्रह-बीस मिनट ज्यादा से ज्यादा लगते हैं।

पर इससे बड़ी गलतफहमी हो जाती है।

डॉ. अल्फ्रेड एलिस की एक किताब अभी प्रकाशित हुई है : 'अमेरिकन सेक्सुअल ट्रेजेडी'।

इसमें बताई बात सिर्फ अमेरिका और इंग्लैंड पर ही नहीं, पर अधिकांश जगह पर लागू होती है।

साधारणतः लड़कियाँ बदशक्ल-सी होती हैं। सिनेमा देखकर एक हीनभाव उनके मन में बन जाता है। ये सारी प्रेम की दुर्घटनाएँ व असन्तोष का यही मूल है।

देवानन्द जिस प्रकार कल्पना को वरता है, वैसा सब सोचते हैं। पर बड़ा भारी धोखा हो जाता है।

मेरे साथ कुछ और बात थी। ढाई साल तक मैं लगातार नापसन्द किया गया सिर्फ शक्ल के कारण।

एक दिन मैंने जाकर उससे कहा—तेरे भाई की शक्ल कैसी है?

चुप रह गई। भगवान सत्यनारायण की कृपा से सबकुछ ठीक हो गया।

भोज-विक्रम-परिषद्

मध्यभारत सरकार बड़ी कृपावन्त होकर कवियों और लेखकों को प्रतिवर्ष दान देती है। इस वर्ष भी प्यार उमड़ा है। उन्हें बड़े आर्थिक और कलात्मक दृष्टि से विचार कर सात सौ रुपए, पाँच सौ रुपए, चार सौ रुपए दे दिये गए हैं।

यदि चार सौ रुपए वर्ष भर में दिये जाते हैं, लेखक के खून-पसीने की कला की यह कीमत की गई तो उसका अर्थ है, प्रतिमाह के हिसाब से तैंतीस रुपए कुछ आने, अर्थात् मध्यभारत के एक साधारण चपरासी या मुन्सीपाल्टी के भंगी के मासिक वेतन से भी कम।

बधाई। शासन के इस वन्दनीय कार्य के लिए। आजाद देश में चपरासी और कलाकार सबकी ओर शासन की समान नजर है। साहित्य की शक्ति खरीदने का यह स्वर्णिम तरीका है।

फिर मध्यभारत सरकार की पांडुलिपियों पर पुरस्कार देने की नई सूझ है। इस जमाने में जब साहित्य ढेरों से प्रकाशित होता है, उन रचनाओं पर भी सरकार गौर करती है जिसे प्रकाशक नामंजूर कर देता है।

कुछ लोग इसलिए छपाते हैं कि बिके, फिर पुरस्कार मिले व कुछ लोग पुरस्कार इसलिए पाते हैं कि प्रकाशित हों, प्रचारित हों।

इस प्रश्न से लाभ यह है कि अपने वालों का शासन प्रश्रय दे सकती है। जिनका कलाकार के नाते जनता में असम्मान है, और शासकीय अधिकारियों में बड़ा सम्मान, उनका भी तो खयाल करना आखिर शासन का कर्तव्य है। पांडुलिपि पर धन शायद प्रकाशन करने के लिए दिया जाता है।

फिर अपने नंगे प्रिय कलाकार की लाज ढकने के लिए शासन यह घोषणा नहीं करता कि किसे पांडुलिपि पर दिया गया है और किसे प्रकाशित पुस्तक पर। साहित्य की दृष्टि से दोनों समान हैं।

मध्यभारत में कला-साधना के साथ अधिकारियों का अपना होना भी अपनी प्रगति के लिए आवश्यक है।

अब मुझे ही देखिए न, यदि मैं सिर्फ ब्रह्मपुत्र न होकर ब्रह्मपुत्र चतुर्वेदी होता तो आज 'परिक्रमा' लिखने के बजाय किसी ऊँची जगह बैठ कमाई करता।

माना कि निर्णायक तो शासन प्रान्त के बाहर जो अपने होते हैं, उन्हें बनाता है, परन्तु इस भय से कि कहीं उनकी भी मति भ्रष्ट न हो जाए, तैंतीस प्रतिशत अपने अधिकार में रखता है, जो अपने वाले को देने के होते हैं।

फिर म.भा. शासन की बाजीगरी आश्चर्यजनक है। वीरेन्द्र मिश्र को 'गीतम्' पर चार सौ रुपए दिये हैं और 'चतुर्वेदी' चंचल को जो शासन के कलात्मक दृष्टिकोण से ऊपर उठे हुए हैं, पाँच सौ रुपए दिये गए। अमरनाथ झा जिसे वीरेन्द्र मिश्र की रचनाओं को मनन करने योग्य समझ है, उसे शासन किस योग्य समझता है?

तो बाजीगरी यह है कि 'चतुर्वेदी' चंचल की दो पांडुलिपि जिनमें एक है, 'तुम्हारे नयनों में' और दूसरी है, 'समय की लहरें'–ढाई सौ शायद प्रत्येक पर दिया गया है और घोषणा करते समय कहा गया है कि 'चतुर्वेदी' चंचल को 'तुम्हारे नयनों में समय की लहरें' पर 500 रुपये तथा वीरेन्द्र मिश्र को 'गीतम्' पर चार सौ।

दोनों शीर्षक को मिलाकर कितना सुन्दर प्रयोग होता है कि मुझे गीत गाने की इच्छा हो जाती है–रानी, तुम्हारे नयनों में समय की लहरें! ...शासन के दाता हो बहरे...मेरा झंडा ऊँचा फहरे...रानी, तुम्हारे नयनों में समय की लहरें!

शासन कुछ रुपए ज्यादा दे सकता है। पर सिर पर चाँदी का हाथ रख किसी को निराला नहीं बना सकता, रवीन्द्रनाथ नहीं बना सकता।

फिर म. भा. के कथा साहित्य के इतिहास और विकास में कुशवाहा नाम कहाँ आता है, मुझे तो पता नहीं। शायद मेरे अज्ञान के कारण है, क्योंकि इस ब्रह्मपुत्र ने व्यर्थ का साहित्य अभी तक पढ़ा नहीं। हाँ, इस नाम की पत्रकारिता से तो मैं प्रभावित हूँ।

कहानी साहित्य में इसका स्थान कविता साहित्य में 'गीतम्' की तरह होगा। दोनों को चार सौ मिले हैं।

भोज और विक्रम मिलकर चालीस के करीब कलाकारों में नवरत्न चुने हैं। उसमें भी कुछ मजबूरी से।

रत्न बनने के लिए शासन की कृपाखान में से जन्म लेने जरूरी हैं। और भी ज्यादा जरूरी है कि मिलकर रहा जाए।

पर ऊँचे वे ही हैं जो कहते हैं :

'अपनी गरीबी पर रहम का वर मिले मुझको
मैंने नहीं चाहा कि हो ऐसा सृजन मेरा
वर दे कि जो पूजे उसे–मुझसे कहा घर-द्वार ने
पशु की तरह जीते हुए मरते हुए संसार ने।'

निर्माण और साहित्य

अभी एक ऐसी विचारगोष्ठी में जाने का सौभाग्य रहा कि जहाँ योजना और साहित्य के बारीक सम्बन्धों पर ऊपरी चर्चा हो रही थी। कहा कि निर्माण के कार्य को गति देने के लिए कला को योग देना चाहिए।

बात पुरानी है कुछ साल की, पर फिर भी नए ढंग से सुनने को मिली।

कलाकार की अनुभूति बाद में सार्वजनिक अनुभूति हो जाती है सो आग्रह था कि यदि द्वितीय योजना की कथात्मक, कलात्मक तथा काव्यात्मक अभिव्यक्ति हो और आँकड़ों की रुखाई पर प्रतिमाएँ सारल्य ला दें तो जनसाधारण के गले में सरलता से उतरेगी और सबका हित होगा।

बात ठीक है, 'कला कला के लिए' मानने के जमाने गए, जैसा कि अध्यक्ष ने कहा था–लक्ष्य होता है साहित्य के सामने और वह यदि समाज के लक्ष्य से मेल खाता है तो उसमें कोई विरोधी बात नहीं।

पर जाने क्यों, यह तथ्य है कि साहित्यिक प्रयोजन और सामाजिक प्रयोजन में एकात्मकता नहीं आ रही है और यह भय खाता है कि निर्माण के लिए रचना से सांस्कृतिक विरासत को धक्का लगेगा।

और आग्रह करने का प्रशासकीय मार्ग कि कला का उपयोग करिए योजना के प्रचार मात्र में, यह न भाषा और न ही संस्कृति को बढ़ाएगा, पर लेखक भी कलात्मक रूपान्तर करनेवाला ही बनकर रह जाएगा।

निर्माण मनुष्य की एक प्रवृत्ति है, यह एक सत्य है। सदियों से वह निर्माण कर रहा है, इसी कारण वह वैषम्य और युद्ध का विरोधी है। वह अपने जीवन को, समाज को सुख की ओर उन्मुख करना चाहता है।

श्रम तो हम सदा करते हैं, रुचि से अथवा मजबूरी से। आज साहित्य से यह अपेक्षा है कि वह ऐसा कुछ लिखे कि जिससे मजदूर अधिक उत्पादन करें। अधिक काम करें।

यह कला से न तो ठीक अपेक्षा है और न ही बहुत ठीक इस्तेमाल है। इसका अर्थ विज्ञापनबाजी और साहित्य को एक ही रूप में मानना होगा। और यह हुआ भी तो जो सांस्कृतिक धक्का आएगा, उसका जिम्मेदार सिवाय रूस के साहित्यकारों की तरह आँसू बहाने के हमारे पास कुछ नहीं रहेगा।

पर फिर भी मनुष्य की निर्माण की ओर उन्मुख रुचि से तटस्थ रहकर तो साहित्य नहीं रह सकता! यह भी गलत है।

गुलामी और निराशा के काल में हमारे श्रम का लक्ष्य राष्ट्र-निर्माण नहीं, पर उदरपूर्ति ही रह गया था और श्री मिंक यह जानता था कि अपनी धरती व मशीन पर किए काम का सुख व लाभ मुझे नहीं, मैं तो सिर्फ गुलाम हूँ।

प्रजातन्त्र ने परिस्थिति बदली है और श्रम का लक्ष्य हमारे अच्छे भविष्य को बनाना है। सदियों से पिस रहे किसान में अपनी धरती, अपने कार्य और अपने भविष्य के प्रति आशावादी दृष्टिकोण बनाना और साधन और श्रमिक के बीच स्नेह कायम करना और जीवन के व समाज के सुनहरे भविष्य के प्रति गहरा विश्वास कायम करने ही तक लेखनी कार्य कर सकती है।

यह कार्य बहुत बड़ा है क्योंकि सृजन की ओर रुचि व लगाव इससे हो ही जाएगा।

मनुष्य की कहानी विकास की रिपोर्ट में नहीं कही जाती पर बदलते दृष्टिकोण और नई मानसिक रुझानों की तस्वीर खींचने के लिए आँकड़ों को थोड़ा दूर रख देना पड़ता है।

लेखक वर्ग के सम्मुख रखे सरकारी शर्तनामे में और उसकी पूर्ति की अपीलों में थोड़ा कुछ परिवर्तन होगा।

कुतुब

वहीं मिल गए दो दोस्तों के साथ मैं किसी दुपहरी कुतुब वाली मीनार देखने गया, पाँचवीं-छठी कक्षा में, जिसका चित्र देख मास्टर की तरह मैं भी आश्चर्य और प्रशंसा किया करता था।

एक बार तीन बेवकूफ कुतुबमीनार देखने गए, यह कहानी मुझे उन दोनों के साथ जाते समय बरबस याद आ गई।

कुतुबमीनार देखकर उसके निर्माण पर जो तीनों मूर्खों की विचित्र अटकलें थीं—एक ने कहा कि यह पहले एक कुआँ होगा जिसे उलटा कर दिया गया। दूसरे ने कहा—नहीं जी, इसे पहले जमीन पर लिटाकर बना दिया गया होगा और बाद में खड़ा कर दिया। तीसरे ने कहा—नहीं भाई, पहले के हमारे पुरखे इतने ऊँचे होते थे कि ऐसी मीनार खड़े-खड़े बना सकते थे।

और उसी प्रकार के दिमागवालों के दूसरे डेलीगेशन में हम तीनों थे।

पृथ्वी की जो धुरी है, वह जमीन के ऊपर निकल आई है, उसे ही एक मीनार के रूप में बदल दिया, ऐसा लगता है।

प्राचीन काल में बादशाहों को यह भ्रम था कि ऊपर चढ़कर दुआ करने से शायद खुदा जरूर तवज्जो देकर सुन लेगा। अतः नमाज के लिए कुतुब की छोटी छत बेहतर होगी।

कबीर इसी ऊपर चढ़कर दुआ करने के खिलाफ था। पर बादशाहों की सनक का यह पथरीला प्रतीक एक ठूँठ की तरह खड़ा है, और नीचे से ऊपर देखने तथा ऊपर से नीचे देखने पर भी समझ नहीं आता कि आखिर इस लम्बी मूर्खता का उद्‌देश्य क्या था।

नीचे से जब हम ऊपर की तरफ चढ़ते हैं तो लगता है कि हमें कुछ नवीन प्राप्त होगा—कोई ऐसा असीम अज्ञेय आनन्द, जो पृथ्वी पर उपलब्ध नहीं। ठीक ऐसा अनुभव, जो अध्यात्म की पहली सीढ़ी चढ़ने पर मनुष्य को अनुभव होता है।

पर जैसे-जैसे स्वर्ग की ओर उन्मुख कुतुब की गोल सीढ़ियों पर हम चढ़ते हैं, हमारे मानस में सुशोभित भ्रम के पंख झड़ जाते हैं। हमें लगता है कि ऊपर चढ़ने का अर्थ कुछ नहीं, आदमी को गुड़िया जैसे कदमें देख अपनी ऊँची स्थिति पर फूले नहीं समाना—अजीब-सी बात है।

ऊपर चढ़ने के बाद अगला काम नीचे उतरना ही है। जिन्दगी के कई हालों में, यदि स्थान कुछ कुतुब की तरह निरुद्देश्य हो।

चढ़ते जाइए–एक ने कहा–ऊपर चढ़ने पर आसपास का दृश्य अच्छा दिखता है। दृश्य जरूर था अच्छा, पर शायद और भी सुन्दर होता, यदि कुतुब और भी ऊँची होती।

जब पहली बार कुतुब बनने के बाद बादशाह नीचे उतरा होगा तो खुद उसे हैरानी हुई होगी कि आखिर इस मूर्खता का क्या अर्थ है। मन मारकर उसने अपनी इज्जत रखने को तारीफ में कहा होगा–वल्लाह, क्या चीज बनी है! मुसाहिबों ने कहा होगा–वाकई में।

कुतुब देखने से अधिक खुशी उसके पास में अनबनी कुतुब देखकर होती है। भारत एक और मीनार से अच्छा बचा। अधूरी कुतुब एक सीख देती है–नकल मत करो, काम बिगड़ सकता है।

कुतुब के ऊपर जाकर हर एक की मानस-भूमि उर्वरा होने लगती है। वे जाने क्या-क्या बकते हैं! बड़ी भीड़, एक के बाद एक–ओह, हम समझे थे कि जहन्नुम में भीड़ कम होगी, मगर हर जगह वही हाल है।

और ऊपर से नीचे आ मैंने सोचा कि जब गलती हो चुकी है तो इसे हॉबी मानना, शौक करार देना उचित है। अतः इज्जत बनाने को यही कहना ठीक है–वाह री कुतुब! तुझ पर हिन्द को नाज है।

नेह-परिधान

प्रेम का और परिधान का प्रत्यक्ष अथवा अप्रत्यक्ष रूप से कोई सम्बन्ध है क्या?–यह प्रश्न सदैव से नौजवानों के मन में उठता है।

यों यथार्थ का आँचल पकड़ हम कह सकते हैं कि प्रेम प्रेम है; एक भाववाचक संज्ञा है, और जहाँ प्रेम ही है, वहाँ वस्त्र तो तिरोहित हो जाते हैं।

परन्तु ऐसा निर्णय हमें सत्य से दूर ले जाता है। क्योंकि कई बार व्यक्ति के मन में जब वस्त्रों से रागात्म का सम्बन्ध स्थापित हो जाता है तभी स्नेह की उत्पत्ति होती है।

यानी युवक का प्रेम खटाऊ प्रेम है, वायली मोहब्बत है अथवा जारजेरी स्नेह है। और लड़की गेबरडीन रोमांस पर विश्वास करती है या मलमली बन्धन है, आदि बातें मन में उठती हैं।

कपड़े के फॉल और साड़ी के पोत का हृदय पर कितना प्रभाव पड़ता है, इसका गणित अभी तैयार नहीं हुआ।

फिर कपड़े की सिलाई से भी हृदय आपस में सिल जाते हैं क्या, यह आवश्यक खोज है।

यह प्रश्न इस कारण खड़ा हो गया कि अभी देहली के एक डायरेक्टर महोदय ने एक कॉलेज में भाषण देते हुए कहा कि छात्राओं को चाहिए कि वे राष्ट्रीय वस्त्र कुरता-धोती पहननेवाले लड़कों से ही प्रेम व विवाह करें, सूट और बुश्शर्ट पहननेवाले युवक भारतीय संस्कृति नष्ट कर रहे हैं।

इस अपील की जरूरत महसूस की जा रही थी। इसका एक ऐतिहासिक कारण है।

खादी, कुरता और पाजामे आदि के लिए प्रेम के क्षेत्र में कुछ प्रतिक्रियाएँ हैं।

स्वतन्त्रता के युद्ध के समय खादी के कपड़े पहननेवाले युवकों के प्रति युवतियाँ काफी आकर्षित रह चुकी हैं, परन्तु विवाह के बाद से परिणाम ठीक नहीं हुए। युवक महीनों जेल में रहते थे अथवा दिन-रात आन्दोलन की बात करते थे, इस कारण घर का जीवन नष्ट हो गया।

इन असफलतामय कहानियों के कारण जो एक प्रतिक्रिया उत्पन्न हुई, इससे कुरते-धोती पहननेवालों से लड़कियाँ जरा दूर रहने लगीं।

इसी कारण से लड़कों में पुनः पैंट और सूट का चलन बढ़ गया। पहले जो प्रेम के लिए सूत कातना पड़ता था, वह अब समाप्त हो गया।

चूँकि खादी पहनने में सामाजिकता दिखाई देती है सो पारिवारिक दृष्टि से वह विरक्ति और संन्यास की प्रतीक बन गई है।

आज का युवक तहमद बाँधे सोच रहा है कि वह पैंट पहने अथवा पाजामा?

मुझे फुरसत नहीं अन्यथा मैं आँकड़े इकट्ठे करता और पता लगाता कि कितने प्रतिशत युवतियाँ किस प्रकार के वस्त्रों को लड़कों द्वारा पहनना पसन्द करती हैं।

पर मोटे रूप में जो लड़कियों पर प्रतिक्रिया है, उस कारण से खादी के क्षेत्र में काफी घबराहट है और वे बौखलाकर इस प्रकार की अपील करते हैं।

यदि इसकी सुनवाई हुई तो आर्थिक दृष्टि से कुछ प्रभाव होंगे। एक तो यह कि प्रेम जरा सस्ता हो जाएगा और गरीबों को भी प्राप्त हो सकेगा। दूसरा यह कि हस्तकरघा उद्योग तथा खादी का प्रचलन भी बढ़ जाएगा।

राजनीतिक नजर से यह होगा कि कांग्रेस पार्टी का प्रभाव मजबूत हो सकेगा। वे लड़के व लड़की दोनों के वोट प्राप्त कर लेंगे।

वस्त्र सम्बन्धी एक मानसिक कशमकश मैं आजकल लड़कियों में भी देख रहा हूँ।

भारतीय संस्कृति तथा अपनी प्रदर्शन-विरोधी प्रवृत्ति का प्रदर्शन करने के लिए आज की नारी साड़ी पहन अधिकांश अंग ढक लेती है।

परन्तु साथ ही नए युग का प्रभाव उसमें है और वह पीठ पर गले का कट काफी बड़ा करा लेती है तथा जम्फर का निचला हिस्सा कटकर छोटा हो गया है। इस प्रकार से अंगों को खोलकर उसे ढकने का प्रयत्न मानसिक संघर्ष बताता है।

चुनाव की शिक्षा

विद्वान सम्पादकों, शिक्षाशास्त्रियों और समाज सुधारकों की राय में चुनावों का महत्त्व एवं उनकी प्रतिक्रियाएँ कुछ भी क्यों न हों, ब्रह्मपुत्र की निश्चित मान्यता है कि चुनावों का शैक्षणिक महत्त्व कम नहीं आँका जा सकता।

शिक्षाशास्त्रियों का कथन है कि जो शिक्षा प्रणाली जीवन से घनिष्ठ सम्बन्ध नहीं रखती वह कदापि सफल नहीं हो सकती। विभिन्न आयोगों की रिपोर्टों ने इस तथ्य को बार-बार दुहराया है। सरकारों ने इनसे सबक न सीखा हो पर जनता अपने हित से बेखबर नहीं रहती। चुनाव में उसने नए युग का सबसे बड़ा और सब विषयों का शिक्षक पाया है।

बम्बई की फैशनेबल बस्तियों में 'ग्लैक्सो' के डिब्बों पर पलनेवाले बच्चों को 'बैल' का सचित्र परिचय चुनावों के जरिए हो पाया। हाथी और घुड़सवार भी इन बच्चों ने चुनाव चिह्नों के द्वारा ही देखे। इन्दौर के बच्चे भी आज यही कर रहे हैं।

प्राणिशास्त्र के इस पाठ के साथ ही विज्ञान के गूढ़ तत्त्वों का रहस्य भी प्रजातन्त्र की सन्तान को स्वयमेव ज्ञात हो चले हैं। जिस किसी वार्ड में चले जाइए, हर जगह 'सॉलिड' की घोषणा सुन पड़ेगी। हर पक्ष के उम्मीदवार और उनके समर्थकों का दावा है कि उनके पास इतने वोट सॉलिड हैं। हालाँकि इनका सम्मिलित जोड़ हर वार्ड की मतदाता सूची में दर्ज संख्या से कई गुना अधिक हो जाता है।

तो 'सॉलिड' के आते ही बच्चे अपने-आप जान लेते हैं कि जितने वोट सॉलिड नहीं हैं उतने सब 'लिक्विड' हैं यानी द्रव हैं, तरल हैं–पानी की तरह। रसायनशास्त्र के अनुसार पदार्थ की तीसरी अवस्था 'गैस' (यानी हवा) का परिचय भी बच्चों को चुनाव के फल घोषित होने पर अपने-आप हो ही जाएगा क्योंकि तब पता चलेगा कि सॉलिड मतों में से अधिकांश हवा हो गए।

विज्ञान भाषातीत होता है। अतएव उपर्युक्त शब्द ठेठ विलायती होते हुए भी हर एक की जबान पर है। जिन्होंने किसी शाला, मदरसे या स्कूल का दरवाजा तक नहीं देखा, ऐसे लोग भी सॉलिड, लिक्विड गैस से पछाड़े जा चुके हैं। इसे ही डॉक्टर चुनाव का बुखार कहते हैं–इलेक्शन फीवर। यह ऐसी बीमारी है, जिसका इलाज

किसी भी 'ईन' से नहीं होता—न एरोमायसीन से, न क्लोरोमायसिटीन से। फिर पेनिसिलीन की चर्चा ही बेकार है। बड़ी भयंकर बीमारी है।

प्रजातन्त्र के युग की विशेषता है—अस्थिरता। कल जिस कारकुन को अकर्मण्यता एवं मैट्रिक का झूठा सर्टिफिकेट पेश करने के कारण बरखास्त किया गया है, वह आज शिक्षा मंत्री भी बन सकता है। कल के बेकार आज स'कार' बन सकते हैं। कल का शेर आज बैल और आज का बैल कल हाथी बन सकता है। कोई भरोसा नहीं।

पुरानी पीढ़ी के लोगों को यह बात अखरती है। वे सभी को गधा कहते हैं। पर उनके दिन गए। नई पीढ़ी प्रजातन्त्र की सन्तान है। गली के एक सिरे से लिमलेट की गोली मुँह में दबाकर दूसरे सिरे तक एक हाथी या एक बैल या एक शेर की जय बोलते निकलते हैं। गली के दूसरे छोर तक पहुँचते-पहुँचते गोली खत्म हो जाती है, फिर दूसरी गोली मुँह में दबाकर विपक्षी के नारे लगाते लौटते हैं।

अवसरवादिता का फल मीठा होता है, इस जीवनदर्शन को वे अक्षरशः आत्मसात् कर लेते हैं। उम्मीद है कि इसे वे जीवन भर याद रखेंगे। संस्कार ही वास्तविक शिक्षा होती है। नौनिहालों को शिक्षा मिल रही है। उम्मीदवारों को वे भूल जाएँगे। अवसरवाद उनकी रग-रग में व्याप्त हो जाएगा और बार-बार बना रहेगा।

जीवन की वास्तविकता के इतने निकट की शिक्षा दूसरी नहीं। केवल साक्षरता शिक्षा नहीं होती। छत्रपति शिवाजी, सम्राट अकबर और महाराणा रणजीत सिंह भी तो निरक्षर थे। मंत्रियों की बात ब्रह्मपुत्र नहीं करता।

चुनाव की शैक्षणिक महत्ता पर विश्वास करना ही पड़ेगा। बिलकुल सॉलिड है।

शान्ति का बम

हाइड्रोजन बम वाले मामले को लेकर सभी नाराज हो रहे हैं। यहाँ तक कि नेहरूजी भी। मैं तो इसको ठीक नहीं समझता।

अमेरिका के मानवप्रेमी कूटनीतिज्ञों ने शान्ति के लिए क्या कुछ नहीं किया। वास्तव में शान्ति का पुरस्कार उन्हीं लोगों को हमेशा मिलना चाहिए।

दुनिया की शान्ति को खतरा था, इस वजह से अभी तक चीन को यू.एन.ओ. में घुसने नहीं दिया। इस शान्ति के लिए बेचारे कोरिया में जूझ पड़े और अपनी इज्जत और उससे भी ज्यादा कीमती डॉलरों को स्वाहा कर दिया।

जब दुनिया दूसरे जंग से परेशान थी तब अमेरिकी भाइयों ने एटम डालकर शान्ति की स्थापना की।

अमेरिका की विदेश नीति का प्रमुख तत्त्व भलमनसाहत है। अपनी तरफ से जो बन पड़ता है, बेचारे दूसरे देशों के लिए करते हैं।

युद्ध के बाद जापान की क्या हालत थी! अमेरिका की वजह से वह आज सिर उठाकर जी रहा है।

अमेरिका कभी कूपमंडूक बनकर नहीं सोचता। अपने आसपास की चिन्ता करके रह जाना आज के युग का धर्म नहीं है।

सोचिए, कश्मीर अमेरिका से कितनी दूर है मगर अमेरिका को इसकी भी चिन्ता है। उसके द्वार से कोई भिखारी खाली नहीं जाता। माँगने से मोती देता है और यों बिना माँगे भी भीख तो देता ही है।

पाकिस्तान जाकर गिड़गिड़ाया। उसने पाकिस्तान को भरी हुई पिस्तौल बना देने की कसम खा ली।

आजकल युद्ध नहीं है और युद्ध की सम्भावनाएँ नहीं हैं तो वह बैठा हुआ हाइड्रोजन बम बना रहा है। अरे चींटियाँ तक बरसात की तैयारी कर लेती हैं तो वह तो एक राष्ट्र है!

नेहरूजी भी गुस्सेबाज आदमी हैं। अरे, बम फूटा जापान में; हम यहाँ हिन्दुस्तान में! आखिर इसमें हम क्यों बोलें?

जापान तो नहीं बोला। उनको तो पहले से मंजूर था कि भई, बम तुम्हारे और जगह हमारी, गिरा दो।

कुछ जापानी मछली पकड़नेवाले बड़ी बुरी दशा में हैं। इधर मछलियाँ खाने योग्य नहीं रहीं। रेडियो-एक्टिव रोग लग गया है।

मछलियाँ तो मरने को ही जन्म लेती हैं। इस शान्ति के पीछे अगर थोड़ी-सी मछलियाँ मर गईं तो कुछ बिगड़ नहीं गया। अमेरिका ने तो जापान सरीखी मछली फाँस रखी है। शान्ति के लिए हिरोशिमा-नागासाकी मर गए तो चन्द मछलियों से क्या होना है!

ये जो बम फूट रहे हैं, सब शान्ति के बम हैं। ये जितने फूटेंगे उतना जंग दूर होगा। आज जापान-अमेरिका ने यह युद्ध-विरोधी काम किया है। कल से पाकिस्तान-अमेरिका यह युद्ध-विरोधी कार्य करेंगे।

कराची के आसपास खुदा का फजल गिरेगा।

नेहरूजी को अमेरिका के ऐसे कार्य से नाराज नहीं होना चाहिए। जापान-अमेरिका का तो सेवक-स्वामी का सम्बन्ध है।

नाराज तो इस रूस से होना है। शान्ति की आड़ में युद्ध की तैयारी करते हैं। अमेरिका के खिलाफ देशों को भड़का रहे हैं। सबके साथ दोस्ती की बातचीत करते हैं। चीन को यू.एन.ओ. में लाना चाहते हैं। ये सब साजिशें नहीं तो क्या हैं?

और शान्तिप्रिय अमेरिका को डराने के लिए नाइट्रोजन बम का आविष्कार कर लिया है।

इस नाइट्रोजन बम के आविष्कार ने सारे विश्व को धक्का पहुँचाया है।

अमेरिका तो बम फोड़कर उन्हें समाप्त करना चाहता है। रूस बम इकट्ठे कर रहा है।

अब सोचिए, जंग कौन चाहता है—अमेरिका या रूस?

असर लाएगी पढ़ाई

आज की पढ़ाई में आखिर कमी क्या है? प्राचीनकाल की अपेक्षा कोर्स भी बढ़ गया है। पहले कुछ वेद-उपनिषद् वगैरह ही पढ़कर रह जाते थे, पर अब तो फ्रायड और शेक्सपियर के पोथे हैं।

होता यह है कि जो कुछ हम पढ़ जाते हैं, उसे अपनी जिन्दगी में उतारते या चढ़ाते नहीं हैं।

जैसे कविताएँ पढ़ीं तो दिल में नहीं उतरीं और सवाल किया तो दिमाग में नहीं चढ़ा।

इस वजह से सब हिन्दी के विद्यार्थी एक सुन्दर रचना नहीं लिख सकते। सब कानून के विद्यार्थी अच्छे वकील नहीं होते।

शिक्षा में यह एक ऐसा ऐब है जिसे शिक्षामंत्री से लेकर नापास विद्यार्थी तक सब जानते हैं।

पर इससे भी ज्यादा महत्त्व की चीज यह है कि फिर जिन्दगी में पढ़ाई का फायदा नहीं होता।

देशभक्ति का पाठ पढ़ भी चोरबजारी करते हैं। गदर की बात सुनकर भी सिपाहियों से अपने व्यवहार नहीं बदलते।

अभी-अभी मुझे कुछ अपवाद नजर आने लगे हैं। लगता है कि छात्रों की नई पीढ़ी जैसा पढ़ेगी, वैसी ही जिन्दगी बनाएगी।

राजापुर ग्राम जो तुलसी की जन्म-भूमि मानी जाती है, वहाँ अब एक तुलसी इंटर कॉलेज नामक संस्था है।

वहीं सातवीं कक्षा में कुछ दिन पूर्व जब तुलसीदास का पाठ पढ़ाया जा रहा था, तब कुछ विद्यार्थियों पर शिक्षा जिन्दगी में असर लाने लगी।

वे लोग सोचने लगे कि इस हाड़-मांस की काया और कागज की किताब में क्या रखा है! यदि ऐसी ही लगन रामभक्ति में लगाएँगे तो साक्षात् भगवान के दर्शन कर लेंगे।

दूसरे दिन चित्रकूट का पाठ पढ़ाया गया। जहाँ सन्तन की भीड़ पड़ती है। तुलसीदास चन्दन घिसते हैं और रघुवीर बिना एक पैसा दक्षिणा दिये तिलक करवा लेते हैं।

सो सातवीं के दो ईमानदार, निष्ठावान छात्रों ने साधु बनने की सोची। वे चित्रकूट चल दिये। काफी रास्ते तक उनके साथी उन्हें छोड़ने भी गए।

शिक्षा का प्रभाव देखिए। रत्नावली से विवाह के पूर्व ही चल दिये।

यह तो सौभाग्य से तुलसी के पाठ पढ़ने पर शिक्षा का प्रभाव पड़ा। बिहारी के दोहों के वक्त अगर वे ज्ञान को जीवन में उतारते तो...?

दूसरी एक और घटना हुई।

एक कॉलेज के सोशल गैदरिंग के वक्त एक नाटक खेला गया। आदर्श प्रेम का नाटक था। नाटक हो जाने के बाद से जिस विद्यार्थी ने हीरो का पार्ट किया था, वह हीरोइन से प्रेम करने लगा।

हीरोइन का पार्ट करनेवाली देवी जरा हृदयहीन थीं। कला उनकी आत्मा में नहीं थी, सो वे रिपोर्ट पुलिस में कर बैठीं।

हीरो ने अपने बयान में कहा कि मैंने नाटक में दिल लगाकर इसके साथ काम किया, कई बार रिहर्सल करी सो कला का जिन्दगी पर असर पड़ गया।

बेचारे अपने प्रेम की सजा भुगत रहे हैं। सच है, प्रेम की आग किसने समझी है? मुहब्बत करनेवालों का तड़फना किसने देखा है?

इन घटनाओं में मुझे नई पीढ़ी का चरित्र नजर आ रहा है। शिक्षा का जिन्दगी पर असर अब पड़ने लगा है।

शिवाजी को जीजाबाई ने जिस टेकनिक से और जो कहानियाँ सुनाईं, उनका कोई संग्रह दक्षिण में प्रकाशित नहीं हुआ, इसी वजह से शिवाजी केवल एक हुआ। यदि कोर्स में वह किताब लगती तो शिवाजी ही शिवाजी हो जाते।

शिक्षा का एक काम यह रह जाता है कि जो कुछ पढ़ें, उसमें से कितना और कौन-सा उतारें और क्या नहीं उतारें!

नहीं तो सीता के जीवन से उद्यान में पूजा के बहाने जाकर पति चुनना, अर्जुन के जीवन से खास मौके पर इनकार कर जाना कि मेरी इच्छा नहीं है और कृष्ण के जीवन से यह सीखें कि कोई नहीं लड़ता हो तो उसे लड़ने देना—वगैरह बातें व्यर्थ हैं।

घूँघट और कॉकटेल

नेहरूजी से आजकल मेरे पड़ोसी जरा नाराज हैं। नाराज मैं भी हूँ। अभी-अभी दो बातें नेहरूजी के वचनों में ऐसी आई हैं जिनमें एक से मेरे पड़ोसी को नाइत्तफाक है और दूसरी को मैं ठीक नहीं समझता हूँ।

मेरे पड़ोसी कल बिगड़कर कह रहे थे कि नेहरूजी कलाई पकड़ते-पकड़ते पहुँचा पकड़े रहे हैं। यह बात अच्छी नहीं है।

मेरे यह कहने पर कि औरतों को घूँघट में रहने को मैं भी पसन्द नहीं करता, तो इस पर वह और बिगड़े और कहने लगे कि आप बहू-बेटियों को बिगाड़ना चाहते हैं?

वास्तव में बात यह थी कि हमारे पड़ोसी महोदय के घर की औरतें घूँघट डालकर अखबार पढ़ लेती हैं।

आजकल वे व्यंग्य करती हैं कि बहुत बढ़-बढ़के नेहरूजी की जय बोलते थे, अब हमें यह घूँघट रखने को क्यों कहते हो?

मेरे पड़ोसी इस कारण आजकल नेहरूजी से नाराज हैं और जब मुझे भी घूँघट विरोधी पाया तो अब मुझसे भी नाराज हैं।

मैंने कहा, 'यह प्रजातन्त्र है। आप नेहरूजी का विरोध कर सकते हैं। और नेहरू जैसे व्यक्ति का विरोध करने से अपना भी महत्त्व बढ़ता है। मैं खुद नेहरू की बात पसन्द नहीं करता हूँ।'

'कौन-सी बात?' वे जिज्ञासु बने।

'यह जो देहली में नेहरू ने कहा कि वे कॉकटेल पार्टियों को पसन्द नहीं करते और इस प्रकार की पार्टियों से देहली अच्छा उदाहरण नहीं रख रहा है—इस कथन को मैं पसन्द नहीं करता हूँ।'

इस पर पड़ोसी कहने लगे, 'कॉकटेल पार्टियाँ तो मैं भी नापसन्द करता हूँ।'

मैंने कहा, 'कॉकटेल में समन्वय की भावना है। भारतीय संस्कृति क्या है, कई संस्कृतियों का कॉकटेल है। प्रजातन्त्र क्या होता है, अनेक विचारों का कॉकटेल है। लोकसदन कई पार्टियों का कॉकटेल होता है। हमारा विधान भी एक कॉकटेल है। अतः कॉकटेल हमारी संस्कृति, प्रजातन्त्र विधाप्रतीक है। यह हमारी अनेकता में एकता है।'

मेरे भाषण को सुन पड़ोसी सज्जन ने मुँह टेढ़ा कर लिया और बोले, 'क्या आप भी शराब के पक्ष में बोल रहे हैं? नेहरूजी ठीक विरोध करते हैं।'

मैंने कहा, 'नहीं, नेहरू वृद्ध हैं। उन्हें कॉकटेल का आनन्द अब फीका लगने लगा है। पर घूँघट का विरोध ठीक किया। यह प्रगतिशीलता है।'

'भाड़ में जाए तुम्हारी प्रगतिशीलता।'

'भाड़ में जाए तुम्हारी लकीर की फकीरी।'

अब वे आजकल मुझसे बात नहीं करते। मैं उनका विरोधी हूँ। नेहरूजी के हम दोनों विरोधी हैं। पड़ोसी के मुँह पर घूँघट है और मेरे हाथों में कॉकटेल है।

अब सोचिए, मेरा क्या कसूर है?

अभी उ.प्र. के एक महान कांग्रेसी नेता ने भी यही बात कही है। सोचिए, असली कांग्रेसी वही है जिसमें नेहरूजी के वचन प्रतिध्वनित होते हों!

मैं कोई कांग्रेसी नहीं हूँ। मैं किसी पार्टी में नहीं हूँ। पर मैं कॉकटेल पार्टी के पक्ष में हूँ।

घूँघट और कॉकटेल का विरोध है।

नेहरूजी अब व्यक्तिगत मामले में कूद रहे हैं। देहली में पार्टियों के खिलाफ हैं।

वैदेशिक नीति से कॉकटेल का गहरा सम्बन्ध है। कॉकटेल से नीति दृढ़ होती है। घूँघट डाल विजयलक्ष्मी यू.एन.ओ. नहीं जा सकती।

बुढ़ऊ-विचारकोण

साहित्य में अपने से स्नेह करनेवालियों के पीछे कागज काले करने की प्रथा बड़ी पुरानी है, पर उसमें एक परम्परागत अनुशासन है और वह यही कि उस सुन्दरी के सिवाय अन्य सुन्दरियाँ कवियों से यह शिकायत कभी नहीं करतीं कि मुझ पर क्यों नहीं लिखा?

न ही उस सुन्दरी का बाप या भाई कवि के घर आकर नाराजी प्रकट करता है कि आखिर तुमने मेरा नाम क्यों नहीं डाला?

रचना बिलकुल व्यक्ति और रूप-केन्द्रित होती है—अन्य साले-ससुर भाड़ में जाएँ।

पर यह सद्‌गुण केवल पद्य तक ही सीमित है—गद्य में परिस्थितियाँ बिलकुल ही दूसरी हैं।

यदि आप किसी एक बात को छोड़ कुछ इने-गिने व्यक्तियों की चर्चा करना चाहते हैं, तो शेष जो अलग रह गए हैं, वे बिलकुल जानी दुश्मन हो जाएँगे।

जैसे कहानी साहित्य पर यदि एक निबन्ध लिखा जाए और दुर्भाग्य से कोई लेखक का नाम आज भूल जाए तो दूसरे ही रोज से वह दूसरा निबन्ध दूसरे नाम से प्रकाशित करवाएगा कि मेरी चर्चा अमुक लेख में नहीं है—यह क्षुद्र मनोवृत्ति है, संकीर्णता है, वास्तविकता का गलत चित्रण है, अपने गुट का प्रचार है—आदि।

अभी गीत साहित्य के सम्बन्ध में वीरेन्द्र मिश्र का एक लघु निबन्ध प्रकाशित हुआ था जिसमें कई कमियाँ थीं।

पहली तो यही कि मध्यभारत के सारे गीतकारों की जीवनी उसमें नहीं दी गई जो एक निबन्ध में अपेक्षित है। सिर्फ उनका नाम और वह भी केवल एक-दो बार ही दिया गया।

दूसरी बात वीरेन्द्र मिश्र ने कुछ ऐसे गीतकारों के भी नाम दे दिए जो कि उससे परिचित हैं। बताइए, यदि वीरेन्द्र का मित्र 'सरोज' अच्छा गीतकार है तो क्या यह वीरेन्द्र को उचित है कि वह 'सरोज' का नाम भी लेख में दे दे? बड़े शर्म की बात है। सरोज का नाम गीतकारों के जिक्र में से डिलीट हो जाना चाहिए।

और तीसरी गलती जो वीरेन्द्र ने की, वह यह कि नए-नए गीतकारों की चर्चा भी उज्ज्वल भविष्य की बात छेड़ते हुए कर दी। बताइए, भाषा का भविष्य क्या इन नए गीतकारों पर निर्भर है? वह तो उन पर है जो बूढ़े हो चुके।

चौथी गलती जो वीरेन्द्र ने की, वह यह कि इससे पूर्व उसे मिलिन्दजी की साहित्य-सेवा पर एक लेख अलग लिखकर छपाना चाहिए था और नए गीतकारों को फटकारना चाहिए था कि वे साहित्य क्या है, यह नहीं समझते।

और गुस्ताखी देखिए कि उसने अपने लेख में मिलिन्द, प्रेमीजी आदि की सिर्फ चर्चा करके ही छोड़ दिया।

अरे भई, अगर लेख लिखना है तो पहले आधा-पौन भाग पुरानी परम्परा पर खर्च करना चाहिए, फिर घर-घर जाकर सुना देना चाहिए और उसमें जो भी सुधार वे करवाएँ, वह कर लेना चाहिए।

वीरेन्द्र ने क्या किया कि बस, लेख लिख दिया। अरे भाई, लेख कोई कविता है कि तुम मसूरी पर लिखो तो दार्जिलिंग नाराज न हो–जुहू किनारे पर लिखो, तो नर्मदा किनारा नाराज न हो–देश पर लिखो तो विदेश नहीं बिगड़े?

और अपनी गलती का परिणाम उसे भुगतना पड़ा कि एकाएक कोई श्री गोविन्द असहायजी प्रकट हो गए और एक लम्बा-सा लेख वीरेन्द्र ने जो लिखा था, उसके खिलाफ प्रकाशित हो गया जिसमें वीरेन्द्र की संकीर्णता आदि का जिक्र था और नए गीतकारों के नाम से नाराजी प्रकट की गई थी।

यानी बुढ़ऊ-संकीर्णता का लिहाज आज साहित्य में बड़ा ही जरूरी है। नया साहित्य सब नया कचरा है और नए लेखक–ओह, खेद है।

इसी कारण यह जो हैं–अम्बर, सलिल, प्रतिभा, मल्हार आदि इनके कन्धों पर यदि साहित्य की गाड़ी रख दी जाए तो बस, किस्सा समाप्त ही समझिए।

समाज के ये मोटे नियम हैं जो कलाकार को जानना चाहिए कि पुराने पत्थर सिर पर रखने से ज्ञान बढ़ता है। बुड्ढों के साथ चलने से गति तेज होती है तथा पीछे की ओर देखते रहने से शीघ्र मंजिल तक पहुँचते हैं।

समझे? नहीं समझे तो मेरे खिलाफ भी लेख लिखो।

बदलते तथ्य

परिवारों में प्रतिदिन अखबारों को खरीदने की प्रथा इतनी हितकर नहीं है जितनी रद्दी के रूप में अखबार बेच देने की प्रथा।

मेरा यह विश्वास आज सुबह एक पुराना अखबार प्राप्त होने से मजबूत हो गया।

अब तक मैं समझता था कि नए अखबार खरीदने में दो पैसे खर्च होते हैं और उसे बेच देने में कुछ प्राप्त होते हैं।

पर अभी मैं इस निष्कर्ष पर भी पहुँचा हूँ कि रोज हमें सस्ते में झूठ तो छपा हुआ मिल जाता है पर उसे बेचने में हमें एक झूठ दफनाने का सुख भी मिलता है। घर का पाप बाहर जाता है। उसे झूठ बेचना तो हम नहीं कह सकते क्योंकि वह सौभाग्य तो ऐसे पत्रवालों को ही प्राप्त होता है।

तो आज सुबह ट्रंक साफ करते समय एक पुराना 'जागरण' बाहर निकाला और उसे जिज्ञासा के कारण पढ़ने लग गया।

तारीख लगी थी : इन्दौर, शुक्रवार, ता. 11 मार्च, 1955, और दाहिनी ओर छपा था : विकास मंत्री व्यं. वि. द्रविड़ का वक्तव्य जिसमें कृषि कार्यों में वैज्ञानिक दृष्टिकोण की माँग की गई थी तथा अन्त में कहा था : 'किन्तु कुल मिलाकर देखा जाए तो हमारी प्रगति यदि अन्य राज्यों से आगे नहीं, तो बराबर की तो है ही।'

अन्दर के पृष्ठ में अग्रलेख पढ़ा, जिसका विषय था : 'राष्ट्रपति और मध्यभारत के विकास कार्य' जिसमें कहा गया था कि उन्होंने मध्यभारत में चल रहे विकास कार्यों की मुक्त कंठ से प्रशंसा की और सब मिलाकर यह कहा जा सकता है कि राष्ट्रपति मध्यभारत के इस दौरे में राज्य के विकास-कार्यों से अत्यधिक प्रभावित हुए।

आखिर में इस बात पर खेद प्रकट किया गया था कि मित्र लोग समझ के अभाव के दोष से विकास-कार्यों की गति न होने की आलोचना करते हैं।

मैं आश्चर्य में डूब गया और फिर याद के किनारे लगा तथा विचारों की जमीन पर खड़ा हुआ।

और एक नवम्बर की प्रेस परिषद् में विकास की अधिक सम्भावना इसलिए नहीं है कि सिंचाई योजना का पूरा-पूरा लाभ नहीं लिया जा सकता। साथ ही 10-12 वर्ष

के बाद मध्यभारत में विकास के लिए कोई प्रसाधन शेष ही नहीं रह जाएगा। असल में चिन्ता का विषय यही है।

मैं परेशान हो गया। सारंगी कुछ और गाती है, तबला दूसरे बोल बोलता है तथा गानेवाला तो गाने की सम्भावना से ही असहमत है।

कृषि कार्यों में वैज्ञानिक दृष्टिकोण और हमारी प्रगति सब दूसरे प्रान्तों के बराबर हैं। चम्बल सामुदायिक विकास योजना आदि सब बातें या तो मार्च महीने में झूठी थीं या आज झूठी हैं।

फिर राष्ट्रपति जी जिन्हें सारे दौरे भर यही भ्रम रहा कि यह विकासमान क्षेत्र है और वे भोलेपन में आकर सन्तोष प्रकट करते रहे। उनके लिए यह क्या ही अच्छा होता यदि वे अपने भ्रम से अवगत करा देते कि यहाँ विकास की सम्भावना ही नहीं है।

इसी कारण 'जनता का दिमाग कैसा, जैसी खबर पढ़े वैसा'—यह बात राजनीतिज्ञों के लिए बड़ी उपयोगी होती है।

अखबार धीरे से उस सचाई से जब इनकार कर देते हैं जिसे वे पिछले बरसों से कहते तथा पक्ष लेते आए हैं तो बड़ी हँसी आती है।

नीति और सच बात में बड़ा फर्क है। विचारों में किसी के फर्क आ सकता है जब नए तथ्य का नया दृष्टिकोण उसे दिखाई दे। पर जो सच बात है, वह तो है ही यानी अगर मध्यभारत की हालत प्रगति के नाम पर बंजर है तो आज भी बंजर है।

खैर, होगा, मुझे इससे क्या लेना-देना! मैं तो एक बात सोचता हूँ कि अखबार हम खरीदते हैं, उस आदत से समाज को इतने लाभ नहीं हैं, जितने पुराने अखबार बेच देने से।

अतः हॉकर के बजाय रद्दी खरीदनेवाला अधिक पूज्य है। कम-से-कम अधिक सम्मान का पात्र है।

चीनी-पद्धति

राजधानी के विषय में सारे देश में भ्रम यह है कि वहाँ का हर पुर्जा व्यस्त है। उन्हें बड़ा काम है। पर बात ऐसी नहीं है। खाली बैठे क्या करें, यह प्रश्न देहलीवालों के सामने भी है।

खाली बैठने के बजाय कौन-सा ऐसा काम है जो मनोरंजन भी हो और समाज के हित में भी, तो इसकी जानकारी सचिवालय के कमरों के बाहर बैठे शासन के सम्मान की रक्षा करनेवालों से ही ली जा सकती है। और वह काम है–मक्खी मारना।

वातावरण को मक्षिकाविहीन करनेवाले व्यक्ति के हृदय में प्रधान भावना सेवा की ही रहती है और भारतीय जनता के हृदय में अब दिन-प्रतिदिन बढ़ती जा रही है। चीन में भी प्रजतान्त्र को सहयोग करने के लिए सबने अफीम फेंक दी है।

और उसी चीन की यात्रा कर भारत के लिए राजकुमारी अमृत कौर, जिनके जिम्मे मुझे मोटा बनाने का काम है, यह नई योजना लेकर आई हैं कि भारत में मक्खी मारने का काम तेजी से बढ़ना चाहिए।

वैदिक काल से गुप्त काल तक जो देश की प्रगति हुई थी, उसके बाद आज तक भारत ने जो कुछ किया है, वह मक्खी मारना ही है–अतः चीन हमें कोई नई कला नहीं सिखा रहा है, सिर्फ उसमें सुधार ही कर रहा है, जिसे हमें अपनाना चाहिए।

हमें खेद है कि राजकुमारी देश की अधिकांश जनता की आदत से परिचित नहीं। हमारा विश्वास है कि उनके कार्यालय में भी मक्खी मारने के एक्सपर्ट होंगे, यानी मलेरिया विभाग में नहीं, क्लेरिकल विभाग में।

चीन में, कहते हैं कि प्रति व्यक्ति को कम-से-कम बीस मक्खी मारकर मेयर के सम्मुख प्रस्तुत करनी होती है।

देहली राजधानी में भी यह संख्या तीस तक बढ़ाई जा सकती है। यह वास्तव में कितना गौरवशाली नजारा होगा कि रोज देहली की जनता प्रधानमंत्री, मंत्रियों तथा अधिकारियों के दरवाजे पर मरी मक्खियाँ गिनाने एकत्र हों और गर्व से कोई कहे कि मैंने आज चालीस की संख्या प्राप्त कर ली है, महाशय।

'मक्खी-अन्त' कोई नौकरी नहीं है, यह तो एक कर्तव्य है या हॉबी है, जैसे ब्रिटेन में खेलों को महत्त्व दिया जाता है।

फिर चीन में अधिक मक्खी मारनेवाले को नगदी पुरस्कार दिया जा सकता है। हमारे यहाँ हम इस पर एक राष्ट्रपति पदक भी घोषित कर सकते हैं।

हिन्द और चीन बड़े भारी दोस्त हैं। जीवन के हर क्षेत्र में उनका-हमारा सहयोग सदियों से रहा है। जैसे हमने उन्हें फुरसत का समय अच्छे ढंग से बिताने के लिए अफीम दी थी और वे हमें मक्खी मारने के हथकंडे सिखा रहे हैं।

यद्यपि चीन से लौटे जितने भी अभी तक के भारतीय प्रतिनिधि हैं, उन्होंने भाषण देने, मक्खी मारने के सिवाय कोई भी काम नहीं किया परन्तु इस समय मक्खी-अन्त की चीनी पद्धति की विशेषज्ञ स्वयं राजकुमारी अमृत कौर ही हैं।

यों भय की तो बात नहीं पर फिर भी खयाल आता है कि द्वितीय पंचवर्षीय योजना के इस काल में यदि स्वास्थ्य-मंत्राणी भी चीनी पद्धति से समय बिताएँगी तो देश क्या करेगा?

आजकल मंत्रियों से नया भय जनता के मानस में आ रहा है। पहले तो यही शिकायत रहती थी कि वे काम नहीं करते, चीनी पद्धति अपनाते हैं, पर अब यह भी भय है कि वे, काम हो सकता है, इस सम्भावना से ही अस्वीकार किसी दिन कर सकते हैं।

जैसे यदि किसी दिन केन्द्र के शिक्षा मंत्री यह घोषणा कर दें कि देश में शिक्षा के विकास की भविष्य में कोई सम्भावना नहीं रहेगी तो कितना विचित्र होगा!

जैसे कि विकास के मंत्री यह कह दें कि इस प्रान्त में विकास की सम्भावनाएँ समाप्त हो जाएँगी, यानी कुछ दिन बाद विकास विभाग समाप्त हो जाएगा!

विकास के ठेकेदार भी अभी तक लगता है, चीनी पद्धति ही अपनाए थे (दिन में बीस-पच्चीस तो एकत्र हो जाती होंगी), पर यह घोषणा हो जाने के बाद कि बिना विलय विकास कार्य नहीं होगा, और कोई कार्य इन लोगों के पास मध्यभारत में नहीं रहेगा, सिवाय चीनी पद्धति अपनाने के।

अतः विलय हो चाहे न हो, पर मध्यभारत क्षेत्र की जनता को तो मक्खी ही मारनी है। विलय हुआ तो विकास-कार्य मध्य प्रदेश की ओर होंगे और न हुआ तो यहाँ तो सम्भावनाएँ नहीं हैं; यह विकास मंत्री बता ही चुके हैं कि साधनों का अभाव है।

आशा है, राजकुमारी अमृत कौर अपनी सीखी नई कला से हमारे प्रान्त को अनभिज्ञ नहीं रखेंगी। इन्दौर की जनता भी अपनी नगरपालिका के चेयरमैन को बीस मरी मक्खी रोज सुबह गिना दिया करेगी।

भा. से प्र.

एक बार फिर श्री नेहरू ने अपने-आपको मध्यभारत के नेताओं की अपेक्षा अक्लमन्द सिद्ध कर दिया है।

परिस्थितियाँ म. भा. से म. प्र. पर आ गई।

बिहार से बम्बई तक टाँग फैलाए एक प्रान्त बन गया और कइयों की राजनीति की नदी सूख गई। कइयों की बस्तियाँ उजड़ गईं। कइयों के फुग्गारे फूल गए।

हर स्थान राजनीति से कटा-चिरा है और राम ही जाने, कितने अपने-आपको नए प्रान्त का बनानेवाला मान बैठे हैं। राजनीति के व्यापक अखाड़े बन गए और एकाएक जनता की आँखों के सामने कितने ही अभिनेता मंच पर आ गए।

किस्मत की घंटी जो कभी इन्दौर और कभी ग्वालियर में बजती थी, वह नवाबी इमारतों की खिड़की से टँग गई जिसकी गूँज बस्तर और रीवा तक सुनाई देगी।

बड़े दिनों से मध्यभारत की जनता ने सागर सीपी और जबलपुर की बीड़ियाँ फूँकी हैं। आज उसी बीड़ी की राख ने सीमाओं को जला डाला और अभी तक के सभी बंडलों का मूल्य चुकाना पड़ा है।

अभी तक चम्बल और मांडू की गाथा गाई जाती थी, अब साँची और इस्पात उद्योग की बातें चलेंगी।

खैर, ठीक है–जिसका साँचा मालवा मील में लगा है, वह तो जबलपुर के लिए नहीं हटा और जिसकी दुकान तो पखाने में है–वह तो दूसरे शहर नहीं गई।

यहाँ की हर शाम वैसी ही आबाद है। मालवा की काली मिट्टी–गेहूँ और पान तो यहीं से पैदा होंगे। शबे-मालवा का विलीनीकरण किस अँधेरी रात में हो सकता है! हरम में राजधानी बनने से चेहरे और घूँघट का क्या बिगड़ेगा!

प्रश्न तो उन गलतफहमियों का ही है जो कुछ दिमागों में घर कर गई हैं।

दो जनों ने सट्टा खेला था। अपने-अपने हल भरे थे। लिफाफा एक के पक्ष में खुल गया। अब यदि वह उतना ही मूर्ख है जितना मूर्ख दूसरा होता, यदि उसके पक्ष में लिफाफा खुल जाता।

मगर इसी बहाने अपने सगे और पराये की पहचान उस जनता को हो गई जो अपनी किस्मत किसमें है, यह कभी भी नहीं समझ पाई।

अब प्रश्न है हर शहर और स्थान के व्यक्ति के सामने कि किस प्रकार भोपाल तक पटरी बैठेगी और हिन्दुस्तान के इस बड़े भारी जंगल-बीहड़ में से कैसे अपनी सड़क निकाली जाएगी।

क्योंकि राजनीति में जब भी नंगे सिर होते हैं तभी ओले पड़ते हैं और तभी की व्यवस्था करके निकलने पर ठिठुरने का मौका आता है।

यह दुख मुझ-आप जैसों को नहीं है—न लइबे को एक, न दइबे को दो—पर अभी तक बड़वानी में नौकरी करनेवाले को भिंड तबादले का ही डर था पर अब वह रीवा तक भी भेजा जा सकता है।

फिर से इंटीग्रेशन होगा, फिर से काफी लोगों की किस्मत कागजी कार्यवाही में झूलने लग जाएगी और मुझे तो एक भय था कि कहीं इसका नाम 'महा' शब्द से प्रारम्भ नहीं हो। जैसे महामध्यभारत या महामध्यप्रदेश या महाकौशल। आकार बढ़ने पर उसमें 'महा' लगाकर देखना अजीब-सा सन्तोष है।

जैसे गुजरात प्रान्त को यदि महागुजरात कहा जाए तो उसमें कोई भी तुक नहीं है। वैसे ही मराठीभाषी प्रान्त को महाराष्ट्र कहना भी अजीब है यानी भारत एक राष्ट्र में एक महाराष्ट्र भी अन्दर है, इसका क्या अर्थ होगा? यह ऐसा ही है कि हम मध्यभारत को विशाल भारत कहने लग जाते।

तो अच्छा यही है कि किस्सा जल्दी ही निपट रहा है। जहाँ तक अखबार व नेताओं के मतभेद का प्रश्न है—भगवान हमेशा विरोध के मसले छत से टपकाता है और अब तो व्यापक क्षेत्र सामने है। यहाँ की ट्रेनिंग का उपयोग आगे होगा ही। जनता को मानसिक रूप से फीकापन नहीं लगेगा।

परिक्रमा

पिन

चुभने को यों नजरें भी चुभ जाती हैं, गीत की कड़ी उतरकर तड़फा देती है पर जो सजीवत्व पिन या सुई की चुभन में है, वह चाँद की किरण और हिरणी के सींग में कहाँ!

चुभन मानवीय आवश्यकता है। चुभन हमें जाग्रत्, चेतन रखती है, चाहे वह भाववाचक हो अथवा वस्तुवाचक।

इसी कारण सुई और पिन के आविष्कारक ने जब काँटे को लोहे में बदला था तब भविष्य के शून्य में बिखरे अनेक चित्रों में संगठित होने की आशा उभरने लगी थी।

और वे आगे संगठित हुए। जो अलग था, वह इस चुभन को निमंत्रित कर जुड़ गया। मिलन मार्ग में काँटे की गहरी आवश्यकता का अन्दाज लगाइए। बिन काँटा, बिन चुभन मिलना कैसा!

इसी कारण शस्त्र घृणा से देखे जाएँगे पर पिन को प्यार से ही रखा जाएगा। पिन जो काँटों के रिश्ते में लगती है, सुई की छोटी बहन है। वह सिर पर जूड़ा बाँधती है। चाहे जहाँ चली जाती है। दर्दीली और मिलनसार।

आदमी हवाई जहाज के बिना काम निकाल लेता है और पिन के बिना अटक जाता है। पिन उपयोग की साकार मूर्ति है।

निठल्ले हाथ सदैव पिन की ओर बढ़ते हैं। निठल्ली पिन सदैव दाँतों की तरफ जाती है।

इनसान, कागज, कलम और पिन—यही चार चीजें मिलती हैं, और एक दफ्तर बन जाता है। सारे संसार की अनेक कार्रवाइयों के ये आधार तत्त्व हैं।

दो कपड़े मिलाना हो, सुई लगाओ। दो कागज मिलाना हो, पिन लगाओ। कागज और कपड़ा न हो तो सारा विश्व एक उजड़ा घोंसला हो जाए। चुभन के बिना कागज और कपड़े को रूप नहीं मिलता।

इसी कारण पिन को परमेश्वर मानना पड़ता है। कॉलर में लगी छुपी चुपके से विश्वास बँधाती है। टोपी में लगी इनसान को विवेक-चेतन रखती है।

आदिनाथ शिवजी के बाने को पहनने के लिए गुरु गोरखनाथ ने वर्षों तपस्या की, तब कहीं शिव ने उन्हें बाना दिया। काश, गोरखनाथ को सुई मिल जाती तो वह ऐसे कितने ही बाने टेलर कर देते!

पिंगला के प्यारे राजा भरथरी को जोग की दीक्षा देने के पहले छुरे से छेद कर उन्हें कनफटा बनाया गया था। काश, पिन होती तो कितनी सरलता से यह काम हो जाता!

सुई नारी का विश्वास है, पिन पुरुष का, इसे कौन खोना चाहेगा?

जब स्टोव का तेल रुकता है तब पिन की महत्ता नए रूप में प्रकट होती है। जब पैरों तक जाने के अभिलाषी केश अनुशासनहीन होते हैं, तो हेयर-पिन अपने बन्धन में उनकी शक्ति समेटती है।

कभी टाई पर लगी रहती है, कभी साड़ी पर।

पहले कई बार आदमी पानी के लिए तड़फता था। अब पिन के बिना भी वैसा ही तड़फता देखा गया है।

पिन शान्ति की प्रतीक है, कर्मठता की प्रतीक है। छरहरे चमकीले तन को पिन मोहित करती है।

इसी कारण गुलाब में काँटे की तरह जब चमकीले पीले कुशन पर सैकड़ों पिनें उठी हुई नजर आती हैं, तो लगता है, जैसे टेबल पर छोटा-सा सूरज अपनी अनेक नन्ही-मुन्नी किरणों के साथ उग आया है!

विशेषज्ञ

आजकल शासन और निर्माणी चक्कर के कारण एक नई नस्ल तैयार हो रही है, जिसे 'विशेषज्ञ' कहते हैं। योजना की हर शाखा पर यह परिन्दा पाया जाता है। इसमें सुर्खाब के पर जड़े रहते हैं। यह काना हो चाहे आँखोंवाला, पर इसे अन्धों में शहंशाही प्राप्त रहती है।

निर्माण के क्षेत्र में प्रशिक्षित जीव 'ट्रेंड एनिमल', तो कुछ जापानी पद्धति से तैयार हुए धान के पौधे की तरह होता है, जिससे उत्पादन अधिक हो सकता है पर वह सारे फार्म में एक अलग ही ऐसा वृक्ष होगा जिसे नर्सरी में तैयार किया गया हो और जो विशेष स्वाद के फल देता हो। चाहे दे नहीं।

सरकार उसे विशेष खाद का अलॉउंस देती है। उसके पत्तों की ओर प्यार से देखती है। उसके फल को बेचती नहीं, पर प्रदर्शनी में रखती है। विदेशी यात्री और केन्द्रीय मंत्री से उसका हाथ मिलवाती है। प्रान्त और विदेश जाने के लिए उसे ढीला छोड़ देती है।

विशेषज्ञ की स्थिति कुछ उस साधु की तरह होती है जो सट्टे के अंक बता सकता है पर चुप है, और लोग उसकी शक्ल खड़े-खड़े जोहा करते हैं कि यह बोलेगा पर वह बोलता नहीं।

वह हमारे किए हुए कामों की तरफ ऐसे देखता है, जैसे किसी इनसानी कृति की ओर देखकर खुदा मुस्करा रहा हो!

आप जानते हैं कि जीवन के सबसे सुखद क्षण वे होते हैं जब हम किसी व्यक्ति को एक गलत काम करते देखते हैं, और उसका सही ढंग क्या है, यह हमें पता है पर हम बोलते नहीं।

अज्ञानियों की बात सुनकर जो मुस्कुराहट आपके चेहरे पर आती है, वैसी मुस्कुराहट विशेषज्ञ के चेहरे पर हर व्यक्ति से मिलते समय आ जाती है।

इसके सिवाय विशेषज्ञ में एक और विशेषता होती है, और वह यह कि जिस चीज को वह जानता है, वह दूसरे में भी नजर आ जाए तो प्रतिक्रिया के कारण वह नाराज हो जाता है। उस समय उसके विशेष आचरण फूटते हैं और उसकी आत्मा चिड़चिड़ाती है।

विशेषज्ञ समाज के सहारे और सहयोग के कारण बना हुआ व्यक्तिवादी होता है, जिसके अहं का कारण उसका ज्ञान ही नहीं, दूसरों का अज्ञान भी होता है। उसकी समझ ज्ञान की चरम सीमा होती है और इसी कारण वह अपने-आपको बोधिवृक्ष के नीचे से उठकर आया मानता है और समाज की सुजाता से खीर की अपेक्षा करता है।

संसार के हर क्षेत्र में विशेषज्ञ होते हैं। कहीं भी जाइए, कोई बेतुका, बेरुखा व्यक्ति आपको इधर-उधर घूमता या खामोश किसी तरफ ताकता मिल जाएगा, और लोग दूर खड़े उसकी तरफ उँगली उठाकर आपको बताएँगे कि वह विशेषज्ञ है।

हम भारतीय मूर्तिपूजक, व्यक्तिपूजक लोग हैं। अपनी हर अच्छाई, हर परिवर्तन और हर क्रान्ति के लिए किसी व्यक्ति विशेष का आभार मानते रहे हैं और उसके कहे को संगमरमर पर बनी खुदाई लकीर समझते रहे हैं।

अभी पिछले समय तक पारलौकिक प्रश्न हमारे सामने थे, तब साधु हमारे देवता थे। फिर आजादी की जंग हमारे सामने आई तो नेता हमारे देवता हो गए। और अब योजनाओं के पंचवर्षीय प्रहर में विशेषज्ञ हमारे देवता हैं।

जिस पत्थर में ईश्वर बैठा होता है, वह पत्थर ही माना जाता है। पर जिस पत्थर पर सिन्दूर लगा हो, उसे ईश्वर समझा जाता है।

विशेषज्ञ सिन्दूर लगे पत्थर हैं, जो हर जगह अटल खड़े हैं। आपकी पूजा माँगते हैं। और जहाँ अनुभव का ईश्वर है, वह पत्थर ही समझा जाएगा क्योंकि उस पर शासकीय प्रामाणिकता का सिन्दूर नहीं।

छिलके

श्रीमती प्रिसीला अलसाई ने अपनी 105वीं वर्षगाँठ पर लन्दन में आलू के छिलकों को धन्यवाद दिया जिनके कारण वे इतना लम्बा जीवन बिता सकीं। आपका कहना है कि यदि छिलके सहित आलू खाए जाएँ तो शरीर को बड़ा लाभ पहुँचता है।

छिलके या फौंतरे चाहे निकालकर बाहर फेंक दिये जाएँ, परन्तु उनके महत्त्व से कौन इनकार कर सकता है? इस तरह के छिलकों की अपनी एक खासियत होती है।

आम के छिलके घर के बाहर फेंकने से घर की शोभा व सम्मान बढ़ता है। यह करना जरूरी है। वह वर्ग जो प्याज के छिलके पीछे के दरवाजे फेंकता है व आम के छिलके बाहर के दरवाजे से फेंकता है, मध्यम वर्ग कहलाता है।

म्युनिसिपैलिटी के सफाई पोस्टर चाहे जो कहें, पहली किताब में चाहे जो सीख दी गई हो परन्तु जिन्दगी के मजे केले के छिलके सड़क पर फेंक मजा देखने में ही है।

छिलके रखना कई बार असभ्यता माना जाता है। चाहे छिलके में पोषक तत्त्व हों पर शराफत का तकाजा है कि आप उसे निकाल दें। इसमें कुछ नजाकत भी है। लखनऊ की मजनू की उँगलियों जैसी ककड़ी के भी छिलके बारीक तराशे जाते हैं, नहीं तो नवाबी खानदान के जादे व जादी के गले में खराश का डर रहता है।

भगवान ने छिलके बनाए हैं तो छिलके खानेवाले भी बनाए हैं। बीरबल ने बादशाह पर आम चूसते समय जो आरोप लगाया था कि शहंशाह तो आम के साथ गुठली व छिलके भी खा जाते हैं, उस किस्से को छोड़ भी दो, तो महात्मा शेखसादी की जिन्दगी के कई दिन ऐसे ही गुजरे कि फल खरीदे, छिलके घोड़े को खिला दिये, गरी खुद खा गए व बीज मुर्गी को डाल दिये।

छिलके की कहानी कब तक कहें! ज्यों सज्जन की बात-बात में बात, त्यों केले के पात-पात में पात। और काँदे के छिलके जितने निकालो उतने निकलेंगे।

पर जो कुछ है, छिलका ही है। छिलका निमंत्रित करता है, रस उपयोग में आता है और गुठली...? गुठली अड़ जाती है।

केवल फलों पर ही नहीं, आदमी के पास भी क्या है? वह अपने छिलकों की वजह से जाना जाता है। अन्दर की बात तो बाद में पता लगती है। पहला निर्णय तो छिलकों के आधार पर बनता है।

छिलका रूप है, सौन्दर्य है, आकर्षण है। अगर आपका छिलका अच्छा है तो समाज में आपकी खपत हो सकती है। अगर आपका छिलका खराब है, सड़ा है, तो मुझे क्षमा कीजिए, आपकी आन्तरिक मिठास व्यर्थ है।

इसलिए मनुष्य की कहानी अपना छिलका सुधारने का एक दीर्घ प्रयत्न है। आईने के सामने सब अपना छिलका सुन्दर करने का यत्न करते हैं, या करती हैं।

छिलका बदलिए तो आप साधारण व्यक्ति से नेता बन जाएँगे। छिलका बदलिए और आप माया जगत् से हटकर साधु बन जाएँगे।

प्रभु एक है पर उसके रूप छिलके अलग-अलग हैं। आत्मा एक है पर छिलका-वैभिन्न्य का नाम ही विश्व है।

राजनीतिक सभा के छिलके दूसरे होते हैं और सिंहस्थ कुम्भ में दूसरे छिलकों का सम्मान होता है।

पर समय और इतिहास छिलकों के सहारे अधिक दिन नहीं रहता। वह पर्दे फाड़ता है, छिलके निकालकर फेंक देता है और सत्य की जाँच कर लेता है।

अधिक स्वास्थ्यप्रद यह है कि काल की गति इन्हें छिलकों सहित समाप्त कर दे।

'ढ' ढक्कन का

पहाड़ों के साम्राज्य में सतपुड़ा-सा मौन और गम्भीर बना, अक्षरों के बीच एक अक्षर है–'ढ'! ढक्कन का 'ढ'।

मानवीय दृष्टि और कान इसे अपमान से देखते और सुनते हैं। यह अक्षर शक्तिहीनता, निष्प्राणता और व्यर्थ की चीजों के लिए काम में आने लगा है।

'ढ' से बना ढोर–जिसका मनुष्य सम्मान नहीं करता। ढोल जो दूर से ही सुहाने लगते हैं, उनमें पोल होती है। ढाँचा जो प्राणहीन, सौन्दर्यहीन होता है। ढोंग जो झूठ है, दिखावा है। ढीला जो अयोग्य है, चुस्त नहीं। ढचरा जो बिगड़ा हुआ रहता है।

और 'ढ' का मतलब है मूर्ख, विवेकहीन।

कविताओं के आचार्यों ने इसका उपयोग न करने की घोषणा कर दी। यह अपमानित हुआ। पर भाषाशास्त्र कहता है कि सदियों से इसका रूप नहीं बदला।

प्राकृत और अपभ्रंश ने इसका उपयोग किया। शिव के उपासकों, भूत-प्रेत पर विश्वास करनेवालों ने इस शब्द को अपनाया। कापालिकों ने इसे चुना। गर्व से अपने नाम रखें–ढम्मणपाद, ढढ्ढरीनाथ, आदि।

और महाराष्ट्री आदि दक्षिण भाषाओं में इस शब्द का उपयोग होता था। आर्य भाषाओं में 'ढ' का उपयोग कम हुआ, अनार्यों में अधिक। संस्कृत का शब्द 'मठ' महाराष्ट्री में 'मढ' कहाता रहा, संस्कृत का पठित वहाँ 'पढित' बना।

शैवमत के पूजक अनार्य रहे और यह धर्म भी सभी आर्य धर्मों से अधिक प्राचीन है। जैसे अनार्य इस धरती पर आर्यों के पूर्व से ही थे।

आर्यों ने अनार्यों की भाषा को ठुकराया, संस्कृति को कुचला। 'ढ' शब्द को, जो अनार्यों को प्रिय था, घृणा से देखा गया। संसर्ग के युग में 'ढ' धीरे से आर्य भाषा में घुसा पर अधिक स्थानों पर उसे सम्मान नहीं मिला।

आर्यों की ध्वनि थी 'ॐ' और 'ढ' जो अनार्यों को प्रिय था, उसके विरोधी थे वे। तंत्र के उपासकों ने, शिव की साधना करनेवालों ने उसे प्रायः उपयोग किया और वैष्णव-मार्गी भक्तों ने कहा, यह ढोंग है।

'ढ' ने ढाढ़स रखा। उसका अस्तित्व मिटाना आसान नहीं था। युद्धों के समय सुरक्षा में उसका उपयोग हुआ–'ढाल'।

'ढ' ने एक और मौका मारा। वह 'ढक्कन' बनकर कई वस्तुओं के साथ हो गया। यों 'ढ़ाके' की मलमल ने भी इस अक्षर को कई दिन जुबान पर रखा था।

आज 'ढ' जाना जाता है–'ढ' ढक्कन का। ढक्कन जो सुपात्र है अथवा कुपात्र, खाली है या भरा, यह बात छुपाकर, ढककर रखता है। यदि भरा है तो उसकी रक्षा करता है–'ढाल' की तरह।

श्री ढेबरभाई के चुनाव के साथ इसका सम्मान बढ़ा व शीर्ष पंक्तियों पर इसे स्थान मिला।

समाजवादी ढाँचे में इस 'ढ' का क्या होगा, मैं नहीं कह सकता। जो नई शब्दावली बन रही है, उसमें तो 'ढ' को अधिक स्थान नहीं है।

लोकगीतों में एक प्यारा नायक आया था–'ढोला', और गाँव-गाँव में मारूड़ियों ने उसका उपयोग किया। दोहे प्रसिद्ध हो गए।

क्रम-क्रम ढोला पन्थ कर,
ढाल म चूके ढाल
आ मारु बीजी महल
आखई झूठ एवाल।

ढोला मारू के गीत सारे देश ने गाए। ढोला प्रेमी का पर्याय बना।

'ढ' ढोल बजाता विवाह-स्थल पर दरवाजे खड़ा रहा, वधुओं को उसके शब्द मधुर लगे, 'मीठे लागे वाके बोल। ए सखि साजन, ना सखि ढोल।'

'ढ' के जीवन के ये अच्छे अवसर हैं पर फिर भी उसे समृद्धि, सुख, सम्मान नहीं मिला। वह 'ढ' ही रहा।

दो शब्द

भारत भाषणों के युग से गुजर रहा है। अधिक पेड़ों की तरह अधिक नेता हैं। अधिक अनाज की जगह अधिक भाषण हैं।

संघर्ष और चिन्तन के काल में भाषण लम्बे कम होते हैं और उनमें विचारों की गहराई अधिक होती है, पर इस युग में गहराइयाँ कम और लम्बाइयाँ अधिक हैं।

दुनिया के इतिहास में केवल कुछ इने-गिने काल ऐसे रहे हैं जबकि भाषण हुए। ईसा के पूर्व छठी शताब्दी, सीजर का युग, पुनर्जागृति का काल, अठारहवीं शताब्दी और उन्नीसवीं।

सुमेरियन और सेमेटिक सभ्यता के काल में केवल महन्त ही भाषण देते थे। भाषणों का विषय जादू, टोना, भूत, प्रेत आदि थे। ये भाषण कुछ इस प्रकार के थे कि जिन्हें न वक्ता समझता था, न श्रोता।

आज भी साहित्यिक सभाओं में मैंने इस प्रकार के भाषण सुने हैं।

सुमेरियन और सेमेटिकों जैसे महन्तवादी युग की प्रतिक्रिया में ग्रीस, इजराइल, भारत और चीन की सभ्यताएँ आईं। नए प्रकार के भाषण प्रारम्भ हुए।

यूनान के सुकरात तर्क प्रणाली से और इजराइल के एजेकियल और ईसाइयाह, जिन्होंने ईश्वरवाद उभारा, भावुकतापूर्ण सरलता से बोलते थे। भारत में बुद्ध जनभाषा के समर्थक थे और चीन में कांफुत्से तथा लाओत्से प्रसिद्ध वक्ता थे।

सुकरात और डेमोस्थनीज का युग गुजर गया। रोम की सामाजिक नैतिकता नष्ट हो गई। तब जूलियस सीजर के काल का सिसेरो प्रसिद्ध वक्ता था।

आज के युग के भाषणों में सिसेरो प्रवृत्ति है। ये अधिकांश भाषण सत्ता बनाए रखने के इरादे से अक्सर प्रभावित होते हैं।

पर सुन्दर वक्ता होने के बावजूद सिसेरो मार डाला गया।

प्रजातंत्र के जन्म के साथ भाषण की आदत जोर पकड़ गई। पुनर्जागृति के काल में ल्यूथर, विक्लिफ और शंकराचार्य के भाषणों में चिन्तन की स्पष्ट गहराई थी।

और अब : 'आज शाम को सुभाष चौक में नगर कांग्रेस की ओर से एक आम सभा आयोजित की गई है जिसमें अमुक नेता भाषण देंगे।'

अधिकता से सम्मान खत्म हो जाता है। लोग अब भाषणों के श्रोता कम और पारखी अधिक होते हैं। भाषण के बाद में यही सुनाई पड़ता है, 'बोले अच्छा। खूब फटकारा। पहले आए थे, तब भी अच्छा बोले थे। जनता काफी थी। भाषण शानदार था।'

'हाँ, यार, भाषण तो शानदार था, पर मुझे लग रही थी ठंड। मैं तो चला आया।'

यानी भाषण में क्या कहा गया, उस वस्तु की ओर ध्यान देना सिर्फ सी.आई.डी. और पुलिस का काम है। जनता तो जैसे संगीत की प्रेमी और पारखी होती है, वैसे ही भाषण पारखी होती है।

कोई कोटि का पत्र उठा लीजिए। कम-से-कम 18 सभाओं की रिपोर्ट और सूचना देता है। यह सुझाव जँचता है कि एक वक्ता विभाग खोल दिया जाए।

स्वतंत्रता आन्दोलन के समय से एक गलती हुई है। नेता वकीलों में से आए, जिनमें भाषण का ही गुण था। यदि किसानों और मजदूरों में से आते तो देश आजादी के बाद बोलता कम और काम ज्यादा करता।

मैं सोचता हूँ कि सरकार प्रत्येक राजनीतिक पार्टी के एक निश्चित संख्या के वक्ता स्वीकार करे और उन्हें रजिस्टर कर ले। इससे देश में आवाज कम और मेहनत ज्यादा होगी।

भाषण भाषण को जन्म देता है। पर जनता अक्लमन्द होती है। जब सिसेरो बोलता था तब लोग कहते थे—क्या सुन्दर बोला! पर जब डेमोस्थनीज बोलता था तो लोग कहते थे—आओ, फिलिप को खत्म करें।

पंचवर्षीय योजना का भाषण पहलू ही नहीं है। सबसे बड़ा काम पहलू है। घंटियाँ बजती हैं पर वक्ता चुप नहीं होता। जिस प्रकार रिनेसाँ के युग में 'अवर-ग्लास' रखा जाता पर पादरी बोले जाते।

माना कि भाषण एक कला है, पर फॉक्स, बर्क और ग्लेड्स्टन कम भी हों तो देश और युग प्रसिद्ध हो जाता है।

26 जनवरी को दो शब्द कहना जरूरी है, 'मत बोलो'।

देश के लिए दो शब्द जानना जरूरी है, 'काम करो।'

कविता और नगरसेविका

सुन्दर नगर और सुन्दर कविता का बहुत निकट का, सड़क और फुटपाथ का सम्बन्ध है।

भारत के दार्शनिक तथा अन्य आध्यात्मिक मसले तो जंगल में तय हुए, वहीं वे लिखे गए, पर कविता को नगर का वातावरण मिला। मैं दर्शन को जंगली विषय मानता हूँ। उसे पढ़नेवाला ऐसा हो जाता है, जैसे कोई जंगल में रास्ता भूल गया हो! विचारों में प्रायः मनुष्य इस कारण खो जाता है कि उसका दिमाग अपरिचित क्षेत्र में होता है।

जबकि कविता पढ़ने पर ऐसा लगता है, जैसे जेल रोड पर खड़े हों! एक आई, एक गई।

आदिकवि वाल्मीकि चाहे जीवन भर जंगल में डाकू या साधु बनकर रहा हो पर उसकी रामायण नगरों की कथा है। उसके नायक, नायिका व खलनायक–सबका क्षेत्र नगर था।

बाद के सभी कवि लीजिए, कौन भकुआ शहर छोड़कर भागा है! वे शहर का सौन्दर्य वर्णन कर प्रेरणा पाते रहे। साफ सड़कें, लिपे-पुते मकान, शिष्ट नागरिक आदि के वर्णनों में उनकी अनेक पंक्तियाँ नष्ट हुईं।

कालिदास का यक्ष अपने मेघदूत को इन नगरों में थोड़ी देर रुककर देखने के लिए कहता था।

वीरगाथा काल में कविता शहर की दरबारी चहारदीवारी में रही।

भक्तिकाल में वह तीर्थों में घूमती फिरी। साफ-स्वच्छ घाट और नदियों का कीड़ों-रहित जल उसे प्रिय था। रहा यमुना के किनारे के कुंजों का सवाल, तो वे भी एक तरह के पार्क थे। आज भी बगीचों में जो हो जाता है, वह राधा-कृष्ण के कुंज-मिलन और राम-सीता की पहली मुलाकात जैसा है।

और रीतिकाल तो शहर के बाहर असम्भव था। आधी रात को पिया से मिलने, गली-गली जाती प्रहरी से भय खाती अभिसारिका नायिका कविता का प्रिय विषय रही है।

मैं मरियल प्रवृत्ति 'छायावाद' का भी कारण नगर मानता हूँ। यू.पी. के प्रयाग और बनारस सरीखे शहरों की गन्दी-गन्दी गलियाँ, ऊबड़-खाबड़ रास्ते, धुएँ और घुटन

के धूमिल वातावरण ने उस युग के कवि को एकाकी, निराश और चुपचाप कमरे में बैठनेवाला अन्तर्मुखी मूरख बना दिया।

काव्य की इस प्रवृत्ति का कारण वहाँ की कमजोर मुन्सीपाल्टी थी। कवि उस वातावरण से भाग जाना चाहता था। इसी से पलायनवाद का उदय हुआ।

चिरगाँव जिला झाँसी के कवि ने 'साकेत' लिखा। सुन्दर नगर की कल्पना की। 'देख लो साकेत नगरी है यही, स्वर्ग से मिलने गगन में जा रही'।

प्रगतिवादी कला छायावादी अन्तर्घुटन के खिलाफ विद्रोह थी और उसकी जड़ों पर चोट। उधर साफ नगर बनाने का आन्दोलन चला और इधर इस गन्दे वातावरण पर भी काव्य ने प्रहार किया।

निराला को पत्थर तोड़ इलाहाबाद के पथ का निर्माण करनेवाली ने प्रेरणा दी। पन्त ने 'नव नव' शब्द की ध्वनि निकाली और निर्माणकारी साहित्य का सृजन हुआ।

नई कविता पर भी नगरसेविका का प्रभाव है। फुटपाथ पर सोने से कवि रोकता है, 'मधुर नींद का वेग पिछले पहर में, कहीं अन्त में सो न जाना डगर में'।

शिवमंगल सिंह 'सुमन' ने अपने प्रेम का कारण मुन्सीपाल्टी समझा, 'मैं नहीं आया तुम्हारे द्वार, पथ ही मुड़ गया था'।

आजादी आई। अज्ञेय ने अपनी आलोक मंजूषा में नगरों को चेताया, 'सुनो हे नागरिक!... अभिनव सभ्य भारत के नए जनराज्य के, पला है आलोक चिर दिन यह तुम्हारे स्नेह से, तुम्हारे ही रक्त से, तुम्हीं दाता हो, तुम्हीं होता, तुम्हीं यजमान हो, यह तुम्हारा पर्व है'।

नई कविता नगर से प्रेरणा पाती है। गिरिजाकुमार माथुर का उदाहरण लो, 'घंटियाँ बज रहीं रिक्शों की, बीसियों साइकिलों की पाँतें, कैरियर, टोकरी या हैंडिल में, कुछ के खाली कटोरदान बँधे, कुछ में हैं फाइलें भूखी, जो न कभी खत्म हुई ऑफिस में', आदि।

मैं कविता के विकास का कारण नगरपालिका का कार्य मानता हूँ, नहीं तो कवि व्यंग्य लिखता इस युग पर।

ग्वालियर की सड़कों, गलियों की हालत किसी से छिपी है? वहाँ के कवि वीरेन्द्र मिश्र लिखते हैं, 'है पन्थ बड़ा कठिन मैं चलता हूँ, रुकने से निर्माण नहीं हो पाता'।

प्रेम और जूते

मियाँ की जूती जब मियाँ के सर पड़ती है तो यह दुख की बात नहीं है क्योंकि यह अपमान न होकर प्रेम और सौभाग्य की पहचान है। और यदि बीवी की जूती पड़े तो इससे बढ़कर खुशी की कोई भी चीज नहीं।

आज हम नए समाज की सृष्टि कर रहे हैं और पिछले युग की समस्त अच्छाइयों को फिर से अपने जीवन में जोड़ रहे हैं, तो जूतों को भी प्रेम का प्रतीक बनाना पड़ेगा।

सिर की समस्या आज नहीं है। वहाँ खादी की टोपी है, जो कुछ अपवादों को छोड़कर, ईमानदारी की पहचान है।

जब प्रेम बढ़ता है तो जूते पैर से निकल आते हैं। क्योंकि जूते रहने न रहने का प्रेम होने न होने से गहरा सम्बन्ध है।

प्रेमियों के पैरों की उपमा फूलों से दी जाती है और फूलों पर कभी खोल नहीं चढ़ती। प्रेम के पथ में काँटे आते हैं यानी प्रेम के पथ पर कभी जूते पहनकर नहीं चला जाता। काँटा पैर में जो लगता है! कहती है, 'काँटा लागो रे सजनवा!' प्रीतम काँटा निकालता है और प्रेम का जन्म होता है।

इसलिए जरूरी है कि प्रेम के मार्ग में चप्पल हाथ में लेकर चलो। कृश्न चन्दर की कहानी के चमार नायक की तरह प्रेमिका की जूतियाँ पास चिपकाकर मर जाओ।

हनीमून पर जो वाहन जाता है, उसके पीछे जूते या सैंडिल बाँध देने की प्रथा रही है। प्रेम के साथ जूते बहुत जरूरी हैं। 'काली घटा' चित्र में किशोर साहू को ख्वाब में बीना राय के जूते नजर आते हैं।

पहले यूरोपीय देशों में पत्नी के प्रेम-प्रदर्शन का एक मात्र तरीका यही था कि वह अपने हाथों से पति के जूते खोल बिस्तर पर रख देती थी।

कहा जाता है कि एलिजाबेथ के युग में सौभाग्य व प्रेम के प्रदर्शन के लिए एक दूसरे की ओर जूते फेंकने की प्रथा थी।

जूते में दाल बाँटना कभी स्नेह की निशानी रहा होगा। दाल भी तो प्रेम की प्रतीक है। नारी अर्धांगिनी होती है, जैसे चने की एक दाल हो!

राँझा के घर आने पर हीर कहती है, 'बारही बरसी राँझा घर आया, मोती कुट कुट मैं दाल धराँ'। (बारह बरस में आज राँझा घर आया है, मोती कूट-कूट मैं दाल चढ़ा रही हूँ।)

तो जूतों में दाल बँटने में प्रेम है। तात्पर्य, प्रेम में व्यक्ति के परेशान होने से है। बाद में अर्थ बदल गए।

जूतों का खराब अर्थ शायद फ्रांस की राज्यक्रान्ति के समय से लिया गया है। तब पीटने के लिए एक दूसरे पर जूते फेंके गए। अंग्रेजी का 'सैबोटाज' शब्द शायद 'सैबट' से निकला है, जिसका अर्थ जूते की एड़ी होता है।

तभी से जूते फेंकना गलत चीज हो गई है। पर अब हमें इस पुनरुत्थान और निर्माण के युग में जूतों को फिर से मोहब्बत के झंडे पर खास निशान बनाना पड़ेगा।

यदि किसी लड़की ने लड़के को देख हाथ में चप्पल ली, तो मानना चाहिए कि अब प्रेम का आधिक्य हो गया है।

और प्रेमियों को चप्पल उतार खड़ी लड़की को देख धर्मवीर भारती की याद करनी चाहिए, 'शरद के उजले धुले से पाँव मेरी गोद में, ये कमल की छाँव मेरी गोद में'।

प्रेम की चाल जूतों से बनती है। पंजाबी लोकगीत की पंक्ति है : 'जे ते मेरी चाल देखनी, मेरी जूती नुँ लुवाँ दे घुंघरू।' (यदि तुझे मेरी चाल देखनी हो तो मेरी जूती में घुँघरू लगा दे।) नायक कहता है : 'जूती ले दूँ तुम्हें घुँघरुयाँ वाली, यमाँ मेरी जिंद बिक जै।' (यानी मैं तुम्हें घुंघरू वाली जूती ले दूँगा चाहे मेरा जीवन भी क्यों न बिक जाए।)

मोर-मोरनी प्रेम से नाचने के बाद अपने काले पैर देखकर क्यों दुख मनाते हैं, रोते हैं? शायद प्रेम के लिए।

नाल को सौभाग्य का प्रतीक क्यों माना जाता है? अपने जब घर नहीं लौटते तो जूता क्यों उलटाया जाता है? सबके पीछे बड़ी गहरी बातें हैं।

प्रेम के देवता 'क्यूपिड' को सदैव नंगे क्यों बताया जाता है?

कालिंजर के शासक

एक दिन राजा राम के द्वारपाल ने देखा कि एक कुत्ता महल के सामने आकर दुहाई दे रहा है और राम से मिलना चाहता है।

द्वारपाल ने उससे पूछा–तुम्हारा क्या दुख है, मुझसे कह दो, मैं राम तक पहुँचा देता हूँ।

कुत्ते ने उत्तर दिया–नहीं, मैं राजा राम से बात करना चाहता हूँ।

द्वारपाल ने राम से जाकर कहा तो राम ने आज्ञा दी कि कुत्ते को यहीं भेज दो।

द्वारपाल से यह सूचना मिलने पर कुत्ते ने उत्तर दिया–मैं दरबार में नहीं आ सकता, अपनी मर्यादा नहीं छोड़ सकता, मैं तो कुत्ता हूँ, राजा राम से कहो कि वे बाहर आ जाएँ।

द्वारपाल ने कहा तो राम बाहर आए।

कुत्ते ने कहा–राजा राम! मुझे एक साधु ने बुरी तरह मारा है, आप उसे सजा दें।

राम ने कहा–तैने कोई गलती की होगी।

कुत्ते ने कहा–मैंने कोई गलती नहीं की।

राजा राम ने साधु को बुलवाया और उससे पूछा।

साधु ने अपनी गलती स्वीकार की। राम ने अपने दरबारियों से पूछा–इस साधु को क्या सजा दी जाए?

दरबारियों ने कहा–इसका निर्णय कुत्ते पर ही छोड़ दिया जाए।

राजा राम ने कुत्ते को सजा घोषित करने को कहा।

कुत्ते ने कहा–भगवान, इसे कालिंजर का शासक बना दिया जाए।

साधु को कालिंजर का शासक बना दिया गया। सबको कुत्ते के इस निर्णय पर आश्चर्य हुआ। दरबार समाप्त होने पर राम ने कुत्ते से पूछा–तैने बजाय सजा देने के इसे इतना बड़ा सम्मान क्यों दिला दिया?

कुत्ते ने उत्तर दिया–कालिंजर का शासन करने में इतने धन की प्राप्ति होती है कि मनुष्य लोभ किए बिना, अपने चरित्र और मति को भ्रष्ट किए बिना, रह नहीं सकता। वह पद ही ऐसा है। मैं भी पूर्वजन्म में कालिंजर का शासक था और फिर कुत्ते की योनि पाई। यह साधु भी वहाँ धन पाकर अपनी साधुता छोड़ेगा और बाद में कुत्ता बनेगा।

भारत में प्रजातंत्र का मतलब, मेरे विचार में, ज्ञानी नेता एक प्रणाली से अधिक नहीं समझते। जनता को पटाकर वोट गिरवा असेम्बली में जाना और गुटबन्दी से मंत्री बनना यही प्रजातंत्र है।

जनता फिर पशु मात्र है। जिधर धकाओ, जाएगी।

परन्तु उस मूक पशु ने तुम्हें कालिंजर का शासक बनवाया है। उस परिस्थिति में साधु साबित कर रहा है कि उसे नई योनि में जन्म लेना पड़ेगा।

ऊँचा पद कुछ होती ही ऐसी चीज है जिसमें मन का दबा पाप कार्य का रूप लेता है।

भारत में प्रजातंत्र होने पर भी ऐसी दुर्घटनाएँ हुई हैं, जिनमें कई जो साधु थे, वे ऊँचे पद पा गए और आज इसके परिणाम आप देख ही रहे हैं। अगली योनि प्राप्त होने पर तो हम इन्हें पहचान भी नहीं सकेंगे। आधी रात को इनकी आवाजें सुनकर हमें पुराने सुने भाषणों का खयाल भी नहीं आएगा।

प्रजातंत्र की मृत्यु तभी होती है जब दिमाग टोपी से आगे विकास नहीं पाता, हृदय शेरवानी के घेरे में रहता है और पैर कार की ओर जाने के सिवाय कोई मार्ग नहीं पाते।

यही चीज अहं, संकीर्णता, लोभ, मोह और कुल मिलाकर मूर्खता का कारण होती है।

हमारे प्रजातंत्र में जनता की नजर में शासन और शासन की नजर में जनता दोषी है। शासन में भी मंत्री समझता है कि अच्छे काम सब मैंने किए और गलतियाँ सब दूसरे अधिकारियों ने की।

ऊँचे अधिकारी क्लर्कों और मंत्रियों को मूर्ख मानकर ही चलते हैं। और सम्मिलित निर्णय यह है कि खुराफाती तो विरोधी है और कोई नहीं।

शृंगार में वाद

रेशमी साँझ और सुहानी सुबह को बनाने में योग लेने के बावजूद इस विषय का कभी ऐतिहासिक विश्लेषण नहीं हुआ।

यह बात नहीं है कि इस ओर आँख उठती ही न हो। आँख तो सब विषय छोड़ उधर ही उठती है पर दिमाग काम नहीं करता। बात ऐसी ही है जिसका दिमाग से कम और पागलपन से अधिक सम्बन्ध है।

नारी-शृंगार में भी सामाजिक तत्त्व हैं और वे ऐसे ही हैं जैसे कविता में। गोता लगाने पर शब्दों के प्रवाह में वाद नजर आता है और विचार करें तो वस्त्र के शृंगार में भी वाद का पता लग सकता है।

प्रागैतिहासिक युग में जब मनु और शतरूपा, आदम और हौवा की औलादें धरती पर घूमती थीं, तब शुद्ध 'उपयोगितावाद' था। पत्ते, पेड़ की छाल तन ढकने को पहनी गई। अब यह दूसरी बात है कि उसमें सौन्दर्य आ जाए। अनायास अच्छी लगनेवाली चीजें प्रायः तन पर आ जाती थीं।

पर जैसे ही नारी पति के बन्धन में आई और पति ही उसका सब कुछ बना, आर्थिक कारणों ने शृंगार में 'पतिवाद' को जन्म दिया। 'प्रिय मन भायी' इसका मूल बिन्दु था और वही वस्त्र, वही रंग पहना जाता जो पति की पसन्द हो।

पतिवाद के परिणामस्वरूप शृंगार पर, जो नारी का अपना व्यक्तिगत मामला है, पुरुष हावी हो गया। इससे विभिन्नता और वैविध्य का बोलबाला बढ़ गया किन्तु नारी भावना और पसन्द को पति के अपने व्यक्तित्व के अनुसार सम्मान भी मिला।

इसी के साथ एक और प्रवृत्ति आई जिसे हम 'समाजवाद' कहेंगे। पूरे समाज की आँखों को तृप्त रखना ही शृंगार का लक्ष्य मानना इसका मूल भाव है।

पर चूँकि सामयिक परिस्थिति प्रतिकूल थी, अतः प्रायः समाजवाद की परिणति पतिवाद में होती देखी गई।

प्रत्येक कुँवारी समाजवादी ध्येय से शृंगार करती थी और विवाह होने के बाद पतिवाद को स्वीकार कर लेती थी। केवल अन्यथा परिस्थितियों में समाजवादी शृंगार आगे बढ़ पाता था।

समाजवाद की इस प्रवृत्ति के साथ ही दो बातों पर और भी ध्यान जाता है : एक तो 'व्यक्तिवादी' प्रवृत्ति, जिसने शृंगार में न तो समाज की चिन्ता की और न पति की, नायक की। जो मन चाहा, वह किया। पर व्यक्तिवाद का ध्येय अपने प्रति अतिरिक्त आकर्षण का निर्माण करना ही है।

दूसरी प्रवृत्ति थी 'आदर्शवाद', जिसका उद्देश्य भी समाज से सम्मान और सहानुभूति पाना ही माना जाना चाहिए। एक निश्चित रंग और गुण के वस्त्र पहनने का संकल्प कर उसे जीवन भर निभाना, यही आदर्शवाद है।

पर ।जेस प्रकार सदैव आदर्शवाद को पसन्द न कर औसत रुचि क्रान्ति की ओर उन्मुख रहती है, ठीक वैसे शृंगार में यह फीका आदर्शवाद भिक्षुणियों और सामाजिक कार्य-सेविकाओं तक ही रहा।

कहीं आदर्शवाद का जैसे अनुशासन की मजबूरी से शृंगार हुआ। यह व्यक्तिवाद के विरोध की धारा है और अनेक तक फैली होने के कारण साधारण हो गई है।

प्रायः समाजवादी शृंगार संकीर्णता, प्रान्तीयता तथा क्षेत्रीयता के कारण कुछ विशेष रंगों, कपड़ों व तरीकों तक सीमित रह गया। पतिवाद ने बुर्के की नौबत ला दी। सास, बहू, बेटी–सब एक से कपड़ों को सदैव तन पर से दुहराने लगीं।

इधर अन्तर्राष्ट्रीय प्रभाव नई डिजाइनों और आकर्षणों में प्रति मिनट वृद्धि कर रहा है और उसके परिणामस्वरूप दकियानूसी, संकीर्ण शृंगार प्रणाली पर प्रभाव पड़ने लगे हैं।

रंगों में प्रयोग हुए, डिजाइनें बनीं। व्यक्तिवाद-सी बात होने पर भी इसे 'प्रयोगवाद' कहना ही ठीक है। प्रयोग अपने-आपमें लक्ष्य नहीं होता, 'शृंगार, शृंगार के लिए' की भावना व्यर्थ है।

तो आज नारी-शृंगार प्रयोग के युग से गुजर रही है। पहले भी प्रयोग हुए हैं। जब संक्रान्ति काल आता है तो प्रयोग की ओर ध्यान जाता है।

इस प्रयोग में कभी गला खास ढंग से कटता है, कभी साड़ी की छपाई अलग ढंग से होती है। कभी सैंडिल नया आकार लेते हैं, कभी खास जगहें काढ़ी जाती हैं।

यह प्रवृत्ति बन-बनकर खत्म हो जाती है। पुरानी को जीवित किया जाता है। देखना है कि भविष्य क्या होता है!

नवनीत और कटाक्ष

पुरुष का साथी है नवनीत। मासिक पत्र नहीं, दूध से निकला शुद्ध और चिकना, जो हाव-भाव की नम्र अभिव्यक्तियों में पिघलता है और सामने के पाषाण को नरम कर देता है।

हर जगह भेद है, ऊँचाइयाँ हैं, निचाइयाँ हैं और हर व्यक्ति किसी दूसरे के पैर के नीचे दबा हुआ है। यही मीठे स्वरों की सरलता, नवनीत व्यवहार तब कटुता को समाप्त करता है और नीचे को ऊँचे के पास लाता है।

पर क्लर्क या मास्टरों में पुलिंग और स्त्रीलिंग, दोनों श्रेणियाँ होती हैं। नवनीत या कहें कि मक्खन पुरुष श्रेणी का अहिंसात्मक अस्त्र है पर वह महिलाओं के लिए अनुपयोगी है।

महिला-क्लर्क अपने दफ्तर के कबूतरखाने में नारी स्वाधीनता का झंडा लेकर घूमती है। अपनी एड़ियों को श्रम के भार से टिकाती है और उसके चेहरे पर चाँदी और मेहनत की मिली-जुली लालटेनें दमकती हैं।

मक्खन उसका औजार नहीं है, उसकी छेनी नहीं है, जिससे सामनेवाली मूरत को जैसे चाहे गढ़ ले, रूप दे दे। यह पौरुषेय कौशल है।

तब महिला का साधन क्या? उसका साधन है–'कटाक्ष'।

वह शासकीय, दफ्तरी तथा वैयक्तिक पहाड़ियों को कटाक्ष से चीरती हुई आगे बढ़ती है। बस, कटाक्ष ही उसके सभी रास्तों की उपयुक्त लाठी है।

मक्खन नारी की प्रतिष्ठा को गिराता है। पुरुष को कुछ दूसरे कोणों से सोचने के लिए मजबूर करता है और कह नहीं सकते कि भविष्य कैसा रूप ले ले! शायद यह मक्खन जो वह आज लगा रही है, कल विष बनकर स्वयं के शरीर में उतर आए। बेमतलब में राहगीर नायक बन जाए और एक उलझन सुलझकर सदैव के लिए उसे अपने में बाँध ले। सो मक्खन उसका मार्ग नहीं है। वह तो पुरुष को ही मुबारक हो।

वह अपना कार्य कटाक्ष से चलाती है, जो कि ईश्वरदत्त शस्त्र है तथा 97 प्रतिशत पुरुष, 97 प्रतिशत परिस्थितियों में उससे हार जाते हैं।

मेरे अकेले पाठक जी! आप याद कीजिए कि सिर्फ कटाक्ष के कारण ही आपने महिलाओं के कितने काम कर दिये। कटाक्ष के साथ वह पानी माँग रही है और आप

गिलास लेकर घड़े की तरफ जा रहे हैं। कटाक्ष के साथ उसने आपसे इम्पॉर्टेंट प्रश्न पूछे और आप परीक्षकों को मक्खन लगा कुछ उगलवाने में व्यस्त हो गए।

पुरुष अगर कटाक्ष मारेगा तो बेवकूफ बन जाएगा। लड़की अगर मक्खन लगाएगी तो कहीं की नहीं रहेगी। शस्त्रों में अदला-बदली न करें तो दोनों बहादुर हैं।

अब सोचिए कि यह संयोजन कितना सुन्दर है जो एक सामाजिक सौख्य-दर्शन की ओर सोचने के लिए हमें प्रेरित करता है।

एक ओर से कटाक्ष होते रहें, एक ओर से मक्खन बढ़ता रहे, बस, जीवन सफल है। कहीं कोई दुराव नहीं, दर्द नहीं, दमा नहीं, दुर्दशा नहीं, दूसरापन नहीं। आपका यह व्यवहार गृह नीति और विदेश नीति, दोनों में सफल रहेंगे और जब विदेश नीति-गृह नीति के आधार समान होते हैं, तब आदर्श रूप लेता है।

कहते हैं, पुरुष-नारी दोनों समाज की गाड़ी के पहिए हैं। अगर एक पहिया कर्तव्य और व्यवहार के मार्ग में पंचर हो गया तो गए भाड़ में। आप दोनों साथ बढ़ रहे हैं। उसके कटाक्षों को तीव्रतर होने दीजिए, आप नवनीत की मात्रा बढ़ाए जाइए।

हाँ, यह अनुभव भी आपको हो ही जाएगा कि कटाक्ष की छुरी मक्खन काट देती है।

आन गाँव के सिद्ध

कई बार बात सच होती है और कहावत झूठ पड़ जाती है।

इमर्सन चाहे कहावतों को तर्क का साहित्य कहे, टेनिसन चाहे उन्हें भाषा का अलंकार माने, बेकन उन्हें राष्ट्र की बुद्धि बताए, सरवेंटीज अनुभवों का निचोड़ कहे और जॉनसन समाज के लिए उनका होना कितना ही आवश्यक समझता हो, पर सदैव कहावत सच नहीं होती।

मैथ्यू की बात माननी पड़ती है कि कहावत जोड़े से बिकना चाहिए। एक कहावत केवल सत्य का एक पहलू देती है।

जैसे एक कहावत है कि 'घर का जोगी जोगड़ा, आन गाँव का सिद्ध'। इस कहावत ने आकर बड़ी गड़बड़ पैदा कर दी।

गाँव के सिद्ध जोगीड़े हो गए। बाहर के जोगीड़े सिद्ध हो गए। जबकि प्रायः ऐसा होता है कि गाँव के जोगी गाँव में ही सिद्ध हो जाएँ और बाहर के सिद्ध गाँव में आकर जोगीड़े साबित हों।

गाँव के जोगियों को प्रायः यह डर रहा है कि कहीं बाहर का व्यक्ति आकर यहाँ सिद्ध न बन जाए, सो वे सदा प्रचार करते हैं : 'दूर के ढोल सुहावने लगते हैं'। 'दूसरे की पत्तल मीठी लगती है,' 'क्या काबुल में गधे नहीं होते'? वगैरह।

पर अनुभव यही है कि आयात में बड़ा आनन्द है। यहाँ के अंगूर खट्टे हैं, चमन से मँगाओ। यहाँ के सन्तरे बेकार हैं, नागपुर से मँगाओ।

स्टेशन पर एक परिचित मिले। बरात ले जा रहे थे बिलासपुर। 'भई, इन्दौर में तो अच्छी लड़कियाँ हैं नहीं (कहनेवाले के मुँह में आग), सो बरात बिलासपुर जा रही है।'

अज्ञात देश की सुन्दरियाँ बड़ी अच्छी लगती हैं। रवीन्द्र कहते हैं, 'आमि सुदूरेर पियासा', मैं सुदूर का प्यासा हूँ।

कवि सम्मेलन आयोजित किया जाता है। स्थानीय सब आएँगे, पर रंग नहीं जमेगा। बाहर का बुलाइए, सुर्खाब के परों से उड़ता हुआ आएगा।

महाविद्यालय की कक्षाओं में रोज प्रोफेसर ज्ञान बरसाता है। साहित्य और कला की गहरी गठानों को खोलता है पर लड़कों का ध्यान नहीं, पीरियड छोड़ देते हैं। बाहर से आकर कोई बोलेगा, तो हॉल ठसाठस भरा है।

परदेसी ज्यादा अक्लमन्द, ज्यादा प्यारा होता है। सुन्दरियाँ पथिक की प्रतीक्षा करती हैं। गाँव के युवक कहते हैं, 'जी, क्या फूस का तापना, क्या परदेसी का प्यार'? पर युवतियाँ कहेंगी, 'आज मम अन्तर माझे, कोया पथिकेर पगधुनि बाजे'।

मेरा मतलब है कि दिल और दिमाग दोनों बाहर को बहुत ज्यादा चाहते हैं। 'मेरो मन अनत कहाँ सुख पावे' व्यर्थ है।

सेक्रेटरी रिटायर हो रहा है। यहाँ तो कोई काबिल नहीं है। बाहर से बुलाओ। यू.पी. या बम्बई का व्यक्ति आएगा। लोग कहेंगे, 'जी, तुम-सा विद्वान न देखा, न सुना।'

अपने यहाँ के को सम्मान नहीं है। नया जवान पुलिस इंस्पेक्टर बना है। सब कहेंगे, 'अजी, कल तक यहीं धक्के खाता था। आज बड़ा वर्दी पहन अकड़ता है।'

इसी को दूर भेज दीजिए, बड़ा प्रभावशाली और काबिल साबित होगा। इसी कारण जैसे ही किसी डिपार्टमेंट में ढील आई कि तबादले शुरू हो जाते हैं।

चुनाव आ रहा है। समझ नहीं पड़ता पार्टी को कि क्या करे। स्थानीय शहनाइयाँ तूती नजर आती हैं। सबको परखा जाता है पर बेकार...।

बाहर से पार्टी का व्यक्ति आता है। अच्छे भाषण देता है। वोट पड़ जाते हैं। आदमी जीत जाता है। पार्टी मूँछें मरोड़ती है कि देखा, हमारा प्रभाव जनता पर कितना है!

अतः आयात सदैव अच्छा होता है, वह चाहे किसी भी क्षेत्र में हो। दूर की कौड़ियाँ ले आइए, लोग वाह-वाह कहेंगे।

काश, ऐसा मिनिस्टरों में भी हो! जब प्रान्त में मिनिस्टर न प्रभावशाली हों, न काबिल, तो बाहर से क्यों नहीं बुलवा लिये जाएँ?

इंजीनियरों, सेक्रेटरियों, प्रोफेसरों के फॉर्मूले मिनिस्टरों पर लागू क्यों नहीं होते? स्वर्ग से उतरी भागीरथी घर की नदियों से ज्यादा पूजी जाएगी।

राजनीति प्रवेशिका

नेता बन जाते हैं या बनाए जाते हैं, यह प्रश्न जरा गम्भीरतापूर्वक सोचने का है।

कवियों के विषय में ऐसा सुना जाता है कि उनमें ईश्वर-प्रदत्त प्रतिभा होती है। नेताओं में भी नेतृत्व-गुण जन्मजात होता है अथवा जनता-प्रदत्त होता है, यह विचारणीय विषय है।

नेहरूजी ने कई बार कहा है कि प्रत्येक धन्धे के लिए हर व्यक्ति को कुछ पाठ पढ़ने होते हैं, थोड़े शिक्षण की आवश्यकता होती है पर राजनीति में आदमी कूद पड़ता है और धीरे-धीरे बड़ा नेता बन जाता है।

नेहरूजी के ऐसा कह देने से नए-नए नेताओं तथा राजनीति में कुछ कर गुजरने के उम्मीदवारों के मन में विश्वास बँधता है।

भारत में नेता वर्ग का जहाँ तक प्रश्न है, अभी तक तो ट्रेनिंग सरीखी कोई चीज नजर नहीं आई। भारत में अधिकांश जनता क्योंकि अनपढ़ है इसलिए जनता के नेता का पढ़ा-लिखा होना आवश्यक नहीं था।

पर युग जनतंत्र का है और हमें एक योजनाबद्ध भविष्य का निर्माण करना है। इस कारण राजनीति में प्रवेश करनेवालों को सही तरीके से शिक्षण देना चाहिए।

पूत के लक्षण यदि ध्यान से देखो तो पालने में नजर आते हैं। चित्रकार बचपन में आड़ी-टेढ़ी लकीरें बनाने लगता है। नेता बननेवाला बालक बड़ी जल्दी मोहल्ले का लीडर बन जाता है।

इसी समय से मनोवैज्ञानिक तरीकों से बालक का विकास किया जाए।

ब्रह्मपुत्र राजनीति प्रवेशिका की एक रूपरेखा-सी प्रस्तुत कर सकता है। आगे टंडन जी तथा काका कालेलकर निश्चित योजना बनाएँ तथा जनतंत्रीय सरकार उसे अमल में लाए।

शब्द ज्ञान के साथ ही साथ बालक से राजनीति के प्रमुख पहलुओं का परिचय कराया जाए। उदाहरण के लिए क कांग्रेस का, ख खादी का, ग गांधी का, घ घोषणा पत्र का। इसी प्रकार आगे च चुनाव का, भ भत्ते का, द दौरे का आदि।

गिनती सिखाते समय भी सभापति एक होता है, सदन दो होते हैं, तिरंगा तीन रंग का आदि बातें बताई जाएँ।

इस प्रकार से ही आगे जाकर सारी पार्टियों के इतिहास, नेताओं की लिखी किताबें, प्रजातंत्रीय व्यावहारिकता बताए जाएँ।

नेताओं को सबका कुछ-कुछ जानना आवश्यक है। प्रसिद्ध कहावत की तरह 'जैक ऑफ ऑल ट्रेड' व 'मास्टर ऑफ भाषण' होना जरूरी है।

कौन जानता है कि किस वक्त कहीं भाषण देना पड़े, किधर की योजना रखनी हो!

इस ट्रेनिंग के द्वारा जनतंत्र अधिक मजबूत होगा तथा भविष्य सुयोग्य व्यक्तियों के हाथों में होगा।

आज ऐसा है कि नौसिखिए नेता बनते हैं, भलेमानस नेता बनते हैं, इसके बजाय नेता ही नेता बनेंगे।

समस्या यह है कि आखिर सरकार जाने कैसे कि कौन से मोहल्ले के कौन से घर में देश का भावी नेता है?

इसके लिए एक योजना अखबारों के सहयोग से सरकार प्रारम्भ कर सकती है।

भविष्यफल के साथ जो 'आज के दिन जन्मे बालक का भविष्य' प्रकाशित होता है, उसे शासन अपनी नजर में रखे। जिस बालक में नेता होने के लक्षण नजर आते हों, उसे विशेष प्रकार की ट्रेनिंग दें।

ब्रह्मपुत्र का विश्वास है कि अगले बजट सत्र में इस मद के लिए भी खर्च की रकम अलग रख दी जाएगी।

परीक्षार्थिनी का पति

आजकल इम्तहान के दिन हैं। उँगलियाँ काली किए, हाथ में पर्चा ले, ज्ञान के मारे प्राणी सड़कों पर आते-जाते दीख पड़ते हैं। जीव दोनों सेक्स के, और हर सेक्स की समस्या को झेलने का अपना तरीका होता है।

पर इन सभी प्रकारों में सबसे विचित्र प्रकार होता है उस विवाहिता महिला का, जो पति के आग्रह और अपने कुँवारे काल की उमंग दुहराने परीक्षा में बैठ रही है।

साथी परीक्षा देनेवालों में उसे विवाहिता जान कोई विशेष सहयोग देने की उत्सुकता नहीं जतलाता। घर का काम-धन्धा तो करना ही होता है, क्योंकि देवर और ननद परीक्षा में बैठ रहे हैं। पति को दफ्तर जाना ही है, और सास आगे पढ़ाई-लिखाई करने के पक्ष में ही नहीं है।

पर पति पढ़ा-लिखा है, चाहे थर्ड क्लास ही क्यों न हो और वह पत्नी को और पढ़ा-लिखा देखना चाहता है। रूप की ढलान को ज्ञान की उठान से पूर्ण करना चाहता है। अन्तर में छिपी आशा यही है कि इसे भी कहीं मास्टरनी बना देंगे, और ऊपर से कहता है–शिक्षा जीवन के लिए आवश्यक है।

पत्नी जानती है कि अगर पढ़ूँगी तो चार साथवालियों में शान रहेगी। जरा घर से बाहर भी निकलूँगी, पति इज्जत से देखेगा, श्रद्धा से प्रेम करेगा, सो वह भी बच्चे को सुलाने के लिए गोद हिलाती हुई सोचती रहती है, 'क्या वास्तव में मुहम्मद तुगलक पागल था?'

एक बात का भय उसके मन में बार-बार जग आता है–स्कूल में पढ़नेवाले लड़के इम्पॉर्टेंट जानते हैं, उन्हें अगर पर्चा आउट भी हुआ तो मुझे कैसे पता लगेगा। वह अपने पति से किसी ऐसे ही साथी को खोजने का आग्रह करती है। पति अपने मित्र के छोटे भाई को खोजकर लाता है–वह छोकरा जो कहे, वही विवाहिता परीक्षार्थिनी की गीता है।

इसके बाद एक उलझन ऐसी है जो रात के साढ़े नौ बजे बाद से शुरू होती है। पत्नी पढ़ रही है–पति लेटा हुआ है। बीच-बीच में वह कुछ इधर-उधर की बातें छेड़ता है–पत्नी संक्षेप में उत्तर दे फिर चुप हो जाती है। पति करवट बदल लेता है।

फिर उलझन शुरू होती है। वह अपने बी.कॉम. पति से एक अंग्रेजी मीडियम का अर्थ पूछती है, वह परेशान हो जाता है। उसकी अक्ल की परीक्षा का काल आता है। फिर वह बीजगणित का एक प्रश्न मुस्कुराती हुई पास आकर पूछती है।

वह हल करने की चेष्टा करता है और बाद में कहता है—एलजेब्रा में मैं हमेशा कमजोर रहा। गणित में हमेशा कम नम्बर आते थे। फिर हमारे वक्त एलजेब्रा भी दूसरा चलता था।

वह खुद भी मूर्ख नहीं कहाना चाहता और साथ में उसे पता भी नहीं है। जैसे-तैसे उसने मैट्रिक किया था। कह देता है, 'अब तक सब भूल गया।'

पत्नी चुपचाप रजाई ओढ़ लेती है।

इम्तहान के दिनों में वह अच्छे कपड़ों में रोज सेंटर तक पत्नी को छोड़ने और लेने जाता है। रास्ते भर वह कठिन प्रश्न-पत्र की शिकायत पति से करती है। कुछ न समझ में आए प्रश्नों का क्या उत्तर दिया, बताती है। तब पति अपना ज्ञान बघारता है।

परीक्षा के बाद वे दोनों एक साथ सिनेमा देखने जा अपनी तिमाही अभिलाषा पूरी करते हैं।

प्रायः सुनसान रातों में जब सारा घर खर्राटे लेता रहता है—वह धीरे से अपने पति की बनियान से आँखें गड़ाए पूछती है—'हूँ पास हुई जाऊँगी।' वह 'हाँ' कह आँखें मूँदता है। वह फिर कहती है, 'नी सच्ची को, हूँ पास हुई जाऊँगी।'

रिजल्ट वाले दिन वह अखबार दफ्तर से कुछ दूर आते-जाते को रोककर कहता, 'प्लीज, जरा यह भी देख लेना, एक नम्बर, प्लीज।'

'किसका नम्बर है यह?'

वह शरमाकर मुस्कुराता है—मेरी वाइफ का है।

तबादले

पंडित नेहरू 'हुकूमत राज' को हराम मानते हैं। वे चाहते हैं कि शासन और जनता आपस में प्रेम रखें और विरोध मोहब्बत से मिट जाए।

पर साहब, मोहब्बत एकतरफा नहीं होती। आग दोनों तरफ लगी रहनी चाहिए। फिर मोहब्बत की शुरुआत तो तभी हो सकती है, जब बेकार की परेशानियाँ न हों।

यों मैं मानता हूँ कि मनुष्य में स्थानान्तरगामी प्रवृत्ति होती है। वह एक जगह छोड़ दूसरी जगह जाता है। बिस्तर का आकार गोल रखता है ताकि आसानी से गुड़क सके। पर पहले मनुष्य एक जगह छोड़ दूसरी जगह चारे और अनाज की कमी के कारण जाता था।

अब भी कई जगह ऐसा है। आपने मद्रासी लोगों को उत्तर भारत के कॉफी हाउस में आमलेट बनाते, ट्रे लेकर इधर-उधर दौड़ते देखा होगा। मारवाड़ी लोगों को बंगाल में कमाई करते पाया होगा। सिख लोगों को कलकत्ता-बम्बई में टैक्सी चलाते देखा होगा। उत्तर प्रदेश के भैया बम्बई में चौकीदारी करते हैं।

यह सब पैसे की मजबूरी है।

परन्तु इसके सिवाय भी एक ही प्रान्त में, एक ही घर में तबादले होते रहते हैं।

तबादलों के पीछे कोई विशेष सिद्धान्त अथवा दर्शन नजर नहीं आता।

समझ लीजिए कि आदमी अयोग्य है, काम नहीं कर सकता तो उसका तबादला कर दीजिए।

और आदमी योग्य है, ठीक तरह से काम कर रहा है, तो भी उसका तबादला कर दीजिए।

उसे एक स्थान पर रहते हुए अधिक दिन हो गए हैं, तो उसका तबादला न करना खतरनाक है।

और वह व्यक्ति अभी-अभी आया है, जमा नहीं है, तो फिर तबादला करना ही बेहतर है।

उस व्यक्ति को अपने पद से ऊपर उठाना है—बस, तबादला कर दीजिए।

उसकी उन्नति को रोकना है, तो तबादले की मदद लीजिए।

अमुक व्यक्ति विरोधी गुट का है, फिर मत चूको, उसका तबादला कर दो।

अपने पक्ष का व्यक्ति कष्ट में है, उसका तबादला कर दो।

शासन कमजोर हो रहा है, काम में ढील है, बस, तबादले किए जाइए।

शासन की उन्नति करना है, नई योजना अमल में लानी है, थोड़े-बहुत तबादलों की आज्ञा जारी कीजिए।

तबादले केवल एक ही हालत में नहीं किए जा सकते। शासन उसमें बिलकुल असमर्थ हो जाता है, बशर्ते वह व्यक्ति स्वयं ही अपना तबादला चाहता हो और शासन से बराबर उसकी प्रार्थना करता हो।

ऐसे समय शासन बड़ा मजबूर हो जाता है, लाचार हो जाता है।

बेचारा क्लर्क काफी समय तक दुखी रहता है। लापरवाही से काम करता है। शासन को गालियाँ देता है। धीरे-धीरे उसका क्रोध ठंडा हो जाता है। वहाँ पर जमने का प्रयत्न करता है। बच्चों को बुलाकर स्कूल में भर्ती करता है, नए सम्बन्ध बनाता है, नई उधारी शुरू करता है।

सनकी शासन दूसरे दिन उसका तबादला कर देता है।

पहले तो अंग्रेज का राज था। किसी भी निर्णय के सामने प्रश्नचिह्न लगाने का जनता को अधिकार नहीं था। पर आजादी के बाद जो शासक बने, वे तो खुद भी दौरेबाजी करते हैं, मुरैना से बड़वानी जाते हैं। चपरासियों के तबादलों की भी सूचनाएँ आती हैं। फिर शासन सारी राजधानी भी इधर-उधर भगाया करता है।

अक्ल का प्रदर्शन तो एक अर्धविराम के ठीक उपयोग करने में ही है। 'रोको मत, जाने दो' के समय यदि शासन यह सोच ले कि वह 'रोको, मत जाने दो' लिखे तो ही गरीब मध्यम वर्ग की आधी चिन्ताएँ मिट सकती हैं।

मीठी मूर्खता

प्यार में मिठास होती है और उसका कारण औरत जात है जो बड़ी मीठी, अपने यौवन और ओठ के कारण इमरती मानी गई है।

इसी कारण सदियों से कवियों की यह हालत रही कि वे हर एक बार जल्वा-ए-जनाना देखते, फिर काबा देखते, सनमखाना देखते, और नारी की मिठास को साहित्य में उतारते रहे।

बंगाल के कवि इसी मिठास के कारण 'डाको डाको डाको आमारे' चिल्लाते रहे और मीठी वाणी के उतावले रहे। उर्दू कवि 'यह मीठी चीज जरा मिठास से पिला' की प्रार्थना इस औरत जात से करते रहे। हिन्दी कवि भी 'छनती थी ज्योत्स्ना शशिमुख पर, मैं करता था मुख सुधा पान' के माधुर्य में पागल रहे।

नारी की मिठास के कारण साली सब चीजें मीठी हो गईं यानी ओठ मीठे, प्यार मीठा तो ठीक हैं पर रात मीठी, हवा मीठी, स्वर मीठे, गीत मीठे, लेख मीठे, और तो और याद भी मीठी, सपने भी मीठे!

कवियों के इन कथनों का असर जनता पर पड़ा और सब पर ऐसा कुछ मनोवैज्ञानिक प्रभाव हुआ कि वे भी प्रेमिकाओं को जलेबी और प्रेमिकाएँ अपने-आपको इमरती समझने लगीं।

मगर सचाई छुप नहीं सकती कभी विश्लेषण से।

सच बात तो यह है कि लोग विज्ञान के बजाय कला के अधिक निकट इसी कारण रहना चाहते हैं कि कला में एक मन को अच्छा लगनेवाला झूठ होता है, एक भुलावा होता है।

और इसी मीठे भुलावे के कारण मनुष्य का जीवन सुखी रहता है। जिस दिन विज्ञान सचाई को सामने रख देता है, उसी दिन आदमी की हालत खराब हो जाती है। वह परेशान हो जाता है और फिर नए झूठ से अपने मन को बहलाता है।

नारी की मिठास भी एक कलात्मक भुलावा है, झूठ है।

जिस दिन अंगूर तथा अन्य मीठे फलों के अदन वाले बगीचे से खुदा ने आदम और हौवा को निकाला, उसी दिन से मिठास से उनका नाता टूट गया। बारीक वाणी सुनकर हम उसे मीठी कहते हैं और फिर सोचते हैं कि जिसकी वाणी इतनी मीठी,

उसका हृदय और प्रेम कितना मीठा होगा! वैसी ही गलतफहमी, जैसी मगर को किनारे के पेड़ पर रहनेवाले बन्दर से हुई थी कि जिस पेड़ के फल इतने मीठे, उन्हें खानेवाले का कलेजा कितना मीठा होगा!

अल्बेनी मेडिकल कॉलेज के प्रोफेसर ने लड़की के शरीर का तात्त्विक विश्लेषण करते हुए बताया है कि उसमें क्लोरीन इतनी होती है कि पाँच स्वीमिंग पूल के कीड़े मारे जा सकें। ऑक्सीजन 1400 घन फीट, दस गैलन पानी, ढाई सेर चूना, पन्द्रह सेर कॉर्बन, मैगनीशियम इतना कि दस फ्लैश फोटो खिंच जाएँ। चर्बी इतनी कि आपकी दुआ से दस बार साबुन के केक बन जाएँ। गन्धक भी काफी।

और नारी को यदि लावण्यमयी अर्थात् नमकीन माना जाए तो भी ठीक है क्योंकि उसके शरीर में पच्चीस चम्मच नमक होता है।

मगर मिठास, अब क्या बताएँ? कवियो, क्षमा करना, तुम्हारी कोमल भावना को ठेस लगे तो। मेरा कसूर नहीं है, कसूर उस विज्ञान के प्रोफेसर का है। और प्रेमिकाओ, आशा है, तुम भी स्नेह बनाए रखोगी।

पर मधुमयी मधुबाला के शरीर में शकर केवल चार औंस होती है, जिससे एक भरी गृहस्थी की चाय भी न बने।

और इस चार औंस मिठास पर साहित्य, काव्य व प्रेम की चारमीनार खड़ी कर दी गई हैं, जैसे नारी शकर का कट्टा हो!

'सिखा दो न मधु कुमारी, मुझे भी अपने मीठे गान' वाली प्रेमियों की भिक्षावृत्ति के पीछे यह चार-औंसी सत्य है। यौवन मधु, मधुयामिनी और अधरामृत, नयनामृत, स्नेहामृत–सबके मूल में यही हैं शरीर के चार औंस।

टिप

टिप देने या लेने का काम कइयों को पड़ता होगा। शहर के पहले दर्जे के होटलों में, जिनमें तीसरे दर्जे की अपेक्षा कम ग्राहक आते हैं, यह शब्द बड़ा प्रचलित है। यह शब्द बोला नहीं जाता, सिर्फ समझा जाता है।

'टिप' शब्द टिपटॉप के पहले आता है। टिप की व्यवस्था रखना, टिपटॉप होने के पूर्व आवश्यक है। सच्चा टिपटॉप भी वही है, जो टिप में टॉप नहीं करता हो।

होटलों के बाहर सुना होगा, 'मैं टिप बराबर देता हूँ पर सर्विस इतनी अच्छी नहीं है।'

फिर भी टिप देना बड़ा जरूरी-सा है। टिप न देने से आप नजरों से गिर जाते हैं। वे नजरें भी बॉय की तथा उन बाई की, जो आपके साथ आई हैं।

ऐसे होटलों में चाय तीन आने में मिलती है और शराफत टिप देने पर सिर्फ एक आने में। बॉय जो आपको हाथ उठाकर सलाम करता है, वास्तव में आप शरीफ हैं, इसका प्रमाण-पत्र देता है।

आज का आदमी शराफत को दया से बड़ा मानता है। वह भिखारी के माँगने पर पैसा नहीं देता और बॉय को बिना माँगे एक आना देता है। 'बिन माँगे मोती मिले (या धोती मिले, ठीक याद नहीं) माँगे मिले न भीख', वाली कहावत मुझे यहाँ चरितार्थ दिखी।

टिप की प्रथा कब से प्रारम्भ हुई, राम जाने! मोहनजोदड़ो के कॉफी हाउस में टिप दी जाती थी कि नहीं, इसका पता किसी इतिहासज्ञ को होगा।

पुजारी को दिया जानेवाला एक पैसा टिप ही है। ईश्वर ने तो कहा है, 'ऐ मनुष्य! तू सिर्फ मुझे याद रख और मैं तेरा सब काम कर दूँगा।' उसे भी शायद मनुष्य की अन्य सब शक्तियों पर विश्वास था–स्मरणशक्ति पर नहीं। पर पुजारी ईश्वर व मनुष्य के इन परस्पर निश्चित सम्बन्धों के बावजूद अपना पैसा लेता है और उदार मानव की टिपदायिनी मनोवृत्ति उसे सहन करती है।

दान और टिप में ब्राह्मण और बॉय जैसा अन्तर है। टिप और बख्शीश में साम्य है। 'बख्शीश' शब्द मुगल साम्राज्य के साथ आया होगा, फिर अंग्रेज के साम्राज्य में टिप बनकर रहा और आज भी है।

टिप शब्द में लघुता का गुण है। टिप-टिपका-टिपकी-टिप-टिप–सब लघुता के प्रतीक शब्द हैं। टिप्पस और टिपने से इसका कोई सम्बन्ध नहीं। लघुता ऐसी कि आप एक आना दो तो भी टिप है, और एक रुपया दो तो भी। चाय लानेवाला लड़का हो तो भी बॉय है, और वृद्ध हो तो भी, और आप डायरेक्टर हों तो भी साहब हो और क्लर्क हो तो भी बॉय आपको साहब ही कहेगा।

टिप मजदूरी नहीं है। कुली और ताँगेवाले को आप टिप नहीं देते। टिप तो निःस्वार्थ होकर दिया सम्पत्ति-दान है। बॉय आपसे अहिंसात्मक हृदय परिवर्तन द्वारा इसे लेता है। मजदूर और मालिक लड़ते हैं पर जिसे टिप मिलती है, वह कभी पैसे वाली श्रेणी, मालिक श्रेणी, का विरोध नहीं करता। अतः टिप वर्ग-संघर्ष की तीव्रता को हलका करने का मार्ग है। टिप वह सस्ता डोज है जो सम्पन्न श्रेणी द्वारा गरीब श्रेणी को दिया जाता है। टिप के कारण इनसान खुश होकर आपका हुकुम बजाता है। समाजवाद में मजदूर टिप के लिए झुककर सलामी नहीं करेगा।

खैर, आज तो टिप की इकन्नी वह झूला है, सीढ़ी है, लिफ्ट है, जिसमें चढ़कर एक मध्यवर्गीय अपने-आपको पूँजीपति श्रेणी में पहुँचा देता है। टिप देकर वह अपने आर्थिक अहं को सन्तुष्ट करता है।

अतः यह नियम है कि खर्च दो और काम लो, टिप दो और काम करनेवाले को प्रसन्न रखो।

इस युग में आदमी औरत को भी खाने को देता है, कपड़ा देता है और एवज में आनन्द, उपयोग व बच्चे लेता है। पर ऊपरी अधिक जो है, वह बीवी को खुश रखने की टिप है।

यह टिप का युग है। टिप द्वारा ही सम्बन्धों में मिठास, शान्ति होती है और बिन टिप दिये कटुता।

याद होगा, अंग्रेज साहब के निकलने पर भारतीय बच्चे कहते थे–साहब, सलाम! और साहब सड़क पर इकन्नी फेंक देता था–अपने साम्राज्य की प्रतिष्ठा और सम्मान के लिए।

आप भी अपनी प्रतिष्ठा का ध्यान रखिए।

द्वितीय कला-योजना

आजकल जो बात विचारी जाती है, वह दूसरी पाँच-साला योजना के हिसाब से विचारी जाती है। जहाँ तक लक्ष्य की बात है, उसे अच्छा-खासा बनाने में कोई भी हर्ज नहीं है।

जहाँ तक लक्ष्य को पूरा करने का सवाल है, वह एक आदमी के कन्धे पर होकर भी एक आदमी के कन्धे पर नहीं होता। बाधाएँ आती ही हैं और आनी चाहिए। सीधी बिछी पटरी पर एक्सिडेंट होते हैं, तो जहाँ पटरी नहीं बिछी है, वहाँ तो हर तरह का डर है।

आज के अर्थशास्त्रियों में और प्राचीन युग के वेद-मंत्र का पाठ करनेवालों में कोई खास फर्क नहीं है। वे भी सतत कुछ बोला करते थे और कल्पना को मूर्त करने की चेष्टा करते थे। अर्थशास्त्री भी आँकड़े सुनाया करता है, हिसाब बताया करता है और भविष्यवाणी कर देता है कि पाँच साल में ऐसा हो जाएगा।

जब सोचता हूँ कि दूसरी योजना में साहित्य की क्या गति रहेगी, इस पर भी विचार किया जाना चाहिए, तो खुद ही कुछ गड़बड़ में पड़ जाता हूँ। ऐसा हो कि दूसरी योजना में करीब-करीब चार प्रेमचन्द, तीन सुमित्रानन्दन पन्त, एकाध निराला, और पन्द्रह राहुल सांकृत्यायन बन जाने चाहिए। केन्द्र इसकी एक योजना बनाए और राज्य सरकारों का उसमें सहयोग हो और इसके लिए एक विशेष अनुदान भी स्वीकार किया जाए।

साहित्यिकों को प्रेरणा-स्थलों पर मुफ्त टूर दिया जाए और उन्हें सस्ते कागज दिये जाएँ। फिर उदीयमान कलाकारों के प्रशिक्षण-शिविर भी खोले जाएँ जहाँ लेखक बनने का काम चन्द महीनों में सिखा दिया जाए और शिक्षित होने के बाद वे कलाकार अपने-अपने स्थानों पर प्रशिक्षण दें।

सफल प्रतियोगिता की तरह साहित्य की भी प्रतियोगिता हो और वह प्रारम्भ में जिला, फिर राज्य तथा फिर प्रान्तीय स्तर पर हो। केन्द्र एक विशेष पदक घोषित करे और पुरस्कृत रचना का प्रकाशन भी करे।

'इनसान क्या नहीं कर सकता?' इस वाक्य में उतना बड़ा सत्य नहीं है, जितना बड़ा सत्य इस बात में है कि 'इनसान से क्या नहीं करवाया जा सकता!'

अच्छा प्रचार हो तो कोई भी टेकरी एवरेस्ट बन सकती है और अच्छा प्रशिक्षण हो तो कोई भी आदमी तेनसिंह बन सकता है।

आप शुद्ध सरकारी नजरों से सोचें तो कविता में दो तत्त्व खास होते हैं। एक तो तुकें मिलती हैं और दूसरे, उसमें भाव होते हैं।

तुकें मिलवाने के लिए सरकार प्रयत्न कर सकती है और एक कविता के विद्वानों की कमेटी बैठाकर तुकों के कोष तैयार करवाए जा सकते हैं और सस्ते में उन्हें जनता में बेचने के लिए रखा जा सकता है।

दूसरा प्रश्न रहा भावों का तो वह बहुत-कुछ व्यक्ति पर निर्भर है। सरकार उत्साह बढ़ाने को एक रकम स्वीकार कर सकती है। प्रेरणा-स्थलों की साहित्यिक टूर के अलावा प्रेम और बन्धनों के होने वाले कांडों के लिए कोतवाली के नजरिए को नरम कर सकती है।

दूसरी एक योजना सहकारिता के आधार पर भी चल सकती है कि लेखक और कवि लोग आपस में एक संगठन बना लें। वे कितने समय में कितनी रचनाएँ प्रस्तुत करेंगे, इसकी एक रूपरेखा शासन के समक्ष प्रस्तुत कर दें और शासन उनके खर्चे का धन स्वीकार करे। सन्तोषप्रद साहित्य बराबर जा रहा है या नहीं, इसकी जाँच एक कमेटी द्वारा समय-समय पर कराई जाए। कमेटी के सदस्यों को साहित्यिक नहीं होना चाहिए।

फिर सरकार चाहे तो सूचना या शिक्षा के अन्तर्गत अपना एक विभाग भी खोल सकती है जिसमें प्रतिभाशालियों को नौकर रख लिया जाए।

आप सोचते होंगे कि हाय-हाय, यह मुआ क्या बकता है! ऐसा तो सरकार भी नहीं सोचती।

माफ कीजिए, सोचना सरकार का काम नहीं है। जो सोच-समझकर करे, वह सरकार नहीं है, कोई आदमी होगा।

पर अगर वह साहित्यिक विकास की योजना बनाए तो विश्वास कीजिए कि वह कुछ ऐसी होगी, जैसी मैंने दी है।

मेरी बात और उनकी योजना मिला सकते हैं।

साबुन

रस्किन ने कहा था, 'कौन मुझे साबुन के फुग्गारों की विशेषता समझा सकता है?' चार-छह दिन पूर्व मुझे पता लगा कि साबुन के फुग्गारों में राष्ट्र की प्रगति के प्राण हैं। साबुन के झागों में देश-सेवा की गंगा है।

हातिमताई की तरह मैं किसी मुनीरशामी का भला करने 'हम्मामबाद गर्द' की खबर लेने नहीं गया था। अखबार में पढ़ा था कि एक प्रतिनिधि महोदय ने बताया कि साबुन लगाने से देश को बड़ा लाभ होता है।

यों आप-हमसे निरुपा रॉय रोज कहती हैं कि लक्स इस्तेमाल करने से मेरी त्वचा कोमल रहती है। और सनलाइट की सफेदी की तो क्या बात है–उजले धुले हैं, अच्छे धुले हैं, कीटाणु मर गए, कपड़े बच गए, स्कूल जाओ...देखो, रामू कितना स्वच्छ बालक है! सनलाइट को धन्यवाद!

और डॉक्यूमेंटरी : 'पर बेटा, तुम्हारे मास्टर ने इसके लिए क्या तरकीब बताई?'

'हमारे मास्टर ने बताया कि अपने कपड़ों के लिए सनलाइट का ही इस्तेमाल करना चाहिए। मुझे उन्होंने यह टकिया भी दी है।'

आज के युग में प्रसाधन ही पुण्य है। आत्मा तो पवित्र है, उजली धुली है। यदि आत्मा पवित्र है तो शरीर सुन्दर है। उसी तरह साबुन है, तो भी शरीर सुन्दर है। अतः साबुन इस युग की आत्मा है।

पर आप कितना ही समझाओ, लोग स्वदेशी साबुन का उपयोग कम ही करते हैं। टाटा, गोदरेज, स्वस्तिक, गजेन्द्र वगैरह 66 बड़ी कम्पनियों और करीब तीन हजार कुटीर उद्योगों द्वारा तैयार साबुन का उपयोग न कर वे विदेश से खरीदते हैं।

इससे गांधीजी भी नाराज थे पर लोगों को स्वदेशी के उपयोग का खयाल ही नहीं। वे तो अंग्रेजी साबुन खरीदेंगे। टॉमस लॉज ने ठीक कहा है कि गधे का कान धोओ तो साबुन बेकार जाती है और मेहनत भी।

रीठा, सन या नदी किनारे की मिट्टी से भी आखिर कपड़े साफ होते ही थे। शिकाकाई और काली मिट्टी का भी महत्त्व है। साबुन तो भारत में इस शताब्दी के मध्य में आया। समुद्र-मन्थन किया था तब साबुन की टिकिया नहीं निकली थी।

साबुन से कपड़े धोना बड़ी कला है। लोग नल के नीचे धोकर झाग का उपयोग बराबर नहीं करते। दूसरी बात, ठंडे पानी से धोकर कूटने के बजाय गरम पानी का उपयोग करना चाहिए।

बात वास्तव में यह है कि साबुन की बिक्री उसी क्षेत्र में ज्यादा होगी जहाँ पानी अधिक होगा। त्रावणकोर कोचीन में जहाँ पानी अधिक है—तमिलनाडु की अपेक्षा, जहाँ पानी कम है—साबुन तीन गुना ज्यादा बिकता है। नहरों की योजना पूरी होने दो, योजना आयोग जैसा चाहता है, पूरा अट्ठाईस लाख टन साबुन बिक जाएगा।

अब हौज भी कम होते जा रहे हैं। पहले बहुत होते थे। होमर ने ओडिसी की छठी किताब में लिखा है कि नॉसिका व उसकी नौकरानियाँ अपने कपड़े पैरों से चल-चलकर धोती थीं व उनके पैरों में गड्ढे होते थे।

यूरोप की तो संस्कृति में साबुन है। हिब्रू में साबुन के लिए 'बारिथ' शब्द आया है। प्लिनी कहता है कि साबुन फ्रांस में पहली बार बना। बात ठीक होगी। 'सोप' के लिए फ्रेंच पर्यायवाची 'सेवान' है। इसका कारण यह था कि यह सेवेना में बना करता था।

चाहे कुछ हो जी, लक्स से मतलब है आज के युग को। इसी वजह से हम पौने छह आने देते हैं लक्स के। मलाबार वाले उसी के साढ़े छह आने देते हैं। फिलिपीन में साढ़े नौ आने और बर्मा में बारह आने लगते हैं। यह तो साबुन कम्पनी की किस्मत है। यही रेक्सोना बर्मा में एक रुपए में आता है।

बर्मा की लड़कियाँ कोई विशेष 'गोरी-गोरी गट्टी, साबुन की बट्टी' तो होती नहीं। यों संसार का प्रत्येक घर चार्ल्स डिकन्स की 'ओल्ड क्युरियोसिटी शॉप' की तरह है कि दरवाजा खुला और केवल दो साबुन से रँगे हाथ नजर आएँ।

आज के युग में शक्ल इनसान हैं, और कपड़े भगवान हैं। अभिनेत्रियाँ साबुन लगाती हैं तो हम सबको बताकर लगाती हैं, जैसे हमारे सिर पर अहसान कर रही हों अपनी त्वचा कोमल रखकर!

और हम कमरा बन्द कर नहाते हैं, जिससे सुन्दर होने के साथ-साथ संगीतज्ञ भी बन जाते हैं। बदन पर साबुन घिसने से स्वर निकलता है और राष्ट्र की सेवा होती है। मौका लगे तो इसी के नाम पर चुनाव लड़ें।

आम

फ्रूट मार्केट अब बहुत पीला नजर आने लगा है, जैसे सोना खुले बाजार में बिकने लगा हो, जो कि यों कभी सम्भव नहीं है। कहते हैं कि विजयनगर साम्राज्य में सोना इसी प्रकार खुले में बिकता था, पर अब तो वहाँ आम ही हैं।

भारत की सभ्यता और संस्कृति इसी आम के रस को चूसकर आज ऐसी बन सकी। आजकल तो वे लोग नहीं रहे जिन्हें आम की मंजरियाँ कामदेव के तीर-सी चुभ जाती थीं, नहीं तो होल्कर कॉलेज के रास्ते में घायलों की कतार आम वृक्षों के नीचे पड़ी रहती।

कालिदास हाथों में आम लेकर रस में डूब जाया करता था। बीबरल की शिकायत थी ही कि शहंशाह तो आम के साथ गुठली भी चट कर जाते हैं। आज भी आम, धरती के दूध की तरह, डालों पर आए सोमरस की तरह हमारे साथ हैं।

रवीन्द्रनाथ जब चीन गए तो उस साल आम उन्हें नजर नहीं आया। बड़ी ठंडी-सी आह लेकर वे बोले कि 'मेरी जिन्दगी से एक साल कम कर दो क्योंकि जिस वर्ष आम नहीं मिलता, उसे मैं व्यर्थ समझता हूँ।'

रवीन्द्र के साहित्य में आम का बड़ा प्रभाव है। आम्र मंजरी की सुगन्ध से उनकी कविताएँ महकी रहती हैं।

जब गली में से आमवाला आवाज लगाता गुजरता था तो रवीन्द्र के मन में ज्वार फूट पड़ता था।

होश सम्हालते से भी भारत के बच्चे कहते हैं, 'आमवाले, आम दे, आम हैं सरकार के, हम भी हैं दरबार के, काली कुत्ती काटेगी, घी की रोटी डालेंगे, घोड़ा लात मारेगा, चन्दी चारा खिलाएँगे'।

सोचिए अम्बिया के पीछे पागलपन, सब कुछ कर गुजरने की इच्छा आम के पीछे, क्या अर्थ रखता है? हाँ, थोड़े कष्ट तो उठाने पड़ते हैं, माली की मार भी खानी पड़ती है। आम के आम और गुठली के दाम कहाँ सम्भव है!

पर सोचता हूँ कि इतना प्यार करने के बावजूद आम नाम खराब ही है। आम शब्द आम्र, अम्र या अम्ल का रूपान्तर है। आम का तात्पर्य खट्टा होता है। आम

पहले खट्टा होता था। वैदिक युग में आम कभी सम्मान नहीं पा सका। उस समय तो सब गूलर पर पागल रहते थे।

इस अम्र या खट्टे से अमृत बना। आज भी खट्टी केरियों से पना बनता है। तो यह सोचने का विषय है कि यह पना भी अमृत अथवा सोमरस का ही कोई रूप है क्या?

आज तक आम उसी खट्टे अर्थ में आता है। यों जो नए नाम आम के हैं, जैसे– 'लँगड़ा', 'हापुस' वगैरह, वे मुझे अच्छे नहीं लगते, यद्यपि सुनकर मुँह में पानी अवश्य आता है। ठीक है, यदि रस आता है तो मधुरता स्वीकार करनी ही होगी।

यदि आम खट्टे से मीठा हो जाता है तो आदमी भी हो सकता है। यदि हाइड्रोजन के देश वाले आम लगाकर कुछ सीख सकें तो दुनिया कितनी रस में डूबी हो जाए!

आम के रस वाले सदैव शान्तिप्रिय होते हैं। राजस्थान में एक कहावत है, 'आम फले परवार सूँ, मुवा फले पत खोय, वाको पाणी जो पीवे, मत कठां सू होय?'

अर्थात् आम सदा अपने परिवार, फूल-पत्तों के साथ फलता है। महुआ जब फलता है, तो पत्ते झड़ जाते हैं। बताओ, महुए का पानी या शराब पीनेवालों में मति कहाँ से उपज सकती है?

फल देखकर रस पहचानने का गुण बहुत कीमती होता है। यों ऐसे समझदार लोग भी हैं, जो कि लिफाफा देख मजमून भाँप जाते हैं। समझदारों की तो कमी नहीं गालिब, एक ढूँढ़ो, हजार मिलते हैं।

वे दो आम खरीदते हैं। एक समय रस बनाकर पी जाते हैं। दूसरे समय गुठली धोकर बघार लेते हैं। तीसरे समय छिलकों की सब्जी बनाते हैं। बाद में बच्चे गुठलियों को सेंककर फोड़ते हैं और अन्दर की चीज खाते हैं।

कहा जाता है कि कोयल कूकती है तो आम फूलता है। इस कहने में जरूर सचाई है क्योंकि अब यह सिद्ध हो रहा है कि संगीत से पेड़-पौधों पर असर पड़ता है।

आम के पत्तों की शुभ छाँह में जिन्दगी गुजरे, उसके रस-सा मीठा हमारा मन हो, कोयल-सा हम गाते रहें–यह सभी कवियों की टेर है। आम-इमलियों की नन्ही-नन्ही पत्तियाँ, निमिया की शीतल छाँह सबको प्यारी है–चाहे डाक टिकट पर आम का फल नहीं हो।

नया इनसान

भविष्य की ओर विस्फारित आँखों से देखो तो भावी मानव का रूप बड़ा ही विचित्र दिखाई देगा।

'हाँ जी, आदमी दिन-पर-दिन मशीन बनता जा रहा है, पुर्जा-सा हो चुका है, खोजने पर आदमी मिलता नहीं' की पुरानी काव्यात्मक शिकायत आप दुहरा देंगे।

पर इस ओर मेरा संकेत नहीं है। यों अणु का अभिशाप यह भी कहता है कि हमारी रेडियो-सक्रिय-सन्तानें कुछ विचित्र ही आकार की होंगी। उसे छोड़िए, मजबूरी का नाम इतिहास का क्रम है। अणु का असर तो सिर पर चढ़कर मारेगा पर आविष्कारी आकर्षण हम स्वयं गले लगाकर चिपका रहे हैं।

प्रयोग में मूर्खताएँ हजार और काम की बात एक होती है--विज्ञान में हो, कला में हो या भोजन में हो।

सुना है कि चीन के मुर्गीशास्त्रियों ने मुर्गी के अंडों में बतख के अंडे का तत्त्व इंजेक्ट कर दिया और सेंने के बाद जो ईश्वर की सृष्टि प्राप्त हुई, वह अपेक्षाकृत मोटी, लम्बी चोंच की और पंख वैचित्र्य से युक्त है।

भगवान बनाता है, प्रकृति प्रदान करती है और इनसान तो सिर्फ हरकत कर देता है। इस तरह नए रूप की यह कृति सामने आई। ईश्वर लेकिन पुराना जादूगर है, इसके दाँव सब जानते हैं। प्रकृति की लीला बोर कर रही है। अब उम्मीद आदमी से है।

फिर आज अखबार में पढ़ा कि एक शूकरी ने हाथी को जन्म दिया। मैं कुछ नहीं समझा। पुराने किस्सों में घोड़ी के पुत्र दरियाई घोड़े होने का वर्णन पढ़ा था पर यह शूकरी से हाथी जाने किस राजा की सनक है!

तो अब यदि इस जीव के तत्त्व उसमें प्रविष्ट करा नए जीव कम्पाउंड तैयार हो रहे हैं तो भविष्य की ओर विस्फारित नेत्रों से देख नए मानव व पशुओं की कल्पना करो।

हो सकता है, मानव और हिरण के अंशों की सम्मिलित सृष्टि ओलम्पिक रेस में जीत सकने योग्य मृगनयनियों को जन्म दे!

हो सकता है, जिसके नाम के आगे सिंह लगा हो, उसमें वास्तव में गरजने, दहाड़ने तथा पंजा मारने की ताकत आ जाए!

हो सकता है, कुछ नमूने बन्दर की तरह चंचल और पेड़ पर उछलने योग्य हों और इनसानियत में जिप्पी सदैव के लिए रहे!

अतः जब मैंने खबर पढ़ी कि अब इस हरी घास की धरती पर इतना ज्ञान बढ़ गया है, तो गश खाकर गिर गया (मुहावरा मात्र)।

कल से यह शिकायत नहीं रहनी चाहिए कि किसी को सुर्खाब के पंख नहीं लगे हैं, वह भी लग सकते हैं, सिर्फ एक प्रयोग की ही आवश्यकता है।

आप यह भी नहीं कह सकते कि बेवकूफ के कोई सींग नहीं होते। भविष्य में बेवकूफ के सींग होने के साथ-साथ चाहें तो सींगदार अक्लमन्द भी मिल सकेगा।

सभी शिकायत दूर हो जाएँगी।

आज के आदमी से बॉसवर्ग की यह बड़ी गहरी शिकायत है कि अगर कोई नौकर योग्य है तो घमंड में फूला नहीं समाता, उसका 'ईगो' कौन सहन करे? क्षमता और नम्रता का मेल कम हो पाता है।

सो अब इस तरह का मानव भी प्राणिशास्त्र के क्षेत्र में किए जानेवाले प्रयोगों से प्राप्त हो सकता है, जिसमें प्रतिभा भी हो और जो दुम भी हिला सके। जो विरोधी पर भूँके, उससे रक्षा करे और स्वामिभक्त बन अपने मालिक के सम्मुख दुम हिलाए।

प्रजातंत्रीय चेतना सामयिक सिद्ध हो सकती है क्योंकि आपको दिखता होगा कि वर्ग सम्बन्ध, प्रजातांत्रिक भावना और विज्ञान—तीनों में समन्वय असम्भव होकर विकृति अधिक हो रही है।

कहीं यह मुर्गीवाला प्रयोग नए इनसान के भविष्य की ओर ऐतिहासिक इशारा न हो!

हाइड्रोजन सम्पर्क

'जन' शब्द से आप सज्जन अथवा दुर्जन हैं, ऑक्सीजन अथवा हाइड्रोजन हैं, इसका ज्ञानार्जन नहीं कर सकते। रंगहीन, गन्धहीन व स्वादहीन होने मात्र से कौन प्राणदायिनी है और कौन प्राणलेवा, इसका पता नहीं लगता। आदमी और गैस का मामला ही ऐसा है।

हाइड्रोजन गैस से मेरा साबका पहली बार हलके गुब्बारे खरीदते समय पड़ा,, पर आनन्द की घड़ी में कभी ज्ञान नहीं बढ़ता, सो मैं नहीं जानता था कि गुब्बारे में गैस है अथवा भूत है।

मिडिल में फिर इस हाइड्रोजन से दुआ-सलाम हुई। बताया गया कि फ्लास्क में मुड़ी नली लगाकर उसे डिलिवरी नली से जोड़ दो। दानेदार जस्ता फ्लास्क में डाल कॉर्क लगा दो और थिसिल फनेल से इतना पानी डालो कि जस्ता ढँक जाए। फिर हलका गन्धक का अम्ल डालो। फिर डिलिवरी नली को नाँद के पानी के नीचे डुबाओ और एक परखनली में पानी हटाने की रीति से हाइड्रोजन जमा कर लो जैसा कि चित्र में दिखाया गया है।

हाइड्रोजन के दर्शन नहीं हुए पर ईश्वर की तरह स्वयं अदृश्य रहकर उसने हमें अपनी अदाएँ बताईं कि न मुझमें स्वाद है, न गन्ध, न रंग और न मैं पानी में घुलती हूँ, फिर भी परीक्षा में पूछी जा सकती हूँ। मुझे रट डालो।

शिक्षक ने बताया कि यह गैस स्वयं जलती है पर जलने में सहायता नहीं करती। मैंने सोचा, बड़ी गांधीवादी है, खुद जल जाती है मगर दूसरे को जलने नहीं देती, जबकि ऑक्सीजन बड़ी दुष्ट है, खुद नहीं जलती, दूसरों को जला देती है।

खैर, सलोने आग्रह है कि 'होओओऽऽ बचपन के दिन भुला न देना', अतः मैंने आपको अपने हाइड्रोजन सम्पर्क की कहानी कही।

बाद में हाइड्रोजन के बारे में बहुत-कुछ ऐसी बातें सुनने को मिलीं कि वह नकली घी और नकली पेट्रोल बनाने में मदद करती है, तो सहसा हमको विश्वास नहीं हुआ कि हाइड्रोजन यह धन्धे भी करती होगी। झूठी बदनामी समझ सुनी-अनसुनी कर गए। बोले नहीं। हम नहीं मानते कि हाइड्रोजन यह भी कर सकती है।

पर साहब, जब कुछ दिनों बाद हाइड्रोजन बम का पता लगा तब हम मान गए कि हाइड्रोजन जो करे सो कम है। बड़ी वाहियात-सी चीज है। पास नहीं फटकने दी जानी चाहिए। मैंने उसे भी सचेत कर दिया। वह मुझे उत्साहहीन वैज्ञानिक मानती है।

हाइड्रोजन बमों के प्रयोगों के हम सख्त खिलाफ हैं और अपने कुछ शिक्षक मित्रों के सामने अपना विरोध भी हमने प्रकट किया है। कभी मौका लगा तो यह बात हम नेहरूजी से भी कहेंगे।

अभी कुछ लोग इन चीजों के शान्तिपूर्ण उपयोगों के पक्ष में हो रहे हैं। मुझे भी खींचने की चेष्टा की जा रही है पर मैं मारे नासमझी तटस्थ हूँ। वे कहने लगे, हाइड्रोजन को अगर गुब्बारों में भरकर बच्चों के लिए बेचा जाता है तो इस शान्तिमय कार्य के भी आप खिलाफ हैं? मैंने कहा कि हाँ, खिलाफ हूँ क्योंकि आज पालने में बालक हाइड्रोजन गुब्बारे से प्रेम रखता है, कल से वह हाइड्रोजन बम में रुचि रखेगा।

(मैं इन गुब्बारेवालों से नाराज हूँ। ये जो गुब्बारे पर हथेली चलाकर आवाज करते हैं, वह मुझे नहीं जँचती।)

कल हमने सुना कि ऐसी कुछ घटनाएँ हुई हैं कि गुब्बारे बेचनेवाले सड़क पर ही असुरक्षित धातु की सिलिंडर में हाइड्रोजन गैस रखे हुए थे। गैस का विस्फोट हुआ और लोग घायल हुए और मरे भी।

अतः बम्बई सरकार ने विज्ञप्ति निकाल इस हाइड्रोजनी खतरे से जनता और धन्धेवालों को सावधान किया है और बताया है कि असुरक्षित विधि से हाइड्रोजन तैयार करने पर यदि कोई विस्फोट से घायल हुआ तो कर्ता पर 337, 338 या 304 ए लगाई जाएगी।

देखा न आपने, इस कथित शान्तिपूर्ण कार्य में हाइड्रोजन धोखे दे रही है! विस्फोट यहाँ भी हो रहे हैं। बड़ी जालिम गैस है।

राष्ट्रीय और अन्तर्राष्ट्रीय, दोनों क्षेत्रों में इस हाइड्रोजन से भली जनता पीड़ित है। केवल कम्पाउंड रूप में इसका स्वागत किया जा रहा है। पानी लोग पीते ही हैं, अन्यथा हाइड्रोजन के प्रति समाज की घृणा बढ़ रही है।

बाबा बेबी समस्या

आजकल सन्तति निरोध और नियमन की समस्या ने अधिकारियों को दिन में और जनता को रात में परेशान कर रखा है।

बच्चे...बच्चे–कितनी बेकार बात है! जैसे औरत नहीं, स्लॉट मशीन हो! इकन्नी डालो और चीज हाथ में!

वाकई में अब इस पर जरा सीरियस होकर सोचना चाहिए। यों तो यह मामला इस आधार पर टाला जा सकता है कि जनसंख्या बढ़ेगी तो अखबार ज्यादा बिकेंगे, बच्चे अगर ज्यादा नहीं होंगे तो खिलौनों का कुटीर उद्योग ठंडा पड़ेगा, पर फिर भी जनसंख्या की समस्या को मूल रूप से हल करना ही होगा।

यानी बच्चों की संख्या आदि विषयों पर आमूल क्रान्ति के लिए नए विचारों का प्रचार करना पड़ेगा।

समस्या का मूल क्या है? एक सेक्स का दूसरे सेक्स के प्रति आकर्षण! इसी आकर्षण का मूर्त परिणाम बच्चे, बाल-गोपाल हैं।

आकर्षण होता है नई डिजाइन के, नए रंगों के कपड़े के कारण। दूसरे ऐसे टॉयलेट के कारण, जिससे त्वचा निर्मल होती है। मधुर स्वर, गुनगुनाहट, गीत, भावगीत, अभाव-गीत के कारण। सुगन्ध यानी वेणी और सेंट आदि के कारण। दाँत साफ रखना भी आकर्षण उत्पन्न करता है।

जो ये आँख, कान, गन्ध, स्पर्श के आकर्षण हैं, ये मूल कारण हैं जो आगे जाकर जनसंख्या बढ़वाते हैं।

अभी वैज्ञानिकों ने सिद्ध किया है कि कीड़ों की संख्या-अभिवृद्धि का कारण यह है कि मादा कीड़े में एक विशेष सुगन्ध होती है, जिसके प्रति नर कीड़ा आकर्षित होता है।

ऐसे कारण, यानी भँवरा-कली आकर्षण भारतवर्ष में भी है। 'अभिज्ञान-शाकुन्तलम्' ड्रामा में सीन है :

शकु.–(घबड़ाकर) दई! दई!! पानी की बूँदों से डरा हुआ यह ढीठ भौंरा नई चमेली को छोड़कर बार-बार मेरे ही मुख पर क्यों आता है? (भौंरे को बाधा दिखलाती है)।

भौंरा क्यों आता है? गन्ध के कारण! बाद में नटी द्वारा गाए गए ध्रुपद, चौताला, भैरवी तथा राग बहार में भी आकर्षण के वातावरण व गन्ध-पक्ष पर जोर दिया गया है, जैसे–'सिरिस-फूलन कान धरि, बनयुवती मन को हरत'।

इस सुगन्ध आदि कारणों से तापसी शकुन्तला ने मन में विचार ला गन्धर्व विवाह कर भरत को जन्म दिया।

इस तरह से जनसंख्या बढ़ती है। अब हमें सौन्दर्य की जोत को जरा डिम करना पड़ेगा। फैशनों, सुगन्धों के विरोध में वातावरण बनाकर इस पारस्परिक खिंचाव को मेट देना चाहिए।

आपस में प्रेम-भाव देश को नुकसान पहुँचाता है, चाहे दार्शनिक दृष्टि से वह ठीक हो।

इस समस्या को ज्यादा बढ़ाने में कुछ समाज-द्रोही तत्त्वों का भी हाथ है। जनतंत्र के सहयोग पर विश्वास न करनेवाले विरोधी पार्टियों के लोग, ज्ञात हुआ है, ज्यादा बच्चे उत्पन्न करते हैं। शासन को चाहिए कि ऐसे देशद्रोहियों को सामने लाए। न केवल वे स्वयं बच्चे बढ़ाते हैं बल्कि ज्यादा बच्चे पैदा करने का प्रोत्साहन भी देते हैं।

सरदार जाफरी ने 'तुम्हारी आँखों में' लिखा है : 'वो नन्हे-नन्हे चमकते हीरे, वो नन्ही कलियाँ, जो मेरी आँख का नूर लेकर तुम्हारे आँचल से झाँकती हैं–फिर और आँखें, फिर और आँखें, फिर और आँखें, ये सिलसिला ता-अबद (अनन्त काल तक) चलेगा।'

बच्चों का सिलसिला ता-अबद चलानेवाले सरदार जाफरी, स्मरण रहे, साम्यवादी विचारधारा में विश्वास रखते हैं।

कम्यूनिस्टों के घोर विरोधी जनप्रिय पत्रों को चाहिए कि सन्तति निरोध के मामले को लेकर भी वे रूस के इन पिट्ठुओं का पर्दाफाश करें। इनकी हरकतों की ओर शासन का ध्यान दिलाएँ और शान्तिप्रिय जनता को गुमराह न होने दें।

प्रगतिशील शायर 'जालंधरी' लिखता है : 'इधर माँएँ छह-सात बच्चों की, हम करें शुक्र भगवान का दम कदम, किया जिसने हम पे इतना करम, करेगा वही उनकी रोजी बहम, मिलेगा न ज्यादा न कम'।

इस देश-द्रोह के खिलाफ जागरण होना आवश्यक है।

बुलज्ञानी सिंह

जिसके प्रति मोहब्बत हो, उसका सिर्फ नाम ही लेते रहने से भावनात्मक कर्तव्यों की इतिश्री हो जाती है।

भगवान से भी अगर खाली बैठे की लगन लगी तो 'राम-राम' कहते रहिए और हद-से-हद अपने बेटे को रामू कहकर पुकार लीजिए। बस, समैया देखते इतना काफी है।

परिणाम इसका इतना अच्छा होता है कि राम के बाद अब जितने पैदा हुए हैं, वे उस राम से जरा भी मेल नहीं खाते।

व्यक्ति-पूजा का गुण समाजवादी देश में भी इतना तीव्र है कि नेहरू और इन्दिरा पर भी नाम रखकर अन्तर्राष्ट्रीय सौजन्यता में वृद्धि की गई है।

भारत तो अन्तरिक्षीय प्रेम का पुजारी है। बेटों के नाम सूर्य, चन्द्र, मंगल आदि रखे जाते हैं।

और अब यह प्रेम विदेश के यात्रियों के लिए भी ऐसा बरसा कि एक सज्जन ने अपने बेटे का नाम बुल्गानिन सिंह रख दिया क्योंकि बेटे के जन्म के समय ही बुल्गानिन सोनीपत में आए थे।

बुल्गानिन सिंह ठीक नहीं है। इसमें थोड़ा सुधार कर उसे अब बुलज्ञानी सिंह कर दिया जाना चाहिए। बिहार में तो इसका रूप 'रामबुलज्ञानी सिंह' आसानी से हो सकता है।

'गानिन' की जगह 'ज्ञानी' ठीक है। इसमें भारतीयता नजर आती है। रूस में भी नेहरू से नेहरूएवस्की, जवाहरोविच, इन्दिरी आदि ही होता होगा।

आप अपने बेटे को लेनिन कहें और थोड़े सालों बाद 'हिन्द-सोवियत भाई-भाई' संघ का मंत्री कोई लेनिन कुमार श्रीवास्तव हुआ तो क्या बुरा है?

गोर्की किसी भी लड़की को कहा जा सकता है, आकर्षक है। 'गंगा होटल' की जगह 'वोल्गा रेस्टोरेंट' में ग्राहक ज्यादा आएँगे। सवाल क्वालिटी का नहीं है, अन्तर्राष्ट्रीय मैत्री भावना का है। वह असर करती है।

पाकिस्तान में अब्दुल डलेस चौधरी, खान आइसन बहादुर और बेगम बारबरा, आज से कुछ वर्ष बाद स्कूलों में भरती होने लगेंगे।

तो बुलज्ञानी सिंह और ख़ुश्चौफीराम लकड़ी का पीठा बनाकर जब रोहतक रोड पर टीन की कुर्सी डाले बैठेंगे, तो फुटपाथ से जाता कोई रूसी यात्री क्षण भर को ठिठककर देखता रह जाएगा। और वे कुर्सी पर बैठे अपने पिता की देन का खयाल कर शरमा जाएँगे।

क्योंकि बुलज्ञानी नाम वाले ज्ञानी कम होकर बुल अधिक रहेंगे। भारत में बुल और ज्ञानी, दोनों एक दूसरे के विरोधी शब्द हैं। यों दूसरे विकल्प बुलबुलज्ञानी सिंह, ज्ञानी बुलबुल सिंह के भी हैं। पर उनमें बुलबुल अधिक और 'गेनिन' कम है।

नामों की कलमों के आयात-निर्यात की अति यही होगी कि किसी दिन रूस में जो प्रधानमंत्री हो, उसका नाम नेहरूनबुर्ग हो और भारत के प्रधानमंत्री का नाम बुलज्ञानी हो।

पर यह असम्भव है।

यदि यह असम्भव आप मानते हों तो मानिए कि नामबाजी में कुछ नहीं रखा है, नहीं तो आज हर नाम या उसका परिष्कृत आधुनिक स्वरूप ईमानदार होता।

यह नहीं हो रहा है और न होगा ही। आप अपना नाम ब्रह्मपुत्र रख लें तो क्या 'परिक्रमा' लिख सकते हैं? और अगर लिख लेंगे तो छापेगा कौन? और अगर छपेगी तो नाम मेरा होगा या आपका?

फिर भी बुलज्ञानी सिंह एक सूझ तो है। बुल और सिंह के बीच ज्ञानी पड़े हुए हैं। वास्तविकता भी कुछ ऐसी ही है; या किसी जंगल में हो रही शिकार की स्थिति-सी है अथवा सर्कस का मामला है।

आप इन दोनों के बीच से ज्ञानी को बचाइए। सींग और पंजे के बीच विवेक मर रहा है। दोनों की डकारों में अभिव्यक्ति मौन है।

वह अभिव्यक्ति जो भाई-'चारे' के इस वातावरण में व्यक्ति-पूजा को बुरी चीज बताए।

पत्रं-पुष्पं

प्रार्थनाएँ, अपीलें, शिकायतें दिल से की जाती हैं तो कुछ नहीं होता है। तर्क की धौंस के साथ रखी जाएँ तो भी कुछ नहीं होता।

पर जब यही तर्क, यही प्रार्थनाएँ, यही शिकायतें सोने की खदान से उमड़कर आती हैं, बटुओं में से कूद पड़ती हैं, तो पत्थर पिघलने लगते हैं, असम्भव का 'अ' कट जाता है।

सदियाँ गुजर रही हैं और परेशानियों के ठंडे बर्फीले मैदान हमेशा सिक्कों की स्लेज गाड़ी से पार किए जाते रहे हैं।

इसी भलमनसाहत के काम को अलग-अलग नामों से पुकारा जाता है, जैसे—भेंट, उपहार, दान, रिश्वत, बख्शीश, टिप, दहेज, चढ़ौती, पगड़ी, वगैरह।

एक ही क्रिया में केवल काल और स्थान का भेद हो जाने पर उसे उपहार के बजाय रिश्वत कह दिया जाता है।

किसी बड़े अफसर, सचिव या उनसे भी बड़े व्यक्ति को जब सिर झुकाकर, श्रद्धा की आँखों से चीज भेंट की जाती है, तो वह उपहार (बच्चों की मिठाई के लिए), याददाश्त, वगैरह कहलाती है।

किसी निचले दर्जे के क्लर्क, मुंशी, इंस्पेक्टर को देने पर वह बख्शीश या इनाम कही जाती है।

किसी संस्था, दल या देश को देने पर वही भेंट या दान बनती है।

अब इसमें किसे भ्रष्टाचार कहें और किसे दोष लगाएँ और किसकी प्रशंसा करें और चित्र छापें? ठुकरा दें या प्यार करें?

इस सबके मूल में मनुष्य की दे देने की कोमल प्रवृत्ति है, जो हमारी सामाजिकता, धर्म, दान, पूजा, श्रद्धा-प्रेम-प्रदर्शन की आत्मा है।

ईश्वर को पटाने के लिए साधु, ब्राह्मण और पुजारियों को देना धर्म है। स्वर्ग में ठहरने की व्यवस्था करना दान है, रेल के डिब्बे में बैठने की व्यवस्था करना रिश्वत है, घर में रहने की व्यवस्था करना पगड़ी है।

स्वर्ग में अप्सराओं, हूरों की व्यवस्था धन की चढ़ावनी कही जाती है। जीवन में बीवी की व्यवस्था को दहेज माना जाता है। पर अस्थायी इन्तजाम भ्रष्टाचार है।

इतिहास हमें अजीब गणित बताता है।

दासता के युग में देनेवालों और लेनेवालों के अनुपात में अन्तर था। राजतंत्र के युग में अन्तर कम पड़ा। प्रजातंत्र के युग में अनुपात समान होता जा रहा है।

दासता के युग में गुलामों, सुन्दरियों, हीरों, सिक्कों की भेंट केवल एक व्यक्ति को दी जाती थी। राजतंत्र के युग में यही भेंट कुछ अधिकारियों की जेब को भी प्राप्त होने लगी। प्रजातंत्र के युग में छोटे से लेकर बड़े तक, छोटे से लेकर बड़ों तक को, छोटी से लेकर बड़ी भेंट तक दिया करते हैं।

इतिहास में कुछ युग ऐसे भी आए, जब अपनी पत्नियाँ भी उपहार में दी जाती थीं। विद्वानों का मत है कि वह युग आज भी समाप्त नहीं हुआ।

सच बात यह है कि काम होने के पूर्व देने पर जो चीज रिश्वत कहलाती है, काम हो जाने के बाद देने पर उसे भेंट या बख्शीश कहते हैं।

जो धैर्य रखते हैं, बाद में लेते हैं, वे सदैव सुखी रहते हैं। जो अधीर हैं, जिन्हें विश्वास नहीं, वे भ्रष्टाचारी कहलाते हैं, सजा भुगतते हैं। इसलिए कहा गया है, धीरे-धीरे रे मना, धीरे सब कुछ होय।

रिश्वत के सम्बन्ध में यशपाल का विश्लेषण यद्यपि तीखा था पर मुझे अच्छा लगा।

रिश्वत की यह विशेषता है कि यह क्रिया कभी हिंसात्मक नहीं होती, सदैव अहिंसात्मक होती है। यह सदैव सामनेवाले का हृदय परिवर्तन करने के बाद ली जाती है। असहयोग उसका साधन है, लक्ष्य सुख-सुविधाएँ हैं।

प्रेमचन्दजी के शब्दों में नौकरी में ओहदे की तरफ ध्यान मत दो, वह तो पीर का मजार है। निगाह चढ़ावे पर और चादर नरम रखनी चाहिए। मासिक वेतन तो पूर्णमासी का चाँद है, जो एक दिन दिखाई देता है, फिर घटते-घटते लुप्त हो जाता है। ऊपरी आय बहता हुआ स्रोत है जिससे सदैव प्यास बुझती है!

रूपसलाई

जीवन क्या है, दियासलाई है! अभी लगाई है और अभी बुझाई है। सब बुझ जाने को हैं–यह नश्वर शरीर और सिगरेटें। 'दियासलाई कहे जलानेवाले सों, तू क्या जलाइहो मोहि, एक दिन ऐसो आएगो, मैं जलाऊँगी तोय'।

जहाँ संघर्षण है, वहाँ आग है, जलन है, और बस, वहीं पर सब राख होने को है। हवा में उड़ खोने को है।

कुछ दिनों पहले मैंने सुना था कि हैदराबाद में जो माचिस के तीन कारखाने बननेवाले हैं, वहाँ प्रत्येक में पाँच-पाँच हजार लड़कियाँ काम करेंगी और सिर्फ लड़कियाँ ही लड़कियाँ...माचिसें ही माचिसें तो मैं सोचता रह गया था।

लड़कियाँ और माचिस की सीकें दोनों जलनशील हैं। हर रूपमती ने अपने को शमा या आगकाड़ी से तोला है और माना है कि यह उम्र तनहाई सिर्फ रात भर है, हँसकर गुजार दें या रोकर गुजार दें।

और हर माचिस का यही होता है, जब तक न जली, न जली, पर एक बार जब आदमी के हाथ आई तो राख हो गई। कुछ नहीं बचा, गुल झड़ गए।

माचिस की काड़ी के ऊपर लगा मसाला किसी तन्वंगी के सिर पर बँधे जूड़े की तरह लगता है। जल मरने को तैयार! पर वक्त की बात है, कई बार जब मसाले और दिमाग की भावनाओं पर सीलन लग जाती है, तब आप उसे ज्वलनशील नहीं कर सकते।

आप कहेंगे, ब्रह्मपुत्र, कहाँ विराट और चित्तौड़ की पद्मिनियाँ और कहाँ माचिस की काड़ी! कहाँ खानदान और कहाँ आग पेटी का बक्सा! कोई तुक है? तुक नहीं है पर उपमा अवश्य है। और आगे बढ़ूँ भी क्या? माचिस हो या लड़की, तकदीर से जा रगड़िए तो भविष्य जल जाए।

हर काड़ी और कुड़ी के जलकर राख होने के अलग-अलग कारण हैं। चूल्हों की तरह जलती रहनेवाली गिरस्ती में जलो या सिगरेट की तरह घमंडी आदमी के लिए राख हो जाओ।

माचिसें भी कई बड़ी मशहूर हुई हैं, कई लड़कियों की तरह।

बरसों पहले दक्षिण में एक सज्जन ने ईसा मसीह छाप माचिस बनाई। जाने कहाँ से वह घूमती हुई फ्रांस के एक पत्रकार के हाथ पहुँची और उसने रूस के विरुद्ध

एक आरोप-डिस्पैच तैयार किया कि लौह दीवार के अन्दर ईसा मसीह का अपमान हो रहा है और उनके नाम की माचिसें बनाकर उन पर व्यंग्य किया जा रहा है। रूस को इस आरोप से इनकार करना पड़ा। बाद में कहीं पता चला कि यह माचिस भारत में बनी थी--वही भारत, जहाँ शकुन्तला, रत्नावली, वासवदत्ता और द्रौपदी आदि हुई हैं।

यह माचिस-युग है। हर जगह शान्ति से छोटी-छोटी आगें लग रही हैं। इस पर माचिस फ़ख्र करती है, शायद है कि सिर्फ सिगरेटें जलकर रह जाएँ अथवा यह भी हो सकता है कि फायर ब्रिगेड की घंटियाँ बाजार गुँजा दें। और ठीक ऐसे जब कहीं प्रेमकथा की गरम चिनगारी टूटती है, तब शायद है, वह एक गृहस्थी बनकर ठंडी हो जाए अथवा औपन्यासिक उलझन बनकर पुलिस और पिताओं को परेशान कर दे!

हैदराबाद के कारखानों में मजदूर और उत्पादन के रूप में एक ही सृष्टि के जड़ और चेतन रूप मिलेंगे। दोनों जलने के वास्ते हैं।

यह जलनशील रूपमतियाँ कारखानों की पेटियों में बन्द रहेंगी और बाहर जब सिगरेटी शरीफ खड़े अपने जलने की प्रतीक्षा में घड़ियाँ देखेंगे, तब पैसे के कारण हर आगकाड़ी 'जल तू जलाल तू, आई बला को टाल तू' का ही व्यवहार करेगी।

पर यह तो व्यापक सत्य है।

राष्ट्रीय बुशर्ट

जिस प्रकार फल कैसा है, इसका अन्दाज छिलके से लग जाता है, ठीक वैसे आदमी कैसा है, इसका अन्दाज कपड़ों से लगता है।

यों कई बार गलतफहमी भी हो जाती है। आदमी कुछ और तरह का होता है और कपड़े कुछ और तरह के होते हैं।

अब आवश्यकता महसूस हो रही है कि सरकारी पोशाक कुछ एक तरह की बने ताकि आदमी पहचाना जा सके।

भारत ऐसा देश है, जहाँ सांस्कृतिक नजर से कौन-सी पोशाक अपनी मानी जाए, इसका ठीक पता नहीं लगता। यहाँ कपड़े पहननेवालों से दिगम्बरों तक, जिनके शीश पगा न झगा तन में है, कई प्रकार के लोग होते हैं।

स्वतंत्रता आन्दोलन के कुर्ते-धोती को देश की पोशाक बनाना तो कुछ ठीक नहीं। अब वे एक विशेष दल की ही पोशाक रह गए हैं, अतः प्रजातंत्र को यह स्वीकार नहीं होगा।

गांधी, विनोबा सरीखे कपड़े पहनकर सरकारी नौकर ठीक से साइकिल चला दफ्तर नहीं पहुँच सकेंगे।

नेताओं का भी निश्चय नहीं। सब अलग तरह के कपड़े पहनते हैं। नेहरू की जब जैसी सनक चढ़ती है, पहनता है। राजाजी ने अभी तक टोपी के विषय में कुछ निश्चय नहीं किया।

राष्ट्रीय पोशाक की सोचते वक्त हमें अपनी संस्कृति, अपनी परिस्थिति, अपना अन्तर्राष्ट्रीय महत्त्व आदि सब सोचना होगा। कुछ भी 'धोती फटी सी लटी दुपटी' से काम न चलेगा।

कपड़ा ऐसा हो जिसमें कम पने में अच्छा सिले। तुरपई कम करना पड़े। काज-बटन कम-कम हों। गिरह-दो गिरह बच जाए और सिलाई माफिक हो।

कपड़े ऐसे हों कि जिन्हें पहनने पर कपड़ों की बचत हो सकती हो। शेरवानी व चूड़ीदार पाजामा इस कारण ठीक नहीं कि सिलवाई अधिक लगती है। पहनने में देर हो जाती है। लाभ यही होता है कि अगर कमीज न हो या फटी हो, तो भी शेरवानी पहनने पर विदेशियों के सामने शर्मिन्दा न होना पड़े।

बुशर्ट इस नजर से काफी सफल है। इसे पहनने पर केवल कमीज पहनने सरीखा हलकापन भी नहीं रहता और कोट बनवाकर पहनने का खर्च भी नहीं।

बुशर्ट में यह दोष है कि वह हमारी संस्कृति से मेल नहीं खाता।

भाई, संस्कृति क्या है? यह तो नदी की धार है, भागीरथी है। इसमें तो नई लहरें आती ही रहेंगी। इस सांस्कृतिक धारा में पीताम्बर धुले, पाजामे धुले, पैंट धुले और आज बुशर्ट धुल रहे हैं।

भारतीय संस्कृति सदैव ग्रहणशीला रही है। बुशर्ट तो एक संकटकालीन युग में भारत को मिला है। आज बच्चे-बच्चे के बदन पर वह है, बच्चे जो देश के भावी नागरिक हैं।

तो आज राष्ट्र बुशर्ट पहने तो कोई बुरा नहीं।

पर बुशर्ट किस तरह का? नगर में भाँति-भाँति के बुशर्ट नजर आते हैं—रंगीन, अरंगीन, छींट के, तसवीरवाले, अखबार, 'आन' वाले, आवारा वाले, येन-केन कई तरह के।

अभी-अभी नया बुशर्ट बम्बई का आया जिसमें बम्बई के दर्शनीय स्थानों की तसवीरें बनी हैं। (काश, विक्रम की उज्जैन और अहल्या की इन्दौर व भोज की धार का भी अपना बुशर्ट होता)।

इन बुशर्टों को देख विचार आता है कि राष्ट्रीय बुशर्ट कुछ इसी प्रकार का बने। उसमें कुछ सांस्कृतिक स्थान, जैसे—अजन्ता, ताज, वगैरह हों। कुछ राष्ट्रीय चिह्न—तीन शेर, एक चरखा, गेहूँ की बालियाँ आदि हों। कुछ भारतीय नेताओं के चेहरे हों। भारतीय विधान तथा पंचवर्षीय योजना आदि किताबों की तसवीरें बनी हों।

अब सवाल स्त्रियों का है। वे क्या पहनेंगी? केन्द्रीय सचिवालय के लिए यही सवाल आ खड़ा हुआ था। नई फैशनें आकर रोज आफतें पैदा कर देती हैं।

पहली आवश्यकता तो यही है कि एक कमेटी बैठ यह निर्णय करे कि इस युग की स्त्री का अधिक-से-अधिक कितना भाग वसनावृत रखने के लिए कड़े नियम हों।

पुराना रामराज्य

आज से बरसों पहले जो काम हो जाते थे, अब नहीं होते।

वैसे कुछ काम तो ऐसे हैं जिनके होने न होने पर भी हमें अविश्वास होता है। अब प्रेतों के दर्शन नहीं होते, जैसे तुलसी को हुए थे। सिंहासन बत्तीसी पर बैठकर कोई न्याय नहीं करता। किसी हातिम को पानी में से जंजीर खींचने पर सुन्दरी नहीं मिलती। कोई पत्थर पैर लगने पर औरत नहीं बनता। घूमती हुई मछली में कोई तीर नहीं मारता और गीत गाने पर हिरण नहीं आते। ऑरफियस की बंसी कहानी बनकर रह गई।

पहले जब बाप बेटे को चौदह साल के लिए जंगल भेज देने जैसी हरकत करता था, तब कुछ साल बाद रामराज्य छा जाता था। अब बेटे जिन्दगी भर शिकारी बने रहें मगर न जंगल का एक शेर मारें और न घर के एक भाई को खुश रख सकें।

कैसा युग होगा, जब पुत्रों का इतना आधिक्य था कि बेटे बनवास जाते और पतियों का इतना अभाव कि पत्नियाँ साथ चली जातीं।

कैसा सन्तुलनहीन युग होगा जब एक ओर सारी बस्ती को एक कन्हैया ही सब कुछ दिखे और कहीं एक द्रौपदी का बन्धुकरण करना पड़े।

अजीब लोग थे जब सुदामा ने न तो समाजवादी पार्टी बनाई, न वह साम्यवादी बना मगर अपने पूँजीपति सखा कृष्ण से 'एड' लेकर आ गया। लोग इसे आज तक आदर्श कथा मानते हैं पर वास्तव में उस समय सुदामा ने सर्वहारा आन्दोलन की पीठ में छुरा भोंका था और सामन्तवाद के सामने सिर झुकाया था। युगों तक यह कहानी प्रचलित रही और सुदामा कृष्णों के दरवाजे चक्कर लगाते रहे और कोई कृष्ण कभी अपनी पटरानियाँ छोड़कर बाहर नहीं आया।

मगर अब जोश खाने से क्या फायदा? उस जमाने के नक्शे कुछ और थे और आज के जमाने का अन्दाजे-बयाँ और है।

किन्तु हर प्रकार के समाज के पीछे आर्थिक कारण होते हैं, ऐसा मार्क्स ने कहा है और यह सबसे बड़ी बात मुझे भी जँचती है। पिछले जमाने के निर्माणों के पीछे कुछ व्यक्तिगत कारण भी रहे होंगे पर समाज की परिस्थिति के पीछे आर्थिक दशा प्रमुख चीज थी।

रामराज्य के निर्माण में भरत की जो एक खास भूमिका रही है, उस पर विद्वानों ने नहीं सोचा (अपवादों की बात न करें)।

भरत ने कसम खाई थी कि जब तक राम नहीं आएँगे, कुछ नहीं करूँगा, सिवाय डिफेंस के। और राम के आने तक सिवाय रक्षा करने के उसने कुछ नहीं किया।

चौदह साल तक अस्फाल्ट की सड़कें नहीं बनीं, डी.डी.टी. नहीं छिड़का गया, तरण पुष्कर (स्वीमिंग पूल) नहीं बने, अखाड़े नहीं बने, सड़कों के हाशिए में ड्रेनेज नहीं आया। भरत जड़ भरत रहे। हाँ, जनता कर चुकाती रही।

और फिर आए राम आदाबर्ज!

सारा कोष में रखा पैसा आपने खर्च कर दिया, कहीं सरयू पर घाट बँध रहे हैं, कहीं जानकी महिला उद्यान बन रहा है, कहीं लक्ष्मण मार्केट या भरत क्लब, हनुमान अखाड़ा, दशरथ प्रौढ़ शिक्षालय, सुग्रीव चिड़िया घर, विभीषण सांस्कृतिक मैत्री मंडल आदि-आदि।

लोगों ने कहा—वाह! क्या राम और क्या रामराज्य! बुढ़ापे में जंगल जाने पर सब विद्वान बनते हैं, राम जवानी में जंगल जाकर योग्य हो गया।

मगर राम के राज्य के प्रसिद्ध होने का श्रेय भरत ने जो खर्च न कर आर्थिक ब्रह्मचर्य रखा, उसे मिलना चाहिए।

और वही अर्थ-नीति या भरत-नीति यदि आज अपनाई जाए तो रामराज्य बन सकता है। चौदह साल तक खर्च न करें, रोजमर्रा का उपभोग रोक दें, और एक दिन खुल जा सिमसिम।

श्री नेहरू ने जो पूँजीवाद को समाप्त कर समाजवाद लाने की बात कही है, वह वास्तव में राम का जंगल में बैठ अयोध्या को आश्वासन है।

एक दिन राम जंगल से आएगा और जितने ये भरत हैं, ढेरों जिनका बैंक बैलेंस बढ़ रहा है, उन्हें अपनी रकम राम को देनी पड़ेगी, और फिर रामराज्य आएगा और निर्माण में तेजी आएगी और कुछ लोगों ने जो अराम-राज्य बनाया है, वह नहीं रहेगा।

मगर फिर भी हातिम को पानी में जंजीर खींचने पर जो मिला था, वह तो हमें क्या मिलेगा?

बटन

मैनेजर के कमरे के दरवाजे पर आकर क्लर्क के बदन में कँपकँपी आ-आ जाती है। हाथ उठाकर वह कमीज के बटन लगाने लगता है।

लगे बटन सभ्यता के प्रतीक हैं। खुले बटन लापरवाही बतलाते हैं।

बड़ी-बड़ी मुलाकातें, सभ्यता के तकाजे, शरीफ नजर आने की चाह, सब हमें बटन लगाने को मजबूर करते हैं।

स्कूल भेजते समय माँ अपने हाथों से बच्चे के बटन लगा देती है।

वक्त करवट लेकर चला जाता है। कपड़ों में नई फैशनें आती हैं, जूनी चलन का मजाक बन जाता है। मगर बटन ध्रुवतारे सरीखा अचल है, वह लगा रहेगा। कौन है वह जिसके कपड़ों पर बटन भी न हों और उसे शरम भी न आए?

वर्षों पूर्व न जाने किसने पहला बटन बनाकर लगाया था! समय उसका नाम भूल चुका। मगर वह व्यक्ति फ्रांस का होगा क्योंकि 'बटन' शब्द फ्रांस की देन है।

स्त्रियाँ उपयोगिता को नहीं समझतीं, केवल सौन्दर्य-वृद्धि को ही लक्ष्य मानती हैं। पन्द्रहवीं सदी में बटन केवल स्त्रियों के कपड़ों पर सुन्दरता बढ़ाने का काम करता रहा है।

मगर बटन के पास सूर्य और चाँद की गोलाई थी। चक्र की गति थी। विशाल संसार में वह लुढ़क पड़ा।

वह जहाँ गया, करीब खींचकर लगा लिया गया।

बी. सेंडा, एमाइल बेसेंट और मैथ्यू वॉल्टन ने बटन को नए रूप में ढाला। मैथ्यू के बेटे ने 1745 में एक ग्रॉस बटन 140 गिन्नियों में बेचे।

बटन का महत्त्व समझनेवाला ग्राहक केवल ग्राहक ही नहीं, पुजारी भी होगा। बटन का क्षेत्र बढ़ता गया, उसके भाव गिरते गए।

बटन आज सबका प्यारा है, सबके पास है।

विदेशी संसद के एक प्रसिद्ध वक्ता की आदत थी कि वह अपने बटन को धीरे-धीरे हिलाता था और फिर धारा-प्रवाह बोलता जाता था। एक दिन उसे अपना एक महत्त्वपूर्ण भाषण देना था और विरोधियों ने उसका बटन काट डाला। वह बोलने के लिए खड़ा हुआ किन्तु उसके विचारों को गति नहीं मिली, वह असफल हो गया।

बटन के पीछे मनोविज्ञान है। आप किसी व्यक्ति के बटनों को देखकर उसका चरित्र मोटे रूप में जान सकते हैं।

बटन के डिजाइन, मोल, लगाने का ढंग आदि बातें कई विशेषताओं का परिचय देती हैं।

बटन का अपना इतिहास है। सभ्यता के पिछले दिनों में बटन के रंग गहरे और बटन भारी रहता था।

दिन-प्रतिदिन मनुष्य वजन और रंग में हलके बटन को अधिक पसन्द करता जा रहा है।

लोग पिछले सिक्के और टिकट इकट्ठे करते हैं। बटनों का भी संग्रह करना चाहिए।

थका मनुष्य बटन खोलता है। तत्पर व्यक्ति बटन लगाता है। पर अति सबकी बुरी होती है, पूरे बटन लगाना ठीक नहीं लगता। सारे बटन लगाया हुआ व्यक्ति ईमानदार मगर ढीला नजर आता है।

क्या बटन का स्थान और कोई वस्तु ले सकती है?

दूर भविष्य का क्या रूप होगा, समझ नहीं आता, पर बटन जो लगे हैं, वे जल्दी नहीं टूटेंगे।

भविष्य के काज में मैं उनकी निकली हुई गर्दन देख रहा हूँ। वे मुझे बड़ी हद तक चमकते दिखाई दे रहे हैं।

वक्त की कशमकश में कोई बटन पर ध्यान नहीं दे रहा है। पर निर्माण के युग में मनुष्य को बटन लगाकर बढ़ना है।

आज सारे देश को बटन लगाना आवश्यक है। बटन हमारी अनेकता में एकता है।

लगे बटन विवेक, स्फूर्ति, तत्परता, विजय, योग्यता और ब्रह्मचर्य के प्रतीक हैं।

बटन लगाइए।

बेमतलब बसन्त

आज कालिदास को 'कुसुम सुरभित वनराजि में' कोकिलों की पहली पुकारें वधुओं के विरल अटपटे बोल-सी सुनाई दी थीं और 'त्यजत मान मद बत विप्रहैव पुनरेति गतं चतुरं वय' कह उसने जाते यौवन की दुहाई देकर मान-विग्रह छोड़ने की अपील की थी।

जायसी ने 'प्रथम बसन्त नवल ऋतु आई' कहकर खुशी मनाई थी और पद्माकर को तो बसन्त-प्रेमी बड़ा याद करते हैं क्योंकि उसे 'कूलन में, कछारन में, कुंजन में, क्यारिन में' कलिन किलकंत है और 'बीथिन में, बृज बेलिन में, बनन बागन में बगरो बसन्त है' लगा था।

रवीन्द्र ने 'एशो एशो बसन्त धरातले, आनो कुहूतान प्रेमगान, आगो गन्ध मद भरे अलस समीरण, आनो नव यौवन हिल्लोले नव प्राण' कहकर अम्बिया के वातावरण को महसूस किया था।

निराला ने 'सखि बसन्त आया, भरा हर्ष वन के मन, नवोत्कर्ष छाया' कहकर जाने किसे देखकर कहा कि 'अँट नहीं रही है, आभा फागुन की तन सट नहीं रही है, आँखें हटाता हूँ तो हट नहीं रही है'।

पर इस ब्रह्मपुत्र ने तो मल्हारगंज से स्टेशन तक का राउंड लगा लिया, कहीं भी बसन्त नजर नहीं आया। जो थोड़ा-बहुत स्कूलों की ओर जाता हुआ सौन्दर्य था, वह भी आज विशेष रूपमय हो, प्यारा हो, ऐसा तो कुछ नहीं लगा।

क्योंकि अब न तो बसन्त में बसन्तोत्सव और न ही शरद में कौमुदी महोत्सव होते हैं। कामसूत्र में बताया है कि पहले यक्षरात्री, कौमुदी जागरण और सुवसन्तक के उत्सव मनते थे।

जब सुन्दरियाँ हाथ में आम्रमंजरी लिये हुए द्विपदी खंड का गान करती नृत्य करने लगें, और जैसा कि ऋतुसंहार में लिखा है, पुराने गर्म कपड़ों को फेंककर कोई लाक्षा से या कुंकुम के राग से रंजित और सुगन्धित, कालागुरु से सुवासित हलकी लाल साड़ियाँ पहने कुसुम्भी दुकूल धारण करे और नील अलकों में लाल अशोक के फूल हों, यानी जरा जँचता हुआ सौन्दर्य हो, पुरुष वर्ग की दफ्तर से छुट्टी हो, धोबी वक्त से कपड़े दे दे, माह आखिर की आर्थिक फड़तूसी न हो, तो यह बसन्त ऋतु और इसकी पंचमी जरा असर कर सकती है।

नहीं तो यह सिर्फ कहने की बातें हैं कि बसन्त आया। बसन्त आया तो कोई जवाहरलाल नेहरू आया, कि चाऊ-एन-लाई, जो मन में उमंग हो?

मैं कई मामलों में आजकल के समय से सख्त नाराज हूँ। जैसे आज के युग में भाषण की स्वतंत्रता है, यह तो खुशी की बात है मगर सम्बोधन की स्वतंत्रता नहीं है। किसी सुन्दरी को आज आप सुन्दरी नहीं कह सकते। कुरूपा तो क्या कहेंगे!

पहले आप यह तो कह सकते थे कि 'हे रूप सुन्दरी! तुम बड़ी मोहिनी हो।' प्रयोग करके जरा कह दीजिए, आपको पता लग जाएगा कि आजकल बाटा ने दामों में रिडक्शन कर दिया है और इधर बाजार में नया स्टॉक कानपुर से आया है।

बस, इसी वजह से बसन्त बेमतलब है। यानी बसन्ती अनुभूति हो और आप उसे अभिव्यक्त न कर सकें, आपको रूप दिखे और शराफत के तकाजे से आप घूर न सकें, बगीचे में गए और हाथ बँधे हों और तारों को देखो तो पट्टी बाँधकर—बताइए, आखिर यह क्या है? साड़ी रँगने से बसन्त तो नहीं आता!

अतः अब बसन्त सिर्फ कविता की, गीतों की बात रह गई है।

बड़ा फर्क है सुन्दर चेहरे और सुन्दर किए गए चेहरे में। बड़ा फर्क है लाल गालों में और रूज से लाल गालों में, काली आँखों और काली की गई आँखों में, असली बसन्त में और जबरन मनाए गए बसन्त में।

घनाकार अंडे

चाहे सारे चौखटे राम के बनाए हुए हों पर फिर भी चौकोन और आयताकार का अर्थ ईश्वर को नहीं आता। वह सिर्फ गोलाकार से परिचित है।

यह पृथ्वी अच्छी चौखटी डिब्बे के समान होने को हो सकती थी। चाँद अगर चौखटा होता तो उसका उजाला कम नहीं होता। सूरज अगर चौखटा होता तो क्या हम उसे नमस्कार नहीं करते? पर भगवान को यह आइडिया कभी नहीं आया कि चीज चौखटी हो सकती है।

सो जितने फल उसने बनाए, सब गोल हैं। जितने पत्ते उसने बनाए, सब गोल हैं। पेड़ के सारे तने गोल हैं, डालियाँ गोल हैं! धरती पर नहीं, सागर में उतर जाइए, आपको हर विष्णु का साला शंख गोल नजर आएगा, हर बूँद की प्यासी सीप गोल दिखेगी।

खरगोश जूते के डिब्बे की तरह नहीं! शेर और कुत्ते किसी खोके की तरह नहीं! सारे प्राणी अपने आकार में गोल हैं।

साधारण ही नहीं, जो विशेष है, वह भी गोल है। आकर्षण और रूप की परिधियाँ गोलाकार हैं। मैं चारों ओर देखता हूँ और मुझे सब कुछ गोलमाल नजर आता है।

पर आदमी अकल में ईश्वर से थोड़ा कम सनकी है, सो उसकी कृति 'स्क्वेयर इन ए राउंड होल' की तरह नजर आती है।

वह समझ गया कि गोल चीजें व्यर्थ में स्थान नष्ट करती हैं, उनका कोई उपयोग नहीं। गोल कोई आकार नहीं, वह निराकार शून्य की तरह है। बड़ा होने पर उसको उठाना कठिन है। गोल में स्थिरता नहीं है, वह गुड़कता है और उसके साथ आर्थिक युग के मेहनती मानव के सपने लुढ़क सकते हैं, संस्कृति लुढ़क सकती है।

पहियों तक उसने गोलाई की कद्र की, आगे नहीं। यह आस-पास की ईश्वरीय चीजें गोल हैं पर वे स्थायी नहीं।

मनुष्य को अपनी चीजें पेड़ पर पैदा नहीं करना है। वह उसे बनाता है, पैक करता है और दूर दुनिया में भेजता है, बेचता है, गोल सिक्के प्राप्त करता है।

भगवान की बनाई गोल चीजें भी उसे चौखटे बक्सों में बन्द करनी पड़ती हैं। खोकों में आपने सेब फल काश्मीर से आते देखे होंगे।

अभी मैंने कहीं पढ़ा कि मुर्गी के अंडे जो रामकृपा से गोल होते हैं, और जिनके व्यापारियों को पैकिंग में परेशानी होती है, टूट-फूट का डर रहता है–अब से चौखटे होंगे। डिबिया की तरह!

आप ऐसा कहीं न समझें कि मुर्गी और उसके आध्यात्मिक मालिक ईश्वर को कुछ समझ आई है, और अब से अंडों की लम्बाई, चौड़ाई व ऊँचाई समान होगी, जी नहीं, यह तो खुराफाती इनसान ने ही सोचा है कि मुर्गीवाले अंडों को फोड़कर पतली, पर मजबूत प्लास्टिक डिबिया में बन्द किया जाए। फिर वे आसानी से पैक हो जाएँगे, टूटेंगे नहीं। जिस किसी को जरूरत हो, वह उसे तोड़कर उसका यथार्थ अपने उपयोग में ले लेगा।

मैं सोचता हूँ कि यह भौतिकवादी इनसान का पहला महत्त्वपूर्ण कदम है जब वह भगवान की दी चीज को अपने ढंग से बदल रहा है।

कल से शायद ऐसा भी हो कि कच्चे सेब और नाशपाती को घनाकार बदलने के लिए कोशिशें चलने लग जाएँ।

और वक्त कहकर नहीं आता। सम्भव है, कभी तरबूज गोल नहीं रहें, हमारा गोल और लम्बोतरा चेहरा वास्तव में चौखटा हो जाए और मियाँजी की मुर्गी सुबह कुँकड़ूँ के साथ सन्देश दे कि भविष्य में मेरे अंडों का आकार गोल नहीं होगा, गेंद पर किक मार दी गई है, गुब्बारा उड़ा दिया गया है।

साड़ी और साबुन

साड़ी नारी की बाहरी आत्मा है।

अब तो दस्तकारी का युग नहीं रहा कि लोग 'सारी बिच नारी है या नारी बिच सारी है' के चक्कर में पड़े रहें, अब तो दोनों बिच साबुन है। साबुन है कि चेहरा है, चेहरा है कि साड़ी है, साड़ी है कि साबुन है–का सवाल भारतीय व्यापारियों और उद्योग स्वामियों के बीच उलझ रहा है।

नवल टाटा को इस बात का खेद है कि विदेशी साबुन का उद्योग भारतीय साबुन उद्योग को धो रहा है, और हमारा अस्तित्व बुरी तरह से घिस रहा है, सरकार पानी भी नहीं दे रही है, बिना झाग के मौत होनेवाली है।

भारतीय पति को साड़ी उधार में लाना पड़ता है और साबुन ब्याज में देते रहना पड़ता है। साड़ियों के मामले में भारतीय नारियों का आदर्श द्रौपदी का है–आप आश्चर्य में डूब जाएँगे कि उनके वस्त्र निकालते-निकालते भी कभी समाप्त नहीं होते। और कृष्ण की तरह आप बराबर देते रहें तो भी उनकी आवश्यकता समाप्त नहीं होती।

मिल की मशीनें कृष्ण बनी वस्त्र देती रहती हैं और धोबी दुःशासन उन्हें अनुपयोगी बनाता रहता है और पतिव्रता की 'वस्त्र दो' की पुकार कभी समाप्त नहीं होती।

गुलामी में साड़ियाँ कम हुईं और स्कर्ट थोड़े बढ़ सके। वह अंग्रेज का चीर-हरण ही था। पर अब तो आजादी आ गई है, और हमारी आजादी का आदर्श 'जो ताको काँटे बोए, ताको बनाई बगीचा' है। सो प्रधानमंत्री जी की सगी बहन विजयलक्ष्मी जी आजकल लन्दन में साड़ी का प्रचार करने में व्यस्त हैं।

भारत में साड़ीवार प्रान्त अगर बनाए जाते, भाषा व संस्कृति के आधार पर प्रान्त की बात नहीं सोच साड़ी पहनने के ढंग और उसके क्षेत्र पर विचार किया जाता, तो नया नक्शा बड़ी आसानी से बन जाता। जो राजनीतिज्ञों के घोटाले चले, वे नहीं चलते। मध्य प्रदेश की राजधानी चन्देरी हो जाती।

खैर, पर लन्दन में विजयलक्ष्मीजी ने वहाँ की फैशन-परस्तों के बीच अलग-अलग डिजाइनों व टेकनीकों का प्रचार किया और महिलाएँ पागल हो गईं। साड़ी राष्ट्रमंडल का मैत्री आँचल बन गई।

पर साड़ी कभी अकेली नहीं जाती, जब जाती है तब अनेक साबुनों की बट्टी अपने साथ लेकर जाती है।

मैं यह नहीं कहता कि भारतीय साबुन भी वहाँ के बाजारों में 'उजले धुले हैं–अच्छे धुले हैं' की पुकार लगा देगा, पर फिर भी इंग्लैंड का साबुन काफी देश में ही खपने लग जाएगा।

भारत वहाँ अपनी साड़ियाँ बेचेगा और वे यहाँ अपना साबुन, बताइए, इस मैत्री में क्या हर्ज है? आप उनका तन ढँकें, वे आपका मैल निकालने में मदद करें, दोनों को अच्छा है।

देखना यह है कि साड़ी वहाँ अधिक फलती है या साबुन यहाँ। हम उनके वस्त्र उद्योग में घोटाला कर दें, और यहाँ गन्दे रहना अधिक पसन्द करें बजाय विदेशी साबुन से नहाने के, तो राष्ट्रीय कर्तव्य तो पूरा हो चुकेगा।

विजयलक्ष्मी स्वयं काफी साड़ियाँ पहनती हैं और संसार में उनका नाम हो गया है। और अब जब एलिजाबेथ ने तीन साड़ियाँ खरीद ली हैं, तब से भारतीय साड़ियाँ पहनना इंग्लैंड का राष्ट्रीय धर्म हो गया है।

मतलब कहने का यह है कि लन्दन के दर्जियों की मौत है। स्कर्ट की सिलाई गई, साड़ी में क्या सिलेगा? भारत में जब लेडीज टेलर बढ़ रहे हैं–तब लन्दन में यह गड़बड़!

हाय, विश्वशान्ति और सांस्कृतिक मैत्री–तुझमें भी बड़ा ऐब है!

अन्धेर नगरी

उस दिन जाने कहाँ किस पापी ने जन्म लिया कि उसकी पहली चीख सुनते ही बिजली गुल हो गई और सारा शहर चिड़ी चुप्प, अँधेरा गुप्प हो गया।

और इसी बहाने बिजली विभाग ने अपनी पहली योजना की लक्ष्य से अधिक सफलता का प्रमाण प्रस्तुत किया।

एक क्षण को लगा कि किसी ने हमें निष्प्राण कर दिया। मनहूसियत के झंडे गड़ गए, बिना हिले-डुले हम नरक के प्रारम्भिक स्वागत कक्ष में आ गए, जैसे मंगल ग्रह से आदमी आ गए हों और बिजली समाप्त कर हम पर आक्रमण करने को टूट पड़े हों! सारे शहर से एक विशेष प्रकार की ध्वनि सुनाई देने लगी। माचिसें मशाल हो गईं, टॉर्च चाँद हो गए और आदमी परवाना बना-बना जिधर उजाला हो, उसी तरफ उम्मीद-भरी आँखों से देखने लगा।

यहाँ आशावादिता का प्रारम्भिक अनुभव होने लगा, कि अब आएगी, पर वह गई थी अपनी मैके–जल्दी क्या आती!

अँधेरे में जब भौतिक सहयोग खो जाता है, तब आदमी की सुप्त चेतना जागती है, उसकी सूझ-बूझ की चकमक उजाला देने लगती है और वह 'अपनी ज्योति आप बन, आप बन अपनी शरण' काम करता है। आँखें लट्टू हो जाती हैं और निखट्टू में कर्म की भावना उगती है। पर अँधेरे के कर्म वह कर नहीं पाता क्योंकि स्विच उसने ऑफ नहीं किया है, सरकार ने ऑफ किया है। जाने कब दीवारों की आँखों में चमक आ जाए!

आदमी तब ऐसे चलता है, जैसे चोर चल रहा हो! घोड़े ऐसे भागते हैं, जैसे अँधेरे में आक्रमण कर रहे हों! कारें ऐसी लगती हैं, जैसे कुछ उड़ा ले जा रही हों! उनकी चमकती आँखों में रहस्य लगता है–सामने आनेवाला व्यक्ति प्रेम का इम्प्रेशन देता है। सभी ओर जासूसी वातावरण!

तब महसूस होता है कि यदि आदमी उल्लू होता तो कितना अच्छा होता! उल्लू छोड़ हम उल्लू के पट्ठे भी नहीं हैं। इसका डिप्लोमा भी चांसलर क्रोध में देते हैं पर वह समय पर सच साबित नहीं होता।

तब अन्दर की गहराइयों में से पुरानी लालटेनें निकलती हैं, जिनकी बत्तियाँ ठीक नहीं हैं, जिनकी ढिबरी खराब है, जिनमें घासलेट नहीं है। रूमानी युग में मनुष्य और शमा के बीच बने हुए सम्बन्ध फिर से मजबूत होते हैं। पतली-पतली छरहरी लम्बी कद की, जिनकी उम्रे-तनहाई है, पन्द्रह मिनट हँसकर गुजार दें या रोकर गुजार दें।

ऐसे समय जब रेडियो की अभिव्यक्तियाँ अपना ठौर भूल जाती हैं, तब टेलीफोन के तारों में से आदमी के शब्द दौड़ते हैं : अँधेरा है, अँधेरा है।

उस अँधेरे को देखकर राज़ खुलता है कि लड़कियाँ चाँद नहीं होतीं, न बेटे हीरे होते हैं। चमक न चेहरे में होती है और न नयनों में। वह तो लालटेनों में होती है।

अन्धकार प्रतिभाशालियों के घर में भी होता है। जिनकी आत्मा शुद्ध होती है, उन्हें भी हाथ को हाथ नहीं सूझता। ईश्वर के बनाए चाँद ने अभी तक गैर-हाजिरी नहीं की किन्तु यह बिजली उस समय गायब होती है जब आदमी प्रदर्शनी का टिकट खरीद अन्दर पहला कदम रखता है।

किसी अच्छे कार्यक्रम की तरह वंस मोर के स्वर जाने किस विघ्न सन्तोषी के कंठ से आते हैं और बिजली एक बार लट्टुओं, मरक्यूरियों में झाँककर फिर चली जाती है।

आदर्श और बेरोजगारी

देश के बड़े-बड़ों के सामने चाहे खुद के रोजगार की चिन्ता न हो मगर देश के रोजगार की चिन्ता अवश्य है।

सभी के सामने यही मसला है कि किस प्रकार से समाज को आदर्श बनाया जाए तथा सबको नौकरी दी जाए।

समाज आदर्श कैसे बनता है? हरिजनों के मन्दिर में प्रवेश से और कुछ लोगों द्वारा भूमिदान कर देने से नहीं बनता। कुछ के आदर्श होने का अर्थ सबका आदर्श होना नहीं माना जाना चाहिए। जब सब ही आदर्श हों तब सन्तोष की बात होगी। पर आखिर आदर्श होता क्या है?

आदर्श यही होता है कि हम सत्य का व्यवहार करें, ईमानदारी से जीवन काटें, अपने स्वार्थ के लिए समाज को धोखा न दें, चोरी नहीं करें, टिकट को ब्लैक नहीं करें, होटल में चम्मच नहीं चुराएँ, परीक्षा में टीपें नहीं, बिना टिकिट सकुशल यात्रा नहीं करें और मन्दिर से अपने जूते पहने ही वापस आ जाएँ, वगैरह।

और जो समाज के जवाबदार सेवक हैं, जैसे–सिपाही, कंडक्टर, नाकेदार, चौकीदार, स्टोरकीपर, जॉबर, खजांची आदि, वे अपनी जिम्मेदारी बिना मन में तोला भर भी पाप लाए निभाएँ।

समाज को आदर्श बनाने का अर्थ यह है कि इनका काम ठीक से चले। टी.टी. की जरूरत न पड़े क्योंकि किसी की टिकटहीन यात्रा सम्भव ही न हो। एक्साइज इंस्पेक्टर की जरूरत न पड़े क्योंकि किसी के मन में बेईमानी ही जाग्रत् न हो। इंस्पेक्टर की आवश्यकता न पड़े, सारे शिक्षक स्वतः ठीक से पढ़ाएँ। भ्रष्टाचार-विरोधी दफ्तर समाप्त हो जाएँ।

समाज के आदर्श बनते ही इन सब पदों की आवश्यकता नहीं रहेगी। रोडवेज के सारे चेकर समाप्त हो जाएँगे। एक मोटर में ड्राइवर ही कंडक्टर होगा, दफ्तर में एक खजांची, इतने बड़े दफ्तर की क्या जरूरत?

इसका सीधा अर्थ यह हुआ कि जैसे-जैसे समाज आदर्श बनेगा, वैसे-वैसे बेकारी बढ़ती जाएगी।

हर आदमी जब ईमानदारी से काम करेगा तो फिर देखरेख करनेवालों की आवश्यकता क्या पड़ेगी?

इस प्रकार प्रश्न यह आता है कि अब किया क्या जाए? समाज को आदर्श बनाने में तो बड़ा भारी आर्थिक संघर्ष पैदा हो जाएगा।

आज यह हालत है कि यदि कहीं सभी यात्री टिकट लेकर यात्रा करें तो टी.टी. बदनाम हो जाए और रेलवे दफ्तर यही समझे कि वह स्वयं भ्रष्टाचारी है।

यदि सारे कंडक्टर गड़बड़ न करें तो चेकर बदनाम होगा, नौकरी से हाथ धोएगा।

इस प्रकार कइयों की ईमानदारी दूसरों के भ्रष्टाचार पर ही निर्भर रहती है।

फिर मोटे रूप से देखा जाए तो सबसे नीचे जो नौकर है, उस पर एक अफसर, उस पर दूसरा अफसर, उस पर फिर अफसर, फिर अफसर का जो क्रम है, वह इसीलिए चलता है कि नीचेवाला बेईमान न बने। हर कर्मचारी यह देखता है कि दूसरा काम कर रहा है कि नहीं।

बस, इसी को 'विभाग' कहते हैं। आदर्श समाज की स्थापना होते ही बड़ी भारी छँटनी शुरू होगी।

जहाँ तक पंचवर्षीय योजना का प्रश्न है, हमें बेरोजगारी को समाप्त करना है। बेरोजगारी बढ़ाने का सवाल उठता ही नहीं।

अतः इन दो बातों में से एक बात निश्चित कर ली जाए और एक ही रास्ता तय कर उस पर चला जाना चाहिए।

आदर्श और बेरोजगारी, दो प्रश्न हैं और निश्चित रूप से अच्छा आदर्श तो यही है कि बेरोजगारी खत्म हो यानी टी.टी. चेकर, इंस्पेक्टरों आदि की संख्या बढ़नी चाहिए।

सुद्ध हिन्दी

कई बार विद्वानों के दिमागों में बड़ी प्यारी-प्यारी गलतफहमियाँ हो जाया करती हैं, जिस तरह कि कभी-कभी मूर्खों के दिमागों में भी नई सूझ आ जाती है।

सो मेरे दिमाग में यह सूझ आई है कि विद्वानों के दिमागों में कुछ प्यारी गलतफहमियाँ हैं, वह भी विशेषकर हिन्दी के विद्वानों के दिमागों में।

हिन्दी शुद्ध होनी चाहिए। व्याकरण तथा शब्द-प्रयोग के सम्बन्ध में होनेवाली भूलें भाषा का सत्यानाश कर रही हैं।

होता यह है कि बच्चा जन्मने के बाद से ही गलत हिन्दी का उच्चारण करने लग जाता है। हर शब्द को या तो बोलता ही नहीं और बोलता है तो अशुद्ध। इसका प्रभाव कई बार बड़ों की भाषा पर भी पड़ता है।

अब जब जीवन के प्रारम्भ में ही गलती हो रही है तो आगे कौन हवाल है! जब पालने में उच्चारण खराब रहा तो हॉल में भाषण देते समय गलती हो तो कुसूर किसका?

अतः यह मानिए कि जीवन में या समाज में शुद्ध हिन्दी के आन्दोलन सदैव असुद्ध हिन्दी के बाद प्रारम्भ होते हैं।

आजकल बच्चों को ही नहीं, बड़ों को हिन्दी चटाने और चपर-चपर करने के योग्य बनाने की बात चल रही है। सो असुद्ध हिन्दी एक भयंकर प्रश्न हो गई है। जहाँ देखो, वहीं असुद्ध।

ऐसे समय सभी हिन्दी के वृद्ध प्यारों को बुरा लगता है कि भाषा बिगड़ रही है।

भाषा के अधिकांश रूप बिगड़े हुए करार दिये जा सकते हैं क्योंकि जहाँ नागरी पर ग्रामीण का प्रभाव पड़ा कि भाषा बिगड़ी। और ग्रामीण सम्पर्क सदैव नहीं होता रहे तो भाषा कभी प्राणवान हो नहीं सकती।

पर अपने देश में आनन्द यह है कि हिन्दी पर ब्रज का प्रभाव पड़े तो वह अपवित्र नहीं होती, अवधी का प्रभाव पड़े तो भी नहीं होती पर जहाँ कहीं शब्द या रूप के क्षेत्र में मालवी, नीमाड़ी अथवा राजस्थानी प्रभाव पड़ जाए तो भाषा गन्दी हो जाती है।

और विद्वानों के दिमाग में प्यारी गलतफहमी के अंकुर फूटते हैं कि हिन्दी अशुद्ध हो रही है।

इधर कुछ दिनों थोड़ी व्यापक सहिष्णुता की जलवायु रही, तो यह मान लिया गया कि ग्रामीण शब्दों की घुसावट प्रयोग है और अनिवार्य है। हिन्दी कविता में कुछ गिरिजाकुमारी प्रयोग इसके नमूने हैं।

पर बात अब हिन्दी भाषा-बोली से बढ़कर प्रान्तीय भाषाओं पर जा रही है। मराठी, बंगला, गुजराती की केसर क्यारियों में हिन्दी भी थोड़ी छेंटी से बोई जा रही है। मराठी-हिन्दी के गन्धर्व सम्बन्धों से एक नई गलतीमयी भाषा बन रही है।

'सम्मेलन घर के सामूँ हो रिया है। इन्होंको अध्यक्षता के वास्ते बुलाया है। अपनेकूँ भी निमंत्रण है। कायकूँ नी जाना, तुम को?'

यह शुद्ध हिन्दी नहीं है पर है तो हिन्दी। अगर आप चाहते हैं कि हिन्दी का प्रसार-प्रचार हो तो न सिर्फ इस भाषा-बोली को कान से सुनना स्वीकार करना होगा पर साथ ही उसे लिखी देखकर भी मन में प्यार जगाना पड़ेगा।

भाषा में ब्राह्मणवाद और गुजराती-मराठी से मिलने पर छुआछूत के भय खत्म करने होंगे।

मराठी, बंगाली का बूढ़ा भी तो हिन्दी में बच्चा ही है, सो कच्चा ही रहेगा। और भाषण में इनकी कच्ची हंडी मंजूर करके दस-बीस सालों के लिए पेट में फिद्दू स्वीकार कर लिया जाना चाहिए।

हिन्दी बुढ़िया की गोद आए बेटे लम्बे-तड़ंगे हैं, सीखे-समझदार हैं पर जुबान के सुद्ध नहीं हैं, सो पेले पेले बुरे लगते हैं, पर बाद में अच्छे लगेंगे। पलने से तो मंत्र पाठ करता कोई आता नहीं।

स्यात मेरी बात नी जँचे क्योंकि मैं खुद इस प्रदेश का सबसे बड़ा असुद्ध हिन्दी का लेखक हूँ। अपनी भूल पर सैद्धान्तिक ढक्कन लगा रहा हूँ।

ताश

रावण जैसा महत्त्वाकांक्षी व्यक्ति भी शतरंज का शौकीन था। मन्दोदरी के साथ एक बाजी खेल ही लेता था, हालाँकि उसके भी सपने थे, वह आसमान तक सीढ़ी बनाना चाहता था।

तो ऐसे इनडोर गेम बुरी चीज नहीं हैं।

पर नेताओं को यह भी अखर रही है। नेहरूजी ने कहा है कि आराम हराम है, हमें भविष्य बनाना है। मैं मानता हूँ मगर घड़ी-दो घड़ी ताश खेल लेना कोई बुरी बात नहीं।

आप जानते हैं, नेताओं की तो बात छोड़ो, पर बाकी सबसे अधिक व्यस्त बच्चे रहते हैं। उनके पास ढेरों समस्याएँ हैं। अपनी धरती पर वे डेलीगेशन की तरह घूमते हैं और हर चीज को बारीकी से समझने की चेष्टा करते हैं।

पर फुरसत मिलते ही वे भी चंग पो, डाकन पौवा या शेर-बकरी खेलने लग जाते हैं।

अब सरकार ताश पर कर लगा रही है। बेकारी के जमाने में एक केरेवन का पैकेट अगर वक्त काट देता है तो वित्त मंत्री देशमुख को जाने क्यों पसन्द नहीं!

मन बहलाने के लिए सिनेमा महँगा है। रेडियो भी सिरदर्द हो जाता है। मगर ताश के बावन पत्ते वर्ष के बावन सप्ताहों के मनोरंजन के लिए काफी हैं।

फिर ताश के काफी खेल मनुष्य का चरित्र निर्माण करते हैं।

जैसे तीन दो पाँच कम सुविधा से ज्यादा प्राप्ति करना सिखाता है। सात हाथ हममें लगन व धैर्य उत्पन्न करता है। झब्बू बेगार कैसे टालना, यह बताता है। लालपान सत्ती का खिलाड़ी जानता है कि प्रत्येक वस्तु का कितना महत्त्व है।

यदि लोग ताश से अपना खर्चा निकालते हैं, तो क्या हुआ? सबके पास में अपनी कला है। कोई चौक में बोलकर कमाता है, कोई सराफे में, सबके अपने-अपने ढंग हैं।

ताश छीनने से मनुष्य नहीं सुधरता, उसकी भावना बदलिए। अच्छी भावना से भी ताश खेली जा सकती है। अभी योजना थी कि जनता कुछ पैसे लगाकर खेले, और जो कुछ लाभ हो, वह बाढ़-पीड़ितों को भेज दिया जाए।

ऐसी भावनावाला जुआरी मेरी नजर में बुरी भावना के नेता से ज्यादा अच्छा है।

गांधीवाद दिल बदलना सिखाता है, चीजें छीनना नहीं। बीवी छिन जाने से मियाँ फकीर नहीं बनते।

शान्ति के युग में कर शतरंज पर लगे तो ठीक भी है, पर ताश तो प्रजातंत्र का खेल है। जिस किसी को प्रजातंत्र समझना हो, उसे ताश समझना चाहिए।

ताश में अलग प्रकार के पत्ते होते हैं, जैसे–ईंट, पान, हुकुम और चिड़ी। वैसे ही देश में अलग तरह की पार्टियाँ होती हैं। जैसे–कांग्रेस, साम्यवादी, समाजवादी, जनसंघ वगैरह।

ताश में तुरुप आ जाती है, और उस प्रकार के सब पत्तों का महत्त्व बढ़ जाता है, जैसे हुकुम की तुरुप होने पर उसकी दुर्री भी महत्त्व की हो जाती है। वैसे ही पार्टियों में भी एक कोई चुनाव में जीत जाती है, जैसे कांग्रेस जीत गई, और अब कांग्रेस की दुर्री-चौकी भी कम्यूनिस्ट के इक्के से अपने को बड़ा मानती है। मन में फूली नहीं समाती। वक्त पड़ने पर वह इक्के को काट भी सकती है।

तो ताश तो प्रजातंत्र का खेल है। उसमें चाहे राजा और गुलाम हों पर आधार दूसरे हैं। रहा दुर्री और दहले का सवाल तो चपरासी और सेक्रेटरी भी होते ही हैं। वह जमाना तो है नहीं कि सब बराबर हों! सारी जनता एक घाट पानी पीती हो! श्रीराम प्याऊ और रेफ्रीजरेटर के फर्क को समझना चाहिए।

बंगालिनें तो आज भी जादू करती हैं मगर बंगाल का जादू अब खत्म हो रहा है। ताश के पत्ते पर ही सारा जादू का खेल आधारित है। वे जादूगर आज मजमा जमा कर फिरते हैं। राजा रहे नहीं जो उन्हें रुपए दें, जनता ही सब कुछ है। पर ताश पर नाराजी प्रकट करके सरकार ने उन बेचारों का दिल ही तोड़ दिया।

मन में विश्वास हो तो ताश के घर भी किले बन जाते हैं। बिना बावन पत्ते छीने ही पंचवर्षीय योजना (दूसरी) पूरी हो जाएगी।

फिजूल संस्कृति

आवश्यकता आविष्कार की जननी है और ऐयाशी आविष्कार की बेटी है।

जरूरत के कारण कार आती है और कार आती है तो ऐयाशी का उदय होता है। मानवी विकास का क्रम यही है कि आवश्यकता से वह ऐयाशी की तरफ बढ़ता है।

कालान्तर में ऐयाशी के लिए जुटाई सब बातें संस्कृति की प्रतीक बन जाती हैं। जो जरूरत से ज्यादा है, वही वैभव है और इतिहास में झाँककर वैभव का मूल्यांकन ही सांस्कृतिक मूल्यांकन है।

अर्थशास्त्र की कँटीली भाषा में यह जो कुछ जरूरत से ज्यादा जुटाया गया है, जो लक्ज़री है, वह आर्थिक आदर्शों में फिजूलखर्ची है।

सभ्यता क्या है? सभ्य मानव कौन सा है? जो ठीक खाता हो, ठीक रहता हो, ठीक शिक्षा पाया हो, पिछड़ा जीवन नहीं बिताता हो–वह सभ्य है। अतः सभ्यता और आवश्यकता के बारे में एक ही साँस में सोचना होगा।

हम अपनी सभी मानवीय आवश्यकताओं की पूर्ति कर लेंगे तो सभ्य हो जाएँगे। पर संस्कृति आवश्यकता की पूर्ति नहीं है, आवश्यकता से अधिकता है।

यानी फिजूलखर्ची से जो जुटाया गया है, वह सब सांस्कृतिक है और उन्हीं से कालान्तर में हम सुसंस्कृत कहलाएँगे! सभ्यता और संस्कृति में हरक और मलमल का फर्क है। ढाके की मलमल उस समय की आवश्यकता नहीं थी पर उस समय का सांस्कृतिक गौरव उसी के थान में हमें नजर आता है। तब की फिजूलखर्ची आज का आश्चर्य है।

पर इधर कुछ दिनों से कुछ असांस्कृतिक हरकतें होने लगी हैं। समाज से फिजूलखर्ची उठाई जा रही है, उसका विरोध किया जा रहा है।

निश्चित ही यह हमारी संस्कृति पर चोट है!

आप मेरी बात मंजूरेंगे। मंजूरना हो तो मंजूरिए, न मंजूरना हो तो न मंजूरिए, पर यह है सत्य!

जैसे, असली स्वागत तो हृदय की भावना में और आँखों की चमक में होता है। सभ्यता यह है कि हम सड़क के दोनों किनारों पर लेनडोरी बाँध खड़े हो जाएँ। पर संस्कृति स्वागत द्वारों में, ऊपर से बरसनेवाले फूलों में, पैरों के नीचे बिछाए कालीनों

में और आँखों के सामने आयोजित मणिपुरी नृत्यों में है। कृत्रिमता का उत्कर्ष ही संस्कृति है।

और यह सब फिजूलखर्ची है, एक गैर-देशमुखी हरकत है, जिसे आँकड़े निकालनेवाला रजिस्टर स्वीकार नहीं कर सकता।

दफ्तर रूखी-सी जगह होती है जहाँ लाल डोरी से गतिविधियों के पैरों में जंजीर जैसी बँधी रहती है। फाइलें और पिनें—बस, यही सब कुछ हैं। इसमें संस्कृति कहाँ? यह खर्च आवश्यकता है, ऐयाशी नहीं, संस्कृति नहीं।

संस्कृति है, यहाँ भी है, और उसे दफ्तरी भाषा में मिस्लेनियस शायद कहा जा सकता है। कहीं इंटरटेनमेंट भी कहते हैं, कुछ जगह वह पब्लिक रिलेशन के नाम पर होता है—पर वह है अवश्य!

यह बारीकी से देखा जाए तो संस्कृति हो सकती है या फिजूलखर्ची मानी जा सकती है।

अब सरकार इस फिजूलखर्ची का, इन बंजर में उगनेवाले सांस्कृतिक अंकुरों का विरोध करने की सोच रही है। यह गैर-सांस्कृतिक कार्य है जो प्रजातांत्रिक सरकार से अपेक्षित नहीं।

शायद वे इसे अर्थशास्त्री की निर्मोही नजरों से देखते होंगे पर जरा सोचें, इसी संस्कृति से कितनों के पेट पल रहे हैं। धन विकेन्द्रित हो रहा है। सो यह क्या हमारे आदर्शों के प्रतिकूल है?

लालटेन

जब एकाएक मोहल्ले की बत्तियाँ बुझ जाती हैं और पत्नियाँ बिजली घर के नाम से कुढ़ती हुई लालटेन जलाती हैं तब मनुष्य को लालटेन की महत्ता का अन्दाज लगता है।

जिस प्रकार सिगरेट के चलन ने हुक्के और चिलम की गौरव-गरिमा को कम कर दिया है, उसी प्रकार बिजली ने भी लालटेन की ज्योति को फूँक मार दी है।

भारत की बढ़ती हुई बिजली की योजनाएँ यदि सफल हुईं तो लालटेन का रहा-सहा उजाला भी समाप्त हो जाएगा। जैसे लन्दन के जीवन में 1415 में लालटेन आई लेकिन 1892 तक आते-आते सात लाख बत्तियाँ हो गईं।

शुद्ध राष्ट्रीयता के प्रेमी को इस भारतीय उद्योग पर धक्का लगता देख बहुत दुख होगा। अच्छे गांधीवादी को 'बिजली बुझाओ व लालटेन जलाओ' का नारा लगाना होगा।

साम्यवादियों को उन तीन हजार मेहनतकशों का खयाल आ जाएगा जो 'लालटेन उद्योग' में काम करते हैं और वे सरकार के खिलाफ अपनी लाल लालटेन की ज्योति बढ़ा देंगे।

वाणिज्य विभाग के लिए भी यह चिन्ता हो जाएगी कि वे सन् '55 व '56 में बननेवाली पचास लाख लालटेनों को कहाँ खपाएँगे।

लालटेन उद्योग के हितचिन्तक टेरिफ आयोग के सदस्य श्री आडरकर, श्री रामसुब्बन और श्री दास गुप्ता अगर लालटेन जलाकर भी खोजेंगे तो ग्राहक नजर नहीं आएँगे, क्योंकि जब तक घर की बिजली जलती है तब तक लालटेन का महत्त्व कौन समझेगा, और भारत के ग्राहक इतने दूरदर्शी नहीं हैं कि सम्भावना में ही खर्च कर दें।

सस्ती बिजली के युग में कौन लालटेन पसन्द करेगा, जबकि हमारी राष्ट्रीय लालटेन, नौजवान क्लर्कों की तरह, सदा रोगग्रसित रहती है।

टंकी से तेल चूता है, ढक्कन ढीला रहता है, बत्ती घटाने-बढ़ाने का लीवर बेकाम हो जाता है, पाँच कैंडल पॉवर से ज्यादा कभी प्रकाश नहीं और बारह घंटे से ज्यादा कभी जलती नहीं।

बताइए, ये लालटेन पंचवर्षीय योजना की व्यस्त रातों में जलाना देश को नुकसान पहुँचाना ही है या नहीं?

देश के नेताओं को लालटेनों के विषय में गम्भीर होकर सोचना चाहिए। हमेशा विदेश नीति की सफलता पर उछलना और घर के विषय में न सोचना लालटेन तले अँधेरा है।

हमें देश में नई जागृति की लालटेन जलानी है और यूनान के दार्शनिक की तरह दिन में लालटेन ले सचाई खोजना है।

यूरोप में पुनरुत्थान काल में लालटेन सबसे सुन्दर वस्तु मानी जाती थी। वह जागृति का प्रतीक थी। आज भी रोम के सेंट पीटर और लन्दन में सेंट पॉल गिरजे के शिखर लालटेन के आकार के हैं। प्राचीन काल में लालटेनों का आकार आज की तरह नहीं होता था, नगर के घंटाघर की तरह होता था। हमारे देश में तो लालटेन दुर्बलता का प्रतीक है। मुक्तिबोध के शब्दों में, 'दो लालटेन से नयन दीन'।

पॉम्पी और हरक्यूलेनियम की खुदाई में जो लालटेनें मिली हैं, वे खम्बेवाले मन्दिरों के आकार की हैं।

विनोबाजी को चाहिए कि बिजली के स्थान पर लालटेन के उपयोग की अपील करें। जयप्रकाश को हाथ में लालटेन लेकर देश में प्रचार करना चाहिए। हिन्द-चीन मैत्री बढ़ाने के लिए दोनों देशों में लालटेनों का आदान-प्रदान होना चाहिए।

हमें चाहिए कि अपने सारे त्योहार लालटेनों से मनाएँ—जिस प्रकार चीन में नए वर्ष का त्योहार लालटेनों से मनता है और जापान में बोन का त्योहार होता है।

सरकार को अ.भा. लालटेन दिवस आयोजित करना चाहिए। खादी वर्दी की तरह यह भी जरूरी हो। कम-से-कम मंत्रियों को तो अपनी कारों में लालटेन लगाकर ही घूमना चाहिए। शायद रास्ता नजर आए।

अखबार

अखबार का कार्यालय मुर्गी की तरह है जो रोज सुबह जनता के समक्ष एक अंडा प्रस्तुत करती है। 'सबेरे-सबेरे उठ मुँह-अँधेरे, जैसे ही जागे, कहीं से अभागे, बोल पड़े कागे' —ताजी खबर एक आना।

और बिस्तर में पड़ा बच्चा हारमोनियम की गलत रीड-सा क्याँ-क्याँ करता है, रजाइयों से अन्दर के कमरे में कप-बशी की मीठी खनक सुनाई देती है, चाय किसी ताजी सुन्दरी के ओठ-सी गरम और मीठी लगती है मगर प्रेमी इनसान उठता है तो सिर्फ अखबार की आवाज सुनकर।

नगरों में परम्परा है कि मादा को उठाने दूधवाला आता है और नर को उठाने हॉकर।

हॉकर कुछ नहीं जानता सिवाय इसके कि जिस दिन जगत में ज्यादा नालायकी होती है, उस दिन परमेश्वर को भी इतनी परेशानी नहीं होती जितनी अखबारवालों को।

एक अखबार की इकन्नी में एक मशीन, एक इमारत और कई व्यक्तियों का अंश होता है। खबरों की चिड़ियाएँ फाँसने के लिए देश भर में जाल बिछा रहता है। सम्पादक उन चिड़ियाओं के पंख साफ करता है और रूप देता है। फिर कम्पोजीटर, फिर प्रूफरीडर, फिर पेज, फिर मशीन, फिर हॉकर और फिर ग्राहक की इकन्नी!

अखबार वे आँखें होती हैं, जिनके माध्यम से सारा शहर संसार देखता है। हमारा देश ऋषि-मुनियों का देश है। आँखें मूँदकर आत्मा के दर्शन करना बड़ी चीज है। अखबार तो इस चराचर जगत की सूचना देता है और मायाजाल में मनुष्य को बाँधता है।

पर नास्तिकों की भी संख्या होती है जिनके लिए अखबार गीता व खबरें सीता की तरह प्यारी होती हैं। और काम जिमि रति से, रावन जिमि सती से और पत्नी जिमि पति से बँधी रहना चाहती है, उसी तरह वे भी अखबार से बँधे रहना चाहते हैं।

पर कल लन्दन की खबर पढ़ी कि 'साउथ डेवन वीकली एक्सप्रेस' के सम्पादक की जब मृत्यु हुई तो उसके साथ उस अखबार के मालिक, विज्ञापन विभाग के व्यवस्थापक, सारे सह-सम्पादकों, कम्पोजीटरों और प्रूफरीडरों ने प्राण त्याग दिये और यह संसार छोड़ दिया।

सम्पादक थे श्री रिचर्ड होलकोम्बे, उम्र 83 वर्ष और काम के घंटे दस।

आप ही खबरें बटोरते, विज्ञापन लाते, सम्पादन करते, कम्पोज करते। एक ही व्यक्ति करते इतना सब।

लन्दन में इस प्रकार का चित्र देखकर भारत के उन अखबारों का खयाल करके कोई आश्चर्य नहीं होता, जहाँ संवाददाता खबर लिखकर, उसका प्रूफ पढ़कर, पेज बनवाकर रात के बारह-एक बजे घर लौटता है।

यही एक ऐसा प्राणी है जिस पर सुबह-सुबह हॉकर की आवाज वैसा ही असर पैदा करती है, जैसे होटल मालिक के कानों में 'चाय गरम'।

रात-रात तक मशीन खबर उगलती है और सम्पादकश्री हल से जुता रहता है। खबरें राशिफल नहीं होतीं जो दो दिन पूर्व तैयार हो सकें। खबरें 'परिक्रमा' भी नहीं होतीं जिनमें लफ्फाजी की जाए। खबरें भाषण भी नहीं होतीं जो मौका देख लम्बी की जा सकें।

खबरें तो बिना प्रयत्न के उगी घास है, जिसे काटनेवाला चाहिए। और सबसे आवश्यक यह है कि चरनेवाले चाहिए। खबरें तो रोज़ बनती हैं।

भोर का तारक प्रायः लुप्ता
समस्त नगर सुप्ता
उठा कांग्रेसी
निकला कम्यूनिस्ट
शुरू हो गई गाली-गुप्ता।

ज्ञान और सेक्स

ज्ञान अपना पन्थ चलते कई बार लड़खड़ाया होगा, लँगड़ा हो गया होगा। ऐसे अवसरों पर उसने सदैव आगे बढ़ने के लिए किसी का सहारा खोजा है।

लँगड़े को सदैव अच्छा सहारा लाठी का मिलता है और यदि वह न हो तो वह अन्धे के कन्धे पर चढ़ जा सकता है।

अन्धा तो प्रेम है।

इसी कारण ज्ञान को प्रेरणा प्रेम ने दी है। बहादुरों की तरह विद्वानों को भी प्रेरणा प्रायः महिलाएँ ही देती हैं। ज्ञान और सेक्स के सम्बन्धों पर बड़ा नाजुक विश्लेषण सम्भव है। जहाँ तक मेरा प्रश्न है, मैं सौभाग्य से महिला और विद्वान दोनों नहीं हूँ।

अदन के बगीचे में सब आदमियों के पिता आदम ने निषिद्ध फल को, जो ज्ञान का फल था, हौवा स्त्री की प्रेरणा से खाया था। ज्ञान की प्राप्ति के लिए यह स्त्री की ओर से मिली पहली प्रेरणा थी।

और ज्ञान ने लज्जा को जाग्रत् किया जो बाद में आकर्षण बन गई, कविता की मूल बन गई। साहित्य और ज्ञान आगे बढ़ने लगा।

सत्य के पर्दे हटाने की प्रेरणा पर्दों के पीछे से आई। भ्रम के घूँघट हटाने की शक्ति घूँघट की ओट से मिली।

पर घूँघट को ज्ञान से वंचित रखा गया। सचाई के दर्शन करने के लिए वह अपना बुर्का नहीं हटा सकी।

आकाश से जब वेद ब्रॉडकास्ट हो रहे थे तब ढोर चराते पुरुषों ने उसे सुना और रट लिया। घर आकर पत्नियों को कुछ नहीं बताया।

ज्ञान की रजिस्ट्री सदैव बीवी के सामने करनी पड़ती है। वेदों का युग चला गया, बटुक और ज्ञान का किस्सा समाप्त होकर नया सृजन हुआ नाटकों का, कविता का, गीतों का, कथाओं का, जहाँ अभिव्यक्ति रूप के आसपास मँडराती रही।

ज्ञान-विज्ञान के क्षेत्र में भी कालिदास थे, जो आदि-प्रेरणा के रतनारे संकेतों से पोथे लिखते रहे।

समय की चादरें हटीं। समाज से कलंक के मैले आँचल धुलने लगे। शरमाई आँखों ने सूरज की रोशनी देखी और देखा कि ज्ञान तो उनके बस का रोग है—प्रेम की तरह!

फिर कोमल उँगलियाँ टाइप पर चलीं और नाम अफसर का हुआ। हर दफ्तर में मोहम्मद अली अपने प्रधानत्व की संजीवनी से सम्बल लेकर कार्य करने लगे।

सलोने शरीर काउंटर पर आए और बटुए से अभिलाषाएँ खनकने लगीं। व्यापार का सन्तुलन रूप से बनने-बिगड़ने लगा।

लजाई, स्नेह-रुद्ध, अटपटी वाणी माइक के सम्मुख आई, विधान सभा में प्रश्नों के उत्तर देने लगी।

ज्ञान और लालित्य की एकरूपता के इस लुभावने युग में कुछ पुरुष उस अज्ञान के अवगुंठन को ओढ़ रहे हैं, जिसे महिलाएँ फेंक चुकी हैं।

उस दिन राज्य सभा में यह शिकायत उगी कि लेडी इरविन कॉलेज का प्रिंसिपल एक पुरुष है और बहस बढ़ी तो एक सम्मानित स्वर ने जानकारी दी कि मध्यभारत में जीनोकोलोजी (स्त्री रोगशास्त्र) का प्रोफेसर एक पुरुष है।

पुरुषों के लिए भी अब कुछ वेदों का पाठ वर्जित कर दिया जाना आवश्यक लगने लगा है।

जब अपने केश को छोटे करा नारी वायुयान चला सकती है, पुरुष को दवाई दे सकती है, विज्ञान और राजनीति की प्रत्येक सीढ़ी पर ठुमक सकती है, तो बताइए, पुरुष बेचारा स्त्री रोगों के सम्बन्ध में क्यों नहीं जान सकता?

रोग का विशेषज्ञ उसी व्यक्ति को होना तो आवश्यक नहीं जिसे उस रोग के स्वयं को लग जाने का भय रहे?

जहाँ पर शेविंग स्टिक है, वहाँ पर लिपस्टिक जा सकती है। जहाँ पर टाई है, वहाँ पल्ला जा सकता है। जहाँ पर डबल कफ है, वहाँ कोमल कलाइयाँ जा सकती हैं, तो एक स्थान पर जहाँ दर्द है, ज्ञान की आवश्यकता है, वहाँ मूँछों का सम्मान इसी कारण नहीं हो सकता कि वह स्त्रियों से सम्बन्धित हैं?

नारी पुरुष का अन्तर जान ले, मन का सब पता लगा ले, मौका लगे तो दिल लाड़ कर ले जाए और पुरुष जो ज्ञान का परम्परागत एजेंट रहा है, इतना भी नही जान सके?

पाँच

आज और कल भी पाँच का बड़ा महत्त्व और बोलबाला है और था। वर्षों पूर्व जब पंचनद के प्रदेश में आर्य ज्ञान की साधना कर रहे थे, तब से आज तक पंचवर्षीय योजना, पंचशील व पंचायत का राज है, यही पाँच हमारे झंडे पर लहराता रहा है।

तत्त्व पाँच हैं–पृथ्वी, आकाश, जल, तेज और वायु। सब कुछ इसी पाँच के खेल हैं। पाँच ही रंग हैं, जिन्हें विद्वानों ने खोजा–शुक्ल, पीत, रक्त, श्याम और कृष्ण।

फिर ज्ञान बढ़ा, पाँच ज्ञानेन्द्रियाँ हैं–कान, त्वचा, आँख, रसना और नाक। सांख्य ने कहा कि प्रकृति से बुद्धितत्त्व, उससे अहंकार और अहंकार से पंचतन्मात्राएँ उत्पन्न हुईं–शब्द, स्पर्श, रूप, रस और गन्ध।

भाषा बनी, तो पाँच वर्ण हुए–कवर्ग, चवर्ग, तवर्ग, टवर्ग और पवर्ग।

दार्शनिक और मानव के लिए पाँच यम हुए–अहिंसा, सत्य, असत्य, ब्रह्मचर्य और अपरिग्रह। वितर्कों के दमन के लिए पाँच नियम बने--शौच, सन्तोष, स्वाध्याय, तप और ईश्वर-प्रणिधन।

तर्क ने पाँच प्रवृत्तियाँ मानीं–प्रमाण, विपर्यय, विकल्प, निद्रा और स्मृति।

सिद्धि के यत्न हुए तो पाँच मार्ग खोजे गए–पूर्वजन्म के संस्कार से, रसायन से, यंत्र बल से, तपस्या तथा समाधि द्वारा।

समाज में सिद्धों का जोर बढ़ा। निरंजन अलख के स्वर गूँजे। सिद्धों ने पाँच का पल्ला पकड़ा। कौल ज्ञान में विष्ठा, धारामृत, शुक्र, रक्त और मज्जा–इन्हें पंच पवित्र कहा गया। पंच मकार कहे गए–मद्य, मत्स्य, मांस, मुद्रा और मैथुन।

पंच स्कन्ध थे–रूप, वेदना, संज्ञा, संस्कार और ज्ञान।

पाँच बुद्ध स्वीकार किए गए–वैरोचन, रत्न सम्भव, अमिताभ, अमोघसिद्धि व अक्षोभ्य।

इस तरह जहाँ देखो, वहाँ यही पाँच पांडव महाभारत को प्रभावित किए रहे। पंचमुखी रुद्राक्ष को सर्वश्रेष्ठ माना गया। प्रभु की मूर्ति को पंचामृत भेंट किया गया। पंजेरी बनाई गई जिसमें अब तो दो ही चीजें प्रमुख रह गई हैं।

छोकरियाँ पाँचे खेलती रहें, लड़के ताश में तीन दो पाँच करते रहें, मूर्ख तीन पाँच में व्यस्त रहें, साधारण समाज पाँच तक दफ्तरों में बैठा रहें, पत्नियाँ पंजपूड़े की हल्दी-मिर्ची को डालती-निकालती रहें परन्तु पाँच की गम्भीरता कम नहीं हुई।

माया के पाँच कंचुक कहे गए–काल, नियति, राग, विद्या और कला। पाँच क्लेश माने गए–अविद्या, अस्मिता, राग, द्वेष और अभिनिवेश।

तभी बुद्ध ने बौद्ध गृहस्थों के आचरण के पाँच नियम बनाए, जिन्हें पंसिला कहा गया। वे थे–प्राणि-हिंसा से विरति; जो अपनी नहीं, उसे लेने से विरति; इन्द्रिय निग्रह असत्य वचन से विरति, मादक द्रव्य और जुए से विरति।

हिन्देशिया ने अपने राज्य के पाँच आधारभूत तत्त्व बनाए जिन्हें पांज्यशिला कहा गया। वे हैं–जनता की प्रमुखता, मानवतावाद, ईश्वर में विश्वास तथा धार्मिक स्वतंत्रता, हिन्देशिया की राष्ट्रीय एकता व राष्ट्रीय समृद्धि।

भारत-चीन समझौते ने बनाया पंचशील, जो पंचशिला कहलाता रहा।

यही सब पाँच आशा के संकेत बन गए।

गाँव की प्रगति के लिए पंच परमेश्वर की पंचायत, देश की प्रगति के लिए पंचवर्षीय योजना और विश्व के विकास के लिए पंचशील के पाँच सिद्धान्त।

5, 5, 5, 5–सब ओर 5!

धूम्रज

क्लर्क की जिन्दगी क्या है–फाइलों, सिगरेटों और बीवी-बच्चों की एक मजबूत कड़ी है, जिसमें वह गरीब जीव बँधा रहता है। चालीस-तीन-सत्तर, साठ-तीन-नब्बे और ऐसी ही जाने क्या-क्या ग्रेडें जो मिलती जाती हैं–ठीक नई बीमारियों की तरह और शरीर को अन्दर से पोला कर देती हैं।

हर क्लर्क एक सूखा हुआ अरमान है। हर क्लर्क एक चहकता हुआ श्मशान है। आप उसके दर्दे-दिल को समझो न समझो, उसकी सारी उम्र एक अधूरा गान है।

जिस व्यक्ति ने कभी बालों में घुँघरू इस विश्वास से पैदा किए थे कि उसे अभिनेता बनना है; जिस व्यक्ति ने अपने सपने खादी के पालने में इसलिए झुलाए थे कि उसे नेता बनना है; जिसने जवानी में कारों को हसरत की नजर से देखा था; जो बाद में बेकारों और फिर क्लर्कों की पाँति में खड़ा होकर जीवन भर साँसों की आवक-जावक का लेखा-जोखा देता रहता है–इस आदमी को क्लर्क कहते हैं।

जिसका जीवन 'बॉस' को समझने की एक दीर्घ जिज्ञासा है; जिसकी गुत्थी फाइलों में छुपा शासकीय रहस्यवाद है; जिसकी सफलता उससे अदेखी ही रह जाती है और जिसकी असफलता सदैव उसके सिर पर चढ़ी रहती है; जिसकी मुस्कुराहट में खुशियों का अपमान है; जिसकी गुनगुनाहट एक मजाक है; जिसकी शक्ल एक मजार है और जिसका जीवन एक अप्रिय सर्कस–उस क्लर्क के पास कागज और तम्बाकू की एक जलती छड़ सदैव आँखों को उलझाने का बहाना बनकर रहती है।

सिगरेट का कश फाइलों और अफसरों के दर्दे-सर से एक पलायन है, जिसका धुआँ क्लेरिकल कलियों में बसन्त की बयार बनकर रहता है। एक क्लर्क बिना सिगरेट कुछ भी नहीं है। सरकार आदमी से काम करवाती है और आदमी सिगरेट से काम करवाता है।

अब सुना है कि सरकार उनके सूखे ओठों से यह सिगरेट भी छीन रही है। उनकी पतली-दुबली उँगलियों में पड़ी यह सामयिक संजीवनी की व्यक्तिगत सम्पत्ति उनसे अलग कर रही है।

बताइए, सिगरेट क्या कम्यूनिस्ट पार्टी की एजेंट है जो क्लर्कों में क्रान्ति ला देगी? सिगरेट क्या वह चिनगारी है जो सरकार के कागजी कारखाने में आग लगा देगी?

बराबर। हर अच्छी सिगरेट चाहे तो फाइलों को आग लगा सकती है। सिगरेट एक अच्छे सचिवालय के रिकॉर्ड को समाप्त कर सकती है।

बात चाहे ठीक हो, पर दार्शनिक दृष्टि से यह कितना बड़ा भ्रम है! सिगरेट फाइलों को जला देगी, इससे ज्यादा भयंकर बात यह है कि उसकी अनुपस्थिति क्लर्कों को निष्प्राण कर देगी और निष्प्राण क्लर्क उन फाइलों को सदैव निर्जीव ही रखेंगे। फाइलों का प्राण आदमी की कलम है और कलम की शक्ति धुआँ है।

बिना क्लर्क फाइलें क्या करेंगी, अगर क्लर्कों में शक्ति रही तो फाइलें हजार बन सकती हैं। सिगरेट से जितनी फाइलें जलेंगी उतनी उसकी शक्ति से अधिक तैयार होंगी।

सारा शासकीय ढाँचा धूम्रज है—धुएँ से जन्मा है। जो कुछ ठोस है, उसके मूल में गैस है। टेबलें न रहें, कुर्सियाँ न रहें, तो क्लर्क क्लर्क रह सकता है पर सिगरेट न रहे तो क्लर्क का जीवन बेतुके ब्रह्मचारी या विफल अरमानों बूढ़े की तरह हो जाएगा।

पेन

मनुष्य के बचपन, जवानी और बुढ़ापे में वही अन्तर है जो पेन, फाउंटेन पेन व कलम में होता है।

सौभाग्य से हमारे देश में अशिक्षा अधिक है, अतः अभी कुछ वर्षों तक तो पेन का उपयोग ज्यादा नहीं बढ़ेगा। जो थोड़े-बहुत हाथ कागज पर चलते हैं, उसी संख्या में खपत हो जाएगी।

फिर भी सरकार को बड़ा गर्व है कि देश में गजब के फाउंटेनपेन बन रहे हैं और शीघ्र ही बड़े ऊँचे दर्ज के पेनों की खपत होने लग जाएगी।

मैं इसको सम्भव नहीं मानता। इसके कई कारण हैं।

एक कारण तो यही है कि देश में पढ़ना-लिखना राष्ट्रीय संस्कृति के अनुसार सबका व्यवसाय नहीं। अतः जैसे झाड़ुओं की खपत केवल पत्नियों और भंगियों में होती है, उसी तरह पेन की खपत केवल पढ़े-लिखों में होगी।

पेन उपयोग की वस्तु कम है और शोभा की अधिक। बड़े लोगों का पेन केवल यदा-कदा दस्तखत करने के ही काम आता है, अन्यथा वह केवल सभ्यता प्रदर्शन का उपकरण मात्र है।

भारतीय ज्ञानी लोग लेखन के स्थान पर भाषण में अधिक विश्वास रखते हैं। शेष श्रोतागण भी केवल सुनने और मनन करने को ही लिखकर रखने की अपेक्षा श्रेष्ठ मानते हैं।

कुटीर उद्योग योजना भी फाउंटेन पेन के स्थान पर बरू और होल्डर पर अधिक विश्वास रखती है।

दूसरी ओर जहाँ शीघ्रता की माँग होती है, वहाँ पर टाइप कराना ही अपेक्षाकृत अच्छा समझा जाता है।

कार्बन का उपयोग हमें पेन से खींच पेंसिल के निकट ला देता है। किन्तु भारतीय संस्कृति हमें कुछ और कहती है।

कालिदास के अनुसार पहले की पढ़ी-लिखी सुन्दरियाँ भोजपत्र पर धातु रस से अपने प्रेमियों के लिए पत्र लिखा करती थीं, जिनके अक्षर हाथी की सूँड़ पर मिलने वाले जल-बिन्दुओं के समान सुन्दर होते थे।

आजकल सुन्दरियाँ प्रेम-पत्र कम ही लिखती हैं। काजल से पातियाँ लिखने के जमाने गए, और जहाँ तक हमारा प्रेम-पत्र लिखने का अध्ययन है, उसमें उच्चारण की गलती बहुत होती है। इसका कारण यह है कि प्रेमिकाएँ भावना में डूबकर कला पक्ष पर ध्यान नहीं देतीं।

पेन के कारण हस्तलेखन बहुत बिगड़ता है, ऐसा बम्बई के शिक्षाविदों का अध्ययन तथा अनुभव है। इसी कारण बम्बई के शिक्षा विभाग ने छात्रों के लिए पेन का उपयोग निषिद्ध कर दिया है। एक दृष्टि से तो यह भावुक राष्ट्रीयता ही है क्योंकि अच्छे अक्षरों से व्यर्थ की बातें लिखनेवालों की अपेक्षा बुरे अक्षरों से लिखनेवाले गांधीजी अच्छे थे।

फिर बच्चों के हाथ से पेन छीनना उनमें हीन भाव जाग्रत करना ही है।

पेन की ओर कौन नहीं आकर्षित होता?

पंडित नेहरूजी जो आज बड़े त्यागी और नेता व प्रधानमंत्री हैं, अपने पिताजी के पेन पर ऐसे मचल गए थे कि चुराकर जेब में ही रख उनको सन्तोष हुआ।

पेन उद्योग में वृद्धि मुझे सम्भव नहीं लगती। जहाँ तक पुरुष-स्त्री के पत्र-व्यवहार का प्रश्न है, ढाई अक्षर प्रेम के पढ़े सो पंडित व पंडितानी होय—इस सिद्धान्त पर रहनेवाले पत्र लिखने का कष्ट क्यों करने लगें!

पेन की खपत से राष्ट्र की बौद्धिक प्रगति का अन्दाज लगता है पर साथ ही हम कागजी घोड़ों पर कितना विश्वास करते हैं और शारीरिक श्रम से जी चुराकर कितने कलम के कीड़े बन रहे हैं, इसका भी अन्दाज लगता है।

मैं पेन के खिलाफ और भी लिखता मगर अब चूँकि इसमें स्याही नहीं बची, इसलिए अधिक विरोध करने में असमर्थ हूँ।

झपकी

संगीत और भाषण के अच्छे-भले कार्यक्रम में खोजो तो झपकी लेते व्यक्ति मिल जाएँगे क्योंकि उस समय संगीत की सजीवता और रात के निंदीले प्रभाव में कशमकश चलती है।

निलम्बुर में जब कथकली नृत्य के कार्यक्रम में झपकी लेनेवाले का पता लगाया गया तो उस व्यक्ति का नाम जवाहरलाल नेहरू निकला, जो देश का प्रधान मंत्री है।

उनसे जब कहा गया कि आप बजाय यहाँ सुस्ती फैलाने के जाकर सोते क्यों नहीं, तो बोले—मैं इनाम बाँटकर जाऊँगा। यों जो कार्यक्रम मंच पर चल रहे हैं, उनकी ओर मेरा ध्यान है।

आप जानते हैं, इधर काफी सालों से नेहरू हमारे आदर्श हैं। कई ऐसे मामलों में भी, जहाँ हम कुछ नहीं समझते।

कार्यक्रम कैसे भी हों, प्रायः बड़े मनोरंजक तरीके से आदमी को बोर कर देते हैं। आपकी सभ्यता आपको नहीं उठने के लिए मजबूर करती है तथा आपकी कला सम्बन्धी रुचि व अनुभूति उस कार्यक्रम में आपका मन नहीं लगने देती।

दिन का समय हो तो क्या बताऊँ, पर यदि रात का समय हो तो आप झपकी लीजिए। झपकी से आप अपनी इच्छा भी पूरी कर सकते हैं तथा थोड़ी-थोड़ी देर में गर्दन हिलाकर 'वाह-वाह' भी कर सकते हैं।

झपकी मनुष्य के कर्मठ जीवन में दो क्षण को मिला स्वर्ग है। झपकी आध्यात्मिक सुख है, मुक्ति है, निवृत्ति है, एक मानसिक परिनिवृत्ति की धर्मशाला है।

झपकी जाग्रत और सोवत के बीच का झूला है। मीठा झूला।

नेता की यह आदत सभी नेता अपनी जिन्दगी या आँखों में उतारेंगे। जैसा नेहरू ने किया, वैसा सभी मंत्री करें, यह तो होता ही है, पर इस बार जैसा सब नेता करते हैं, वैसा नेहरू भी करने लगे हैं। आखिर नेहरू भी मनुष्य ही हैं।

खैर, तो मैं झपकी की बात कर रहा था और द्वितीय पंचवर्षीय योजना की विकासमयी नजरों से उस पर विचार कर रहा था।

झपकी का निर्माण पर बड़ा अच्छा असर पड़ता है। ताजमहल की छत में अज्ञात सुराख किसी झपकी की ही देन है। चाँद में दिखाई देनेवाला कोयला-क्षेत्र निर्माता की झपकी की पहचान है।

अगर झपकी नहीं आती, ध्यान नहीं बहकता तो अभी तक दुनिया बड़ी आगे होती। पर फिर भी झपकी आपको समय पर मित्र और प्रेमिका-सी नजर आती है। जैसे कोई आपको भरी महफिल से अपनी नाजुक उँगलियों में बाँधकर दूर कुहरे की नशीली घाटियों में ले जा रहा हो और आप खिंचे चले जा रहे हों!

झपकी में देवत्व है क्योंकि भगवान कभी नहीं सोते। उनकी आँखें चौकीदार की तरह खुली संसार की सड़क देखती रहती हैं, पर वे झपकी ले लेते हैं। जब-जब गरीबों ने आवाज लगाई, सदा जागनेवाला भगवान झपकी ले लेता है।

झपकी में एक मानसिक विद्रोह है। चौकीदार की पगार कम है। जितने प्रतिशत कम है, वह उतनी झपकी लेता है।

यही जीवन का क्रम है। सात दिन काम में एक दिन छुट्टी और सात घंटे काम में एक घंटे झपकी।

झपकी में सपने की झलक मिलती है। सपना सुख व आदर्श-जैसी चीज है। जो तकदीर में नहीं होता, वह सोते में मिलता है। जो टेबल पर नहीं मिलता, वह झपकी में दिखता है।

अतः नेहरू हों चाहे आप, झपकी बड़ी जरूरी चीज है क्योंकि वह कर्म की कटुता से आपकी रक्षा करती है। उदाहरण के लिए मैं 'परिक्रमा' लिख रहा हूँ। क्यों नहीं जरा झपकी ही लूँ! तो–बस...!

धुआँ और साहित्य

कुछ दिन पहले कहीं पढ़ा था कि एडगर वेलेस ने अपना सर्वश्रेष्ठ उपन्यास सिर्फ तीन दिन में पूरा कर डाला और उसका एक मात्र कारण सिगरेट थी। सिगरेट पिए बिना वह कुछ सोच नहीं पाता था।

सिगरेट और साहित्य-निर्माण का कुछ सम्बन्ध अवश्य है। कलाकारों के ओंठों से चिपकी सिगरेट ने देश की सांस्कृतिक जागृति में बड़ी महत्त्वपूर्ण भूमिका अदा की है।

एक सिगरेटी साहित्यकार से पूछा था तो कहने लगा कि इससे 'मूड' जम जाता है यानी उपकरण सूझने लगते हैं, कल्पना उभरने लग जाती है, सिगरेट के धुएँ की तरह साहित्य बनता जाता है।

आदमी की बात क्या?...पत्थर की मूरत से ध्यान लगाकर घंटों बैठ सकता है। सिगरेट के धुएँ से मन रम जाना स्वाभाविक है।

गरज यह है कि सिगरेट और साहित्य के विषय में एक साथ सोचना गलती नहीं है।

सोमरस ने वेद की ऋचाएँ, हुक्के ने गजलें व शेर, अफीम ने वीरकाव्य हमें दिया है। सिगरेट ने छायावादी और प्रगतिवादी साहित्य में साँसें भरी हैं।

नवीन जी की सिगरेटी अदाएँ जिसने देखी हैं, उसे इसका महत्त्व समझ में आ गया होगा। बच्चन, जाफरी, सुमन, कृश्न चन्दर भी इसी प्यारे रोग के मरीज हैं। यशपाल को चारमीनार सिगरेट पसन्द है। उनके पात्र यही पीते हैं। एक बार एक परिचित ने चारमीनार की बड़ी पेटी भेंट कर दी, जिसे यशपाल तीन-चार माह तक पीते रहे। पन्त ने अपनी एक प्रारम्भिक कविता सिगरेट की राख पर ही लिखी थी। और विदेशी लेखकों की तो बात ही क्या?

सिगरेट में दर्शन है, प्रेरणा है, साहित्य को जीवित रखनेवाली पावन धारा है। 'नई धारा' में एक कविता प्रकाशित हुई थी जिसके अन्त में लिखा था :

'अब क्या कहूँगा खाक
सिगरेट तो हो गई राख।'

अब कलाकार के दर्द को समझिए कि सिगरेट कितनी जरूरी है। सरकार हर साल कुछ साहित्यिकों को हजार-पाँच सौ रुपया देती है, वह सबसे सिगरेट ही खरीदेगा।

आज साहित्य में गत्यावरोध कहा जाता है। इलाहाबाद के धर्मवीर भारती कहते हैं कि उन्हें उपमा नहीं मिलती। बेचारे परेशान हैं।

देश की आजादी के बाद भाषणों का बढ़ना और साहित्य का घटना शुभ लक्षण किसी हालत में नहीं है। सरकार को तो फुर्सत नहीं मगर साहित्यिक संस्थाओं को इस पर गम्भीर होकर सोचना चाहिए। सिगरेट पर ड्यूटी कम की जाए, कलाकारों को सस्ते भाव सिगरेट का वितरण हो, यह हमारा नारा होना चाहिए। यह आन्दोलन देशव्यापी रूप धारण कर सकता है, लगन की आवश्यकता है।

विरोधी कहेंगे कि रवीन्द्रनाथ या बर्नार्ड शॉ सिगरेट नहीं पीते थे। मत मानिए, यह तो बच्चन और जाफरी का युग है। हमारे आन्दोलन को इनकी प्रेरणा चाहिए। टंडनजी से पूछने जाएँगे तो सारा मामला बिगड़ जाएगा।

इधर कुछ बातें और ध्यान देने की हैं।

प्रत्येक देश के लोग एक विशेष प्रकार की सिगरेट पसन्द करते हैं। अमेरिका में कुछ तथा फ्रांस में कुछ और। प्रत्येक देश के साहित्य में भी अपनी विशेषताएँ होती हैं। जरूर सिगरेट के प्रकार से साहित्य की विशेषताओं का सम्बन्ध होगा। अध्ययन की आवश्यकता है।

इस प्रकार नए युग के साहित्य का सिगरेट के प्रकारों के अनुसार विश्लेषण किया जाए, जैसे–वर्जीनिया-साहित्य, टर्किश, हेवेन्ना-साहित्य, आदि।

मैं सोचता हूँ, आज हमें नए दृष्टिकोण की आवश्यकता है। नए मापदंड खोजना है, तो यह दृष्टिकोण क्या बुरा है? सिगरेट का दृष्टिकोण एक नया जलता हुआ दृष्टिकोण होगा। बस, हिम्मत चाहिए। सिगरेट पीकर वाल्टर रेले दुनिया घूम गया था, हम साहित्य घूम सकते हैं।

और टॉमस डी. क्वेंसी ने जिस प्रकार 'एपॉलॉजी ऑफ एन ओपियम ईटर' लिखी है, उसी प्रकार अपने बुढ़ापे में हर कलाकार को 'एपॉलॉजी ऑफ ए स्मोकर' लिखना चाहिए।

मोती-मोती

जब मैं रात को लौटता हूँ, तब मोहल्ले के कुत्तों द्वारा मेरे प्रति जो सम्मान प्रदर्शित किया जाता है, उसका खयाल कर मैं इस विषय में कुछ कलापूर्ण तरीके से भौंक सकने की स्थिति में नहीं हूँ।

पर जब कलकत्ता और लन्दन की श्वान प्रदर्शनी के विषय में पढ़ा तो मुझे कुछ अजीब-सा लगा। बम्बई के एक क्लब द्वारा अभी जो प्रदर्शनी आयोजित की गई, उसकी भी कल्पना करता हूँ तो मुझे आश्चर्य होता है कि डॉ. राव किस प्रकार से सबको एक स्थान पर इकट्ठे कर सके होंगे।

यों कुत्तों का सम्मान मनुष्य से ज्यादा भी कई जगह किया गया है, और इनसे भय भी पुलिस से ज्यादा ही लगता है।

सभ्यता और संस्कृति की स्लेज गाड़ी खींचकर लाने में कुत्तों के बड़े पैर रहे हैं। आज से कई वर्ष पूर्व जब दौर नव कृषि सभ्यता का राम बनकर रम रहा था, कारवाँ यायावरों का बस रहा था, जम रहा था, तब कुत्ते आकर मानव समाज के निर्माण में सहयोगी हो रहे थे।

पर सभ्यता के इतिहास को पढ़ने पर पता लगता है कि मनुष्य हाथी की तरह आगे बढ़ता गया और कुत्ते भूँकते रहे। केवल धर्मराज युधिष्ठिर ही उसे इन्द्र के रथ में बिठाकर ले गए, केवल भगवान भैरवनाथ ने अपना प्रेम का हाथ उस पर रखा। न जाने कौन गद्दार था जिसने कुत्तों का उपयोग गाली के अर्थ में किया। नारद पुराण में नरक के कुत्तों का चित्रण किस भयपूर्ण ढंग से किया गया है, कल्पना करके डर लगता है।

भारत के स्वर्ण-युग में जब लोग घरों में ताले नहीं लगाते थे, तब कुत्ते ही रक्षक थे।

नगर सभ्यता के विकास के साथ ही कुत्तों की सामाजिक प्रतिष्ठा बढ़ गई।

दार्शनिकों और कलाकारों ने महसूस किया कि मनुष्य में कुत्ता इस नाते श्रेष्ठ है कि वह ईमानदार है लेकिन बोलकर नहीं सुनाता।

इसी कारण कवि बायरन ने अपने कुत्तों पर कई पंक्तियाँ लिखीं। पोप ने लिखा कि मनुष्य के इतिहास में मित्रों के बजाय कुत्तों की विश्वसनीयता के अधिक प्रमाण हैं।

हिन्दी साहित्य में भी कुत्ते अध्ययन का विषय हैं। सोचना है कि प्रेमचन्द ने किन सामाजिक परिस्थितियों के कारण कुत्तों की कहानियाँ लिखीं। कृश्न चन्दर को क्यों कुत्तों ने काटा? अजीमबेग चुगताई ने किस आधार पर अपनी कहानी में कुत्तों का विश्लेषण किया और प्रभाकर माचवे की लिखी कुत्तों की डायरी का पात्र कहाँ है?

कवि वाल्टर सेवेज लेंडर अपने कुत्तों को अच्छा आलोचक मानता था। श्रीमती ब्राउनिंग अपने रुग्णावस्था के दिनों में उस खाली कमरे में कुत्तों से मन बहला समय काटती थीं।

इस प्रकार से अब मनुष्य का प्यार कुत्तों से बढ़ रहा है।

न्यूयॉर्क की एक खबर थी कि एक सज्जन ने अपनी पत्नी को तलाक इसी कारण दिया कि वह उसके कुत्ते को ठीक से खाने को नहीं देती थी। सोचिए, अमरीकी पत्नियाँ कुत्तों का भी सम्मान अपने पति की तरह ही करती होंगी।

बच्चन ने रात को भूँकते कुत्तों को अपनी व्यथा का प्रतीक मान कहा है, 'ये मेरे अरमान भूँकते, रात-रात भर श्वान भूँकते।'

भारत में कुत्ते व्यक्तिगत सम्पत्ति कम होते हैं, सामाजिक सम्पत्ति अधिक। कुत्ते प्रायः पूरे मोहल्ले के धन रहते हैं।

भारत श्वान-पालक राष्ट्र है।

रोज इनके लिए रोटी निकालना धर्म है। भारत की नारियाँ नाडिया की तरह अपने व्यक्तिगत टाइगर या मोती रखें तो क्या बात है!

31 तारीख को जब बम्बई में श्वान प्रदर्शनी हो रही थी, तब मैं समझा था, शायद हमारे मोहल्ले से भी प्रतिनिधि गया होगा।

पर जब रात को आ रहा था, तब कुत्ते जरूरत से ज्यादा खफा हो रहे थे। शायद वे राहगीरों से यही पूछ रहे होंगे कि क्या हम प्रदर्शन योग्य नहीं हैं?

मैं क्या कहता? सोचता हूँ, यहाँ किस क्लब या संस्था से ऐसी प्रदर्शनी आयोजित करने के लिए दुम हिलाऊँ?

ताजनीति दर्शन

मिलने को तो इस संसार में क्या नहीं मिलता–दीपक से लेकर दार्शनिक तक! सभी प्रकार के जीव पाए जाते हैं। 'मगर एक चाहनेवाला बड़ी मुश्किल से मिलता है।' कहनेवाला शायद 'एक' पर जोर दे रहा है क्योंकि बहुत-से चाहनेवाले तो हर जगह हैं। पर इस पूँजीवादी युग की एकत्रीकरण प्रवृत्ति का नाश हो, एक चाहनेवाला बड़ी मुश्किल से मिलता है।

पुरुष की आँख एक से अनेकत्व की ओर बढ़ती है और अनेकत्व में एकत्व पाती है।

इस कारण प्रेम-कथाओं में वे कथाएँ ज्यादा ऊँची मानी गई हैं, जिनमें नायक एक का पीछा सात दाम किया करता है।

श्रीमती इंडोनेशिया प्रधानमंत्री शास्त्रोमिजोजो इसी कारण ताजमहल पर आकर बाग-बाग, लहर-लहर हो गईं।

आपका कहना है कि हर पति को पत्नी से इतना प्रेम रखना चाहिए, जितना शाहजहाँ अपनी मुमताज से रखता था।

बात ठीक है पर परिणाम बड़े भयंकर हैं।

प्रत्येक युग में समस्त राजनीतिक, सामाजिक, आर्थिक व सांस्कृतिक मान्यताओं, स्थापनाओं, निश्चयों व कार्यक्रमों के पीछे एक दार्शनिक पृष्ठभूमि होती है। उसी एक दर्शन पर विभिन्न ढाँचों का निर्णय किया जाता है।

'रेशनलाइजेशन' आर्थिक क्षेत्र में नवीन आदर्श बना है, चाहे स्वार्थी जनता उसे बेकार हो जाने के डर से स्वीकार न करे, पर वह आदर्श तो है।

यदि कम श्रमिकों द्वारा अधिकतम उत्पादन का सिद्धान्त और दर्शन पुरुष-स्त्री के क्षेत्र में भी बनाया जाए तो?

क्योंकि ताजमहली युग गुजर चुका, जबकि एक मेहनतकश को केवल एक कार्य दिया जाता था और दूसरा करने की स्वीकृति न थी।

ताजमहल में काम करने के पश्चात् वे कहीं और काम न कर सके। उनके हाथ काट लिये गए।

अर्थात् मनुष्य अपने जीवन में केवल एक काम करता रहे और अपनी सब क्षमता का उपयोग उसी में करे, यह शाहजहाँ की नीति थी।

दो मत नहीं कि यही नीति उसने अपनी पत्नी मुमताज के लिए भी अपनाई थी।

एक दो तीन चार पाँच छह सात आठ नौ दस ग्यारह बारह तेरह व चौदह बच्चे उससे शाहजहाँ ने प्राप्त किए थे। मरते समय भी वह एक बच्चा दे गई थी।

अब यदि शाहजहाँवादी प्रेम को आदर्श मानें तो आज के पति को चाहिए कि वह पत्नी-प्रेम की हवाई कविताई बातें न कर थोड़े-थोड़े माहों में एक नए बच्चे की माँ अपनी पत्नी को बनाए और समाज के सम्मुख अपने प्रेम का प्रदर्शन सबूतों के साथ पेश करे।

पर इस प्रकार आँकड़े बढ़ाने का प्रयत्न व्यर्थ है। जनता तो एक बार तैयार हो जाएगी मगर यह सरकारी नजर से बुरी बात है। हमारे युवक आज भी शाहजहाँ हैं और हमारी युवतियाँ मुमताज हैं पर आदर्श बदल गए।

श्रीमती शास्त्रोमिजोजो का तात्पर्य शायद इन बालकों के उत्पादन की ओर न होकर उस संगमरमर की यादगार की ओर होगा यानी ताजमहल की ओर।

पर आज की नारी को यह स्वीकार नहीं हो सकता।

वह युग तो अपने रास्ते गया जबकि 'आज ले, और मरने के बाद देना' वाली नीति और भावना थी। नई नारी 'इस हाथ ले और उस हाथ दे' के युग की है।

वह मरने के बाद के बजाय तत्काल ही दिये जानेवाले उपहारों पर विश्वास करती है। सौन्दर्य प्रसाधन, सिनेमा, वस्त्र, जेवर, रेडियो, कार और विरोध के लिए ऑपरेशन में ही वह पति को शाहजहाँ बनाकर लूट लेती है।

पति का नुकसान यही है कि वह शाहजहाँ-सा नाम नहीं कर पाता। पत्नी के मरने के बाद वायदों की हुंडी छुड़ाना ज्यादा फायदे का है।

पर जो पत्नियों के नाम पर जायदाद छोड़ 'खुश रहो अहले वतन' कहते इस जमीन से सफर कर जाते हैं, वे सदैव धोखे में रहे।

किसी मुमताज ने अपने शाहजहाँ के लिए ताज नहीं बनवाया। अधिक-से-अधिक एक धर्मशाला खड़ी की ताकि विधवा नए यात्रियों के दर्शन करती रहे।

आजादी-गुलामी

यों बिना गुलामी के आजादी का आनन्द पता नहीं लगता। मुक्त पंछी पंख का उपयोग करता है और आसमान में उड़ा-उड़ा फिरता है परन्तु जो कई दिनों से पिंजड़े में बन्द है, वह समझता है कि आजादी के क्या मजे हैं।

खैर! दूसरी बात है आजादी की गुलामी की। हम आजाद होते हैं इसलिए कि नई गुलामी सिर पर लें।

कई साल पहले स्वदेशी वस्त्र आजादी के लिए पहना गया था और आज वही वस्त्र इस आजादी की गुलामी के कारण पहना जाता है।

'यानी मौत से यों बचे कि बीमार हो गए,
आजाद क्या हुए गिरफ्तार हो गए।'

स्त्रियाँ स्वाधीन हुईं और अपना सौन्दर्य खुद बनाने लगीं। पहले पुरुष की गुलाम थीं तो जैसा वह पहनाता था, वैसा बन्धन के कारण पहनना पड़ता था। जब आजाद हुईं तो कपड़े की गुलाम हो गईं, लिपस्टिक की गुलाम हो गईं।

पहले जिनका सौन्दर्य दूसरे की गुलामी करता था, अब वे खुद अपने सौन्दर्य की गुलामी करती हैं।

जैसे प्राचीन साहित्य में हम पढ़ते हैं कि वह जब जा रहा था तो मार्ग में उसे एक सुन्दर स्त्री मिली देखने को। यह मिलाप इस कारण हो गया था कि लोगों को बाएँ हाथ चलना आवश्यक नहीं था। वे दाएँ-बाएँ जैसे चाहे चल सकते थे।

हम सभ्य हुए, आजाद हुए और बाएँ चलने लगे। अब सुन्दरियों का केवल पीछा कर सकते हैं, परन्तु मिल नहीं सकते। यों इन्दौर की बात छोड़ो जहाँ की सुन्दरता सदैव जन-सुविधा का खयाल करके गलत साइड जाती है। पर एक मोटी बात मैंने कही।

अभिव्यक्ति की स्वतंत्रता के लिए सब जगह आन्दोलन होता है, ताकि हर आदमी जो चाहे लिख सके। पर इस स्वतंत्र अभिव्यक्ति-प्रिय ब्रह्मपुत्र की ही गुलामी का उदाहरण लो कि पहले 'परिक्रमा' की आजादी को तड़फता था और अब 'परिक्रमा' की गुलामी में तड़फ रहा है। लिखे बिना न चैन है, न रास्ता।

असभ्य राष्ट्र जो पिछड़े हुए हैं, वे अपने मन के मुताबिक करने में ज्यादा स्वतंत्र हैं। वे गालियाँ बक सकते हैं, वे तारीफें कर सकते हैं मगर सभ्य मुल्क में अपनी स्थिति का लिहाज हमें धूल में भी नहीं बैठने देता।

तो आजादी की गुलामी के बाद जो दूसरा चक्कर आता है, वह गुलामी की आजादी का है।

मैं किसी भी जगह नौकरी करूँ, मालिक की जितनी चाहे सेवा करूँ, इसकी मुझे आजादी है।

कोई किसी भी अभिनेत्री के पीछे मारा-मारा फिरे, उसे इस रूप की गुलामी की आजादी है।

किसी भी वाद, मत या व्यक्ति के विचारों को अपने जीवन में ओढ़ मानसिक गुलाम बना रहूँ, इसकी मुझे आजादी है।

यानी आजादी की गुलामी यह है कि कोई षोड्शी वृद्ध से विवाह नहीं कर सकती, और गुलामी की आजादी यह है कि कोई पति अपनी पत्नी का सदैव भक्त बना रह सकता है।

तलाक और नौकरी छोड़ देने का अधिकार मेरी नजर में आजादी की आजादी है। इसमें न गुलामी की आजादी है, न आजादी की गुलामी।

जो व्यक्ति वोट नहीं देता अधिकार होते हुए, वह आजादी से आजाद है। जिन्हें वोट देना ही पड़ता है, वे आजादी के गुलाम हैं।

और जो परम्परा निभाने की बात है, हर स्थान पर सभ्यता, धर्म आदि कारणों से जो रीति-रिवाज कायम हो गए, जो नए ढंग की गुलामियाँ शुरू हो गईं—उन्हें सदा मानकर चलना गुलामी की गुलामी है।

आदमी एक कार्य में आजादी को आजाद हो जाता है, फिर गुलामी को आजाद होता है और फिर गुलामी का गुलाम हो जाता है।

आदर्श और पशुत्व

कौन जाने केन्द्रीय उपमंत्री कृष्णप्पा की बात आपको जँची हो या नहीं, पर मुझे तो यह पसन्द आया है कि आदर्श मंत्री में चार पशुओं के गुण होने चाहिए।

सब ऊँट-सा खाएँ, भैंस-सी चर्बी रखें, कुत्ते-सा सोएँ, और गधे-सा काम करें।

गांधीजी ने अपने आदर्शों में तीन बन्दरों को ही स्थान दिया था। दत्तात्रेय तो सभी को गुरू मानते थे मगर चार पशुओं का यह नया थीसिस यदि एक प्रारम्भिक सीढ़ी के रूप में लें तो हमें मंत्रियों को आदर्शवान बनाने के लिए चिड़ियाघर में रखना पड़ेगा।

यों सभी पशुओं में कुछ-न-कुछ आदर्श खोजा जा सकता है। जैसे खरगोश को लीजिए, जिसने सिंह को छाया दिखाकर अपनी जाति को विनाश से बचाया था, पर वही खरगोश कछुए से रेस करते समय रास्ते में सो गया और बदनाम हो गया।

अब बताओ, यदि यही आदर्श बन जाए, तो योग्यता यानी दिमाग के बावजूद खरगोश-सा आलसी बनना कैसे किसी मंत्री के लिए अच्छा होगा?

और वह कछुआ भी जब लकड़ी पकड़कर उड़ रहा था, तब जरा-सा मुँह खोल देने के कारण मर गया।

माना कि खरगोश के विश्वास में शेर मारा गया पर कंकण हाथ में लिये ब्राह्मण को कीचड़ में फँसा देख आहार करने-जैसा अक्ल का काम या तो मंत्री कर सकता है या बूढ़ा शेर।

भारत शासन की अशोक सील पर तीन शेर बने हैं। वक्त-वक्त की बात है, जब शेर जाल में फँसा तो चूहा ही उसके काम आया था। उस समय शेर की सारी बहादुरी धरी रह गई। और उस समय भी जब बुढ़िया ने कहा कि मैं तो मोटे टपके से डरती हूँ, तब घर के पीछे खड़ा शेर मोटे टपके से डर गया था। शेर में कुछ विशेष बात नहीं है। तीसमारखाँ शेर को गधा समझ उसे कान पकड़कर ले आया था।

यही प्रश्न गड़बड़ के हैं। कृष्णप्पा का विश्वास है कि मंत्रियों को कुत्ते की नींद सोना चाहिए। पर यदि यही आदर्श कुत्ता-तत्त्व कभी माइक के सामने जाग्रत् हो गया तो? कभी अपनी जाति या पार्टी के बन्धुओं को देख जाग्रत् हो गया तो? और यदि नेता हिज मास्टर्स वॉइस की तरह लवलीन आज्ञाकारी हो जाए तो?

सोने तक तो ठीक है पर यदि मुँह में रोटी ले पुल पर से जाते समय छाया देख भूँके और अपनी रोटी खो दे तो चाहे वह कैसा भी मंत्री हो—न घर का रहेगा, न घाट का!

भैंस की तरह चर्बी होनी चाहिए! मगर आप सोचिए, आखिर अकल बड़ी कि भैंस?

और तो और, कृष्णप्पाजी ने यहाँ तक कह दिया कि उसे गदहे की तरह काम करना चाहिए।

यह योजना का युग है, दिमाग की जरूरत है, गधे की तरह काम करेंगे तो अगले चुनाव में बैल कैसे जीतेंगे? गधे का काम है नम्रतापूर्वक जो पीठ पर है, उसे ढोना।

पीठ पर होती है मिनिस्ट्री डिपार्टमेंट—बस, ढोइए पाँच साल तक, फिर लाइसेंस रिन्यू करा लीजिए, या अपने किसी बन्धु को दे दीजिए, तो वह ढोएगा।

अतः यह पशुत्व के आदर्शों की बात जँच जाती है पर इसमें खतरे बहुत हैं। आदर्श किन पशुओं से सीखें?

मैंने गांधीजी के तीनों बन्दर देखे हैं। एक ने यथार्थ से आँखें बन्द कर रखी हैं, मुँह से आदर्श व बुराई बकता है। दूसरा कान से अन्यों की तारीफ नहीं सुनता, और मुँह खोल खुद ही की तारीफ में व्यस्त है। तीसरा बन्दर मुँह पर हाथ रखे सच कहने से डरता है।

तीनों बन्दरों की कुल जोड़ शिक्षा यह है कि आप अपने कान, आँख, मुँह—तीनों बन्द रखें।

फिर आपको कौन नेता मानेगा और कौन मंत्री बनाएगा?

पंखयुक्त कला

कभी-कभी पिछला साहित्य पढ़ते हैं तो लगता है, जैसे चिड़ियाघर में बैठे हों! एकाएक कई पंछी एक साथ चहचहा जाने से हल्ला तो जरूर होता है पर मन में स्फूर्ति-सी लगती है।

आजकल के साहित्य में पंख झड़ते जा रहे हैं। वे पुराने मीठे बोल कभी दूर के एकाध अकेले पेड़ से सुनाई देकर ठिठके रह जाते हैं। यों भी आज के आदमी को पक्षियों के आने-जाने का पता नहीं लगता।

'प्रिय चंचु खोल, रस विविध घोल, कुहु-कुहु, पिहु-पिहु के मधुर बोल' अब नहीं रहे।

अब उन चातकों, उन पपीहों, मोरों, कोयलों—सबके भाषण के अधिकार छिने जा रहे हैं। यों कभी-कभी कोई बोलता है, जैसे केदार ने कहा कि 'बड़ी रात गए, कहीं पपीहा पिहका किया', बात में जरा लापरवाही लगती है। अज्ञेय कहते हैं, 'धीरे-धीरे उदित रवि का लाल-लाल गोला, चौंक कहीं पर मुदित वनपाखी बोला'।

अरे एकाध वनपाखी कहाँ, वहाँ तो भीड़ पड़ती है गानेवालों की। पर समूह के स्वर अज्ञेय क्या जानें!

वह गुल और बुलबुल का काव्य अब रुक गया, नहीं तो हजारों शेर इसी पर गरजते थे। यों ईरान में जिस किस्म की बुलबुल होती है, वह भारत में नहीं होती।

ठीक यही हाल मोर का है। जी, जंगल में मोर नाचा किसने देखा?

एकाध भवानी मिश्र नाच उठे कि 'और सखी सुन मोर। बिजन-बन दीखे घर-सा री,' तो क्या होता है? एकाध पन्त 'म्याऊँ, म्याऊँ रे मोर' कह बैठे तो क्या होता है?

पिछले वक्त में पक्षी और साहित्य का सम्बन्ध यह था कि 'तू डाल-डाल, मैं पात-पात'। आदमी और पंछी तब साथ-साथ थे। सुमन के शब्दों में, 'चाहा चहचहाता था—अँधेरी रात में कोई खड़ा खेतों की मेड़ों पर विकल विरहा सुनाता था'; पर अब तो 'सुमन' कहते हैं, 'पपीहा है प्यासा कि दिल का उदासा'।

अभी थोड़े दिन पूर्व एक पुरानी रचना पढ़ी थी तो एक जगह यह पढ़ने में आया :

'मारे खुशी के सब इकट्ठे हुए। कबूतर नगाड़े बजाने लगे। कोयलें नफीरी का स्वर भरने लगीं। गौरैयों ने मजीरे का काम किया। पिढ़कियों ने तबले पर थाप दी। मोर नाचने लगे। फिहियाँ फुदकने लगीं। चकोरों ने रोशनी का सामान किया।'

अब वह जमाना गया! कहानियाँ सुनाने का काम 'तोता-मैना' के हाथ से छीन लिया गया। अब सब कम हो गया, और कहीं-कहीं बाँसों का झुरमुट, टी.वी. टी...टुट-टुट सरीखी चीज ही रह गई है।

युद्ध-विरोधी आन्दोलन चला। पिकासो ने एक कबूतर बनाया। मैंने सोचा कि अब जरूर ही यह साहित्य में फड़फड़ाएगा। थोड़ी-सी कबूतरी कविताएँ बनी थीं पर यह 'गुटरगूँ' जाने क्यों और आगे बढ़ न सकी!

यानी युद्ध-विरोधी रचनाएँ तो काफी लिखी गईं पर कबूतर छतरी पर नहीं आया।

अब साहित्य में चिड़ियाघरी प्रवृत्ति का जगना आवश्यक है। ध्वनि के प्रयोग की बात की जाती है मगर चिड़िया उड़ जाने पर ध्वनियाँ कहाँ रहेंगी?

कवि लोग कहते हैं कि अब कविताओं में ज्यादा पक्षी जँचते नहीं। लोगों की आदतें बदल रही हैं। बेटे अब लड़ाई में नहीं जाते। फिर क्यों बेकार में हंसों और कबूतरों से अपना सन्देश भेजें?

पर दोस्तो, जरा प्रयोग करो, सतभैयों और पढ़कुलियों की ध्वनि जाकर सुनो! जंगल में जाने में डर लगता हो तो किसी पास के चिड़ियाघर में चले जाओ।

दो-तीन साल पहले वंशीधर शुक्ल की एक कविता पढ़ी थी। बवंडर के आने का चित्र खींचा गया था। लिखा था :

'कोइली किकियाय लगी, पपीहा पपिहाय लगा, तोता टिटियाय लगा, बुलबुल बिल्लाय लगा, मोरवा चिल्लाय लगी, भौंरा भर्राय लगे, बयन की झोंझ टूटि, घरघुच के घर उजड़े, खडरेहल के जीव मरे, रस माँ विषु घोर दिहिसी, बोडुर झझकोर दहिसी।'

आज की कविता में गति लाओ, जिन्दगी लाओ, मेरे दोस्त, नहीं तो साहित्य में वह मोहन राकेश की मुर्गेवाली कहानी के शीर्षक की तरह 'पंखयुक्त ट्रेजेडी' होकर रह जाएगी।

बस, पीहू-पीहू!

गुलाबी संस्कृति

अब गुल और बुलबुल के खानदान में झगड़े शुरू हो गए हैं। एक फूल को रंगीन कर देने के लिए अब बुलबुल काँटों की सूली पर अपने प्राण नहीं देती।

अब भ्रमर अपनी रातें गुजारने किसी कमल पर नहीं जाते।

जाते भी हों तो पता नहीं।

अब कालिदास और गालिब का वक्त गया। वह नजर मर गई जो कभी फूल और जवान लड़की को देखकर छन्दों की सृष्टि करती थी।

लड़कियो, तुम चाहे जितनी सजो, सँवरो और नगर में घूमो, पर वह अच्छा अतीत गया जब कोई कालिदास तुम्हें काव्य की नायिका बना देता।

अब तुम्हारे सौन्दर्य पर समर्पण करने के लिए कोई व्यक्ति सॉनेट लिखकर भेंट नहीं करता। अब...अब तुम्हारी नजरों का भार उठाने शायरियाँ नहीं आतीं।

और इसी प्रकार बसन्त आ जाता है। मास्टरनी की आज्ञा से लड़कियाँ पीली साड़ी पहन लेती हैं। धीरे-धीरे बहार चली जाती है। ऋतु शृंगार कोई नहीं लिखता क्योंकि आज का मनुष्य सर्राफे का मनुष्य है—बगीचों, बहारों और कविताओं का मनुष्य नहीं।

और ऐसे मनुष्य के लिए फूल, फलों की प्रदर्शनी आयोजित की जाती है। अभी देहली में यही हुआ था। कई बगीचों के फूलों को पुरस्कार मिला।

देहली के लोगों ने अपनी आँखें ठंडी की होंगी, क्योंकि उन्हें फूल छूने को नहीं मिलते।

आज का मनुष्य साधारणतः माह में एकाध बार कोट पर फूल लगाता है। गरीबों को कौन हार पहनाता है (सिवाय नेहरूजी के)!

फूल अब कपड़ों पर छपते हैं और प्यासे व्यक्ति उसका बुशर्ट पहनते हैं।

ये कवि लोग जो रजनीगन्धा और मालती की बात करते हैं, इनके पिता जायदाद में इनके लिए कोई बगीचा नहीं छोड़ गए। ये आम के बौर नहीं छूते और बसन्त पर प्रयोग लिखते हैं।

यानी गुलाबी संस्कृति अब खत्म हो रही है। टेबलों पर कागज के फूल और अखबार रह गए हैं, गुलदस्ते मुरझा गए हैं।

आज की नारियाँ फूल जमाने की कला में निपुण नहीं होतीं। सोलहवीं-सत्रहवीं सदी में जापान में फूल सजाना और कमरे का सौन्दर्य बढ़ाना अलग कला थी। चाय के कमरे फूलों से सजते थे। जापानी लड़कियों की पढ़ाई का आवश्यक विषय था फूल सजाना या 'इकेबोना'।

फूल सजाना कविता लिखने जैसा है। अज्ञेय ने कहा है :

'छन्द है यह फूल, पत्ती प्रास।
सभी कुछ में है नियम की साँस॥'

जापान में अनेक दार्शनिक धाराएँ इसके पीछे चलती थीं। जो बीच की डाली थी, वह प्रमुख शक्ति या स्वर्ग मानी जाती थी। दूसरी डाली धरती की प्रतीक थी। इनका समन्वय करती थी तीसरी डाली जो मनुष्य का प्रतीक होती थी। मनुष्य धरा और स्वर्ग के बीच की कड़ी जो माना जाता है!

पर विदेशियों के आगमन के बाद ये सिद्धान्त खत्म हो गए। आजकल सब ओर से देखने पर फूल सुन्दर दिखे, इसकी फैशन है। पहले के गुलदस्ते में ही फूल सजा 'लेंड-स्केप' तैयार करते हैं।

यदि अध्ययन किया जाए तो यह मनोरंजक विषय है। सभ्यता के पिछले युगों में फूल कुछ विशेष प्रकार से जमाए जाते थे। समाज की उथल-पुथल और व्यक्ति की मनोवृत्ति या गुलदस्ते पर अप्रत्यक्ष प्रभाव पड़ता है। सभ्यता की प्राथमिक अवस्था में लोग गहरे रंग के फूल पसन्द करते थे और विकास के युगों में हलके रंग चाहने लगे हैं।

पर अब वह जमाना गया।

फूल की पुड़ी भगवान को चढ़ जाती है और हार सब नेता और वक्ता पहनकर उतार देते हैं। आदमी को देखने के लिए केवल यह नोटिस बचता है : 'फल...फूलों को तोड़ने की सख्त मुमानियत है।'

इन्दौर के स्वर

जब 'नईदुनिया...जागरण...डेली पेपर!' की आवाजें सुबह को चीरती हुई गुजरती हैं, और शहर के एक ओर से मिल की सीटियाँ गूँजने लग जाती हैं : तो सारा शहर सोकर उठ जाता है।

दूधवाले कोठियाँ खड़खड़ाते हैं, 'दूध, दूध' की आवाजें आती हैं और आधी नींद डूबे हुए गले के पास खुजलाते सुन्दर चेहरे दरवाजों से बाहर गर्दन और बर्तन निकाल कहते हैं–'पाव भर।'

'छह नम्बर दो चाय, दो गिलास पानी...एक नम्बर तीन पोहे...साढ़े पाँच आने लो...चलो, टेबल साफ करो!...' और यह आवाज लगातार दिन भर आती रहती है।

धीरे-धीरे धूप चढ़ेगी। 'राजबाड़ा, छावनी, होल्कर कॉलेज... चलो, उतरो, श्रीराम प्याऊ...एक आना दीजिए साब'–शहर की नसों से नीले कीड़े घंटियाँ बजाते, हॉर्न गुँजाते गुजरने लग जाते हैं।

तभी सारे स्कूलों की घंटियाँ एक साथ बजती हैं : 'जी.एल. नीमा...यस सर, राहुल बारपुते...यस सर, चिंचालकर...यस सर।'

और फिर बुलियन एक्सचेंज व सर्राफा बाजार की आवाजें आती रहती हैं : 'तीन खाए, दो बेच...' जाने क्या-क्या!

दोपहर की चुप्पी में 'हाजिर है, हाजिर है' कहते हुए बरामदे में चपरासी घूमते हैं। स्टेशन के पास में कोई बोलता है, 'आ जाओ एक सवारी महू महू!'

'फिल्म फेयर, धर्मयुग, माया, मनोहर कहानियाँ, नवनीत, हिन्दी डाइजेस्ट... बाऊजी?'

'पालिश कर दूँ बाऊजी? एक आने में चमका दूँगा...अच्छा पालिश, बाऊजी!'

दोपहर चमकती रहती है।

'गोली...मीठी गोली...' सिन्धी लड़के बोलते हैं।

शाम के पहले शहर की सड़कों पर सुभाष चौक वाली सभा का निमंत्रण देता हुआ ताँगा घूमने लगता है।

होटल के रेडियो रिकॉर्ड गाने लगते हैं। तोपखाने से कारों की आवाजें उठती हैं। कार, ताँगे और साइकिलें, घंटियाँ और हॉर्न सड़क को होशियार करते हैं।

'उसने कहा था' में अमृतसर के बम्बूकार्ट वालों की बोली का मरहम लगाने को गुलेरीजी ने कहा था, 'इन्दौर में कारें और साइकिलें भी मीठी छुरी की तरह महीन मार करती हैं।'

बालोदय समाज की किलकारियाँ चुप हो जाती हैं।

हलका अँधेरा सड़कों पर आ जाता है। अंडेवाला 'वेणी-वेणी' बोलता निकल जाता है। यशवन्त सिनेमा के दरवाजे पर बैठा कोई कहता है–'छे आने, छे आने, छे आने।'

और अलका के पास में : 'बाबूजी, साइकिल रख दूँ? टिकिट न मिले, वापस हो जाएगी।' प्रकाश के सामने मूँगफलीवालों की आवाजें लाइनवालों को परेशान करती हैं।

सिनेमा की रिकॉर्डें बजती रहती हैं। गीत, ठुमका और डायलॉग आँखों के सामने आकर कानों में मिठास घोलते हैं।

'चालू खेल किताब...एक आना' की सलामियाँ सुनाई देती हैं और शहर की अँधेरी सड़कों पर सिनेमा से लौटे पैर खट-खट करते हैं।

पर अभी सुभाष चौक का आखिरी भाषण शेष रह जाता है।

पर अभी किसी कवि सम्मेलन में कुछ कवियों का दूसरी बार आना बकाया रहता है।

पर अभी सत्यनारायण की कथा का अन्तिम अध्याय शेष बचता है।

और उसके बाद सारे शहर में काली खामोशी बाकी बचती है। सिर्फ खंडवा गाड़ी के ताँगे नींद खोलने को गुजरते रहते हैं।

दूर-दूर से कुत्ते अपना मौखिक शिष्टाचार निभाया करते हैं।

पुलिसवाला पूछता है, 'देख रहा हूँ, आप लोग आध घंटे से खड़े हैं। आवारागर्दी है। कोतवाली चलिए।'

उसके बाद सिर्फ पुलिस की सीटियाँ शेष रहती हैं, क्योंकि प्रेस की धड़कनें बन्द हो जाती हैं। मगर मिलों की मशीनें चुपचाप रात में भी तीखे स्वरों में बोलती रहती हैं।

इस तरह इन्दौर के स्वर बने रहते हैं, जब तक कि वन्दना के इन स्वरों में एक स्वर अपना मिलाने हॉकर लोग नहीं आते!

डबल सवारी दर्शन

रास्ते में आते-जाते कभी किसी को डबल चलाते देखता हूँ तो हृदय प्रसन्न हो जाता है। आत्मा गद्‌गद हो जाती है। मानवी प्रेम के इस छोटे से प्रतीक को देख श्रद्धा से सिर झुका लेने को जी चाहता है।

सुनता हूँ कि पुलिसवालों के सामने डबलवालों को सिंगल हो जाना पड़ता है। कानून का सम्मान आवश्यक होता है। प्रेम और पुलिस, इन दो शब्दों में कहाँ मेल बैठ सकता है!

पर भारत के आदर्श भावी समाज के मूल में जो दर्शन है, हम यदि उस पर गम्भीरतापूर्वक विचार करें तो हम समझ जाएँगे कि वास्तव में कानून कितनी बड़ी गलतफहमी का शिकार हो रहा है।

आज हम यह नहीं चाहते कि जिसके पास दो कारें हों, उसकी एक कार छीनकर उसे दे दें, जिसे कार की अत्यन्त आवश्यकता है। नहीं, इसमें हिंसा होगी, जो हमारा लक्ष्य नहीं। यदि हम कार लेंगे तो मुआवजा देकर लेंगे; या चाहे तो स्वयं मालिक हृदय परिवर्तन के कारण कार दे दे। आदर्श यही है कि स्वयं मालिक रहकर भी वह अपनी कार को समाज में लगाए।

ठीक इसी तरह साइकिल की बात है। जिसके पास दो साइकिलें हैं, उससे एक साइकिल छीनकर दूसरे को देना गलत है। समाज का आदर्श यह होना चाहिए कि हमारे पास यदि एक गाय है तो अकेले ही दुहकर नहीं पिएँ, दूसरों को भी दूध दें।

यदि हमारे पास साइकिल है और हम जा रहे हैं, तो मानवता इसमें है कि यदि हमारा पड़ोसी या मित्र कोई पैर-पैर जा रहा हो तो उसे भी स्थान दें, अपने साथ डबल ले चलें।

जब आपके पैरों में शक्ति है तथा आपकी साइकिल सक्षम है तो दूसरों के हित में श्रमदान करना आवश्यक है। यह निःस्वार्थ भावना के द्वारा ही सम्भव है। इसमें आपको थोड़ा कष्ट होगा पर निश्चय ही उस व्यक्ति तथा समाज को लाभ पहुँचेगा।

क्योंकि दूसरे व्यक्ति की गति बढ़ने से समाज के कार्य की गति थोड़ी ही बढ़ी है। और आपका श्रम, परहित में सेवा से, उस बढ़ती हुई गति का परोक्ष रूप से कारण है।

अतः डबल सवारी के पीछे जो मूल भावना है—वही वह कुंजी भी है, वह दार्शनिक तत्त्व भी है जिसे विकसित रूप में हम अपनी मूलभूत समस्याओं को निपटाने के लिए आवश्यक मानते हैं। कानून की बात छोड़िए। सेवा में भावना होती है, वह कानून की ओर नहीं देखती। शराब की दुकान पर झंडा लेकर सत्याग्रह करने का कोई कानून नहीं था पर हमारी सेवा-भावना उसके पक्ष में थी। ठीक उसी प्रकार यदि हम दूसरों का हित करना चाहते हैं, अपनी साइकिल से उसमें सहयोग दे रहे हैं, तो निश्चय की कानून की जंजीरें हमारी निःस्वार्थ भावना को नहीं बाँध सकतीं।

और यदि माना जाए कि डबल सवारी से टक्कर का भय रहता है, तो यह गलत है। डबल सवारी से गति क्षीण होती है, टक्कर तो तेज जाने से होती है। और यदि दोनों दुर्घटनाग्रस्त हों तो 'सुख बढ़ जाता है, दुख घट जाता, जब वह है बँट जाता। जै जै भारत माता।' (मैथिलीशरण गुप्त)

शायद कानून पूँजी की सुरक्षा के लिए है। यह भय था कि कहीं दो बैठने के कारण साइकिल की बिक्री न कम हो जाए। अंग्रेजी बहादुरों ने अपनी विदेशी कम्पनियों की रक्षा की, पर स्वाधीन हृदय भारतीय के सम्मुख कृष्ण का आदर्श था जो युद्ध के समय भी सारथी बनने को तैयार थे। अतः डबल सवारी चलती रही।

और वह चलती रहेगी, जब तक समाज उस पूर्ण अवस्था को प्राप्त न कर ले। जब प्रत्येक के पास साइकिल होगी, तब तक हमें परहित के लिए संकीर्णता छोड़नी होगी। सेवा करनी होगी। अपनी धरती, अपनी सम्पत्ति, अपनी साइकिल की रक्षा का मोह छोड़ना होगा।

कालिदास

मोटे रूप से साहित्य दो भागों में बाँटा जाता है : (1) पढ़ने योग्य साहित्य और (2) प्रशंसा करने योग्य साहित्य।

पढ़ने योग्य साहित्य में लैला-मजनू, गुल-सनोवर, तोता-मैना, चन्द्रकान्ता सन्तति, भूतनाथ, सेक्स्टन ब्लेक, होम्स, मोहन डाकू सीरीज, कुशवाह कान्त आदि हैं।

और प्रशंसा करने योग्य साहित्य में मेघदूत, कुमारसम्भव, कादम्बरी, किरातार्जुनीयम्, नैषधीयचरित, बुद्धचरित, रावण वध, हरविजय, कला विलास, विक्रमांकदेवचरित, राजतरंगिणी, बालजेक, सॉमरसेट मॉम, वार एंड पीस, शृंगार शतक, कामायनी, दीपशिखा तथा राहुलजी का 'दार्जिलिंग-परिचय' आदि पुस्तकें आती हैं।

कुछ साहित्य पढ़ने योग्य होता है पर सभ्यता की मजबूरी और विद्वान कहलाने की अभिलाषा हमें उसकी तारीफ नहीं करने देती। और जिसकी हम एक स्वर से तारीफ करते हैं, उसके पढ़ने की न आवश्यकता है, न प्रेरणा ही उठती है।

कालिदास की प्रशंसा की जाती है कि भाई, उपमा तो कालिदास और शेष सभी घास हैं। कौन 'रघवुंश' के उन्नीस और 'कुमारसम्भव' के अठारह सर्ग पढ़े! दिलीप की परीक्षा, इन्दुमति का विलाप, शिव-पार्वती संवाद, कार्तिकेय का जन्म और कामदेव के भस्म होने से हमें कब काम पड़ता है!

जो कालिदास के जाननेवाले हैं, वे उसके प्रचार को इतने उत्सुक नहीं, जितने अनुसन्धान को। मेघदूत की टाँग पकड़, 'कालिदास उज्जैन में जन्मा, मन्दसौर में जन्मा, काश्मीर में जन्मा या अंडमान निकोबार में जन्मा', की बहस जरूरी समझी जाती है।

फिर खोजकर भी पता यही लगता है कि कुछ निश्चित नहीं।

कालिदास बहुत बड़ा कवि था। बाप रे बाप, कैसी प्रतिभा, कैसा चमत्कार, कैसी अलौकिकता, सजीव वर्णन, स्वाभाविक प्रसंग, मधुर शैली, भाव-भाषा समन्वय!

इसकी तारीफ हमसे क्यों पूछते हो, पश्चिम से पूछो। वे बताएँगे। 1789 में जोन्स ने शकुन्तला का अंग्रेजी अनुवाद किया था। फिर जर्मन में हुआ और गेटे तो पढ़कर मग्न हो गए : क्या बात है 'अभिज्ञानशाकुन्तल' की!

शान्ताराम के सद्प्रयत्नों के बाद तो पढ़ने की रही-सही जरूरत भी नहीं रही।

रूस में कालिदास का बड़ा प्रचार है। मेघदूत की बानगी लीजिए : 'इज्र द्रझवी, इली, इज झालोस्ती को मून्ये नेस्चास्त नोम् व राजक्गुये झेर्त्वे रोका। इ पालेनिब फस्यो, ओ दुग ओ फस्योम प्रोशु या ईस्केन्नो स्क्रोम्नी।'

अर्थात हे मेघ! मेरे ऊपर मित्र भाव से अथवा विरही पर दया भाव से इस प्रार्थना को, जो आपके अनुरूप नहीं है, मेरी भार्या के पास पहुँचा दें तथा उसका उत्तर मेरे पास भेजकर आप कहीं इष्ट देश में विचरण करें।

है कोई साहित्य का लाल जो ऐसा नाम पाए? कालिदास-सा न कोई हुआ है, न होगा।

फिर भी साहब, कालिदास कालिदास है। दुख हो या सुख, वे अपना भावरस उस अनासक्त कषीवल की भाँति खींच लेते थे, जो निर्दलित इक्षुदंड से रस निकाल लेता है।

कुछ जो अनुसन्धान में लगे हैं, वे कालिदास जयन्ती पर सारे श्लोक बोल देते हैं, जितने याद हैं। उसी समय प्रचार होता है कालिदास का। यों रेडियो के लिए उदयशंकर भट्ट ने रूपक भी लिखे हैं। प्रायः विद्वानों के लेखों में उनका जिक्र आता है।

उम्मीद है, इस मिट्टी से कालिदास फिर जन्मेगा।

अभी आप पेड़ पर बैठ अपनी डाली काटो। योग्य वर की खोज करते हुए राजकुमारी के ब्राह्मण आते होंगे।

श्रीशासन

'श्रीशासन' शब्द मुँह से बोलते ही हमें टाँगें ऊपर और सर नीचे का खयाल आ जाता है।

प्रायः हम लोग श्रीशासन किया करते हैं ताकि शरीर में खून का दौरा बराबर ठीक रहे।

शब्द पढ़कर आपको आश्चर्य नहीं होना चाहिए क्योंकि प्रायः 'श्री हजूर' जैसे शब्द आपने पढ़े होंगे। हर सम्माननीय पद, व्यक्ति व संस्था के आगे 'श्री' लगा दिया जाता है।

तो मैं जब 'श्रीशासन' शब्द का उपयोग या प्रयोग करता हूँ तो मुझे नाम के साधारण श्रीयुक्त अर्थ के साथ ही नीचे सर व ऊपर टाँगों का खयाल आ जाता है।

उसके साथ मैं जो यह शब्द प्रयोग करता हूँ तो स्थिति उपयुक्त लगती है। जहाँ सिर नीचे और टाँगें ऊपर हों यानी कारोबार उलटा हो, उसे श्रीशासन कहते हैं।

श्रीशासन का आधार मस्तिष्क है। श्रीशासन का स्थायित्व उसी समय तक रहेगा जब तक कि उसके मूल में मस्तिष्क हो। सारा भार उसी पर रहता है। यदि वह भार सम्हालने के योग्य न हो तो श्रीशासन समाप्त हो जाता है।

श्रीशासन ज्यादा देर नहीं रहता। जितनी देर उसका आधार बने, मस्तिष्क में शक्ति होगी, श्रीशासन उतनी देर रहता है।

श्रीशासन में मुँह से अधिक बातचीत नहीं की जा सकती। प्रश्न करने पर उत्तर नहीं मिलते। प्राय लोगों को शिकायत रहती है कि हमने श्रीशासन करनेवाले से कितनी बार पूछा परन्तु कोई उत्तर नहीं मिला। 'अप्लाय, अप्लाय, नो रिप्लाय'—श्रीशासन का गुण है।

श्रीशासन में हर चीज, हर समस्या उलटी नजर आती है। जो श्रीशासन करता है, वह कभी स्थिति का ठीक अध्ययन नहीं कर सकता। किसी समस्या को साधारण लोग जिस नजर से देखते हैं, उससे उलटी तरह ही श्रीशासन करनेवाले को दिखता है।

श्रीशासन सब नहीं करते। कुछ लोग श्रीशासन करते हैं।

कुछ लोग श्रीशासन नापसन्द करते हैं।

कुछ लोग श्रीशासन करना चाहते हैं पर शक्ति या स्थिति न होने के कारण नहीं कर पाते।

श्रीशासन करनेवालों का कहना है कि श्रीशासन करना कोई मजाक या हँसी-खेल नहीं है।

श्रीशासन करनेवाले को न करनेवाले की अपेक्षा ज्यादा फायदे हैं। एक बार जिसने श्रीशासन किया, उसकी स्थिति कुछ समय तक बड़ी अच्छी रहती है।

श्रीशासन के अपने नियम हैं, अपने तरीके हैं। यदि उन पर न चलें तो श्रीशासन हो नहीं सकता।

श्रीशासन में हाथ बँधे रहते हैं। आपने प्रायः श्रीशासन करनेवाले के मुँह से सुना होगा कि मैं मजबूर हूँ, मैं कुछ नहीं कर सकता।

फिर भी श्रीशासन करनेवालों को सभी लोग असम्मान की निगाह से नहीं देखते। वे श्रीशासन की मजबूरी समझते हैं।

श्रीशासन जो नीचे हैं, उन्हें ऊपर उठाता है। हमारे शास्त्रों में ब्राह्मण को सिर और शूद्र को पैर माना गया है। श्रीशासन में पैर धीरे-धीरे ऊपर उठते हैं। बिना पैर उठाने का प्रयत्न किए श्रीशासन हो नहीं सकता।

एक बात है, यों तो प्रत्येक स्थान पर श्रीशासन कर सकते हैं, पर अक्लमन्दी यही है कि श्रीशासन एक जगह रहकर किया जाए। सबके श्रीशासन का अपना स्थान रहता है।

आप अपनी श्रीशासन की अकड़ सब जगह दिखाएँगे तो लोग आपको मूर्ख मानेंगे।

आप यह जानते हैं, हमारे देश में नेहरूजी श्रीशासन करते हैं।

पत्थर के आँसू

ऑस्कर वाइल्ड की कहानी 'हैप्पी प्रिंस' में जैसा आश्चर्य मिस्र जानेवाली गौरैया की पत्थर की मूरत से आँसू देखकर हुआ था, वैसा आश्चर्य लखनऊ के लोगों को हनुमान की मूरत से आँसू गिरते देखकर हुआ।

उस दिन पुजारी ने आश्चर्य से देखा कि हनुमानजी सिसक रहे हैं। शक्ल भी रोनी-सी थी या नहीं, पता नहीं। पर आँसू गिरे जा रहे हैं।

सारे देवताओं की मूरत में हलकी-सी मुस्कुराहट रहती है। केवल हनुमान की मूरत ऐसी है जहाँ कहीं मुस्कुराहट नहीं। गम्भीर जमादारी चेहरा।

सो 'रोते क्यों हो, शक्ल ही ऐसी है' वाली बात हनुमानजी के विषय में सोची जा सकती है, पर कही नहीं जा सकती।

आँसुओं की वजह और मतलब यों ही समझ में नहीं आता। टेनीसन कहता है, 'टीयर्स, आयडल टीयर्स, आय नो नॉट व्हाट दे मीन।'

आँसू हृदय के सेफ्टीवॉल्व माने जाते हैं। 'दिल भर आया, आँख भर आई और आँसू बहा काटूँ दिन-रतियाँ' जैसी चीज हो जाती है।

पर मैं मगर के आँसू, झूठे आँसू, प्याज के आँसू और पत्थर के आँसू की बात कर रहा हूँ। क्योंकि चाहे एच. बीचर कहते हों कि आँसू वो टेलिस्कोप हैं जिनके द्वारा स्वर्ग नजर आता है पर यह बात हमेशा नहीं होती।

फिर हनुमानजी क्यों रोए? पत्थर से आँसू गिरने का कोई वैज्ञानिक कारण होगा। पर मेरा भावनाप्रधान मन इसे स्वीकार नहीं करता।

आज अगर इस तरह के आँसू 'वरजिन मेरी' की आँखों से गिरते तो केथलिक पादरी सैकड़ों मतलब निकालते और हजारों भविष्यवाणियाँ होतीं।

लेकिन हनुमानजी पर जो हजारों मन चढ़ावा चढ़ गया तो पुजारी ने मतलब जानना और आँसू न बहाने की प्रार्थना करना बेकार समझा। वहाँ आँसू वरदान बन गए।

सचमुच में आँसू हमारे लिए इतनी बड़ी समस्या नहीं है, जितनी बड़ी समस्या राजकुमारी अमृतकौर के लिए है, स्वास्थ्य विभाग के लिए है।

आज की स्वास्थ्य-दशा देखकर प्राचीन युग का पहलवान आँसू बहाता है, यह कैसा सर्टिफिकेट?

हनुमानजी शायद हमारी शारीरिक हालत देखकर रोए हैं। राष्ट्र स्वास्थ्य की दृष्टि से पूरा महात्मा गांधी हो रहा है। पहलवान है, मगर नुमाइशी पहलवान है। हमीदा बानू चुनौती देखकर खड़ी है--जो कोई कुश्ती में हरा देगा, उससे शादी कर लेगी। पर कोई उत्तर नहीं।

सोचिए, हर ईमानदार बजरंगबली इस वक्त यदि रोएगा नहीं तो क्या करेगा?

पर भाई, हनुमानजी लखनऊ के हैं। वातावरण का प्रभाव पड़े बिना रहता नहीं है। वह लखनऊ जहाँ पर कि कभी 'उल्लू के पट्ठे रंगे गुल से बुलबुल के पर बाँधते थे', जहाँ वाजिदअली द्वारा बुलाई गई बहारें थीं–उस लखनऊ के नवाबी हनुमान के रोने का क्या कारण होगा?

उस नजाकत के युग में जो नहीं रोए, वे अब रो रहे हैं।

मैं एकाएक हैरान हो गया, यह सोचकर कि क्या हनुमान के आँसू का वैसा ही मतलब है जो कि लखनऊ के वृद्धों का रहता है, जिन्हें 'अब कनकौए कम नजर आते हैं, बटेर कम लड़ाई जाती है, कबूतर कम उड़ते हैं' का दुख रहता है?

ऐसी पीड़ा एक कवि को लखनऊ देखकर कभी हुई थी : 'लेते थे चुम्बन युगल जहाँ, लेने हैं चले सुराज हाय! कब्रों पर आज आशिकों के, फिरते एम.एल.ए. आज हाय!'

सो हनुमानजी के रोने का कारण समझ नहीं आता। पन्त की सरकार ने कोई स्पष्टीकरण नहीं किया।

शायद कोई साधारण-सी बात हो। यद्यपि बात-बात पर रोने की आदत जो बच्चों और कहीं-कहीं बीवियों में होती है, वह हनुमानजी में नहीं है।

शायद मलमल के कुर्तेवाला कोई राम का मन विरह की पीड़ा सह रहा होगा। उसे देख बजरंग रोए।

क्योंकि आज का लखनऊ विचित्र परम्पराओं का इमामबाड़ा है, भूल-भुलैया है।

अन्दाजे-बयाँ और

उस दिन जब पड़ोसन ने राम जाने क्या समझकर ग्रामोफोन पर तवा चढ़ाया और पिन चुभोई (उई) तो एक गजल या ऐसी ही कुछ बज उठी। सारा रिकॉर्ड मैं ध्यान से सुनता रहा। अब बेमतलब कोई पास जोर से चिल्लाए तो उसकी बात सुनने को ध्यान से सुनना ही कह सकते हैं।

उसमें कहा गया था कि यों तो कई हैं मगर गालिब का अन्दाजे-बयाँ और है।

रिकॉर्ड तो चुप हो गई पर यह 'अन्दाजे-बयाँ और' मेरे दिमाग में अटक गया।

अन्दाजे-बयाँ और, यानी जो सब कहते हैं, वह नहीं; अभिव्यक्ति की मौलिकता, अपनी ढपली द्वारा निकला अपना राग, डेढ़ चावलों का अलग पकना आदि है।

यों तो सभी का अन्दाजे-बयाँ अलग-अलग है। भला आदमी जैसी बातचीत करता है, वैसी बातचीत एक पुलिसवाला नहीं करता। उसके रुतबे के स्वरों में जमादारी तत्त्व, घुड़क अभिव्यक्ति तथा झिड़क अभिव्यंजना अलग ही है। शायद ऐसी अभिव्यक्ति के पीछे उसकी अनुभूति भी अलग है।

खैर, छोड़ो, मैं पुलिस की ज्यादा बात कर वातावरण गम्भीर करना नहीं चाहता। पर यह अन्दाजे-बयाँ पर जोर देना आवश्यक है।

इस संसार में बातें सब वही हैं। रोज सूरज उगता है। रोज हम देर से उठते हैं। वही बसें, ताँगें और नगरसेविका के एहसान से दबी सड़कें; वही आदमी, बच्चे और जवान बच्चियाँ; सुन्दर बहनें, आकर्षक माताएँ, डमरूनुमा बाप, क्लर्क, 'मुम्फली' वाले मास्टर व फड़तूस लोफर व लेखक—सब बातें वही हैं।

हर अखबार एक ही बात बोलता है। नेहरू का समाजवाद, ढेबर, विनोबा आदि वे ही खबरें सब जगह।

पर फिर भी इस अन्दाजे-बयाँ का ही दम है कि जिधर देखो, उधर ही आकर्षण है।

सब नेता बोलते हैं। सिखाए मिट्ठू-सी बात पर अपने मन की मैना। पर अपना नेहरू, क्या बात है! जी, अन्दाजे-बयाँ और है।

हर लड़की की जुबान मीठी होती है—मगर वह, जिसका ध्यान आपको रहता है, जिसकी खिड़की बिना ताके, जिसका घर बिना झाँके, जिसके रास्ते बिना खड़े

आपका काम नहीं चलता, उसकी बात आपको विशेष अच्छी लगती है। क्यों? अन्दाजे-बयाँ और है!

स्कूल में जो किताबें चलती हैं, वे एक सरीखी होती हैं। मास्टर वही बोलता है। पर सुननेवालों में सभी तो उल्लू नहीं होते, अतः ज्ञान की डिजाइनें अलग-अलग हो जाती हैं और जब भारत के भविष्य के अनुसार सारे छात्र प्रौढ़ों में बदलते हैं तो सबका अन्दाजे-बयाँ और हो जाता है!

यात्राओं के मौके सभी को आते हैं। रेल का पेट कब खाली रहता है! यात्रा वर्णन भी कई करते हैं पर प्रसिद्ध यात्री एकाध ही बनता है क्योंकि अन्दाजे-बयाँ और होता है!

सांस्कृतिक, सामाजिक, साहित्यिक, अखबारी, कारबारी–सभी क्षेत्रों में वही समस्या है, वही हल है और वही बातें हैं–मगर अच्छी दलाली, अच्छी भटैती हरेक नहीं करता, उसे करनेवाला मन और मानस हरनेवाला एक सुखनवर अलग ही होता है।

फिर शिक्षा का, किताबों का, भाषण का–सबका एक ही उद्देश्य है कि आप अपने अन्दाजे-बयाँ का प्रदर्शन करते रहें। बस, यदि आपने अपनी शैली बना ली तो जीवन सफल है।

लोग गालिब के लिए जैसा कहते थे कि यों तो सुखनवर हैं बहुत से, पर गालिब का अन्दाजे-बयाँ और है–वैसे आपके नाम पर भी रोएँगे।

इसका आनन्द आगरे में आया था। पागलखाने में देखा कि हर व्यक्ति का लहजा, मौलिक अभिव्यक्ति, यानी अन्दाजे-बयाँ अलग ही था।

चरथ भिक्खवे चारिक

आजकल अपीलें होती हैं कि अरे घरघुसो, जरा बाहर आओ। ये रेल के डिब्बे मसाले भरने के नहीं हैं, आपके लिए हैं।

किराए का बेल्ट ढीला किया जाता है, कंसेशन के पाल बाँधकर अपनी नाव छोड़ दो। सो डाक्यूमेंट्री दिखाई जाती है। चिकनी तसवीरें छपती हैं। पर बहुत कम लोग अपना कर्मक्षेत्र खुला छोड़ते हैं, जैसे चुनाव में खड़े हों, कहीं जा नहीं सकते!

प्रश्न है : 'जाएँ तो जाएँ कहाँ?' पहाड़ जाइए। जरा ऊँचे चढ़िए। उड़ंची लीजिए। पतंग बनिए। 'सबै भूमि गोपाल की या में अटक कहाँ, जा के मन में अटक है सो ही अटक रहा'।

आर्यों की सन्तानों ने एक बात सीखी है कि खूँटा मत छोड़ो। नहीं तो आर्य जैसे अपनी जन्मभूमि छोड़ वापस नहीं पहुँचे, वैसे हम भी नहीं पहुँचेंगे।

सो कोलम्बस अमेरिका चला गया। वास्को-डी-गामा भारत आ गया। और तो और, एशिया के पास ही आस्ट्रेलिया तक कैप्टन कुक आ गया। मगर बन्दे अपने तीर्थों से आगे नहीं बढ़े।

सूर जैसे अन्धों ने सीख दी कि 'परम गंग की छाँड़ि पियासो दुरमति कूप खनावे...मेरो मन अनत कहाँ सुख पावे।'

पर शेष नयनसुखों को आनन्द तो भ्रमण में आता था सो बुद्ध घूमे, महावीर घूमे, शंकर घूमे, चैतन्य घूमे, नानक घूमे—परिक्रमा की और पवित्र हो गए, ब्रह्मपुत्र हो गए, कार्तिकेय हो गए। माँ-बाप के आसपास घूम सूँड़ नहीं हिलाते रहे गणेश जैसे!

एक साधु ने कड़ककर कहा : 'सैर कर दुनिया की गाफिल, जिन्दगानी फिर कहाँ? जिन्दगानी गर रही तो नौजवानी फिर कहाँ?'

लोग बाहर आए और करतल भिक्षा, तरुतल वास करते आगे बढ़े। लंका, बर्मा, श्याम, चम्पा, फिलिपाइन तक झंडे गाड़ आए।

थककर घर लौटे। गाँव के बच्चों को दूर देश की परियों की बात कही। लड़कों का मन मचला तो बारह साल की उम्र में परियाँ खोजने भागे और कहीं जाकर प्रेम किया। लौटकर आए तो बहू साथ में।

यह हैं घूमने के मजे। जरूरत नहीं कि साथ कोई रहे। हमेशा एक से दो भले नहीं होते। रवीन्द्र को मानो तो 'एकला चालो रे' ठीक बात है। मन माने तो मेला, नहीं तो सबसे भला अकेला।

सरकार दो बातें कहती हैं : घर रहो तो देश को ऋण दो। नहीं तो सफर को निकलो। देर करने की जरूरत नहीं, काल करे सो आज कर। अब मन पड़े, चल दो। यानी यदहरेव विरजेत तदहरेव प्रवजेत।

असली घूमनेवाले साथी रास्ते में पाते हैं। यों बेहतर है कि 'एको चरे खग्ग विसान कप्पो...' यानी गेंडें के सींग की तरह अकेले विचरें।

इसके खिलाफ 'जन्मभूमि मम परम सुहावनि' के गायक कीट पतंगों ने खूब प्रचार किया है।

छोटे बच्चों को कहा कि 'देखो, राजा गया दिल्ली, वहाँ से लाया सात कटोरी, एक कटोरी फूटी और राजा की टाँग टूटी।' बच्चों ने सोचा, दिल्ली जाकर कौन टाँग तुड़वाए! नेताओं ने नारे लगाए, 'दिल्ली चलो'–कोई नहीं हिला।

कुछ लोगों ने घूमना लिमिटेड करवाया। तालाब देखनेवालों को कहा, 'ताल तो भोपाल ताल, बाकी सब तलैया।' गढ़ देखनेवालों को कहा, 'गढ़ तो चित्तौड़गढ़, बाकी सब गढ़ैया'–ताकि लोग ज्यादा न घूमें।

पर मस्तिष्कवाले भोपाल ताल से मानसरोवर गए। घूमने से अकल आती है। नेताओं को देखो, कितना ज्ञान मिला है सब दौरे से!

कम-से-कम यह गुण जनता में आना चाहिए। तो घूमो, नई पगडंडियाँ बनाओ। आगे सड़क बनेगी।

हिन्दू धर्म कहता है, 'राम जपतु चलु, राम जपतु चलु भाई रे'। बुद्ध धर्म कहता है : 'चरथ भिक्खवे चारिक,' यानी भिक्षुओ, घुमक्कड़ी करो।

पानी का कस

प्रचार के भी स्तर होते हैं। दार्शनिक विचार के स्तर का प्रचार होता है, जिसमें इतिहास की गति और दर्शन के विभिन्न पक्षों पर बहस करने के बाद व्यक्ति को अपने पक्ष में फोड़ा जाता है।

फिर नेताओं के स्तर की बातचीत होती है जिसमें कौन से दल की ओर से खड़े होने पर चुनाव जीता जा सकता है, कौन से गुट में घुसने से मंत्री-पद अवश्य दिया जाएगा–इसका खुसपुस प्रचार होता है।

फिर जनता का स्तर आया।

इसमें पैसेवालों में प्रचार किया जाता है कि भाव बढ़ा देंगे, इनकम टैक्स नहीं लेंगे, समाजवाद की बात नहीं करेंगे, वोट देना–अपने घर के और नौकर-चाकर के।

मध्यमवर्ग में प्रचार होता है–अन्तर्राष्ट्रीय स्थिति को समझो। शिक्षा के, कृषि के क्षेत्र में आज का मनुष्य क्या चाहता है और क्या हुआ है, इसे पहचानो। भ्रष्टाचार कैसा फैला जा रहा है! मध्यमवर्ग की हालत क्या है! विकास की सम्भावना नहीं है। नीति गलत है, मत भूलो। यही पेटी आपकी पेटी है। नमस्ते। भाभी से भी कह देना, वोट देने आए। तबीयत कैसी है? आप महिलाओं में काम नहीं करतीं। चाय नहीं लूँगा। जरा यह जनतंत्र की सेवा हो जाए। फिर खाना खाने आएँगे। चलूँ। मत भूलना, जनता की पेटी। नमस्ते, नमस्ते।

उसके बाद आम जनता के लिए प्रचार होता है–आजादी हुए आज कितने साल हो चुके मगर जनता उसी प्रकार से है। रामराज्य के वायदे हवा हो गए। इनकी काली करतूतों का पर्दाफाश हो गया है।

'भाइयो, सरेआम गो माता को काटा जा रहा है। आपने देखा ही होगा। हिन्दू संस्कृति पर यह कुठाराघात हो रहा है।'

'नेहरू के हाथ मजबूत बनाने के लिए बैल जोड़ी को ही वोट दीजिए। सामाजिक और पंचवर्षीय योजना के लिए, मत भूलो बैल जोड़ी।'

इस प्रकार के अनेक भोंगे अपना कर्तव्य अदा करते हुए निकल जाते हैं।

फिर और भी हलका स्तर आता है जिसमें कच्ची बुनियाद के सत्य नहीं, बेबुनियाद की झूठ हुआ करती है।

'यह जो घोड़ा है, यह शिन्दे सरकार का, माधवराव महाराजा का घोड़ा है। अगर इनकी पेटी में वोट डाल दो तो इसी घोड़े पर आलीजाह तशरीफ लाएँगे और फिर सब जगह वही पुरानी चैन-अमन हो जाएगी।'

'और भैया, हनुमानजी के मन्दिर में मूरत के आँसू बह रहे हैं कि यह कांग्रेस राज्य में पहलवानों को तकलीफ हो रही है, खाने को बादाम नहीं मिल रहा है और रात को सपने में पुजारी को कहा था कि मर जाना पर कांग्रेस को, कम्यूनिस्ट, समाजवादियों को वोट मत देना। तुझे सीता मैया की सौगन्ध!'

'यह जो आपके सामने बढ़-बढ़कर समाज की बात कर रहा था और देश-भक्ति का ढोंग कर रहा था, जानते हो, इसका बाप कौन था और इसकी बहन के साथ क्या गुजरी थी? सुनिए।'

फिर कीचड़ उछालने का प्रजातंत्र वाला अभिव्यक्ति की स्वतंत्रता का मार्ग खुल जाता है और जमकर मैल बहने लगता है जुबान से।

इस तरह के तर्क सुनने को मिलते हैं :

'ये जो आज छाती ठोंककर प्रचार करते हैं कि हमने अन्न का उत्पादन बढ़ा दिया है और ढेरों-सा अन्न पैदा हुआ है तो हम पूछते हैं कि इसमें तुमने क्या किया? अजी, जब सूखा पड़ता है तो भगवान के कोप से होता है। अगर अधिक अन्न उपजा तो भगवान की कृपा से। उसमें इन लोगों ने क्या किया, बताओ?'

और इस तर्क व प्रचार में प्रजातंत्र व मताधिकारी, दोनों की ऐसी-तैसी हो गई।

'पानी से जब बिजली बनाई जाती है तो जो पानी का कस है, तत्त्व है, उसकी तो सरकार बिजली बना लेती है। फिर बिना ताकत का, बिना बिजली का, सपरेटे का पानी खेतों को दिया जाता है। बताओ, उससे उपज हो सकती है? पानी का कस तो निकाल लेते हो और किसानों को उल्लू बनाते हो कि खेती होगी। यही है न कांग्रेस राज?'

सर्वहारा नृत्यकला

अभी परसों मैं एक बन्दर-बन्दरिया का नाच देख रहा था। मेरा अनुभव है कि जनता बन्दर की ओर, नेता और अभिनेताओं की अपेक्षा, ज्यादा आकर्षित हो जाती है।

इसका क्या कारण है—समझ में नहीं आता। बन्दर को राम की ओर से आशीष मिला है, या यह भी कारण हो कि हमारे-आपके सबके वंश-वृक्ष की फुनगी पर कोई बन्दर बैठा है। डारविन की बात आपको मंजूर होगी।

मैं मदारी द्वारा प्रदर्शित इस नाच को इस कारण देख रहा था कि नृत्य की ओर मेरी अभिरुचि बचपन से रही है। छोटा था तब पड़ोसिन मुझे देखकर कहती, 'नाच री मेरी मैना, तुझे गेहूँ की रोटी दूँगी' और मैं ठुमकने लग जाता।

अब नाचता तो नहीं हूँ पर नाच देखने का शौकीन हूँ। भारतीय नृत्य-कला पर कई लेख और पुस्तकें पढ़ी हैं पर किसी विद्वान द्वारा यह मदारी-निर्देशित नृत्य की बात नहीं सुनी।

मुझे लगता है कि वानर-वानरी नृत्य का प्रारम्भ हम राम की लंका-विजय के समय से लगा सकते हैं; या अयोध्या में राम के साथ लौटनेवाले कुछ वानरों को नाच कर पेट पालना पड़ा होगा।

नृत्यकला दो भागों में बँटती है—एक राज्याश्रयी तथा दूसरी लोकधर्मी। लोकधर्मी में समस्त लोकनृत्य तथा वानर व रीछ-नृत्य आ सकते हैं।

वानर-वानरी नृत्य का जनसमाज से अधिक सम्पर्क रहा, इस कारण ही आर्थिक संघर्षों और मान्यताओं का इस पर प्रभाव पड़ा है।

इतिहास के किन कालों में यह नृत्य किस दशा में रहा, यह खोज करनी चाहिए। परन्तु यह पंक्ति—'बन्दर-बन्दरिया चाबे पान, उड़ गई टोपी रह गए कान'—बताती है कि कभी इन नर्तकों को समस्त सुख-सुविधाएँ प्राप्त रही हैं।

सुख बढ़ने पर पतन भी हुआ होगा क्योंकि कहावत है कि पहले तो बन्दर बावला और ऊपर से पी ली भंग। ऐयाशियों ने कला को दूसरा रूप दिया होगा।

नृत्यकला सदैव लाल मुँह के बन्दरों के हाथ रही है, इसका कारण यही है कि सदैव से नर्तक व नर्तकी का रंग सुन्दर होना आवश्यक रहा है। दूसरे रंग के बन्दरों को इसी कारण कोई स्थान नहीं मिला।

ब्रिटिश-राज में इन लाल मुँह के बन्दरों की जितनी उन्नति की अपेक्षा थी, वह नहीं हो पाई।

तब से यह नृत्य-कला ग्रामीण समाज तथा नगर के निम्न मध्यमवर्ग व प्रोलेतेरियत के मनोरंजन के काम आई।

नृत्य-कला के रूपों को यदि ध्यान रखें तो वह कला भारत नाट्यम में मानी जा सकती है। नृत्य एक कथानक पर आश्रित है जिसमें एक ग्रामीण युवक (वानर) अच्छे वस्त्रों से सजकर विवाह को जाता है। विवाह कर लौटता है। फिर गार्हस्थ्य जीवन की झाँकी दी है।

इसे मणिपुरी भी मान सकते हैं चाहे मृदंग की जगह डमरू हो, पर ताल पर कम ध्यान दे, मुद्राएँ ही ज्यादा हैं। घघरिया प्रायः मणिपुरी आकार की होती है।

लोकनृत्यों का इस प्रकार से विश्लेषण अभी ठीक नहीं है।

पर यह निश्चित है कि सामाजिक जीवन की झाँकी इनमें है। बन्दरिया रतनचमेली भारतीय नारी का प्रतिनिधित्व करती है। शृंगार, रूठना और पति से असहयोग, अपरिचित युवक से बँध दूर चले जाना–सब कुछ नारी की ही आदर्श तसवीर है।

उनकी गरीबी व मजबूरियाँ पीड़ित समाज की ही बात कहती हैं।

नर्तकी रतनचमेली भारत की समस्त नर्तकियों की बात करती है। मदारी उससे पूछता है–तू क्यों नाचती है? वह पेट पर हाथ मारकर कहती है कि इसके लिए।

कुक्कू और वैजयन्तीमाला भी क्यों नाचती हैं? पेट के लिए। रात को घुँघरुओं की आवाज क्यों आती है? पेट के लिए।

फिर इन कौमी नारा 'हुप' लगानेवाले मूक कलाकारों की युगों से आ रही साधना की उपेक्षा क्यों?

आदि मार्ग

शास्त्रों की आवाज भौतिकवादी नक्कारे में तूती के समान है, मीठी पर अनसुनी। फिर भी वैवाहिक क्षेत्र में इसका पुरजोर असर अभी शेष है। अभी भी पत्नियों की खोज जाति के संकीर्ण घेरे में से ही की जाती है, अथाह नारी सागर में से नहीं। और पिता अपनी बेटी ब्याहता नहीं, दान देता है। कन्यादान!

शास्त्रों ने कहा है कि धन का दान, भूमि का दान आदि सब तो छोटे हैं, सबसे बड़ा दान तो कन्यादान है। हम भी मानते हैं कि गोधन, गजधन, बाजिधन, और भी रतनधन खान परन्तु जब आवे पत्नीधन तो वास्तव में सब धन धूरि समान।

यों तो दान की बछिया के दाँत नहीं देखे जाते कि असली हैं या नकली पर कन्या का दान लेनेवाला सुपात्र न केवल दाँत, आँख, पर दिमाग भी देखता है, चार हितुओं को फोटू दिखाता है, बाप का डिटेल जानता है, अदेखा अन्दाज लगाता है और तब कहीं दान लेने की स्वीकृति देता है।

संविधान की यह भावना समझना कुँवारों और विवाहितों, दोनों के लिए कठिन है कि पत्नी का सामाजिक दर्जा बराबर है, और बेटी के ब्याह को कन्यादान कहना गलत है।

पत्नी को खरीदा हुआ मत समझो, अन्याय है। पत्नी को दान में पाया मत समझो, अन्याय है। पत्नी को घर की मुर्गी मत समझो, जीती हुई लाटरी मत समझो, आसमान से भगवान की भेजी परी भी मत समझो, जमीन पर लावारिस चीज भी मत समझो।

यानी पत्नी को कुछ मत समझो।

अब आल्हा-ऊदल कालीन दर्शन भी कहाँ रहा कि 'जेहि की बिटिया सुन्दर देखें तेहि पे चमक धरैं हथियार'। अब यह मुश्किल है। हरण करने के बाद कोतवाली शरणम् गच्छामि के सिवाय उपाय नहीं है। या बालापन के हौंस को दबा रखो जब तक कि बालिग रूपा के बोल नहीं फूट पाएँ।

हरिश्चन्द्र का अनुभव है कि दान से दक्षिणा भारी पड़ती है। बेटी-दान के साथ जो दक्षिणा देनी पड़ती है, वह भी आर्थिक गंजापन लाती है। बरसों पहले चैतन्य भागवत के शिकायती छन्द में यह व्यक्त हुआ था--'धन नष्ट करे पुत्र कन्यार विभाय', पर किसी ने नहीं सुना।

आर्थिक दृष्टि से दान और भेंट में कोई फर्क नहीं। फर्क है सिर्फ सम्मान-भावना का। यदि विवाह को दान के बजाय भेंट करार कर दिया जाए तो भी लड़की के चिर सम्मान और अहस्तान्तरणीयता की गारंटी तो हो ही जाती है।

आज दान में पाई चीज को आप जिस रूप में चाहें, उस रूप में इस्तेमाल कर सकते हैं। यों भी करेंगे पर ऊपरी घोषणा हो जाएगी कि पहले बेटी दान में जाती थी और अब मुफ्त में जाती है।

आप यह तो मानते हैं कि दान की भावना बुरी नहीं होती। कम-से-कम मोल-भाव, सौदेबाजी, मक्खन या कंजूसी की भावना से तो अच्छी ही होती है। भारत के लिए यह व्यापक दया-भावना बना रहना भी अनिवार्य है।

पर सिर्फ भावना से ही काम नहीं चलता, उसके लिए कुछ वस्तु भी तो चाहिए। हर घर में धन और जमीन की उपज तो होती नहीं। घर की खेती तो हमारे बेटे-बेटी हैं। भावना बनी रहे तो बेटी भी दान के मार्ग जाएगी।

पर किसी भी मार्ग से जाए, हश्र तो वही होना है।

फिल्मी निद्रा

आजकल जनता सितारों के लिए और सितारे जनता के लिए बड़ा प्रेम दिखा रहे हैं। जनता तो सदा से दिखाती है पर अब जनतंत्र अर्थात् अमची सरकार का प्रेम उमड़ा है। दो बीघा जमीन, श्यामूची आई आदि पर राष्ट्रपति मोहित हो रहे हैं।

उधर रूस में राजकपूर, विमल राय वाह-वाही लूट रहे हैं। सितारों के काफिले जहाँ से गुजरते हैं, वहीं जवानी आ जाती है।

पर नेहरूजी ने फतवा दिया जो बड़ा सच है, कि फिल्में इतनी लम्बी होती हैं कि नींद आने लग जाए यानी सोने की गोलियों सरीखा प्रभाव वे भी करती हैं।

कुछ लोग तो वाकई में सिनेमा में सोने ही जाते हैं। पड़ोसी से कह देते हैं–यार, वह कक्कू का डांस हो तो उठा देना।

कुछ हमारे हीरो-हीरोइन के चेहरों पर भी ऐसी भावुकता की मुर्दनी आ जाती है कि नींद आने लगती है।

फिर कहानी अपने ढंग से बढ़ती है, माँ-बाप ने कैसे एक बच्चे को जन्म दिया और फिर 'बीस साल बाद' छोटे पैरों से बड़े पैर नजर आ जाते हैं और असली कहानी शुरू होती है।

फिर प्यार हुआ तो एक कार में बैठे और लम्बे-लम्बे शहर के बाहर निकल गए। चुम्बनों पर सेंसर है, इस कारण पाँच मिनट तक मुँह के पास मुँह रखे बैठे रहे।

फिर एक वेश्या का घर 'सजनवा ना बाँधो बैर हम से', और सरंगियाँ व तबलेवाला।

फिर एक गलतफहमी, एक पिस्तौलबाजी, एक बलात्कार की चेष्टा और थाने से पुलिस का आगमन और सुखान्त...दरवाजा टूटा, हीरो छूटा, हीरोइन पास में!

बीच में एक कॉमिक जिसका इंचार्ज हो गोप या आगा।

तिरछी हेट, मुँह में सिगरेट और सूट पहने विलेन–अपने तीन दोस्तों के साथ में।

एक वृद्ध बाप, हीरोइन जिसे 'बापू-बापू' कहे और उसका एक जमकर भाषण।

यह तो हो गई कहानी।

फिर गीत भी सुला देने की क्षमता रखते हैं। इस बारे में भारत भूषण की ये पंक्तियाँ बड़ी अच्छी हैं, 'न लेना नाम भी तुम अब इलम का, लिखो बस गीत हुक्के का, चिलम का, अभी खुल जाएगा रस्ता फिलम का'।

धुनों के मामले में जमकर चोरी होती है। बराबर का सुनने-समझनेवाला व्यक्ति इसे समझता है।

गीतों की भी लड़ियाँ होती हैं—चाह का गीत, एक राह का गीत और ब्याह का गीत। फिर एक गली का भिखारी गाए, धोबियों, मछुहारों के लोकगीत—'हैया-हैया, छीयो राम।' एक थियेटर का गीत—'गोरी गोरी गोरी, छोरी छोरी छोरी—मेरे पास आ जा!' एक भजन—'प्रभुजी, क्या तेरे राज में अँधेरा रहेगा?' दर्द भरे गीतों की लड़ियाँ—'आँसू भरी अँखियाँ, प्यार का मजा चखियाँ।'

और इन सबके बीच में नारी जागृति या प्रजातंत्र की पुकार।

फिर नृत्य, जिसके तीन तत्त्व हैं—छाती दिखा, कमर हिला और लहँगा उठा। जनता खोटे सिक्के पर्दे पर एक विशेष स्थान ताककर फेंकने लग जाती है।

इसको कहते हैं—बाक्स ऑफिस!

हीरोइन अपनी बातचीत में बड़ी मासूम और हीरो बड़े चालाक, डायलॉग की फिर क्या पूछो!

बीच में कुछ सामाजिक व्यंग्य और खेल सफल।

'आइए, रुपहरे पर्दे पर, आकर्षक अभिनय, रेकॉर्ड-तोड़ संगीत, कमर-तोड़ नृत्य, दिल-तोड़ कहानी, ब्लैक मार्केट, छे आने! छे आने!'

आधी रात को सड़क पर गुनगुना रहे हैं—'जोगन बन जाऊँगी सैंया, तोरे कारन!'

इधर फिल्मों को और लम्बी करने के लिए एक न्यूज रील, एक नई योजना, एक साबुन का विज्ञापन, दो ट्रेलर...नींद आ जाने को यह काफी है।

दो सौ वर्ष

मेरी आयु को देखते हुए आजकल जिस शैया पर सोता हूँ, उसी का मृत्यु-शैया हो जाना सम्भव है। अपनी कुँवारी साधों को बैलेंस किए मैं जी रहा हूँ पर आंकिक मौत मैं मर गया, गणित की औसत ने मेरे प्राण ले लिये।

पर मैं जी रहा हूँ, साँसों की परिक्रमा अनवरत चालू है। जाने क्यों? मैं 25-26 के लगभग आ गया और कहीं मैंने पढ़ा कि औसत भारतीय इस उम्र में मर जाता है : यदि मैं जीता हूँ तो मैं भारतीय शायद नहीं हूँ और मैं मर जाना पसन्द करूँगा, बजाय अभारतीय कहाने के।

आजकल मुझे अपने पर आश्चर्य हो रहा है। 'खुश रहो अहले वतन हम तो सफर करते हैं' की बिदा वाणी या 'हे राम' कब अभिव्यक्त हो, कह नहीं सकता।

पर अभी मुझे पता लगा कि विज्ञान ने मनुष्य की मृत्यु का कारण खोजकर ऐसी विधि प्रस्तुत की है जिससे मनुष्य दो सौ साल जीवित रह सकता है।

सोचता हूँ कि यदि ऐसा हुआ तो कैसा रहेगा?

यह दो सौ साल का जीवन हमारे सामाजिक, पारिवारिक गठन, हमारी सभ्यता, संस्कृति और नैतिकता में कितना अन्तर ला देगा, समझ में नहीं आता।

हम अधिक कलाओं से परिचित हो जाएँगे। अपने जीवन की अनेक अधूरी इच्छाओं को पूरी कर लेंगे। आँखों की प्यास, मन की प्यास अनबुझी नहीं रहेगी, पर साथ ही मनुष्य मनुष्य से अधिक दूर हो जाएगा।

आज दो दिन की जिन्दगानी के भय से हम प्रेम निभा लेते हैं पर लम्बे दो सौ वर्ष में हमें अपनों से प्रायः विरक्ति हो जाएगी। एक वातावरण और एक व्यक्ति के प्रति निष्ठा असम्भव होगी।

शायद, इसका उलटा भी हो। दो सौ वर्ष तक पातिव्रत्य और एक पत्नीव्रत इस धरती पर देखने को मिलें।

हमारी स्मरणशक्ति की गहराई-चौड़ाई कितनी है, समझ नहीं आता। अपने जीवन के 175वें वर्ष में 15 वर्ष के साथ खेलनेवाले साथी से मिलकर पहचानी चमक हमारी आँखों में आएगी या नहीं?

मतलब यह कि समस्या दर्शनग्रस्त है। सिर खुजाने के लिए अच्छा वैचारिक कारण है। किताब लिखने का मसाला है।

उन लम्बे दो सौ वर्षों तक मनुष्य क्या करेगा? उसका जीना दूभर हो जाएगा या पाव भर! आज तो पाव भर की जिन्दगी है और सेर भर का आदमी है। बड़ा मुश्किल है, तेरा प्यार बड़ा मुश्किल है।

संसार में दो ही तरह के लोग होते हैं। एक वे, जिनके दिन धीरे-धीरे गुजरते हैं, लम्बी साँसों की तरह, और दूसरे वे, जिनके दिन पलक झपकते ही निकल जाते हैं।

मेरे खयाल से वे लोग खुशकिस्मत हैं जिनको जीना लम्बा जान पड़ता है–हर दिन लम्बा, हर रात लम्बी। और बदकिस्मत हैं वे, जिनकी जिन्दगी चुटकी बजाते गुजरी है।

क्योंकि मरते समय एक प्रसन्न होगा कि यह कितना लम्बा जीवन था मेरा, और दूसरा दुखी होगा–हाय, कितनी जल्दी मर रहा हूँ मैं!

पर एक परिवर्तन तो निश्चित ही हमारे सोचने में आ जाएगा कि आज जैसे हम भूत, वर्तमान और भविष्य के बीच झूलते हुए जीते हैं, तब हम सिर्फ वर्तमान में ही जिएँगे।

पर वर्तमान कैसा होगा? आज जैसा वर्तमान! जहाँ रहना-जीना मुश्किल है। जहाँ साँसों का हिसाब देते शरम आती है, जहाँ न गए की प्यास और पाए से विराग, क्योंकि जानते हैं कि 'सब ठाठ पड़ा रह जाएगा जब लाद चलेगा बंजारा।'

सो यह मेला दो दिन का भी फड़तूसी में गुजरता है और विज्ञान बेरहम कहता है कि जीवन दो सौ साल का हो जाएगा।

मुझे लगता है, जब टेबलेट की तरह जिन्दगी सस्ती मिलेगी और जीना महँगा रहेगा, तब चाहे विज्ञान अपनी कितनी ही डींग मारे, पर मनुष्य आत्महत्या करके मर जाया करेगा।

क्योंकि लम्बी जिन्दगी से महत्त्वपूर्ण प्रश्न है अच्छी जिन्दगी का।

कृष्ण

यों बनाने को एक मूर्ति या गुड़िया में ही देर लग जाती है—मनुष्य प्रयत्न करने पर एक कीड़ा भी नहीं बना सकता, परन्तु देवता बना देना, ईश्वर की कल्पना कर लेना सबसे अधिक आसान है।

राम जाने, कृष्ण आदमी था, देवता था या एक्टर, पर कुछ अजीब तो था—अपने समय का ब्रह्मपुत्र, जो जरा से रबर को फुग्गारे में बदल सकता था—लिखने में नहीं, जिन्दगी में।

क्षत्रियों की लड़ाई में बेवकूफी के कारण समय का फेर ऐसा हुआ कि जैसे शिड्यूल कास्ट को पहले नौकरी मिलती है, वैसे उसकी दादागीरी का बड़ा चर्चा रहा जबकि राजनीति के खेल खेलने के पूर्व उसका अनुभव एक स्वयंसेवक का न होकर केवल गोपियों के प्रेमी होने का ही था।

मगर लोग तो उगते सूरज को नमस्कार करते हैं, अतः जिन धन्धों के लिए बाप अपने बेटे को गाली देता है, उन्हीं धन्धों के अग्रणी को अवतार, तारनहार, देव आदि सब माना गया।

उसके कई साल बाद फिर तो मर्दों ने अपने को गोपी मानकर कृष्ण की भक्ति पतिव्रता रखैल की तरह की। रास मचाए, गीत लिखे—आध्यात्मिक से आध्यात्मिक और गन्दे से गन्दे।

यानी रास्ता ऐसा था कि गोपी बनकर कृष्ण में खोकर परम ब्रह्म में मिल जाओ तो भूल-भुलैया कुछ ऐसी रही कि कृष्ण में खोकर, कृष्ण से होकर गोपियों के प्रेम में डूबे रहो।

आखिर भगवान भक्त के होते हैं और भक्त को शरीर भगवान ने ही तो दिया है।

फिर भी गम्भीरतापूर्वक मैं कभी सोचता हूँ तो मुझे यह समझ में आता है कि शायद बहिर्मुखी होना ही सबसे बड़ी बात है।

पर सर्वतोन्मुखी प्रतिभा तो कई हैं जो यमुना किनारे फुटबॉल, रोमांस और राजनीति—तीनों में कुशल रहें—पर यही तो कृष्ण नहीं है।

सच बात यह है कि अपने काम के लिए और उसे पूरी तरह से निभाने के लिए सनकी की तरह भिड़ जाना ही कृष्णपना है।

यानी चोरी की तो ऐसी कि हर घर में चोरी की, और तो और, खुद के घर में चोरी की।

प्रेम किया तो सारे गाँव की औरतों को यमुना किनारे बुला लाए। लोक-लाज की क्या चिन्ता!

बिदा हुए तो ऐसे कि याद ही नहीं कि पहले गोकुल में रहे थे।

कंस को खत्म करना था तो सारी बाधा तोड़ उसके घर में घुसकर मारा। यह नहीं कि गोवा में मिलिटरी कैसे भेजें? अन्याय तो है मगर इसे खत्म कैसे करें?

युद्ध करवाया तो ऐसा कि दो महायुद्ध के बाद भी लोग महाभारत को याद रखते हैं।

शादियाँ कीं तो वाजिद अलीशाह के असल पुरावे बने। रानियों की कॉलोनियाँ बसा दीं।

और इसी का नाम है कृष्ण। 'मैया, मैं नहीं माखन खायो या भैया, मैं नहीं मक्खन लगायो' कृष्ण नहीं है।

'शोभित कर में नवनीत (मक्खन) लिये' कृष्ण का रूप नहीं है। उसका रूप है एनाउंसिंग के लिए शंख और आकर्षण को बाँसुरी, और गला काट देने को चक्र।

कुँवारे प्रोफेसर

कल तक जो सीढ़ी से चढ़ते-उतरते तालियों, मजाक-मस्तियों के पात्र थे, वे जब एकाएक अपना चेहरा बदल उसी वातावरण में प्रोफेसर बनकर घूमते हैं तो उनकी स्थिति कई घंटों तक मंच पर नाटक करनेवाले पात्रों से कम नहीं होती।

गत वर्ष जिन नए लड़कों को उन्होंने 'फर्स्ट ईयर फूल' बनाया था, अब उन्हीं की कक्षा में गम्भीरता बनाए रखने के प्रोफेसरी प्रयास सब व्यर्थ जाते हैं।

एक ओर तो काफी अध्ययन कर पढ़ाकर सम्मान पाने की इच्छा हृदय में उचकती है और दूसरी तरफ उनका कॉलेजिया मन शरारतों की तरफ इशारा करता है। पर मन मारे बेचारे छह किताबें, एक रजिस्टर बगल में दाबे कॉमन रूम से क्लास तक फर्स्ट ईयर की लड़की की तरह आते-जाते रहते हैं।

उन सारे विषयों का जिन्हें वे अपने पढ़ाई काल में टाल गए थे, अब उन्हें मास्टर बनना पड़ता है। नहीं तो लड़कों के सामने उन्हें शर्मिन्दा होना पड़े। लड़कियों के सामने भी, जो उनकी टेबल के ठीक सामने सजधज कर परीक्षा लेने बैठती हैं।

नया प्रोफेसर सबसे अधिक परेशान रहता है, अगर वह कुँवारा हो तो।

वह पहली बेंच की ओर देखना चाहता है पर उसके साथ ही उसे उन लड़कों का भी भय है जो उसकी ओर तथा पहली बेंच की ओर देख रहे हैं।

वह प्रोफेसरी नजरों से किसी कोमल शक्ल की तरफ देखता है और एक क्षण के लिए उसकी आँखें साधारण युवक की आँखें बन जाती हैं, और फिर एकाएक उसे वापस खयाल आ जाता है और वह कहता है—यू सी, हीअर देअर आर टू फैक्टर्स, वगैरह।

यदि कभी उसकी वह भावना लड़कों ने भाँप ली, कभी कुछ वे समझ गए तब फिर उस कुँवारे प्रोफेसर और कुँवारे लड़कों के बीच एक शीत संघर्ष प्रारम्भ हो जाता है।

लड़के अपने क्षेत्र में किसी प्रोफेसर को नहीं आने देना चाहते। पर उन्हें भय ही रहता है कि कहीं उनकी परसेंटेज न गिर जाए, कहीं वे बहुत अधिक नीचे न हो जाएँ। संघर्ष के प्रारम्भ में सब कुछ सम्भावित है।

अतः पढ़ा-लिखा लड़का ऐसे कुछ प्रश्न पूछता है जिसका प्रोफेसर उत्तर न दे सके। और शैतान लड़के कक्षा की स्थिति कुछ ऐसी कर देते हैं कि जिससे प्रोफेसर

खीझ जाए, घबरा जाए, सन्तुलन खो बैठे, मूर्ख बन जाए–अयोग्य सिद्ध हो जाए और कोमल शक्ल के मन में बना सम्मान उखड़ जाए।

तब बेचारा कुँवारा प्रोफेसर अपनी आँखों में सहानुभूति की प्यास लिये पहली नरम बेंच की ओर देखता है। वहाँ उसे मुस्कुराहटें दिखती हैं। तब उसे पसीना आ जाता है।

लड़की जानती है कि कुँवारा प्रोफेसर कोई बुरा लड़का नहीं है। उसके पैर सुरक्षित भविष्य में हैं। अतः वह बाकायदा मुस्कराती, लजाती है। पर बात करने में प्रोफेसर को पूरा सम्मान देती है। ठंडी हवा के झोंके की तरह कहती है, 'सर'...।

तेरी सास का सर...। बेचारा प्रोफेसर सारी सहायता देने के बाद भी अपनी आशाओं को बटुए में बन्द रखता है। एक तरफ कर्तव्य का क्षेत्र है, दूसरी तरफ उत्तरा, सो अभिमन्यु कुछ नहीं कर सकता।

उसके सिर पर प्रिंसिपल और डिपार्टमेंट है व हाथ नीचे शैतान लड़के। उसके पैर नीचे वह रास्ता है जो सीधा उसे हेड ऑफ दि डिपार्टमेंट के पद पर ले जाएगा। वह सूखे रास्ते पर इधर-उधर नजरें दौड़ाता चल पड़ता है।

पर कभी जब साहसी कोमल नजरें उसे घेर लेती हैं, उसे निमंत्रित करती हैं, तो चूहे-सा कातर हो उसका हृदय फूटता है–रहने दो बी, बिल्ली-चूहा लंडूरा ही भला।

मनदुरुस्ती

प्राचीनकाल के लोग बड़े अच्छे थे। उन्होंने बजरंग की भी कल्पना की और उर्वशी की भी। संसार के लिए दोनों की जरूरत है। भीम का उस समय बड़ा महत्त्व था, माना, मगर जिसकी आड़ में से बाण चल सके, उसके महत्त्व को भी कौन विद्वान अस्वीकार कर सकता है?

जी, पहलवानी में कुछ नुमाइशी छिपी ही रहती है। जैसे प्राचीनकाल की अनगढ़ मूर्ति को आसपास से देखकर समझना पड़ता है, ठीक वैसे पहलवान के भी आसपास घूमकर निरखा जाता है। पहलवान चाहता भी यही है।

अभिनेत्रियों की तसवीर की ओर जैसे कई बार आँखें थामे नहीं थमती हैं, ठीक वैसे ही पहलवान को देख मन में हीन भाव जगता है। सुन्दर से फूल और गोल-मटोल पत्थर, दोनों के अपने-अपने आकर्षण हैं।

फिर कमजोरी के अपने मजे हैं। रुई के तकिये, गादी और पैरों के पास पड़ी रजाई, हलका टूटता बदन और मीठी आलस, आप कहें–'आज जरा कुछ हरारत-सी है।'

मेहनत के कामों से हलकी हरारत–वाह, लगता है, सपने में खोए हैं!

अमेरिका में हलके दुबले होने का आन्दोलन चल रहा है। संसार में सिनेमा ज्यादा हैं और अखाड़े कम। अभिनेत्री और अभिनेता बनने के इच्छुक ज्यादा हैं और पहलवान व चेले कम। और इस युग में जो ज्यादा है, वही सत्य है। जो कम है, वह असत्य है।

स्वस्थ शरीर अपने-आपमें कोई उद्देश्य नहीं। वह किसी उद्देश्य की प्राप्ति का मार्ग है। वह साधन है, साध्य नहीं। और साध्य के पाते ही साधन क्षीण होता है।

प्राचीन मनीषी इस पहलवानी ब्रह्मचारी प्रवृत्ति के बड़े खिलाफ थे। उन्होंने कहा–शरीर क्या है, यह तो माया है, मोह है, तू इसकी चिन्ता से अपना स्वर्ग मत गँवा। तन-मन को अर्पित कर दे, प्रेम ही परमेश्वर है।

स्वस्थ न होने का कारण चिन्ता माना गया है। 'वीर अभिमन्यु' नाटक में युधिष्ठिर कहते हैं : 'हा, चिता तो मुर्दे को जलाती है और चिन्ता जीवित को जलाती है।'

कइयों को स्वास्थ्य की ही चिन्ता रहती है। बताइए, कैसा विरोध है, इसी फिक्र में दुबले हैं कि और मोटे नहीं हुए!

कहा गया है कि तन और दिमाग दोनों में बैलेंस यानी सन्तुलन चाहिए। एक को पाने में दूसरा हाथ से जाता है। तन्दुरुस्त अँगूठाछाप सारे देश की समस्या है। जनतंत्र उनका दिमाग दुरुस्त करने की सोच रहा है।

आदमी का दिमाग किस दिशा में प्राचीनकाल से आज तक चलता आया! सोमरस, भंग, गाँजा, अफीम, सुल्फा, चिलम, सिगरेट आदि कई चीजें निकलीं और पेंसिलिन जैसी चीज सिर्फ एक।

फिर तन की शुद्धि अथवा सौन्दर्य के लिए तो कई साबुन-स्नो आदि हैं, मन की शुद्धि के लिए गांधी और विनोबा को छोड़ किसी का पता नहीं। तन-मन में सन्तुलन है तो आप ही राम हैं पर बिना धन के सन्तुलन के दोनों की बात नहीं जमती।

लोग सहज सोचते हैं, क्या फायदा पढ़-पढ़ किताबी विद्वान होने से! दंड-बैठक लगाकर पहलवान ही बना जाए। समाज पर धाक रहेगी। सिनेमा में टिकिट जल्दी मिलेगा।

फिर भी रास्ता है पहलवान से पंडित होने के लिए—ढाई अक्षरों का खयाल रखिए। गुरुकुल में आदमी ढाई अक्षर पढ़कर पंडित व ब्रह्मचारी बन जाता था।

तन्दुरुस्ती से मनदुरुस्ती अधिक आवश्यक है। मनदुरुस्ती से तन तो दुरुस्त रहता है ही पर यदि केवल तन्दुरुस्ती रही तो कब किसे देख मैल आ जाए, क्या कहें!

नाम

नाम से मैं 'अज्ञेय' जैसी बात नहीं करता कि वह नाम, जो लहर में काँपता है...सरिता के प्रताड़ित बिन्दुओं का ह्रास है। नाम से मेरा मतलब आपके-हमारे नाम हैं।

अपना नाम, जो कि पंडित जवाहरलाल नेहरू को काफी बड़ा लगता है, ब्रह्मपुत्र को काफी छोटा लगता है।

मैं सोचता हूँ कि प्रत्येक व्यक्ति अपना नाम बड़ा रखना चाहता है पर समाज उसे छोटे से छोटा कर देता है। सुधा भी जब कॉपी पर नाम लिखेगी तो सुधा कुमारी श्रीवास्तव।

जैसे पहले नाम था मोहनदास करमचन्द गांधी, फिर हुआ मो. क. गांधी, फिर गांधीजी, फिर बापू। बचपन में माँ छोटा नाम रखती है–करीम। मौलवी के पास जाते ही नाम हो जाता है–अब्दुल करीम। थोड़ी डिग्रियाँ मिलने के बाद हो जाता है, मौलाना अब्दुल करीमबख्श। थोड़ी शायरी लिख लेने पर मौलाना अब्दुल करीमबख्श 'अजीज' सहारनपुरी। हज कर आने के बाद हाजी मौलाना अब्दुल करीमबख्श 'अजीज' सहारनपुरी।

पर समाज सब काम करके कहता है–हाजीजी।

मुसलमानों में ही नहीं, सिक्खों में भी, घर पर कहते हैं मोहिन्दर, बाहर मोहिन्दरपाल सिंह। संगत लगी और नाम हुआ सरदार मोहिन्दरपाल सिंहजी ज्ञानी (दिल्ली में वे बड़ियाँ तोड़ें, पापड़ बेचें लासानी)। समाज कहेगा–सरदारजी।

सो सब अपना नाम बड़ा रखना चाहते हैं। क्विक्झोट से मन प्रसन्न नहीं होता, होना चाहिए–डॉन क्विक्झोट दी ला मांचा।

अतः बख्शीजी पद्मसिंह पुन्नालाल बख्शी और 'अज्ञेय' सच्चिदानन्द हीरानन्द वात्स्यायन 'अज्ञेय' कहलाना पसन्द करते हैं। अपने पिता का नाम जोड़ते हैं।

कुछ लोग पिता का नाम नहीं जोड़ते। जो अपना पिता कौन है, इस विषय में निश्चिन्त रहते हैं, उन्हें नाम जोड़ने की जरूरत नहीं पड़ती।

नाम से क्या विशेष चरित्र, विशेष व्यक्तित्व नजर आता है?

यों तो अन्धों के नाम नयनसुख रहते हैं पर फिर भी प्रसिद्ध चरित्र अपने नाम को विशेष व्यक्तित्व देते हैं, ऐसा हम मान सकते हैं।

जैसे सुभाष, रवीन्द्र वगैरह। इन नामों के सुनने पर एक खास व्यक्तित्व एकाएक दिमाग में झलक आता है।

पर जैसे-जैसे ये नाम ज्यादा उपयोग में आते हैं, वह व्यक्तित्व हलका चित्र देता है। जैसे किसी का रामचन्द्र नाम देख, भगवान राम की याद हमेशा नहीं आती।

नामों का अध्ययन करने से सामाजिक आदर्शों का पता चलता है पर प्रायः नाम बड़े, दर्शन खोटेवाली चीज भी हो जाती है। नेहरूजी का नाम बड़ा है तो दर्शन भी बड़े हैं।

भीलों में नाम बड़े कुरूप दिये जाते हैं। पूछने पर बताया जाता है कि यदि हम अपने बच्चों के नाम भगवान पर रखें तो जब गाली देते हैं तो वह ईश्वर पर लगती है।

यहाँ नाम खराब हैं पर सामाजिक आदर्श बड़े हैं।

शेक्सपियर इन बातों पर विश्वास नहीं करता। वह कहता है कि यदि गुलाब के फूल के बजाय गुलाब को कुछ और नाम दिया जाता तो भी सुगन्ध कम नहीं होती। नाम में कुछ नहीं है।

नाम में कुछ हो न हो, न सामाजिक आदर्श न चरित्र, व्यक्तित्व की बात सच निकले न निकले पर इतना अवश्य है कि 'उपनाम' से कुछ अर्थ नहीं निकलता।

ये सब व्यर्थ हैं। रचनाएँ यदि अच्छी हों तो जो नाम हो, वही प्रसिद्ध हो जाता है। बैल के सींग में फूल लगाने से बैल पौधा नहीं हो जाता।

आँखें

आप यह स्तम्भ पढ़ते हैं, मुझे पता नहीं, आप इसे अपने कमल नयनों से पढ़ते हैं, मृगनयनों से पढ़ते हैं, अथवा आपकी आँखों पर चश्मा लगा है!

शायद है, आपकी आँखें मछली की तरह हों! मछली आपने देखी होगी। बाजार में बिकने आती है, टोकनियों में पड़ी रहती है। कुछ हलकी सड़ी-सी गन्ध टोकनी में आती है। आपकी आँखें वैसी ही हैं।

या एक पक्षी होता है, जिसे खंजन कहते हैं। आपने, हमने या हमारे पिताओं ने भी कहीं उसे देखा नहीं होगा। (चिड़ियाघर की बात छोड़ो)। यों सामने आकर बैठ जाए तो आप उसे पहचानेंगे नहीं।

पर पहले के कवि उसे अच्छी तरह जानते थे। मेरा विश्वास है कि वे लोग चिड़ियामार, मच्छीमार व हिरणमार लोग होंगे। इन उपमाओं को खोजने में जरूर उनके जीवन से सम्बन्ध होगा।

काव्य के ढेर में आँखों को काफी उपमाएँ दी गई हैं। किसी जमाने में जब नेत्र चिकित्सालय नहीं थे तब वाकई में ऐसी आँखें होंगी।

आजकल की क्या कहें? रोज हम जेलरोड पर घूमते हैं। हमें कभी मृगनयनी नजर नहीं आई। एक दिन एक दिखी थी पर जब हमने आँखें मिलाईं तो ऐसे घूरने लगी, जैसे शेरनयनी हो!

हमारा खयाल है कि इन उपमाओं के आधार कुछ दूसरे होंगे। जैसे–जो आपसे आँखें मिलाते ही भाग जाए, वह मृगनयनी। जिसको फँसाने के लिए पूरा जाल फेंकना पड़े, वह मीननयनी और जिस पर आसानी से तीर चला सकें, उसे आप खंजननयनी मानें।

मेरी पत्नी विवाह के समय तक तो मृगनयनी थी पर थोड़े ही दिन बाद छोटी-मोटी बातों में ऐसे कबूतर की तरह आँखें घुमाने लगी कि मैं क्या बताऊँ?

मेरी आँखें जो प्रायः लड़ती-भिड़ती रहती हैं, उन्हें भी दो उपमाएँ अभी तक मिली हैं। निमाड़ में एक ने मुझसे कहा, 'थारी आँख्या छे कि कौड़ीना?' व तुकोगंज में एक ने कहा कि 'आपकी आँखें हैं या बटन?'

पर अब क्या आँखों की बात कहें, आँसू आते हैं! अब प्रेमिकाओं को चश्मे चढ़ गए। न वो सागर की गहराइयाँ रहीं, न वो काजल, न सुरमे। न वो आँखों की लाज रही, निम्मी और नरगिस के अलावा बात कह रहा हूँ।

अब तो लोभ के चश्मे चढ़ गए। लघुहूँ बड़ो लखाय।

आँखों की उपमा के नए प्रयोग होने चाहिए। जैसे—'तुम्हारे नैन में मैं नेह की गहराइयाँ आँकूँ, बशर्ते वक्त मेरा बरबाद न हो।'

अथवा 'तुम्हारे खुर्दबीनी नयन, लाज की लेबोरेटरी में करते शयन। उन्हें घुमाओ, ताकि प्यार के कीटाणुओं को देख पाओ।'

और 'तुम्हारी टेलिस्कोपी आँख ने दूरी पास कर दी। निहारा प्यार का चाँद, मन में आस भर दी।'

ये आज मैं आँखों की छेड़खानी इस कारण कर बैठा कि मुझे इंग्लैंड की एक देवीजी, जिनका नाम मिसेस जेनेट हिचसेन हैं, के विषय में पढ़ने को मिला है कि उनके नेत्र में टेलिस्कोप की शक्ति है।

उसे सितारे गोल नजर आते हैं। वह ज्यूपिटर की स्थिति बता सकती है। दस फीट दूर से अखबार पढ़ सकती है। और पौन मील दूर बैठे उसके बच्चे के चेहरे के भाव पढ़ लेती है।

इन लाखों चश्मों में एक ऐसी आँख होना अच्छी चीज है। यदि सब स्त्रियों के ऐसे नेत्र हो जाएँ तो क्या बात है, वे पतियों की जेब देखकर नोट बता दें!

तब वे पत्र में लिखें—मैंने मीलों दूर से देखा, तुम्हारे चेहरे पर प्यार की रेखा थी और तुम दूसरी लड़की को घूरते थे।

इस तरफ कभी मत आना। मुझे अब तुम पर विश्वास नहीं है।

❂❂❂